太平天国史论

王国平　著

苏州大学出版社

图书在版编目(CIP)数据

太平天国史论/王国平著. —苏州:苏州大学出版社,2011.9
ISBN 978-7-81137-811-5

Ⅰ.①太… Ⅱ.①王… Ⅲ.①太平天国革命—研究 Ⅳ.①K254.07

中国版本图书馆 CIP 数据核字(2011)第 194187 号

太平天国史论
王国平 著
责任编辑 许周鹈

苏州大学出版社出版发行
(地址:苏州市十梓街 1 号 邮编:215006)
丹阳市教育印刷厂印装
(地址:丹阳市西门外 邮编:212300)

开本 700 mm×1 000 mm 1/16 印张 24.75 插页 1 字数 380 千
2011 年 9 月第 1 版 2011 年 9 月第 1 次印刷
ISBN 978-7-81137-811-5 定价:50.00 元

苏州大学版图书若有印装错误,本社负责调换
苏州大学出版社营销部 电话:0512-65225020
苏州大学出版社网址 http://www.sudapress.com

目　录
Contents

太平天国政治研究

太平天国军事研究

太平天国经济与文化研究

太平天国宗教研究

胡林翼与湘军研究

附 录

太平天国政治研究

TAIPINGTIANGUO ZHENGZHIYANJIU

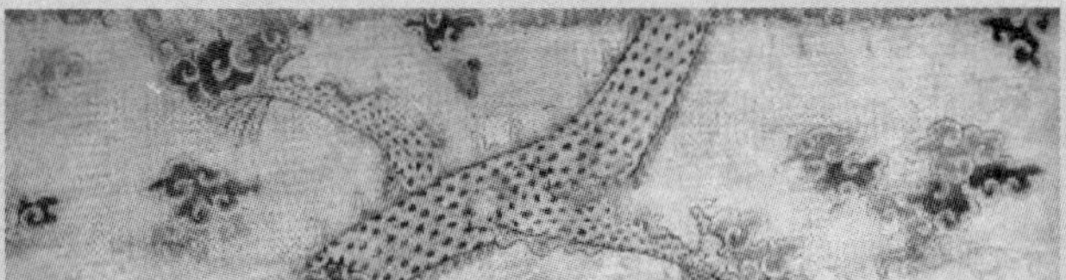

太平天国政体与“神权政治”

在太平天国史研究中，无论是研究太平天国的政治，还是太平天国的宗教，都必然涉及太平天国国体与政体的研究。所谓国体，是指国家的阶级性质，即社会各阶级在国家中的地位，不同阶级的专政，构成不同的国体。所谓政体，是指国家政权的组织形式（结构、职权分配等），即统治阶级采取何种形式组织政权机关。由于历史条件和政治力量对比关系的不同，国体相同的国家可能采取不同的政体。就太平天国政体而言，史学界曾经提出“君主制”、“虚君制”、“军师负责制”等说，此外还有人提出“神权政治”、“神权政体”说，本文仅就后一问题，探讨太平天国是否神权政治和神权政体。

一、何为“神权政治”

“神权政治”说最早见于斯宾诺莎的《神学政治论》，是西方政治思想发展过程中关于国家政治体制的一种观点。斯宾诺莎是17世纪荷兰杰出的唯物主义哲学家和无神论者，他在《神学政治论》中对《圣经》进行详细考证，批驳神学家各种神秘说教，以摧毁教会统治基础。《神学政治论》的主旨在于论证资产阶级政治哲学的主张，提倡天赋人权的学说、社会契约说、信仰自由和言论自由，认为“民主政府”，即资产阶级的民主政治是最好的政府等。在当时反对教会、神权和经院哲学的斗争中，《神学政治论》起了进步的作用。

在《神学政治论》中，斯宾诺莎把国家政治体制分为君主政治、贵族政治、平民政治和神权政治四种类型。斯宾诺莎在说到神权政治时还使用了神权政体这一名词。在这本著作的第十七章中，斯宾诺莎以《圣经》中摩西统治时期与摩西之后希伯来国的政权为例，分析与阐明其关于神权政体的理论。

斯宾诺莎说，最初，希伯来"国家是凭借名为上帝的王国这个契约的"。"在希伯来国，民政权与宗教权都是完全由服从上帝而成……事实上，政教的法律与权利完全没有分别。因为这个理由，政府可又称之为神权政体，因为一般公民除上帝的启示而外，不受任何拘束。"

斯宾诺莎接着又说："但是，这种情形学理上是如此，实践上则不然。因为，据我们下面所说就可明白，事实上，希伯来人把统治之权完全操在他们自己之手。这可由政府设施的方法与计划看出来。"〔1〕

什么是斯宾诺莎所说的"希伯来人把统治之权完全操在他们自己之手"的事实？希伯来人的"政府设施的方法与计划"情形如何？斯宾诺莎是这样描述的：

当希伯来人第一次"一起走近上帝"以了解上帝的"命令是什么"时，"他们听见了上帝说话，他们极为惊心动魄，他们以为他们的末日到了。所以，他们惶惧地又去见摩西，并且说：'……请你走上前去，听取我们的上帝的所有的话。你(不是上帝)和我们说话。凡上帝所要告诉于我们的，我们都愿意倾听，并且见诸实行。'"斯宾诺莎认为，这样一来，希伯来人就"放弃了他们从前的契约，把他们的请示上帝与解释他的命令之权绝对地交付于摩西之手。……摩西成了神律的唯一的宣扬的人与解释的人，因此也就是最高的裁判人，他本人不受人责难。他给希伯来人代行上帝的职务"。换句话说，王权在握的摩西给人民以神的答复，监督神的回答付诸实行。这就是说，由于希伯来人放弃了他们直接请示上帝的权利，而将这些权利"绝对地交付于摩西之手"，统治者摩西就既"握有最高的王权"，又被赋予"请示上帝，给人民以神的答复，监督神的回答付诸实行"的宗教神权。据此，

〔1〕 斯宾诺莎著，温锡增译：《神学政治论》，商务印书馆1982年版，第232页。

斯宾诺莎认为:摩西时代的希伯来国从学理上说是“神权政体”,而实际上则不然。因为最高统治者同时握有政权和神权,所以摩西时代的希伯来国不是神权政体。

斯宾诺莎认为,摩西之后希伯来国则是神权政体。摩西的后继统治者(约书亚和议会)与摩西不同。摩西没有授予他们“请示上帝之权”,“请示上帝之权”握于神职人员之手,“高级祭司是有解说律法、传达上帝的回答之权”〔1〕。神权与政权分离。一方面,“主将和议会可以随意请示上帝,但是只能经过高级祭司接受上帝的回答”。另一方面,高级祭司虽有解说律法、传达上帝的回答之权,但“高级祭司所报告的上帝的话与摩西所报告的不同,不是命令,而只是回答;这些回答为约书亚和议会所接受,这才算得上命令与指令”。斯宾诺莎认为,摩西后的希伯来国“其情况不能说是一个受人欢迎的政府,也不是贵族政治,也不是君主国,而是一个神权政体。因为解释律法之权操在一人之手,而按照这样解释律法以管理国家之权则操在另外一个人的手里”〔2〕。“摩西死后,政府既不是贵族政治的,也不是平民的,而是如我们前边所说,神权政治的。”〔3〕

总而言之,按照斯宾诺莎的论述,神权政治的本质特征是:神权与政权不掌握于一人之手,而神权又凌驾于政权之上。

斯宾诺莎主张君主掌握神权,反对神权凌驾于政权之上。他说:“无论是我们顾到理论,或是国家的安全,人们不得不主张,神权,也就是控制宗教事务之权,绝对有赖于君主的法令,君主是神权的合法的解释人与保护者。”“剥夺君主们的这种权力,不但一无好处,而是正相反,大祸就随之而起。”〔4〕他还说:“当此权绝对地给予教皇的时候,他渐渐地获得了对国王们完全的控制,到最后他登上了统治的绝顶……国王们自己因为不绝对操有这些权,常常与宗教脱离,把几乎所有人民带走。在奉基督教的国家里,

---

〔1〕 斯宾诺莎自注:“高级祭司在古代有权行使神圣的职权。”(《神学政治论》第265页。)
〔2〕 斯宾诺莎著,温锡增译:《神学政治论》,商务印书馆1982年版,第234页。
〔3〕 斯宾诺莎著,温锡增译:《神学政治论》,商务印书馆1982年版,第239页。
〔4〕 斯宾诺莎著,温锡增译:《神学政治论》,商务印书馆1982年版,第267页。

由于与此同样的原因，常常发生与此相同的事情。”[1]

在神权政治的定义方面，19世纪的俄国学者索洛维约夫在所著《神权政治的历史和未来》一书中提出了与斯宾诺莎同样的看法。索洛维约夫(1853—1900)是现代俄罗斯哲学和神学的奠基人，他吸收和批判西方思想并建立了自己的思想体系。他说："在神权政治中就必须以三个作用因素为前提，其中一个代表上帝的目的(祭司权力)，另一个代表人的自由(世俗权力)，第三个代表第一与第二权力内部的结合(先知的权力)。""合法的神权界只能有一个宗教中心，一个最高精神力量，一个膏圣油的大祭司。只有在精神力量统一的条件下，神权政治才能完成自己最高宗旨，才能有成果。""世俗权力实际上应该在某些问题上服从神的指示，其工具就是大祭司……需要集聚整个世俗力量的统一权力，需要唯一的王平等地站在唯一的大祭司的面前，自愿地服从他。"也就是说，神权应凌驾于政权之上。因此，索洛维约夫也认为，希伯来国在摩西之后是神权政治，因为摩西"转交给约书亚的不是全部权力而只是部分权力，属于约书亚的不是统一权力，而是以第一权力——祭司政权为前提的第二权力。……如果说全体人民都应服从他，那么他本人在上述问题上应服从大祭司，并遵循他的指示(来自神的指示)。保护神的教义的职权没有委派给他，而是委派给了持有耶和华神龛的祭司。作为以色列世俗领袖约书亚在神权政治的组成中占第二位"[2]。

与斯宾诺莎不同的是，索洛维约夫主张神权政治。"他不仅在理论上完善这个思想，而且在实践上努力实施它。"他"明确地指出，在神权政治社会里有三个力量：第一个是第一神父(即天主教教皇)，另外两个是以俄罗斯沙皇为代表的国家政权和先知。……当时的罗马教皇得知索洛维约夫的这个想法后表示，这是个好的思想，但只能靠奇迹来实现。索洛维约夫在这方面所作的实际努力最终都归于失败，不论是在西方还是在自己的祖国，他都没有得到支持。进入90年代，他对自己的神权政治社会的思想也

〔1〕 斯宾诺莎著，温锡增译：《神学政治论》，商务印书馆1982年版，第266页。

〔2〕 索洛维约夫著，钱一鹏等译：《神权政治的历史和未来》，华夏出版社2001年版，第207页。

失望了"〔1〕。

王振槐先生指出："神权政治思想是欧洲中世纪政治思想的主体，它依附于政教合一的体制而占据独尊的地位。神权政治思想以'上帝'为核心，以教会和国家、教权和王权的关系为主要内容。……它依据君权神授的理论，提出教会高于国家，教皇高于国王，教权高于王权，教会法高于国家法，从而实现神权统治。"神权统治思想的主要代表人物有奥古斯丁，"奥古斯丁关于建立一个以教会居统治地位的双国理论，第一次系统地论证了教会高于国家、教权高于王权的神权政治思想"〔2〕。

除此之外，不少学者在论及神权政治和神权政体的时候，还使用"政教合一的神权政体"这一词汇，其本质也是指宗教领袖权力至上，宗教权力凌驾于政治权力之上的国家政治体制。

二、太平天国不是"神权政治"

现在，我们可以来考察太平天国的政体了。需要首先指出的是，考察太平天国是否神权政体，必须注意和区别太平天国前后期神权与政权关系的复杂性和差异性。

太平天国前期，由于特殊的历史条件所决定，神权与政权形成了复杂的关系。太平天国起义前夕，杨秀清与萧朝贵分别取得了代天父上帝与天兄耶稣传言的宗教特权，从此，如同希伯来人须通过摩西之口来聆听上帝的指示那样，太平天国包括君主洪秀全在内的全体君民须通过杨秀清和萧朝贵之口来聆听上帝和耶稣的指示。萧朝贵战死后，仍有东王杨秀清能"代天父传言"。

天王洪秀全是太平天国的君主，是政权的代表。天王是上帝教的教主，但却没有天父或天兄附身下凡、代天父或天兄传言的宗教特权。当东王作为天父下凡的时候，杨秀清就是天父皇上帝，就是最高神权，天王须跪

〔1〕张百春：《索洛维约夫的神学思想》，卓新平、许志伟主编：《基督宗教研究》第1辑，社会科学文献出版社1999年版，第124页。

〔2〕王振槐主编：《西方政治思想史》，南京大学出版社1993年版，第68页、第76页。

在东王之前，俯首听命。从上帝教理论和教义说，只要东王愿意这样做，他就可以随心所欲。从形式上看，太平天国前期确实表现出神权政治的特点，其主要特征和表现就是东王握有神权，而天王为一国之君，东王所掌握的神权却凌驾于天王代表的政权之上。

就政权的日常运作而言，太平天国又表现出非神权政治的特点。太平天国起义立国前后，"杨秀清、萧朝贵开始以天父天兄附体传言的方式发布指示，处分事务。自此，天父天兄附体的杨秀清、萧朝贵就成了太平天国各种事务的最高指示者、裁决者"[1]。定都天京后，太平天国非神权政治的主要特征和表现就是东王府与天王府的政权功能。按太平天国政治制度，政务须由各级官员层层核议，逐级呈报请准。如《天朝田亩制度》所规定："凡一军典分田二，典刑法二，典钱谷二，典入二，典出二，俱一正一副，即以师帅、旅帅兼摄。当其任者掌其事，不当其事者亦赞其事。凡一军一切生死黜陟等事，军帅详监军，监军详钦命总制，钦命总制次详将军、侍卫、指挥、检点、丞相，丞相禀军师，军师奏天王，天王降旨，军师遵行。"[2]从形式上看，天王握国家政务的最高决定权。但天朝宫殿（天王府）供职人员及左史、右史、掌朝仪、通赞、引赞等共 1 621 人，都是天王侍从仪卫，无一执掌军令政令。事实上，对军师的决定，天王无不"旨准"，从无驳回。政务最高决定权徒具形式，至有"事过方奏，或竟不奏者"[3]。政权实际运作全在东王府。

东王府则设吏户礼兵刑工六部，六部设尚书，每部尚书 12 人，共达 72 人之多，分掌国务；六部设承宣，共 24 人，主发号施令。东王府事多权重，有时一日颁发诰谕达 300 件之多。东王实际执掌最高政权在当时就引起了各方面关注和各种猜测。如向荣于 1853 年 6 月在《复奏洪秀全杨秀清形貌片》中称："洪秀全实无其人。""或云系刻木偶为之，实无其人。"[4]又如，

---

〔1〕 王庆成编注：《天父天兄圣旨》，辽宁人民出版社 1986 年版，第 129 页。

〔2〕《天朝田亩制度》，太平天国历史博物馆：《太平天国印书》，江苏人民出版社 1979 年版。

〔3〕 张德坚：《贼情汇纂》，中国史学会主编：《太平天国》（三），神州国光社 1952 年版，第 249 页。

〔4〕 向荣奏稿，中国史学会主编：《太平天国》（七），神州国光社 1952 年版，第 175 页。

1854年6月,英国传教士麦都思等访问了天京,他们认为东王已“窃踞上帝的传言人和神使这样一个如此有权势的地位”,并“使他的君主仅仅成为一个傀儡国王”。东王给麦都思等人的答复也未能消除关于“太平王”的存在和及其是否在南京的普遍的疑问。麦都思并认为:“显然,东王在他们的政治和宗教体系中是原动力。”[1]张德坚也说:杨秀清“虚尊洪秀全为首,而自揽大权独得其实”[2]。所谓“虚君制”的说法正表明这一关键点,即东王既掌握着最高神权,又实际上掌握了最高政权,神权与政权合一,掌握于一人之手,就实质而言,太平天国前期又确实表现出非神权政治的特点。

结论应该是:太平天国前期神权与政权呈现出复杂关系,从形式上看,表现出神权政治的特点;就实质而言,又确实是非神权政治。

太平天国前期神权与政权的复杂关系对太平天国的政权运作产生了两方面的影响。其一,太平天国前期非神权政治的特点保证了太平天国前期政权运作的正常和高效,前期军事上的成功就是最好的说明。其二,太平天国前期神权政治的特点却制造了太平天国前期政权运作的反常和危机,东王“逼封万岁”和随之而爆发的“天京变乱”又是最合乎逻辑的结果和见证。

1856年的天京变乱解构了太平天国前期的神权与政权结构,太平天国后期,神权与政权的关系发生了根本性的变化。第一,没有任何人享有天父或天兄附身下凡、代天父或天兄传言的宗教特权,即使东王和西王的继承人幼东王和幼西王也如此。神权握于洪秀全一人之手。第二,政权机构设置也发生根本性的改造。太平天国后期,天王府成为中央政府所在地。天王府设立了吏户礼兵刑工六部,分掌国务,对天王和幼天王负责。这样,天王既掌握着最高政权,又掌握了最高神权,神权与政权合一,掌握于一人之手,在这个意义上说,太平天国后期完全表现为非神权政治的特点。

进一步说,神权与政权的关系,在欧洲中世纪表现为教会与各国君主

〔1〕 A Report by W H Medhurst and Lewin Bowring, Prescott Clarke and JS Gregory, Western Reports on the Taiping, p. 163. Australian National University Press, Canberra, 1982.

〔2〕 张德坚:《贼情汇纂》,中国史学会主编:《太平天国》(三),神州国光社1952年版,第46页。

的关系。而在太平天国根本就没有一个独立的类似“教会”的宗教组织以作为神权的载体，太平天国没有专职的神职人员，上帝教的宗教功能是附丽于太平天国军政官员的政治权力的。因此也不可能有什么有组织的神权凌驾于政权之上。

从总体上说，无论是在太平天国前期还是在后期，太平天国的政体都不是神权政治，它所表现出来的复杂现象，不过是扑朔迷离的神权政治的幻影。

三、关于太平天国神权政治说的辨析

早在太平天国时期，一些访问和考察过太平天国的外国外交官员和传教士就曾对太平天国的政体发表了看法。

最早提出太平天国是神权政体的可能是在太平天国前期来华的美国专使麦莲等美国官员和裨治文等传教士。麦莲等于1854年5月到天京访问，他们在事后写成《苏斯奎汉那号的南京、芜湖之行》中述及对太平天国政体的看法，认为：

“1. 他们的政府是一个神权政体，而且显然是一种他们所认为的新的特殊天意的发展结果。如同犹太人受摩西监护一样，他们认为自己也在一人监护之下：全能的上帝指定这个人在人间执行神的旨意，并作为上帝的代言人管理与控制天下万事万物。

2. 他们的政府又是一种半政治、半宗教的混合体。它似乎有既是人间又是天国的首领，有既是世俗的又是宗教的抑或似乎既可见又不可见的机构。他们极为明确地宣称，在新政体的领袖与天父天兄之间，存在一种如我所理解的个人的有形交往。

3. 而且，他们的政府是君主专制政体，但已摒弃旧帝国的形式。新机构中没有皇帝，仅有王的集团：即天王、东王、西王、南王、北王及翼王。”〔1〕

〔1〕《苏斯奎汉那号的南京、芜湖之行》，北京太平天国史研究会编：《太平天国史译丛》第2辑，中华书局1983年版，第44页。原文见 A letter from Rev. E. C. Bridgman, Prescott Clarke and JS Gregory, Western Reports on the Taiping, p. 146. Australian National University Press, Canberra, 1982.

由上可知，麦莲、裨治文等一方面认为太平天国是“神权政体”，另一方面又认为太平天国的政体与摩西时代的政体一样。按照斯宾诺莎的观点，摩西时代的政体不是神权政治，那么，太平天国的政体也同样不是神权政体。但令人费解的是，麦莲的结论与斯宾诺莎相反，认为太平天国的政体是神权政治。我想，这里用得上斯宾诺莎分析这一问题的方法，不能仅就表象来做判定，而应从太平天国政体的实际出发。如上文所分析，太平天国的政体，特别是太平天国前期的政体，确实表现出神权政治的特征。而且，如同斯宾诺莎对希伯来国家所分析的那样，从“学理”上说，太平天国的“政府可又称之为神权政体”，但从政府的实践看，由于杨秀清和洪秀全都曾经既握有最高的政权，同时又握有最高的神权，太平天国就不是神权政治。至于麦莲、裨治文等说太平天国的政体又是一种半政治、半宗教的混合体，我以为，麦莲、裨治文等人的观点的含混只不过反映了太平天国前期政体形式表现上的复杂性。

太平天国后期到天京访问的传教士何默斯认为，太平天国的政体是“半神权制度”。何默斯在访问南京回到上海后提出一份报告，根据他“所获得的情报”，“证明最初由洪秀全所创立的半神权制度，将成为永久化，而且由于增加很多细节，致使这个制度更趋精密。叛军首领似仍坚持他在世界上至高无上的地位”〔1〕。

何默斯认为，太平天国政体是半神权制度，应该说，这是一种折中的看法，同样反映了太平天国政体的复杂的一面。这一观点的合理性在于，它至少没有将太平天国政体完全定性为神权政治。

与何默斯同时代的传教士杨格非则认为，太平天国政体只是“假设的神权政体”，形式的“神权政体”。洪秀全作为上帝的次子，“第二位的天子”(the second Tien Chiu)，“天王”，寓有更多的含义。“除了他是上帝任命的统治者这一观念外，还源于他的政府被假设为神权政体。上帝是帝王，因此，这个王国被称为天国。作为天命的王国的摄政者，他自称‘天王’，天国

〔1〕《艾约瑟等五名传教士赴苏州谒见干王和忠王的报导》，北京太平天国史研究会编：《太平天国史译丛》第2辑，中华书局1983年版，第112页。何默斯(James L. Holmes)亦译花雅各。

'可见'的统治者。同理,这个王朝被称为天朝,国都为天京,士兵为天兵。"[1]杨格非进而论证:"在我看来,它是一个表面上的'神治国家'。按照他们自己的解释,天朝的臣民是选民,上帝是他们的帝王,天王是摄政王,南京是天京——今日之耶路撒冷。天王说,他受命于上帝,服从上帝的旨意,上帝扶持他掌握政权。教会和国家之间的区别完全被忽略,纠缠在一起。"[2]

杨格非断言,太平天国"政体在表面上依然是神治国家"。他相信丹阳太平军秦姓对他所作的判断。"秦在丹阳告诉我,真实的政权形式是君主制。"[3]显然,杨格非认为太平天国看起来是神权政治,实际上是君主制,杨格非的看法和本文的观点吻合。

当代学者提出太平天国"神权政治"说并产生一定影响的主要有冯友兰先生。据《新观察》杂志 1989 年第 7 期刊出的《早春》一文,冯先生在说到《中国哲学史新编》第六册的特点时说,该书"否定了太平天国,给曾国藩翻案"。并说,"我之所以否定太平天国,因为太平天国要推行神权政治"。"假如太平天国统一了中国,那么中国的历史要倒退到神权政治的黑暗时期。"

《中国哲学史新编》第六册关于"曾国藩与太平天国斗争的历史意义"一节说:"神权政治正是西方的缺点,洪秀全和太平天国所要向西方学习的正是这个缺点。如果洪秀全和太平天国统一了中国,那就要把中国拉回到西方的中世纪,使中国的近代化推迟了几个世纪。""曾国藩和太平天国的斗争,是中西两种文化、两种宗教的斗争,即有西方宗教斗争中所谓'圣战'的意义。这是曾国藩和太平天国斗争的历史意义。"[4]

实际上,辛亥革命时期杨笃生就曾评说道:"洪杨剽窃天主教之绪余,

---

[1] A Pamphlet by Rev. Griffith John, Prescott Clarke and JS Gregory, Western Reports on the Taiping, p. 275. Australian National University Press, Canberra, 1982.

[2] A Pamphlet by Rev. Griffith John, Prescott Clarke and JS Gregory, Western Reports on the Taiping, p. 265. Australian National University Press, Canberra, 1982.

[3] A Pamphlet by Rev. Griffith John, Prescott Clarke and JS Gregory, Western Reports on the Taiping, p. 264. Australian National University Press, Canberra, 1982.

[4] 冯友兰:《中国哲学史新编》(第六册),人民出版社 1989 年版,第 75 页。

天父天兄，称名诞幻。与湖南士绅闻所承用之学说，格不相入，故湘粤之哄，虽谓带宗教之性质可也。"[1]章炳麟也这样说："湘军之夷洪氏，名言非正也。洪氏以夏人挞建夷，不修德政，而暴戮是闻，又横张神教，以轶干之。曾国藩、左宗棠之起，其始不过卫保乡邑，非敢赞清也。……故檄书不称讨叛，独以异教愆礼数之。"[2]将"曾国藩和太平天国的斗争"视为"中西两种文化、两种宗教的斗争"，冯先生不是第一人。

实际上，在冯友兰先生之前，早在 20 世纪 80 年代初，刘君达先生就曾提出类似的观点。刘君达认为："许多人为太平天国的失败而扼腕痛惜，似乎如果她胜利了，中国就会强盛起来。我可没有这样乐观。因为即使太平天国取代了清王朝，也仅仅是改朝换代而已。而这种改朝换代如果说在朱元璋时代还有积极意义的话，那在洪秀全时代则是消极、反动的了。因为这时中国已进入封建社会的末期，需要的是一场改变旧的生产关系，改变社会性质的脱胎换骨的革命。仍属于单纯农民战争范畴的太平天国是实现不了这个历史任务的。这一次改朝换代的胜利，最多只能使古老的中国封建社会回光返照一下而已。它活得愈久，中国和先进国家的差距就愈大。太平天国政教合一的政体，虽然未能统治全国但在中世纪的欧洲已有先例，这是一种最野蛮、黑暗的政体。在天京城内也可见一些端倪，什么'点天灯'、'五马分尸'之类的酷刑，不是都在宗教的外衣下进行的吗？……这么一说，是否太平天国革命多此一举了呢？不。它沉重打击了清王朝，加速了中国民主革命进程的种种历史作用是不容否定的。"[3]刘君达先生对太平天国政体的评价与冯友兰先生异曲同工，不过他肯定了"太平天国革命""沉重打击了清王朝，加速了中国民主革命进程的种种历史作用"。

同一时期，陈华新先生也谈到这一问题，他提出要分析"洪秀全的政教

---

〔1〕 杨笃生：《新湖南》，《辛亥革命前十年时论选集》卷一（下），三联书店 1960 年版，第 619 页。

〔2〕 转引自萧一山：《清代通史》，中华书局 1986 年版，第 774 页。

〔3〕 刘君达：《朱元璋与洪秀全比较观》，广西太平天国史研究会、广东太平天国史研究会编：《太平天国史论文集》，广西人民出版社、广东人民出版社 1983 年版，第 249 页。

一元化主张，与西欧中世纪‘神权政治’的政教一元化政治思想的异同”。他认为：“二者的理论根据，都源于基督教的‘创世’说。‘创世’说认为宇宙万物以及人类都是上帝创造的，上帝是创世主，是万能的。洪秀全和太平天国，也认这‘天地山海人物’都是上帝创造的。‘天父权能无所不知，无所不能，无所不在。’这一点与中世纪西欧‘神权政治’的理论根据，是没有什么区别的。”陈华新又提出：“由于中国和西欧的封建社会，在政治上都具有不同的民族特点，因此，二者又存在明显的不同。”结论是：洪秀全的政教一元化“具有明显的反封建色彩”〔1〕。有鉴于上文已作的分析与论述，笔者认为陈华新先生就神权政治问题所作理论分析欠妥，兹不赘述。

此外，方志钦也似乎持类似的观点，他认为：“当西方资本主义国家经过长期的斗争，早已实现政教分离的时候，洪秀全却力图在没有国教的中国实行政教合一，这更是一种严重的政治倒退。其政教合一的程度，比外国有过之而无不及，以致太平天国的政治、文化和日常生活都带上浓厚的宗教色彩。”〔2〕显然，这里也存在理论分析的欠妥。

朱东安先生不同意冯友兰的观点，并明确指出：“根据斯宾诺莎的原意并参照中世纪西欧的情况，是不能把太平天国的政治体制归之于神权政治的。相反，洪秀全的做法正好符合斯宾诺莎开出的结束神权政治的处方。冯友兰先生不加任何分析，径直将太平天国的政教合一制度说成‘西方中世纪式的神权政治’，显然是不妥当的。”〔3〕

笔者同意朱东安先生的意见，不认为“太平天国要推行神权政治”。笔者还认为，即使“太平天国要推行神权政治”，客观上也是行不通的，更谈不上“把中国拉回到西方的中世纪，使中国的近代化推迟了几个世纪”。这里仍然用得上斯宾诺莎的理论，如斯宾诺莎所说：神权政体“这种政体只可以是那些与外人断绝关系的人有的，他们闭关自守，与外界完全隔绝；这种政

〔1〕 陈华新：《洪秀全的政治思想评议》，广西太平天国史研究会、广东太平天国史研究会编：《太平天国史论文集》，广西人民出版社、广东人民出版社 1983 年版，第 184 页。

〔2〕 方志钦：《“邪”与“正”在洪秀全思想中的矛盾》，广西太平天国史研究会、广东太平天国史研究会编：《太平天国史论文集》，广西人民出版社、广东人民出版社 1983 年版，第 320 页

〔3〕 朱东安：《太平天国“推行神权政治”说质疑》，《历史研究》1990 年第 5 期。

体对于必须与别国有交往的人是没有用处的;所以采用这种政体的情形真是少之又少的"[1]。太平天国如果真的在全国建立了统治,作为一个生存于不能与外界完全隔绝的时代的国家,作为一个本来就主张开放的国家,人们没有理由会认为,太平天国会与外界完全隔绝,并能在中国实行"神权政治"。正如罗马教皇所说:"只能靠奇迹来实现。"如果因为子虚乌有的太平天国要在中国实行所谓神权政治,而否定太平天国,则大可不必。

最后,笔者还想指出,太平天国之所以要把上帝教作为国教,其主观目的也绝不是要"把中国拖回所谓黑暗的中世纪"。就太平天国领导人而言,洪秀全在创立上帝教时怀抱传教救世的大志,作为教主,他将上帝教作为国教,是再自然不过的事;除了宗教因素以外,当然还有以上帝教神化和强化自己的统治地位的政治意图。而在洪仁玕,更有以上帝教拯世强国的理念与期盼。

洪仁玕的《资政新篇》比同时代的其他人在更广阔、更深入的层面提出了学习西方的命题。对于西方文明的理解,洪仁玕有独特的认识。他将西方文明层次化为"上宝"、"中宝"、"下宝"。"夫所谓上宝者,以天父上帝、天兄基督、圣神爷之风三位一体为宝。一敬信间,声色不形,肃然有律,诚以此能格其邪心,定其灵魂,化其愚蒙,宝其才德也。中宝者,以有用之物为宝。如火船、火车、钟表、电火表、寒暑表、风雨表、日晷表、千里镜、暑天尺、连环枪、天球地球等物,皆有夺造化之巧,足以广闻见之精,此正正堂堂之技,非妇儿掩饰之文,永古可行者也。""下宝"则是"骄奢之习","诗画美艳,金玉精奇,非一无可取,第是宝之下者也"[2]。从这段文字中可以看到,洪仁玕认为,西方文明是一个先进的、高于中国的文明。在西方文明这个总体中,基督教是"上宝",科学技术产品是"中宝",骄奢之物是"下宝"。他不但把基督教作为西方文化完整体系中一个不可分割的部分接受下来,而且,把它列为"上宝",显然,洪仁玕主张,学习西方首先要学得基督教这一"上宝"。

---

〔1〕 斯宾诺莎著,温锡增译:《神学政治论》,商务印书馆1982年版,第251页。

〔2〕 洪仁玕:《资政新篇》,太平天国历史博物馆:《太平天国印书》,江苏人民出版社1979年版,第680页。

洪仁玕之所以提出这样的主张，是他对世界历史考察的结论。在洪仁玕看来，世界上一些国家所以强大，是因为这些国家信奉基督教，“皆以天父上帝、耶稣基督立教”。例如，“英吉利即俗称红毛邦，开邦一千年来未易他姓，于今称为最强之邦”；“花旗邦即米利坚，礼义富足，以其为最。其力虽强，而不侵凌邻邦”。“总论二邦……数百年来，各君其邦，各子其民，皆以天父上帝、耶稣基督立教。”“佛兰西邦亦是信上帝、耶稣基督之邦，但其教多务异迹奇行，而少有别，故其邦今似半强半美之邦。”“俄罗斯邦……信耶稣基督，而类于佛兰西之行也。……大兴政教，百余年来，声威日著，今亦为北方冠冕之邦也。”类似的国家还有：“日耳曼邦内分十余邦，不相统属，亦无侵夺，信奉天父上帝、耶稣基督尤慎。”“瑞邦、丁邦、罗邦纯守耶稣基督之教。”洪仁玕认为，反面事例则有土耳其邦、马来邦等，“土耳其邦……因此邦之人不信耶稣基督为救世主，仍执摩西律法，不知变通，故邦势不振”。“马来邦、秘鲁邦、澳大利邦、新嘉波、天竺邦、前西藏、后西藏、蒙古、满洲皆信佛教，拜偶像，故其邦多衰弱不振，而名不著焉。”

因此，洪仁玕呼吁“乘此有为之日，奋为中地倡，以顶天父天兄纲常”，“与番人并雄”[1]，使中国能自立于世界民族之林。如此，我们绝对不能说太平天国要“把中国拖回所谓黑暗的中世纪”。

---

〔1〕 洪仁玕：《资政新篇》，太平天国历史博物馆：《太平天国印书》，江苏人民出版社 1979 年版，第 682—686 页。

《朝天朝主图》释读

《朝天朝主图》是研究太平天国宗教、政治及政治制度的重要文献。对它的释读，却是太平天国史研究中的一大难点。本文就《朝天朝主图》的释读作一尝试，以求教于大家。

《朝天朝主图》是天王所颁诏旨，包括三个部分：朝天朝主位次图、释图之诗文、释图之诏旨[1]。为释读方便起见，引录朝天朝主位次图如下。

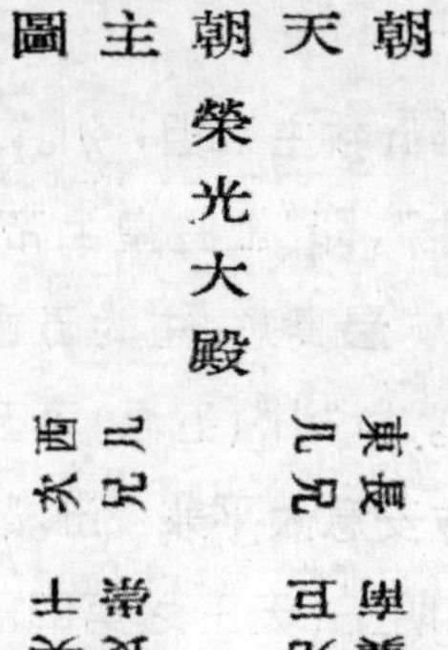

〔1〕《朝天朝主图》，中国史学会主编：《太平天国》(二)，神州国光社1952年版，第674页。

位次图及诗文释读如下：

“上帝基督共朕三　氵。”指天父皇上帝、天兄耶稣及天王洪秀全共三位。以“氵”(笔画为三)表三。陈华新先生释此句为“谓天父、天兄和天王为三位一体”，这是对拜上帝教教义的误解。据《天条书》，太平天国赞美诗为“赞美上帝为天圣父，赞美耶稣为救世圣主，赞美圣神风为圣灵，赞美三位为合一真神”[1]。即上帝、耶稣和圣神风为三位一体。圣神风是杨秀清的封号，不是洪秀全的封号，不能说天父、天兄和天王三位一体。

“爷哥朕幼三一添　丗。”指天父、天兄、天王三位，再加上幼天王，一共四位。以“丗”(四画)表四。

“父子公孙共成王　君王全在此下凡。”上句指天父、天兄、天王、幼天王，父子公孙三代四人均为君王。《钦定敬避字样》规定：“君王；前侯皆不得妄称此二字，唯上帝。基督、君王父、君王母、真圣主、幼主、代代幼主可称此君王二字。”[2]本句中王字还有另一层寓意，王为四画，隐指“成王”的父子公孙四人。下句指洪秀全被天父封为“天王大道君王全”，受遣下凡，建立地上神国。

“爷哥朕幼东成主　爷排五数主当担　沠。”本句指天父、天兄、天王、幼天王加上东王共五位都是“主”，即“上主皇上帝、救世主、真主、幼主，赎病主”[3]。本句中主字也有另一层寓意，主为五画，隐指“成主”的爷哥朕幼东五人。五“主”由上帝排定。以“沠”(五画)表五。

“爷哥朕幼光明东　七数安息大平兼　泄。”上句指天父、天兄、天王、幼天王、光王(天王之第三子)、明王(天王之第四子)和东王共七位。下句中“大”字疑为太字，太字缺笔为大，颇费解。陈华新释此句云：爷哥朕幼光明东这七数“和摊”便可使天下太平了。即把“七数安息”释为“七数‘和摊’”，这也是欠妥的。“安息”不是“和摊”，而与拜上帝教创世说相关。《醒世文》

---

〔1〕《天条书》，中国史学会主编：《太平天国》(一)，神州国光社1952年版，第77页。

〔2〕《钦定敬避字样》，太平天国历史博物馆：《太平天国印书》，江苏人民出版社1979年版，第803页。

〔3〕《钦定敬避字样》，太平天国历史博物馆：《太平天国印书》，江苏人民出版社1979年版，第802页。

说:上帝“六日造成天共地,并造山海与人民。功成七日为安息”[1]。《天情道理书》云:“天父上主皇上帝大显权能,将天地山海人物六日之间尽皆造成……至第七日完工,名曰安息日。”[2]全句是说,爷哥朕幼光明东七位之数,与上帝创世六日功成、七日安息,两者“七数”相合,以示神意之安排,定能“功成”,天下太平。以“沚”(七画)表七。

“爷哥朕幼真天主　光明东西八数龛　八。”指爷哥朕幼光明东再加上西王,共为八位。以“八”(按本义)表八。关于本句中的“龛”字,我们不必借助于通假或押韵需要换字来解读,而应作更直接更自然的解释。

据《说文解字》“龛,龙貌”。按洪秀全的拆字法,龛又可拆为合、龙,表龙之聚合。“八数龛”谓八龙聚合。本句是说爷、哥、朕、幼、光、明、东、西是八龙聚合。“爷哥朕幼真天主”,是龙自不待说。光王、明王是天王之子、天父之孙,龙子龙孙当亦是龙。东王、西王分别代天父、天兄传言,是天父、天兄的化身,故也是龙。南王以下无此特权和身份,故不是龙。至于洪仁发、洪仁达,他们只是和洪秀全在凡间有同一个“肉父”,在天上神国,却没有与洪、杨“同胞”的地位,故也不是龙。

“长次加上十全吉　亣　三人同日苦成甜。”上句是说,爷哥朕幼光明东西八位,加上王长兄洪仁发、王次兄洪仁达共是十位,十全大吉。以“亣”(二加八为十)表十。关于下句,陈华新引证《眼见天日主乾坤诏》,认为此处“三人”也指天父、天兄、天王。[3] 笔者认为,在上引诏旨中,三人指天父、天兄、天王是没有疑问的,在《朝天朝主图》中则不然。洪秀全曾说:“三点是洪,三日是洪日,太兄隐诏洪日作主。”[4]据此,“三人”又可解为洪姓三人即洪氏三兄弟。揆诸文理,本句在讲“长、次加上”的情况,“三人”应该指天王及其长兄洪仁发、次兄洪仁达共三人。下句是说,天王及其长、次兄三人同日,苦尽甘来。

---

〔1〕《醒世文》,中国史学会主编:《太平天国》(二),神州国光社 1952 年版,第 503 页。

〔2〕《天情道理书》,太平天国历史博物馆:《太平天国印书》,江苏人民出版社 1979 年版,第 516 页。

〔3〕陈华新:《〈朝天朝主图〉和“太平玉玺”辨释》,《学术研究》1981 年第 2 期。

〔4〕《钦定旧前遗诏圣书批解》,金毓黻、田余庆:《太平天国史料》,中华书局 1959 年版,第 83 页。

"千字八字排两边　千八。"陈华新认为,"千字"指幼东王,"八字"指幼西王[1]。这是不对的。查《太平礼制》有太平天国元年《太平礼制》和太平天国八年《太平礼制》两种。元年《太平礼制》规定:"东世子,臣下呼称东嗣君千岁","西世子,臣下呼称西嗣君千岁"。而八年《太平礼制》则规定:"东世子,臣下呼称东嗣君九千岁","西世子,臣下呼称西嗣君八千岁"[2]。如果硬要以《太平礼制》中规定的东嗣君、西嗣君呼称为据,写《朝天朝主图》诗文,按元年礼制,则为"千字千字排两边",按八年礼制,则为"九字八字排两边",绝不能东拼西凑,绝无写成"千字八字排两边"之理。

《朝天朝主图》中存在着以拆字笔画符号表示数字的内在规则,并始终贯彻于释图之诗文中,把握这一规则,是释读之关键所在;不可舍此他求。释读本句也不例外。"千"字为三画,表数字三。"八"字同前表数字八。"千八"(三加八为十一)表十一之数,"千字八字"即指十一之数。从《朝天朝主图》中可以看出,荣光大殿前全部位次,从横向的排列看,正好为十一行。东几、西几为第一行,长兄、次兄为第二行,南巨崇干为第三行,翼元长英为第四行,忠见唐赞为第五行,侍次定辅为第六行,璋王、汉王、天四驸马、豫王为第七行,天将、天西驸马、天东驸马、正掌率为第八行,又正掌率、天八驸马、西王父、副掌率为第九行,又副掌率、义爵为第十行,安爵、福爵为第十一行。"千字八字"即指荣光大殿前横向排列为十一行的全部王亲和重臣。"排两边"是指全部位次从纵向看,又分为东、西两边排列于荣光大殿前东、西两侧。如图所示:自东几、长兄、巨王和南王、元王和翼王依次至安爵为东边。自西几、次兄、崇王和干王、长王和英王依次至福爵为西边。

关于图中之"东几"、"西几",一说"几"应为"儿",东几、西几即东儿、西儿,即幼东王、幼西王[3]。这也是一种误解。据《天兄圣旨》载,天兄曰:

---

〔1〕 陈华新:《〈朝天朝主图〉和"太平玉玺"辨释》,《学术研究》1981年第2期。

〔2〕《太平礼制》,中国史学会主编:《太平天国》(一),神州国光社1952年版,第103—113页。太平天国后期又曾颁布《天朝爵职称谓》,其中规定称呼"幼东王九千岁",称呼"幼西王八千岁".同八年礼制。

〔3〕 陈华新:《〈朝天朝主图〉和"太平玉玺"辨释》,《学术研究》1981年第2期。

"洪秀全胞弟,日头是尔……杨秀清、萧朝贵他二人是双凤朝阳也。"[1]又据《朝天朝主图》,诏曰:"爷、哥、朕、幼坐天堂,东、西双凤几两旁。"双凤指东王、西王,他们地位崇高,在荣光大殿前设有案几。东王、西王已死,东几、西几的崇高位次自然由幼东王、幼西王承袭。另外,前期诸王中,除东、西王外,已故南王、豫王保有位次;北王、燕王没有位次,这是因为他们已在"天京变乱"中被诛除爵。

"长次以下四行连。"是指王长兄、王次兄以下诸人位次相连、纵向排列成四行。如图所示:自巨王、元王依次至天八驸马,自崇王、长王依次至西父,此为内两行,位置天王、东王、西王之王亲。自南王、翼王依次至安爵,自干王、英王依次至福爵,此为外两行,位置重臣。

"乃乃八字盖乃头　八乃。""八乃"仍应作表数字解,不可另辟蹊径,以致所据混乱。"乃"为二画,表数字二,"八"同前表数字八。二八一十六,以"八乃"表十六。"乃八"同,亦为十六。"乃乃八"即"二二八",即两个十六。如图所示:"长次以下",荣光大殿前的位次东边自巨王、南王依次至安爵共为十六,西边自崇王、干王依次至福爵亦为十六,东西两边位次共为三十二。

据《朝天朝主图》,诏曰:"皇天门外燕以下,联班朝觐永荣光。"就是说,除荣光大殿前排定位次之诸人,皇天门外还排列着燕爵以下众多臣工,分立东、西两边,联班朝觐。明乎此,则"盖乃头"可释。乃,仍须释为二。头,领头,为首。乃头,皇天门外东、西两边的领头。"乃乃八字盖乃头"全句意为:荣光大殿前"乃乃八字"(即王长、次兄以下之三十二位次所安排的王亲、重臣)率领皇天门外东、西两边排列的众多臣工(燕爵以下)一同朝天朝主。

"东、西乃龛共朝天。"与前文所释一致,"乃"须释为二,"龛"释为"合龙"。"乃龛"即二龙聚合,本句是说,东王、西王二龙聚合,率同荣光大殿之前与皇天门之外的所有大小臣工朝天朝主。

"东西至豫是二七　丗‖　巨崇西父数同然　丗 ═。"上句是指自东

---

〔1〕 王庆成编注:《天父天兄圣旨》,辽宁人民出版社 1986 年版,第 5 页。

几、长兄，南王至璋王七个位次，自西几、次兄、干王至豫王七个位次，合为二七十四。下句是指自巨王、元王至天八驸马七个位次，自崇王、长王至西父七个位次，也合为二七十四。以“泏”（七画）表七，以“‖”（二画）表二，二七十四，以“泏‖”表十四。同理可推，以“泏＝”表十四。

“共成四七二十八　光明加上三十增　沶。”本句中“二十八”具体所指位次已明于上文。尚须补充说明的是，除了这二十八位次，荣光大殿前所余位次为天将、正掌又正掌……安、福共八位次，两者之间的区别在于，前二十八位次不是天王、东王、西王的王亲，就是王爵重臣。后八位次既非王亲，又非王爵。两者之间，尊卑判然。

上述二十八位，加上光王、明王增为三十位。“氵”为三，“亓”为十，三乘以十为三十，以“沶”表三十。

“爷哥朕幼坐天国　三十三天爷排先　洪。”上句含义显然，指“父子公孙同显权”。天父、天兄、天王、幼天王同坐天下。下句中的“三十三天”，按洪秀全的说法，是“上帝大天堂”所在。在上帝大天堂中，天兄耶稣侍立于侧，天父上帝居中为首。

“洪”字在此仍应表数字，应视为上文出现的“沶”（表三十）与“‖”（表二）的合体，三十加二为三十二，以“洪”表三十二。

如前所述，荣光大殿前所有王亲、王爵加上光王、明王共为三十位。而当天王和幼天王躬率合朝臣工朝觐天父、天兄时，前述三十位次就应加上洪氏父子二位，“沶”加“‖”为“洪”，故以“洪”表三十二。

“开辟上帝为独尊　从今一统万万年。”此句为释图诗文之结语，点明上帝至高无上，强调对上帝“独一真神”的崇拜。天下只拜上帝，就是要天下臣服洪秀全。洪秀全颁布《朝天朝主图》的目的在此，如其诏曰：“朕今降诏定位次，殿前四行辅朝纲。”“从今一统万万年。”

释读至此，我们可以总结出以下几点认识了。

第一，《朝天朝主图》的位次图、释图诗文和诏旨正文是一个整体，释读时应以三者相互印证。

第二，诗文各句叙述图中位次，有一定的顺序和联系。先是由尊而卑，从“上帝基督共朕三”叙至“乃乃八字盖乃头”，再由卑而尊，叙至“开辟上帝为独尊”。值得注意的是，包括天父、天兄在内的位次组合有六个层次，即爷哥朕三人为第一层次，爷哥朕幼四君王为第二层次，爷哥朕幼东五位主为第三层次。爷哥朕幼光明东七数为第四层次，爷哥朕幼光明东西八龙为第五层次，爷哥朕幼光明东西长次兄十全之数为第六层次，长次以下诸王诸臣无人厕身其间。显然，上述十人组成了太平天国宗教的和政治的最高统治阶层。除了虚幻的天父、天兄，已故的东王、西王，这个最高统治阶层就只剩下朕、幼、光、明、长、次兄洪氏六人。如果加上幼东王、幼西王，则幼东王实际上是“王五殿下”，洪秀全之第五子，而幼西王则是洪秀全的外甥。可以说，这个最高统治阶层是清一色的洪氏家族。就抬高洪氏地位而言，《朝天朝主图》的设计和“天王改政”活动异曲同工。[1]

第三，在《朝天朝主图》诗文中。洪秀全使用拆字法，把他姓名中的“洪”、“秀”二字分解为不同的笔画组合，如洪拆为氵、二、‖、氿、泄、六、氵六等，秀拆为千、八、乃等，根据文义的需要，还可通过或加或乘的运算，使不同的笔画组合表不同的数字。同时要注意的是，随诗文的逐句叙述而出现的笔画组合所表数字，又是按照从少到多递增的(如从氵到洪，即从三到三十二)，没有任何特例。不把握这些内在规律而去释读，便难免失误。

第四，在《朝天朝主图》中，洪秀全还给一些重要的太平天国避讳字赋予特殊的内涵，如王字，除君王之本意外，又言其为四画，指爷哥朕幼四位君王。主除本义外，其为五画，指爷哥朕幼东五位主。洪秀全姓名的前二字已用于拆字表数，全字则在诗文中表义十全大吉。

第五，《朝天朝主图》中的拆字和数字游戏，旨在使人们感受洪、秀、全姓名的神秘性和神圣性，感受太平天国统治阶层组合的神秘性和神圣性，表明洪秀全在太平天国后期已经多么深地沉湎于宗教，热衷于图谶，用以神化和强化太平天国和洪氏家天下的统治。

〔1〕 参见王国平:《略谈太平天国后期的“天王改政”》,《苏州大学学报》1983 年第 4 期。

略谈太平天国科举

中国的科举制度，自隋唐以迄明清，历经变迁而臻完备。作为太平天国最高领导人的洪秀全，自己就曾向科举讨前程。也正是在屡举不第之后，洪秀全才告别传统的科举制度，走上了立教直至起义建国的道路。据说，当洪秀全在第四次考秀才落第时曾发誓“不考清朝试，不穿清朝服，让自己来开科取士吧！”〔1〕太平天国定都天京后，洪秀全实现了当年的梦想。

一、取士名目与层级系统改革

太平天国对传统科举考试的取士名称作了改变。太平天国后期，一位来降官员请问太平天国科举问题：“官爵既明，而士阶未晓，谓何以秀才为秀士，以补廪为俊士，以拔贡为杰士，以举人为约士，以进士为达士，以翰林为国士乎？此亦有所异乎？”洪仁玕在《钦定英杰归真》中作了比较说明，要点如下：

其一，要使考试制度更合太平天国的“天情道理”。即“天国创万年之基企，树万年之规模，得非常之贤才，乃克佐非常之治绩。是故取士之法不一，而登明选公之意则同，特天情与凡情有别焉。荷蒙天父、天兄大开天恩，亲命我真圣主降凡宰治天下，定鼎天京，立政任人，揆文奋武，两科取士

〔1〕 转引自广西师范学院历史系《金田起义》编写组：《金田起义》，广西人民出版社 1975 版，第 23 页。

之盛，惟在在革除凡例，俾人人共证天心，法至良，意至美也。粤稽古昔，其设科拔擢亦有制定章程，第名实不符，士风日下。值此天命维新之会，道既切乎性命身心，制自超乎古今前后，岂若承讹袭谬，因陋就简之所为哉！”

其二，传统名目名实不符，宜循名责实。洪仁玕认为：“且夫秀才、举人诸名目，考前侯试士之典，有虞则三载考绩，成周则三年宾兴，无所为秀才等名也。故科目莫备于唐，唐有六科：一曰秀才，二曰明经，三曰进士，四曰明法，五曰书，六曰算。当时以诗赋取者谓之进士，以经义取者谓之明经。

其秀才有上上、上中、上下、中上四等。唐玄侯手撰六典，举凡贡举人有博识高才强学待问无失俊选者为秀才，故有乡举进士求试秀才者。明太侯以秀才丁士梅为苏州郡知郡，又以秀才曾泰为户部尚书，是秀才之科第甚高，不容滥冒，其名当改也。

举人者，举到之人。唐高侯显庆四年，侯亲策试之凡九百人，登科则除以官，不复谓之举人，而不第则须再举，不若后世以举人为一定之名也。

进士即科目中之一科，有举进士者，有举进士不第者，但云举进士而第不第未可知，盖自本人言之，谓之举进士，自朝廷言之仍谓之举人，非必以乡试为举人，会试为进士也。是举人、进士之名尚改也。进士中之特出者为翰林，自汉以来皆有之，加贤良方正，直言极谏，博洽坟典，足以通达军谋、详明政术者均可入翰林之选，第举用之途太宽，称名每不得其实，是翰林之名当改也。

武试始于宋庆历间，以阮逸为武学谕。至明太侯立武学，用武举，其秀才等名与文士同，尤觉盛名难副焉。”

其三，洪仁玕提出了更名的具体方案。即“改秀才为秀士，谓士人荣显之初，如卉木之方秀也。改补廪为俊士，谓智过千人为俊也。改拔贡为杰士，谓才过万人为杰也。改举人为博士，谓其博雅淹通也。庚申十年十一月蒙诏改为约士，谓能通四约，博不如约也。改进士为达士，谓其通达事变，足以兼善天下也。改翰林为国士，谓其学识超乎一国，以国士待之，自克以国士报也。至武秀才等则改称英士、猛士、壮士、威士之殊。英谓其英多磊落也，猛谓其猛可济宽也，壮谓其克壮大猷也，威谓其有威可长也。”

洪仁玕认为：“文武统名为士，而称谓各有其真，将见弦诵之士怀经济，超桓之士足腹心。文可兼武，韬略载在《诗》、《书》；武可兼文，干戈化为礼让。事事协文经武纬，人人具武烈文谟。我天朝万万年作人之治，所由黼国黼家，天道无不彰之美；金声玉振，天理无不畅之机。士也举生斯世，可不争自濯磨以仰报天恩主恩，永遵真道，永享真福也哉。”

	原称	太平天国改称	改称寓意
文	秀才	秀士	谓士人荣显之初，如卉木之方秀也
	补廪	俊士	谓智过千人为俊也
	拔贡	杰士	谓才过万人为杰也
	举人	博士	谓其博雅淹通也
		约士	博士再改为约士，谓能通四约，博不如约也
	进士	达士	谓其通达事变，足以兼善天下也
	翰林	国士	谓其学识超乎一国，以国士待之，自克以国士报也
武		英士	谓其英多磊落也
		猛士	谓其猛可济宽也
		壮士	谓其克壮大猷也
		威士	谓其有威可长也

秀士帽

俊士帽

杰士帽

约士帽

达士帽

国士帽

榜眼、探花、状元帽

太平天国的科举考试"自癸好开科",前期的考试制度为三级考试制度,即县试、省试和京试。京试每年在天京举行,由天王、东王、北王、翼王等王府分别开科取士,分别称为天试、东试、北试、翼试等,均于各王之诞辰举行。其中,天试始于天王万寿时举行,旋移于幼主万寿时举行。天京变乱后,东王死难,北王被诛,翼王出走,京试唯余天试一项,天试即为京试。

太平天国前期,"以每年十月初一日宏开天试。嗣复改为每岁三月初三日考文秀才,三月十三日考武秀才,五月初五日考文举人,五月十五日考武举人,各省皆然。于九月初九日考文进士翰林元甲,九月十九日考武进士等,又于每岁正月十五日试选各省提考举人之官"[1]。

据《贼情汇纂》载,太平天国前期,"会试元甲三人,取中者为状元、榜眼、探花,封伪指挥职。次甲无定数,取中者为翰林,封伪将军职。三甲亦无定数,取中者为进士,封伪总制职。先是贼定伪例:试取壹等为军帅,二等师帅,三等旅帅,后乃易之"[2]。

洪仁玕主政后,认为前期"制度灿然一新,而名目仍然由旧,所当循名责实,顾名思义,扫除故迹而更张之"[3]。太平天国后期,考试制度更趋完备,并积极鼓励知识分子和有才之士参加科举考试,太平天国地方当局"闻村镇有读书人,必须设法往劝,代为报名,至期引入城中"参加考试。凡应考者均由当局供应膳宿,赴京试者,由地方当局供给旅费。1859年,干王洪仁玕奉命总管科举考试兼任文衡正总裁,陈玉成为副总裁,颁布《钦定士阶条例》。按《钦定士阶条例》,科举考试为乡、县、郡、省、京五级考试,分别由军帅、监军、总制、提学官与提考官及文衡总裁等主考。详如下表:

〔1〕《钦定英杰归真》,太平天国历史博物馆:《太平天国印书》,江苏人民出版社1979年版,第765页。

〔2〕张德坚:《贼情汇纂》,中国史学会主编:《太平天国》(三),神州国光社1952年版,第112页。

〔3〕《钦定英杰归真》,太平天国历史博物馆:《太平天国印书》,江苏人民出版社1979年版,第765页。

<table>
<tr><th rowspan="2">试级</th><th rowspan="2">考期</th><th rowspan="2">典试官</th><th rowspan="2">录取者</th><th colspan="2">录取者称谓</th><th rowspan="2">职同</th></tr>
<tr><th>文</th><th>武</th></tr>
<tr><td>乡</td><td>每年二月</td><td>军帅</td><td>首一名</td><td>信士</td><td>艺士</td><td>伍长</td></tr>
<tr><td>县</td><td>每年三月</td><td>监军</td><td>首二名</td><td>秀士</td><td>英士</td><td>两司马</td></tr>
<tr><td rowspan="3">郡</td><td>每年四月</td><td>总制</td><td>首二名</td><td>贤士</td><td>能士</td><td>卒长</td></tr>
<tr><td>每年五月</td><td rowspan="2">钦遣提学官</td><td>十名取一</td><td>俊士</td><td>毅士</td><td>旅帅</td></tr>
<tr><td>每六年一次
（荣、酉）五月</td><td>五十名取一</td><td>杰士</td><td rowspan="2">猛士</td><td rowspan="2">师帅</td></tr>
<tr><td>省</td><td>每三年一次
（子、午、荣、酉）
七月</td><td>钦遣提考官</td><td>若干名</td><td>（博士）
约士</td></tr>
<tr><td rowspan="5">京</td><td rowspan="5">每三年一次
（辰、戌、好、未）
九月</td><td rowspan="5">文衡正总裁</td><td>三甲其余</td><td>达士</td><td>壮士</td><td>军帅</td></tr>
<tr><td>三甲头名</td><td colspan="2">会元</td><td>监军</td></tr>
<tr><td>二甲其余</td><td>国士</td><td>威士</td><td>总制</td></tr>
<tr><td>二甲头名</td><td colspan="2">传胪</td><td>将军</td></tr>
<tr><td>一甲三名</td><td colspan="2">状元、榜眼、探花</td><td>指挥</td></tr>
</table>

据《钦定士阶条例》相关内容制。〔1〕

二、考试内容改革

太平天国定都天京后，改革考试内容。“天京考试，皆从上帝真道内举意为题，无用经典。”〔2〕太平天国后期颁布的《钦定士阶条例》规定：“文士子所习之经，须钦遵圣诏，习理《旧约》、《前约》、《真约》诸书。《旧约》即《旧遗诏圣书》，《新约》即《新遗诏圣书》，《真约》即《天命真圣主诏旨书》，以及钦定《天条书》、《三字经》等，皆宜时时攻习，以悟天情。”〔3〕这就是说，废除

〔1〕《钦定士阶条例》，太平天国历史博物馆：《太平天国印书》，江苏人民出版社 1979 年版，第 748 页。

〔2〕《东王杨秀清答复英人三十一条并质问英人五十条诰谕》，太平天国历史博物馆编：《太平天国文书汇编》，中华书局 1979 年版，第 301 页。

〔3〕《钦定士阶条例》，太平天国历史博物馆：《太平天国印书》，江苏人民出版社 1979 年版，第 735 页。

以四书五经为考试内容，改以太平天国颁行官书如《旧遗诏圣书》、《新遗诏圣书》等为考试内容，并根据实际需要加试策论。

例如，太平天国前期，1854年，安徽与湖北举行了考试。安徽省试文题为"真命天子福命将"。湖北省试文首题为"真神独一皇上帝"，次题为"皇上帝乃真皇帝"，诗题为"天父下凡事因谁？耶稣舍命待何为"[1]。天京各试论题、诗题则有"真道岂与世道相同"、"四海之内有东王"等。

太平天国后期，苏福省的情况更具典型意义。据《虎窟纪略》、《自怡日记》、《吴江庚辛纪事》等苏州地方文献资料记载，1860年至1862年，苏福省省、郡、县各级考试试题情况如下：

咸丰十年苏福省省试，"头场头题：同顶天父天兄纲常。二题：禾王作主救人善。三题：能正天所视。诗题：一统山河乐太平……二场：策题：治兵安民策。论题：真道根据唯一正。诗题：万郭来朝"[2]。咸丰十一年六月苏福省省试，"题为：天父有主张，天兄有担当，积善之家必有余庆论。诛残妖以安善良策。……复试题：颁行天历富国强民策。"[3]

咸丰十一年三月苏州郡试，"文题：能救人灵享福无穷。策论题：坚耐心肠，倍加研炼。诗题：师克在和"[4]。

咸丰十一年三月吴县县试，"题：真道岂与世道同。次题：道之大原出于天。诗题：万国来朝"[5]。江震县试，"头题：真道未知须省悟。二题：大孝终身继有虞。三题：四海一家尽兄弟。诗题：万姓安居享太平"。"复试，题目：孝弟力田论治安策"[6]。常昭县试，"题为：足食足兵。赋得偃武修文，得修字。昭文题：先之劳之，赋得礼门义路，得口字"[7]。同治元年三月

---

〔1〕 张德坚：《贼情汇纂》，中国史学会主编：《太平天国》（三），神州国光社1952年版，第112页。

〔2〕 知非：《吴江庚辛纪事》，《近代史资料》1955年第1期，第38页。

〔3〕 龚又村：《粤匪陷虞实录》，辛酉六月初六日条，转引自董蔡时：《太平天国在苏州》，江苏人民出版社1981年版，第97页。

〔4〕 蓼村遁客：《虎窟纪略》，《太平天国史料专辑》，上海古籍出版社1979年版，第33页。

〔5〕 蓼村遁客：《虎窟纪略》，《太平天国史料专辑》，上海古籍出版社1979年版，第33页。

〔6〕 知非：《吴江庚辛纪事》，《近代史资料》1955年第1期，第45—46页。

〔7〕 龚又村：《自怡日记》，太平天国历史博物馆编：《太平天国史料丛编简辑》第四册，中华书局1963年版，第392—394页。

常昭县试，常熟"题为：赦小过举贤才"。昭文"题为：知我者其天乎。策论为：广大无边"[1]。另据《避难纪略》载：题为"天父原来有主张，磨来磨去试心肠"[2]。

从佚名著《真神独一皇上帝》（制艺）和洪仁玕奉命总典京试时"见猎心喜"，一时兴起而作的《拟撰己未九年会试题》，可以管窥当时的应试文章。如《真神独一皇上帝》云："皇矣上帝，神真无二也。夫犹是神也，得其真者非独一皇上帝而何？且自三代而下，神灵每操祸福之权，然伪妄者恒多，真正者恒少。自圣人出，去其伪而复其真，犹恐人不知至真者之果何属，故特指一真实无妄之神，以明其寡二而少双也；兹不禁穆然于皇上帝矣。

今夫当建业之初，惟念予怀于顺则；值开祚之始，当凛帝谓于无声。此石言怪诞，圣人所以斥其非；有赫明昭，王者所以隆其号，何也，诸神皆非真神也，真神独一皇上帝也……"[3]

这样的科举考试实际上是洪秀全推广上帝教的一个极其重要的措施，建立上帝教占统治地位的意识形态，各级官员均为上帝教信徒。洪仁玕与慕维廉的一段对话曾一语破的。洪仁玕说，洪秀全的愿望是向全国传播福音。这也是他和洪秀全始终不渝的共同愿望。洪仁玕告诉慕维廉，天王倾向于用自己的方式来达到目的。慕维廉问用何种方式，洪仁玕说：太平天国每年都举行考试，官员都得参加。这些考试主要以《圣经》为课本，根据应试者对《圣经》知识的了解水平的高低授予相应职位。无论应试者被授予何种官职，均须到各地布道。洪仁玕并强调，这是洪秀全所作的计划，一个完整的计划。

---

〔1〕 龚又村：《自怡日记》，太平天国历史博物馆编：《太平天国史料丛编简辑》第四册，中华书局1963年版，第437页。

〔2〕 佚名：《避难纪略》，《太平天国史料专辑》，上海古籍出版社1979年版，第62页。

〔3〕《真神独一皇上帝》，太平天国历史博物馆编：《太平天国文书汇编》，中华书局1979年版，第327页。

太平天国的御玺与玺文

“鍳”是太平天国生造之字。据《钦定敬避字样》，“玺，玺有金玉之分，前代不可僭称也”。可见“鍳”也是太平天国的避讳字。“玺有金玉之分”意思是说，前代所用之玺均为玉玺。太平天国所用御玺既有玉玺，更有金玺。太平天国崇尚金玺，还和洪秀全异梦启示有关。异梦中有这样一段情节：皇上帝命洪秀全战逐妖魔，并赐一方金玺。“主与魔战时，天父上主皇上帝在其后，天兄基督亦在其后执金玺照妖。妖不能害主，且妖不敢见金玺，见金玺即走。”[1]金玺既是传国之宝，又有莫大权能。

一、太平天国御玺的相关资料记载

太平天国御玺到底有几种，现在还很难做定论。相关资料记载主要有：

张德坚《贼情汇纂》称：“伪王皆金印。伪天王印八寸见方，四面云龙，中空一行，刻‘太平天王大道君王全’九字。左首角上镌一金字，右首角上镌一玺字，并改玺作鍳。”[2]

另据张汝南《金陵省难纪略》记载：天王金玺“上一格刻‘金鍳’二字，下分多行，刻‘太平天王大道君王’八字，下刻一金字，比上数字稍宽，方径八

[1] 《太平天日》，太平天国历史博物馆：《太平天国印书》，江苏人民出版社 1979 年版，第 39 页。

[2] 张德坚：《贼情汇纂》，中国史学会主编：《太平天国》(三)，神州国光社 1952 年版，第 166 页。

寸有奇"[1]。除误解"'太平天王大道君王全'九字"为"'太平天王大道君王'八字,下刻一金字"外,所述略同。

赵烈文《能静居士日记》同治三年六月十九日记:"获伪幼主玉玺二方,皆五寸余,金玺六寸余。玉玺厚二寸,上为桥纽,刻龙。金玺厚不及寸,上为盘龙昂首,制度率略,刻语尤俚,大可喷饭。"[2]

杨格非 1860 年 12 月 6 日致伦敦会秘书函讲到太平天国颁给他的关于宗教自由的诏书时说:"这张诏旨是年轻的王子所写的,上面印有他的父亲的玉玺,现随函附呈,稍缓即当再将译文寄奉。"[3]

《李秀成自述》:"天王在长沙南门制造玉玺,呼称万岁……制造玺成,攻城未下,计及移营。"[4]

曾国藩同治三年六月二十三日《金陵克复全股悍贼尽数歼灭折》奏称:"夺伪玉玺二方,金印一方,宽广约七寸,即洪酋僭用之印也。"[5]曾国藩这份奏折的内容,似乎也被当年的美国《纽约时报》所采用与报道。该报称:"天王的玉玺——总共三枚,也都被找到,现落到了曾国藩的手中。其中一枚用纯金打制,约重 30 磅。"[6]

呤唎著,王维周译:《太平天国革命亲历记》:"这张诏旨是年轻的王子所写的,上面印有他的父亲的玉玺。"[7]另见,1858 年天王诏旨《赐英国全权特使额尔金诏》印文、1858 年天王诏旨《命镇守天浦省诏》印文等。

另有"旨准"印一方。见张德坚《贼情汇纂》记:"另有三寸六分见方一印,四面龙文,中刻'旨准'二字,凡批答伪奏章及各伪书皆钤之。"[8]另见

---

〔1〕 张汝南:《金陵省难纪略》,中国史学会主编:《太平天国》(四),神州国光社 1952 年版,第 718 页。

〔2〕 赵烈文:《能静居士日记》,太平天国史博物馆编:《太平天国史料丛编简辑》(第三册),中华书局 1961 年版,第 372 页。

〔3〕 [英]呤唎著,王维周译:《太平天国革命亲历记》,上海古籍出版社 1985 年版,第 381 页。

〔4〕 《李秀成自述》,太平天国历史博物馆编:《太平天国文书汇编》,中华书局 1979 年版,第 485 页。

〔5〕 曾国藩:《贼酋分别处治粗筹善后事宜折》,《曾文正公全集·奏稿》,传忠书局光绪二年刊本,第 20 卷,第 80 页。

〔6〕 郑曦原编:《帝国的回忆:〈纽约时报〉晚清观察记》,三联书店 2001 年版,第 213 页。

〔7〕 呤唎著,王维周译:《太平天国革命亲历记》,上海古籍出版社 1985 年版,第 381 页。

〔8〕 张德坚:《贼情汇纂》,中国史学会主编:《太平天国》(三),神州国光社 1952 年版,第 168 页。

张汝南《金陵省难纪略》记：天王"方金印，每方约三寸余，四边龙纹，中镌'旨准'二字"。[1] 太平天国癸好三年(1853)新刻的《旧遗诏圣书》(创世传)首页便盖有此印。

为明晰起见，列表如下：

玺 名	尺 寸	资料依据	使用时间
天王金玺	"八寸见方"(28.65厘米)	张德坚《贼情汇纂》	1853
天王金玺		天王诏旨《赐英国全权特使额尔金诏》	1858
天王金玺	高9.5厘米，宽9.5厘米	天王诏旨《命镇守天浦省诏》	1859
天王金玺		天王诏旨《同天同日享永活诏》	天父天兄天王太平天国辛酉十一年二月二十四日
天王、幼主共用金玺		天王诏旨《眼见天日主乾坤诏》	天父天兄天王太平天国辛酉十一年四月二十七日
天王、幼主共用金玺		幼天王诏旨《父子公孙永作主诏》	天父天兄天王太平天国辛酉十一年六月二十八日
金玺	"宽广约七寸"(25.07厘米)	曾国藩《金陵克复全股悍贼尽数歼灭折》	
天王旨准金玺	"三寸六分见方"(12.89厘米)	张德坚《贼情汇纂》	
天王旨准金玺	印模高宽各12厘米	《旧遗诏圣书》卷三首页	《诏书旨准颁行论》
太平玉玺	高宽各19.6厘米		
幼天王玉玺	高宽各21厘米		
玉玺	"宽广约七寸"(25.07厘米)	曾国藩《金陵克复全股悍贼尽数歼灭折》	
玉玺	"宽广约七寸"(25.07厘米)	曾国藩《金陵克复全股悍贼尽数歼灭折》	
天王玉玺		呤唎著，王维周译：《太平天国革命亲历记》，上海古籍出版社1985年版，第381页	1860

说明：据1858年《中英天津条约》，"中国一丈即十尺者，以英国一百四十一因制(即英寸)为准"。"中国一尺即英国十四因制又十分因制之一。"1英寸＝2.54厘米，则1尺＝14.1英寸＝35.814厘米。上表"尺寸"列内当时长度即据此换算为公制。

〔1〕 张汝南：《金陵省难纪略》，中国史学会主编：《太平天国》(四)，神州国光社1952年版，第718页。

从目前所知太平天国文献上玺印印文资料看，太平天国的金玺不写作“玺”，而写作銮，以示该玺为“金玺”。太平天国的金玺应该有四方。

其一，为天王金玺。

《命镇守天浦省诏》〔1〕

见天王诏旨《赐英国全权特使额尔金诏》。

又见天王诏旨《命镇守天浦省诏》。

玺文读为：“金銮　　太平天王大道君王全，奉天诛妖，斩邪留正。”

其二，仍为天王金玺，亦可视为天父天兄天王金玺。

〔1〕 太平天国历史博物馆编：《太平天国艺术》，江苏人民出版社 1994 年版，第 259 页。

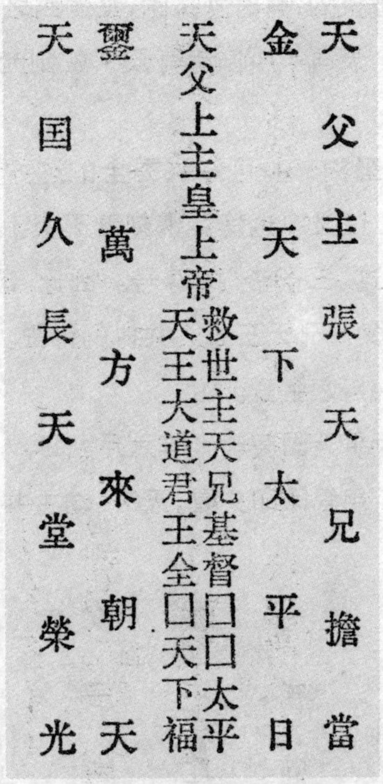

(示意图)

见天父天兄天王太平天国辛酉十一年二月二十四日天王诏旨《同天同日享永活诏》,改国号后换。

又见《天王手批艾约瑟撰上帝有形为喻无形乃实论》〔1〕。

玺文应读为:“金玺　天父上主皇上帝,救世主天兄基督口口太平,天王大道君王全口天下福,天下太平日,万方来朝天,天父主张天兄担当,天国久长天堂荣光。”

1860 年的《王长、次兄亲目亲耳共证福音书》在说到异梦情节时称:“那时战妖爷在哥后,哥在朕后,三子爷新统两傍天将天兵赶逐妖魔。爷赐玺与朕。朕战妖,手不得闲,哥手执玺照妖,妖即走,此玺是上帝造天造地之

〔1〕《天王手批艾约瑟撰上帝有形为喻无形乃实论》,太平天国历史博物馆编:《太平天国文书汇编》,中华书局 1979 年版,第 335 页。

玺，有时爷执的，有时哥执的，有时朕执的，玺颁到之处，妖魔远遁。"〔1〕

洪仁玕追述洪秀全天酉年所作诗有云："玺剑光荣承帝赐，诗章凭据诵帝前。"〔2〕

从"故今三子爷同玺"一句，可知洪秀全的这方金玺也是天父、天兄与天王三人共执共用的。玺文中也确实镌刻着天父上主皇上帝，救世主天兄基督，天王大道君王全这"三子爷"的尊号。因此，这方金玺既可称为洪秀全的御玺，也可称为天父天兄天王三人共执的御玺。

其三，天王、幼主共用之金玺。

幼主诏旨始发于太平天国庚申十年六月九日。

从太平天国诏旨所用玺印印文看，天王、幼主共用之金玺应该有两方。其一印文为：

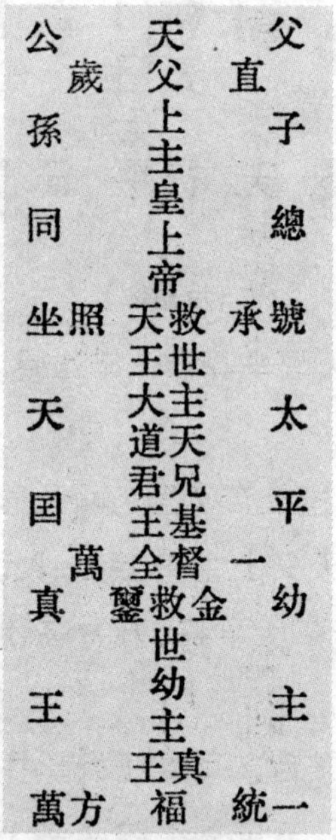

（示意图）

〔1〕《王长次兄亲目亲耳共证福音书》，太平天国历史博物馆：《太平天国印书》，江苏人民出版社 1979 年版，第 711 页。

〔2〕《钦定军次实录》，太平天国历史博物馆：《太平天国印书》，江苏人民出版社 1979 年版，第 784 页。

见天父天兄天王太平天国辛酉十一年四月二十七日天王诏旨《眼见天日主乾坤诏》。

其四，仍为天王、幼主共用之金玺。

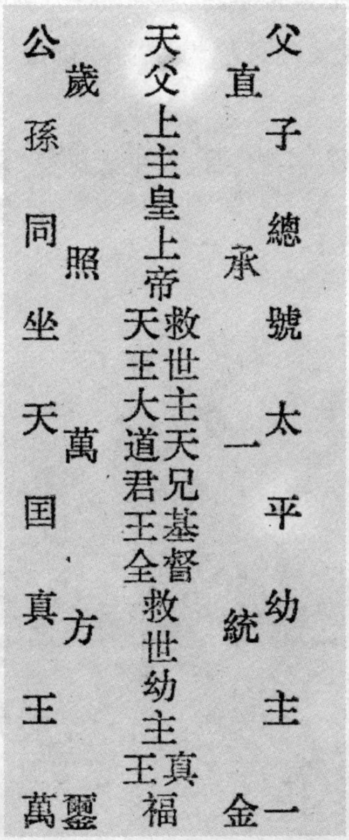

（示意图）

见天父天兄天王太平天国辛酉十一年六月二十八日幼天王诏旨《父子公孙永作主诏》。

玺文应读为："金玺　天父上主皇上帝，救世主天兄基督，天王大道君王全，救世幼主真王福。直承一统，岁照万方。父子总号太平幼主一，公孙同坐天国真王万。"

或读为："金玺　天父上主皇上帝，救世主天兄基督，天王大道君王全，救世幼主真王福。父子总号太平幼主一直承一统，公孙同坐天国真王万岁照万方。"

从文意看，第一种读法中“幼主一”与“真王万”不可解。第二种读法“一直承一统”与“万岁照万方”可解。似以第二种读法更合情理。

由上文对天王金玺的考察，同理可推，这方金玺镌刻着天父上主皇上帝，救世主天兄基督，天王大道君王全“三子爷”加上救世幼主真王福这四人的尊号。因此，这方金玺既可称为幼主的御玺，也可称为天父天兄天王幼主四人共执的御玺。

从已知太平天国玉玺“实物”看，太平天国有“幼天王玉玺”一方、“太平玉玺”一方。

其一，幼天王玉玺。

幼天王玉玺[1]

〔1〕 太平天国历史博物馆编：《天国春秋——太平天国历史图录》，文物出版社 2002 年版，第 44 页。

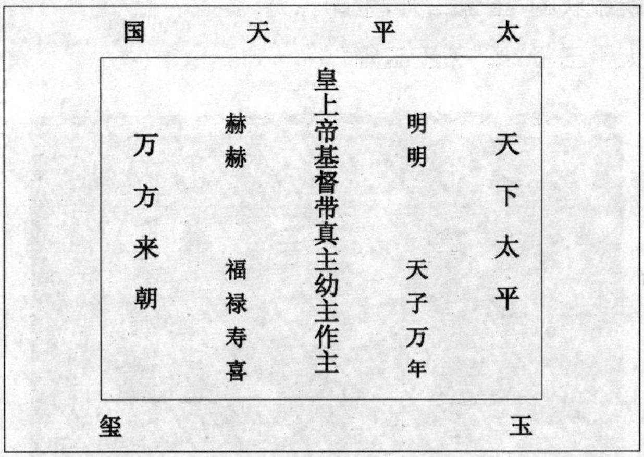

(示意图)

玺文应读为:

“太平天国玉玺　　皇上帝基督带真主幼主作主,明明赫赫。天子万年,福禄寿喜。天下太平,万方来朝。”

这枚玉玺应为太平天国玉玺真品,理由是,(1) 天王《改太平天国为上帝天国诏》规定,“玉玺内‘太平天国’四字改刻‘上帝天国’”。这就是说,太平天国玉玺内应刻有“太平天国”或“上帝天国”四字,这也给我们留下一个鉴定“玉玺”真伪的重要参照。这一枚“幼主玉玺”符合这一规定,应视为“太平天国玉玺”。(2) 据曾国藩奏称,幼主玉玺“宽广约七寸”,即 25 厘米左右,这枚玉玺宽广为 21 厘米[1],两者大致吻合。(3) 玺文无违背太平天国规制之处。

应该补充说明两点,第一,除“幼主玉玺”外,幼天王所用之金玺即天王、幼天王共用之金玺,见太平天国庚申十年六月九日的幼主诏旨。第二,太平天国后期改国号为“天父天兄天王太平天国”,并规定“凡出示及印内具(俱)要刻天父天兄天王字样安入,不遵者五马分尸”[2]。则此玺在 1861 年 4 月后即不再使用。据此,可能还有另一枚幼主玉玺,这三枚幼主御玺

〔1〕 太平天国历史博物馆编:《太平天国艺术》,江苏人民出版社 1994 年版,第 262 页。

〔2〕《李秀成自述》,太平天国历史博物馆编:《太平天国文书汇编》,中华书局 1979 年版,第 533 页。

即为曾国藩所缴获的“玉玺二方，金印一方”。

其二，“太平玉玺”或“天王玉玺”。

太平玉玺〔1〕

关于这一枚“太平玉玺”玺文的解读，可谓众说纷纭。

谢兴尧、罗尔纲赞成的读法是：“太平玉玺　　天父上帝，恩和辑睦，天王洪日，天兄基督，救世幼主，主王舆笃，八位万岁，真王贵福，永定乾坤，永锡天禄。”〔2〕

荣孟源对谢、罗的读法提出修正，即将“恩和辑睦”与“天兄基督”二句换了位置。其理由是：“天父、天兄、天王的排列次序不能混乱，不能把天王加在天兄之上。”〔3〕即“太平玉玺　　天父上帝，天兄基督，天王洪日，恩和辑睦，救世幼主，主王舆笃，八位万岁，真王贵福，永定乾坤，永锡天禄”。

董蔡时认为应读为：“天父上帝　太平玉玺　　恩和辑睦　永定乾坤　八位

---

〔1〕 太平天国历史博物馆编：《太平天国艺术》，江苏人民出版社 1994 年版，第 261 页。

〔2〕 谢兴尧：《太平天国的社会政治思想》，商务印书馆 1935 年版，第 43 页。罗尔纲：《太平天国文物图释》，三联书店 1956 年版，第 25 页。

〔3〕 荣孟源：《历史笔记》，中国社会科学出版社 1981 年版，第 150 页。

万岁 救世幼主 天王洪日 天兄基督 主王舆笃 真王贵福 永锡天禄。"[1]

简又文等人的读法是:"太平玉玺　　天父上帝,天兄基督;天王洪日,主王舆笃;救世幼主,真王贵福;八位万岁,恩和辑睦;永定乾坤,永锡天禄。"[2]

王庆成则将简又文读法的"恩和辑睦"与"永锡天禄"二句互换位置。他认为"这里的变文次序是洪秀全按照基督教教义和他自己独特的宗教理论安排的,是一种尚右和从右读的特例。"应读为:"太平玉玺　　天父上帝　天兄基督　天王洪日　主王舆笃　救世幼主　真王贵福　八位万岁　永锡天禄　永定乾坤　恩和辑睦。"[3]

姜涛在文中提出了新见解,他认为玺印正文"由上半部中央一直行'天父上帝'四字(为第二等大字体)总领下半部八行小字组成,交代玺主的身份。其顺序为由上而下,由中而外,分别向右向左,即:'天父上帝,天王洪日、救世幼主、八位万岁、永定乾坤'为右组;'天父上帝,天兄基督、主正舆笃、真王贵福、永锡天禄'为左组('天父上帝'为两组合用,故重复列出)"。姜涛认为:右组文字以"永定乾坤"为中心,强调了天王及幼主对普天之下的统治权(亦即空间上的广延)。天王《万象皆新诏》中"太平天日照万方"以及前一方金玺中"公孙同坐天国真王万岁照万方"等,意思与此略同。左组文字以"永锡天禄"为中心,强调了天王及幼主神授君权的承继性(亦即时间上的延续)。天王《万象皆新诏》中"一统万年万万年"以及前一方金玺中"父子总号太平幼主一直承一统"等,意思也与此相近。[4]

上述几种见解均提出相关理由,但没有哪种见解可以被大家接受。特别是大家对"八位万岁"解释分歧,"八位万岁"无法以文献资料合理印证。学界更有人认为这方"太平玉玺"属于伪造。

如徐彻认为:"此玺非太平天国真玉玺,而是一件伪造品。"其理由主要

---

〔1〕 董蔡时:《关于太平玉玺上"八位万岁"的考释》,《中华文史论丛》1979年第2辑,上海古籍出版社1979年版,第443—455页。

〔2〕 简又文:《太平天国典制通考》(上),简氏猛进书屋1958年版,第192页。

〔3〕 王庆成:《太平天国的历史和思想》,中华书局1985年版,第355页。

〔4〕 姜涛:《太平天国文化拾零(三题)》,《近代史研究》1992年第4期。

有:第一,最主要之点是玺文中天王、基督、幼主位置违反太平天国礼制;第二,“真王贵福”与史实相悖;第三,“八位万岁”文字资料上得不到合理印证;第四,“太平玉玺”在天国文字资料上查无实据,并与真正的天国金玺、玉玺规制不合。〔1〕

笔者也倾向于认为这枚“太平玉玺”很可能是伪造的。

首先,按太平天国金玺玺文的读法,“由中而外,先右后左”,这一玉玺玺文应读为:“太平玉玺　天父上帝,天王洪日,天兄基督,救世幼主,主王舆笃,八位万岁,真王贵福,永定乾坤,永锡天禄,恩和辑睦。”而参照太平天国等级制度,玉玺玺文应读为:“太平玉玺　天父上帝,天兄基督,天王洪日,主王舆笃,救世幼主,真王贵福,八位万岁,永锡天禄,永定乾坤,恩和辑睦。”显然,上述两种读法是矛盾的,而且,无论哪种读法都和太平天国的相关规制矛盾,要么不符合玺文“由中而外,先右后左”的读文顺序,要么不符合太平天国尊卑森严的等级制度。据此,这颗玉玺很可能是伪造的。

其次,太平天国玺印制度有等级森严的规定,如东王、西王印长 6.6 寸,宽 3.3 寸。南王、北王印长 6.4 寸,宽 3.2 寸。翼王印长 6.2 寸,宽 3.1 寸。其余等而下之。这一“太平玉玺”高宽均为 19.5 厘米,而上引文中之“幼主玉玺”高宽均为 21 厘米,从规制上说,如果真有这样一枚“太平玉玺”,其尺寸不应小于 21 厘米。

再次,玺文中的“八位万岁”确实是不能用太平天国典章制度诠释,也不能用太平天国史实印证的一堆“乱码”。

太平天国有无八位“万岁”? 回答应该是否定的。《太平礼制》规定:“王世子,臣下呼称幼主万岁。”〔2〕这就是说,除天王可称万岁外,唯幼主可称万岁,太平天国一共只有两位“万岁”。《朝天朝主图》中的“八”是指八龙聚合,即上帝、耶稣、天王、幼天王、光王、明王、东王、西王八龙聚合。上帝、耶稣、天王、幼天王是龙自不待说。光王、明王是天王之子、天父之孙,龙子

〔1〕 徐彻:《从“太平玉玺”的真伪看“八位万岁”的有无》,《徐彻晚清史论》,辽沈书社 1993 年版,第 1 页。

〔2〕《太平礼制》,太平天国历史博物馆:《太平天国印书》,江苏人民出版社 1979 年版,第 671 页。

龙孙当亦是龙。东王、西王分别代天父、天兄传言，是天父、天兄的化身，故也是龙。南王以下无此特权和身份，故不是龙。至于洪仁发、洪仁达，他们只是和洪秀全在凡间有同一个“肉父”，在天上神国，却没有与洪、杨“同胞”的地位，故也不是龙。

洪仁玕与现代性挑战

按照现代化理论,可以把所有建设现代化的社会所面临的一些重大问题归为四个阶段:(1) 现代性的挑战;(2) 现代化领导的强固;(3) 经济和社会的转型;(4) 社会整合。其中,第一项现代性的挑战指的是"在其传统知识的框架中,一个社会开始面对现代观念和体制,而现代性的倡导者出现"[1]。"无论人们对于一般社会或某个特定社会的现代化开始于何时持何种看法,都要遇到一个问题,即现代的价值观念和制度与在此以前的价值观念和制度之间的关系。""关于前提的这个总问题,或者说前现代的社会形式及其后来的发展之间的关系"对于后发现代化国家来说,无疑是一个很值得关注的问题。这一前提有益于研究,"作为后来现代化过程的策略可以适用于后来现代化的国家,而不是适用于较早现代化的国家,这些前提包括:对完全是新的外国影响的接受能力。……当现代西方既作为榜样又作为威胁而出现的时候"[2]。

这就是说,考察中国后发现代化的启动,有必要研究当时现代性的挑战,即"面对现代观念和体制,现代性的倡导者出现",有必要研究当时在"现代西方既作为榜样又作为威胁而出现的时候",中国"对完全是新的外国影响的接受能力"。有必要重点探讨中国思想界对现代性挑战的反应。

---

〔1〕 C·E·布莱克著,段小光译:《现代化的动力》,四川人民出版社 1988 年版,第 95 页。
〔2〕 西里尔·E·布莱克编,杨豫、陈祖洲译:《比较现代化》,上海译文出版社 1996 年版,第 154 页。

儒学是中国前现代社会的教育体系、官吏铨选体系和占统治地位的思想体系。中国的早期现代化正是在这一体系中启动。关于这一体系与早期现代化的关系，学术界有不同的看法。有人认为："对中国人来说，古典著作是他们自己的历史传统中极为重要的和充满活力的组成部分。若干个世纪以来，文化自豪感妨碍他们吸收西方思想。"〔1〕也有人认为："儒学的世界观基本上理性的，因此，按韦伯的话来说，它对现代世界很能适应。阿尔伯特·克莱格在最近出版的一部著作中论证了新儒学在接受现代科学时几乎没有什么来自神学的障碍。"〔2〕

笔者认为，儒学固然因其长期的统治地位与发展的成熟而具有惰性，但博大精深的儒学体系蕴含丰富的思想资料，历史已经证明，在不同时空环境中，儒家可以从中生发不同的学术与思想流派，这就使儒学又表现出一定程度的演变与应变能力。这样，当儒学面对现代化的时候，人们看到，一方面，儒学对现代化表现为一种阻力，体现为一些儒家人物对现代化的抵拒。另一方面，儒学对现代化表现为被动的适应，体现为另一些儒家人物对现代化的顺应。

中国社会受到现代性的挑战始于第一次鸦片战争之后。在洋务运动发生之前，活动在江苏的两位思想家首先对现代性挑战作出了反应。一位是魏源。魏源是湖南邵阳人，主张"师夷长技以制夷"。魏源的《海国图志》以及"师夷长技以制夷"思想对近代思想界，特别是早期现代化启动之际的思想界产生了重大的影响。

另一位是太平天国干王洪仁玕。洪仁玕是广东花县人、太平天国天王洪秀全的族弟，太平天国上帝教最早的成员。太平天国起义后，因清政府缉捕，洪仁玕避居香港。1859年，洪仁玕从香港赶到南京（天京），被封为干王，总理朝政。不久，他提出了著名的《资政新篇》。在这份文献中，洪仁玕从政治、经济、思想文化、外交等方面都提出了向西方学习的主张。

〔1〕 克莱格：《日本德川时代的科学与儒学》，转引自西里尔·E·布莱克编，杨豫、陈祖洲译：《比较现代化》，上海译文出版社1996年版，第344页。

〔2〕 克莱格：《日本德川时代的科学与儒学》，转引自西里尔·E·布莱克编，杨豫、陈祖洲译：《比较现代化》，上海译文出版社1996年版，第341页。

政治方面,洪仁玕主张学习西方列强的"邦法",赞扬美国的议会选举与议事制度:"取士、立官、补缺及议大事,则限月日,置一大柜在中廷,令凡官民有仁智者,写票公举,置于柜内,以多人举者为贤能也,以多议是者为公也。"在经济方面,主张奖励民间开矿、制造火车、轮船及其他"器皿技艺"工业;主张兴办邮政、银行,发行纸币,推广保险,发展现代金融。思想文化风俗方面,主张禁鸦片、禁溺婴及买卖人口;主张设立学校、医院、跛盲聋哑院、鳏寡孤独慈善机构等。外交方面,洪仁玕主张对外开放通商和文化交流。[1] 洪仁玕的这些建议,"不仅重视中外文化交流和吸收外国先进的科学技术,而且主张采用西方资本主义国家的若干有关政策",具有鲜明的资本主义色彩[2]。在回应西方现代文明的挑战方面,洪仁玕远远超过了同时代的其他思想家。连曾国藩的幕府人物都不得不承认:"其中所言,颇有见识。观此一书,则贼中不为无人。"[3]由于当时的战争环境和太平天国的最后失败,洪仁玕的这些思想和主张未能实行。

中国的现代化始于 19 世纪 60 年代的洋务运动,"中体西用"则是洋务运动在意识形态的反映。"中体西用"在中国现代化开始阶段的出现,恰恰体现了当"现代西方既作为榜样又作为威胁而出现的时候",中国"对完全是新的外国影响的接受能力"。

1860 年以后,思想界开始逐渐形成"中体西用"思想,而最重要的几位思想家都活动于近代江苏这个政治思想舞台。就此而言,江苏是中国最早出现"现代性的挑战"的地区,或者至少可以说,江苏是中国最早出现"现代性的挑战"的地区之一,冯桂芬等人则最早集中而典型地体现了这种"现代性的挑战"的反应。

冯桂芬(1809—1874),江苏吴县人。冯桂芬最早提出了"中体西用"的思想,他在 1861 年撰成的重要著作《校邠庐抗议》中,明确主张"采西学",

---

〔1〕 洪仁玕:《资政新篇》,太平天国历史博物馆:《太平天国印书》,江苏人民出版社 1979 年版,第 683 页。

〔2〕 李侃等编:《中国近代史》,中华书局 1994 年版,第 94 页。

〔3〕 赵烈文:《能静居士日记》,太平天国史博物馆编:《太平天国史料丛编简辑》(第三册),中华书局 1961 年版,第 168 页。

“制洋器”，明确提出：“如以中国之伦常名教为原本，辅以诸国富强之术，不更善之善哉?”关于制洋器，冯桂芬认为：“能造、能修、能用，则我之利器也。不能造、不能修、不能用，则仍人之利器也。”〔1〕一定要能自制洋器，将列强的利器转化为中国的利器。“这个指导思想，不仅成为兴办洋务的纲领，也成为后来流行一时的所谓‘中学为体，西学为用’理论的滥觞。”〔2〕

对中体西用思想的类似表述还见于王韬、薛福成等人的著作。王韬(1828—1894)，江苏长洲人，王韬主张：“器则取诸西国，道则备自当躬。”〔3〕薛福成(1838—1894)，江苏无锡人，薛福成主张：“取西人器数之学，以卫吾尧舜禹汤文武周孔之道。”〔4〕这一类人物还有先后任《万国公报》主笔的董明甫(金陵)、沈毓桂(吴江)、蔡尔康(上海)、任建旭(吴江)、范祎(元和)〔5〕。于此可见，江苏的确是中国洋务思想家的摇篮，是中体西用洋务思想的渊源。

关于“中体西用”思想与中国早期现代化的关系，不少学者已经作了充分的论述。现代化是近代中国历史进程的一个鲜明主题。“中体西用”是近代中国知识分子对现代化最早的反应模式之一。“中体西用”是“一种回应‘现代化’挑战的文化设计”〔6〕。

应该补充指出的是，“中体西用”只是近代中国知识分子对现代化之最早的反应模式之一，也不是古老的中国面对“数千年未有之变局”所作出的最初的唯一可能的选择。在论述这一问题的时候，我们绝不能忽视洪仁玕的思想主张。与洋务派相比较，洪仁玕在更广阔、更深入的层面上提出了学习西方的思想主张。应该说，洪仁玕的思想主张与洋务派的“中体西用”思想一起构成了近代中国知识分子对现代化之最早的反应模式。但是，如

〔1〕 冯桂芬:《校邠庐抗议》卷下，光绪丁酉聚丰坊校刻本，第74页。

〔2〕 李侃等编:《中国近代史》，中华书局1994年版，第127页。

〔3〕 王韬:《杞忧生〈易言〉跋》，《韬园文录外编》，上海书店2002年版，第266页。

〔4〕 薛福成《筹洋刍议·变法》，丁凤麟等编:《薛福成选集》，上海人民出版社1987年版，第556页。

〔5〕 王树槐:《中国现代化的区域研究:江苏省，1860—1916》，(台北)“中央研究院”近代史研究所集刊(1984年)，第139页。

〔6〕 李平:《“中体西用”与中国现代化思想的关系》，《贵州师范大学学报》2000年第4期。

前所述，由于当时的战争环境和太平天国的最后失败，洪仁玕的这些思想和主张未能实行，洋务派的“中体西用”思想则成为江苏和中国早期现代化的舆论先导和意识形态反映。

略谈太平天国后期的天王“改政”

太平天国后期，天王洪秀全曾极为认真地进行了“改政”活动。本文拟对这些改政活动作简略探讨，以就教于同志们。

一、 天王改政的内容和时间

《李秀成自述》中说：“去年天王改政，要阁［朝］内外，大小军营将相，民间亦然，凡出示以及印内，具［俱］要刻天父天兄天王字样安入，不遵者五马分尸。”“兵称御林兵……何人敢称自兵者，五马分尸。”“又改各王之号。”〔1〕

根据李秀成的说法，天王改政活动主要有三方面，一是改国号，一是称御林兵，一是改各王之号。改政时间是癸开十三年。证诸太平天国文献、资料，所谓改国号，是把太平天国改称“天父天兄天王太平天国”；所谓称御林兵，是把太平军称为“九门御林某某军”；所谓改各王之号，是“王加头上三点以为羊字之封”。〔2〕改政时间，始于己未九年与庚申十年之交，为时两年多。

关于改国号问题。据王庆成先生考证，改国号是在辛酉十一年正月二

〔1〕《李秀成自述》，太平天国历史博物馆：《太平天国文书汇编》，中华书局1979年版，第533页。

〔2〕《李秀成自述》，太平天国历史博物馆：《太平天国文书汇编》，中华书局1979年版，第534页。

十六日至二月十七日之间发生的。在短短的21天中，洪秀全先是下诏改太平天国为上帝天国，未及实行而变计，改称天父天兄天王太平天国。王先生考证详密，本文不再赘述〔1〕。

关于称御林军问题，现在尚未发现天王的有关诏令(改王号问题亦如此)。从太平天国文书材料看，太平军将领的系衔庚申十年前后迥然有别，可以由此窥知这一改政活动的关键情节。兹引录数例如下：

戊午八年，李秀成给李昭寿钧谕，系衔为“太平天国副掌率后军主将合天义”〔2〕。

己未九年十月，李秀成致书韩碧峰等，系衔为“真天命太平天国忠王”〔3〕。

庚申十年，洪仁玕、陈玉成、李秀成、蒙得恩、李世贤、杨辅清、林绍璋等联名发布《劝谕清朝官兵弃暗投明檄》，诸将系衔分别为：九门御林忠勇羽林军英王、九门御林忠义宿卫军忠王、九门御林忠贞朝卫军赞王、九门御林忠正京卫军侍王、九门御林忠悫都卫军辅王、九门御林忠敬陛卫军章王〔4〕。

庚申十年四月初三日，李秀成给定天豫康玉吉谆谕及同日致征北主将张洛行书，系衔均为“太平天国九门御林忠义宿卫军忠王”〔5〕。

辛酉十一年正月，天王改国号诏也提到，“凡天朝所封列项中承爵衔，前刻‘太平天国天朝九门御林’十字冠首”〔6〕。

综合上述材料可以看出：第一，太平军将领系衔中原无“九门御林某某

〔1〕 参见王庆成：《关于“天父天兄天王太平天国”》，《历史研究》1978年第9期。

〔2〕《副掌率后军主将李秀成给李昭寿钧谕》，太平天国历史博物馆：《太平天国文书汇编》，中华书局1979年版，第184页。

〔3〕《忠王李秀成致伦天燕韩碧峰爾天燕韩绣峰书》，太平天国历史博物馆：《太平天国文书汇编》，中华书局1979年版，第245页。

〔4〕《干王洪仁玕等劝谕清朝官兵弃暗投明檄》，太平天国历史博物馆：《太平天国文书汇编》，中华书局1979年版，第147页。

〔5〕《忠王李秀成给定天豫康玉吉谆谕》、《忠王李秀成致征北主将张洛行书》，太平天国历史博物馆：《太平天国文书汇编》，中华书局1979年版，第184页、第248页。

〔6〕《改太平天国为上帝天国诏》，太平天国历史博物馆：《太平天国文书汇编》，中华书局1979年版，第55页。

军"字样,以后增入,是为李乡成所说"兵称御林兵"之印证,即天王改政活动之一。第二,己未九年十月的《忠王李绣成致伦天燕韩碧峰、鼐天燕韩绣峰书》是现在所能查找到的、系衔中未列入九门御林字样的最晚出的资料,可以据此推断,称御林军不早于己未九年十月。第三,庚申十年四月初三日李秀成的两份文书,是现在所能查找到的、有确切日期的、最早于系衔中列入九门御林字样的资料,可以据此推断,称御林军又不晚于庚申十年四月。[1]

关于改各王之号。太平天国后期,自己未九年四月洪仁玕封王,至庚申十年三月太平军二破江南大营后,先后封干、英、忠、赞、侍、辅、章后期七王。但"自此之后,日封日多"。李秀成说:"主见失算,封出许多之王,言如箭发难收,又无法解,言[然]后封王具[俱]为列王者,因此之来由也。然后列王封多,又无可改,王加头上三点以为尘字之封。"[2]天王改各王之号的大致情形,李秀成已说得比较清楚,尚应补充说明的是,太平天国的列王,究竟包括多少王爵?

《钦定敬避字样》载:"凡单称君字、王字,是天父、天兄、天王、幼主,余外称列王。"又补充说:"盖开辟天父、天兄、天王、幼主是君是王也。如东、西王或称本东、西王,自信、勇王以下或称列王。"[3]明明白白规定,自信王(即洪仁发,天王长兄)、勇王(即洪仁达,天王次兄)以下,包括英王陈玉成、忠王李秀成等均为列王。《昭王黄文英自述》把太平天国后期王爵分为五等(按权位大小高低加以区别,未尝不可),并说除了上四个等级的王爵以外,"那五等王一概都叫列王"[4]。就是说,只是第五等王爵才称列王。这种说法与《钦定敬避字样》相抵触,理应以《钦定敬避字样》为准,列王包括

---

〔1〕 石达开部出走,脱离天王领导,不遵此制。如傅佐廷告谕,系衔为"真天命太平天国钦差大臣真忠报国瑞天豫",落款时间为"太平天国壬戌十二年四月初八日"。见太平天国历史博物馆:《太平天国文书汇编》,中华书局 1979 年版,第 144 页。

〔2〕 《李秀成自述》,太平天国历史博物馆:《太平天国文书汇编》,中华书局 1979 年版,第 534 页。

〔3〕 《钦定敬避字样》,太平天国历史博物馆:《太平天国印书》,江苏人民出版社 1979 年版,第 803 页、第 805 页。后期封王,初亦无列王之说。大抵至《钦定敬避字样》颁布,因封王太多,而俱称列王。

〔4〕 转引自罗尔纲:《李秀成自述原稿注》,中华书局 1982 年版,第 323 页。

除天父、天兄、天王、幼主、东西王以外的所有王爵，应该是没有疑问的。

还应补充说明的是，改各王之号，约在壬戌年之后。

太平天国后期封王，自己未九年四月封洪仁玕为干王始，至庚申十年春，已封有干王、英王、忠王等七王。其余诸将封王较早者，英王部下如陈德才、梁成富、赖文光、蓝成春等于辛酉十一年秋冬封王。忠王部下如童容海、陈坤书等于辛酉、壬戌之交封王。至壬戌年初，已知封王者尚有敬王林大居、畏王秦日南、襄王刘官芳、趋王黄章桂、堵王黄文金等。所谓"封出许多之王"，实应自此时始。然此时所封，尚皆功臣，未失于滥。自此而后，才"尽乱封之"。改各王之号，在滥封之时，当不早于壬戌十二年。

综上所说，太平天国后期（约从己未、庚申之交至壬戌年），天王洪秀全先后采取了一系列改政措施。《李秀成自述》所列举的有关内容是可信的，唯在时间上有误。

二、天王改政的主要历史背景

总的说来，太平天国后期政治是前期政治的继续，前期爆发的天京变乱，对天王洪秀全产生了巨大而深远的影响，这不能不是后期天王改政的主要原因。天京变乱的缘起和教训如何，史学家有激烈的争论。我们这里要讨论的是：天王洪秀全等是如何总结这一沉痛的历史教训的。

李秀成在其《自述》中说，太平天国前期，洪秀全对东王"顶而信用，一国之事，概交于他。""一朝之大，是首一人。"但杨秀清"不知自忌"，"威风张扬"，对首义诸王韦昌辉、石达开、秦日纲等"威逼太过"，又"逼天王到东王府封其万岁"。因此，他认为天京变乱实因"权柄皆在东王一人之手"，"权托太重"，"君臣不别，东欲专尊"而起。[1] 李秀成是太平天国后期重臣，他的看法应该说是有代表性的。

洪仁玕于己未九年三月到天京，旋进封干王，总理朝政。他所面临的

---

〔1〕《李秀成自述》，太平天国历史博物馆：《太平天国文书汇编》，中华书局 1979 年版，第 486 页。

仍然是天京变乱所造成的困难局面。洪仁玕总理朝政不久，提出《资政新篇》以为太平天国为政之“取资”。值得我们注意的是，洪仁玕把“为君之权谋下夺”[1]，作为一个关键问题提了出来，列为应禁之弊。在太平天国历史上，“为君之权谋下夺”只有一次，那就是杨秀清总揽军政大权，逼封万岁。可以说，这是洪仁玕对天京变乱教训的总结。洪仁玕是洪秀全的心腹股肱，应该说，他的看法是反映了洪秀全的政治主张的。

种种迹象表明，洪秀全的认识和洪仁玕是一致的。首先，天京变乱后，合朝要石达开辅政，洪秀全却又封洪仁发、洪仁达为王以抑制石达开，显然是怕石达开集权一身，成为杨秀清第二。其次，石达开出走后，洪秀全干脆兼摄相权，“主是朕做，军师亦是朕做”[2]，一度不再设军师一职，生怕“权托太重”，前事再演。再次，洪秀全还曾指使洪仁发、洪仁达“共证福音”，转述自己的意志，强调不能“君不君，臣不臣”，“总要君君臣臣”。[3] 根子仍在对洪杨“君臣不别”的回忆，无异天京变乱之梦魇。天京事变创深痛巨，不能不影响洪秀全的思想和行动，不能不影响太平天国后期的政治。

天王改政之际，又正是太平天国军事形势重新高涨的时期。庚申十年春，李秀成率领所部，袭破杭州。接着，会同陈玉成、李世贤等击破江南大营，旋即东征苏常，所向克捷。继又挥师西征。战胜攻取，军威大振，拥兵数十万至百余万。此时，如君臣无猜，本无可虞。但对洪秀全来说，事情却不是这样。洪秀全对诸将依然猜忌，他和李秀成的关系尤为典型。洪秀全封李秀成为王，本属迫不得已，据李秀成自述，一是因为洪仁玕无功而膺王爵，“各旧功臣久扶其国，心不忿意”，天王“难对功臣”。[4] 二是李秀成旧好李昭寿降清后又对李秀成诱降策反。天王遂“乐我心封之，恐防我有他

---

〔1〕洪仁玕:《资政新篇》，太平天国历史博物馆:《太平天国文书汇编》，中华书局 1979 年版，第 679 页。

〔2〕《王长、次兄亲目亲耳共证福音书》，太平天国历史博物馆:《太平天国印书》，江苏人民出版社 1979 年版，第 714 页。

〔3〕《王长、次兄亲目亲耳共证福音书》，太平天国历史博物馆:《太平天国印书》，江苏人民出版社 1979 年版，第 714 页。

〔4〕《李秀成自述》，太平天国历史博物馆:《太平天国文书汇编》，中华书局 1979 年版，第 533 页。

心"[1]。所以，封王之后，天王仍每疑其不忠，"有自图之意"[2]。在这种不正常的君臣关系下，必然是尾大则恐不掉，功高反为主忧。正如李秀成所说："主见我部辖百余万众，何不忌我乎?"[3]

洪秀全既认为天京变乱由于君权下夺，对诸将又难袪疑忌之心，就必然要考虑采取措施，强化君权。洪仁玕编成《资政新篇》，提出"致治大略"，"要自大至小，由上而下，权归于一"[4]的集权思想，为洪秀全所采纳，这是天王改政的先声。

三、 天王改政措施的评价

联系上述主要历史背景来考察天王改政措施，可以看出，天王改政的实质正是以天京变乱为鉴，加强君权。

第一，改称御林军是为了培植军队的忠君意识，控制太平军各部，使太平军成为洪氏家兵。

太平天国前期，军队指挥采取五军主将制，由东王杨秀清等诸王分统各部，杨秀清又有节制诸王之权。由于诸王长期统兵，杨秀清、韦昌辉、石达开等通过家族、亲戚、部属等关系，结成小集团，并各自控制了一部分部队。如石镇吉、黄玉昆、赖裕新等部为石达开的基本部队；韦俊等部为韦昌辉的基本部队；杨辅清等部为杨秀清的基本部队。其中以杨秀清部势力最大，形成所谓"东党"、"东府集团"，有"洪家天子杨家将"[5]之说。各部太

---

〔1〕《李秀成自述》，太平天国历史博物馆:《太平天国文书汇编》，中华书局 1979 年版，第 534 页。

〔2〕《李秀成自述》，太平天国历史博物馆:《太平天国文书汇编》，中华书局 1979 年版，第 525 页。

〔3〕《李秀成自述》，太平天国历史博物馆:《太平天国文书汇编》，中华书局 1979 年版，第 522 页。

〔4〕洪仁玕:《资政新篇》，太平天国历史博物馆:《太平天国印书》，江苏人民出版社 1979 年版，第 686 页。

〔5〕《王长、次兄亲目亲耳共证福音书》，太平天国历史博物馆:《太平天国印书》，江苏人民出版社 1979 年版，第 714 页。

平军业已出现某种程度的“家兵”(用李秀成话叫“自兵”[1])化倾向,而洪秀全却不掌握兵柄。洪秀全在天京变乱中始则不得不屈从杨秀清的淫威,继则不得不假手韦昌辉杀杨,最后还是事态扩大,自己也险为韦昌辉所加害。这种情况的出现,不能说和各部太平军家兵化的倾向和格局没有关系。

太平天国后期,天王令各部太平军均改称“九门御林军”,太平军各部便被正式规定为洪秀全的亲兵,各部番号名目亦万变不离“忠”字,不离“卫”字,各将领皆不得将所部称“我队之兵”,“有称自兵者,五马分尸”。洪秀全这样做,无非是要在太平军中灌输和培植只效忠天王洪秀全一人的封建忠君意识,使太平军各部“皆算其一人之兵”[2],把诸将之“自兵”变为天王之“自兵”,变为洪氏一姓之家兵,使诸将“虽欲逆命而不能,弄兵而不得”[3]。其目的在于控制各部,防范诸将,加强皇权。

第二,改国号是为了杜绝觊觎,把太平天国变为洪氏家天下。

辛酉十一年正月二十六日,天王诏令改太平天国为上帝天国,而在20天后下《太平天日今日是》诏时,却已改成了天父天兄天王太平天国。洪秀全精心斟酌,动机何在?是想给自己的君权围上宗教的神圣光环吗?不尽如此。因为,一,上帝天国之称和天父天兄天王太平天国之称在宗教色彩上,很难说有什么区别,如欲神化君权,大可不必朝令夕改,以国号为儿戏。二,天王渲染自己的君权神圣性,在太平天国的文书中比比可见,连篇累牍,莫之为甚。而天王改国号时,太平天国斗争形势正重新高涨,“人心冷淡”的宗教信仰危机相对缓和,天王又大可不必煞费苦心,在君权神圣性的无数光环中再添加这么一圈。事实上,以上帝天国之称与天父天兄天王太平天国之称相比较,毋宁说后者更能说明和体现太平天国乃天王之国,乃洪姓一家之天下。正因为如此,洪秀全才会中途变计,适见其用心之良苦。

---

〔1〕《李秀成自述》,太平天国历史博物馆:《太平天国文书汇编》,中华书局1979年版,第533页。

〔2〕《李秀成自述》,太平天国历史博物馆:《太平天国文书汇编》,中华书局1979年版,第533页。

〔3〕《干王洪仁玕立法制諠谕》,太平天国历史博物馆:《太平天国文书汇编》,中华书局1979年版,第95页。

中国历史上，强化君权的措施历朝层出不穷，然而在国号中如此具体明确地规定某国为某人之国，则绝无仅有。李秀成说，这“是天王之计”，“恐人霸占其国，此之实言也”[1]。如果不是当年杨秀清逼封万岁，“东欲专尊”所造成的余悸作祟，洪秀全又何至于计出于此。

第三，改各王之号，是为了更加突出天王王位之至上尊严，以抬高洪氏皇权的权威。

太平天国爵衔中，王爵原本极尊，据天王说，称王“据真道论，有些冒犯天父”，是“姑从凡间歪例”。天王本人也“不得僭称上、僭称帝”，只可称王称主[2]。前期，天王而外仅封七王。但到后期，日封日滥，封王之人以千数。王爵遍地，俯拾皆是，贬低了王字之尊严。《钦定敬避字样》说：“王乃天日也”[3]，然而数千列王与天王同王，天王之尊崇难免不随之贬损。格于天朝爵制，天王又不能进而称皇称帝，唯一的办法便只有改各王之号了。按《钦定敬避字样》规定，“凡王姓可添用此𤣩字”，以避王字[4]。王、𤣩既有此可通之处，洪秀全遂援此例，决定，凡列王“王加头上三点”，这就改了各王之号。然而，𤣩字既为敬避王字所生造，王尊𤣩卑可知[5]。列王“王加头上三点”，成了“𤣩字之封”，无异于取缔了列王的王爵，贬抑了列王。与此相反，改了列王之号，则唯有天王一人称王，正可示天王王号之独尊。一抑一扬，说明天王“欲专尊”，抬高自己皇权的权威。包括李秀成在内的列王所以“人心格而不服”[6]，其原因在此；洪秀全改各王之号，其真意也在此。由于列王不服，阻力太大，这一措施未见施行。

〔1〕《李秀成自述》，太平天国历史博物馆：《太平天国文书汇编》，中华书局1979年版，第533页。

〔2〕《永安封五王诏》，太平天国历史博物馆：《太平天国文书汇编》，中华书局1979年版，第36页。

〔3〕《钦定敬避字样》，太平天国历史博物馆：《太平天国印书》，江苏人民出版社1979年版，第805页。

〔4〕《钦定敬避字样》，太平天国历史博物馆：《太平天国印书》，江苏人民出版社1979年版，第803页。

〔5〕一说“𤣩”字应解读为小王。可资佐证。见罗尔纲：《李秀成自述原稿注》，中华书局1982年版，第323页。

〔6〕《李秀成自述》，太平天国历史博物馆：《太平天国文书汇编》，中华书局1979年版，第534页。

四、余 论

洪秀全极其重视这些改政活动，为了推行改政措施，下了严酷的命令。但诸王特别是几位重要将领，还是不服和反对。如李秀成说，他因“称我队我兵”，而被天王申斥：“尔有奸心之意。”[1]李世贤因“不写此等字样”（指改定国号），而被天王革职[2]。改各王之号，更使“人心格而不服”。天王改政旨在强化君权，巩固自己的统治地位，结果适得其反，加深了与诸将之间的矛盾和疑忌。

反观同时期的清朝方面，其内部关系也在发生变化。清朝最高统治者始则疑忌曾国藩和湘军，但屡败之后，尤其是江南大营覆灭之后，则日益信任倚重之，畀之以两江总督重任，并破例放手让曾国藩节制苏浙皖赣四省军事，主仆一心，镇压太平天国。这样，从整个战略全局看，双方的力量对比发生了不利于太平天国的变化。天王改政反加深内部裂痕，实在是不足取的。李秀成谓之“立政无章”，是“天朝之失误”[3]，不是没有道理的。

天京变乱是太平天国的一次致命伤，总结这一事件的教训，以防悲剧之重演，对太平天国确实是非常必要的。可惜，作为农民革命领袖的洪秀全未能也不可能对这一事件作出科学的总结，他所能采取的措施也只能是加强封建皇权统治。事实证明，天王改政对太平天国后期的革命斗争没有什么补益，它只是使太平天国家天下的皇权主义色调更为浓重，使太平天国后期政治的革命色彩更为暗淡。

---

〔1〕《李秀成自述》，太平天国历史博物馆：《太平天国文书汇编》，中华书局1979年版，第533页。

〔2〕《李秀成自述》，太平天国历史博物馆：《太平天国文书汇编》，中华书局1979年版，第533页。

〔3〕《李秀成自述》，太平天国历史博物馆：《太平天国文书汇编》，中华书局1979年版，第543页。

太平天国的苏福省和苏州郡

1860年5月6日,太平军攻破包围天京的清军江南大营,接着乘胜追击,东征苏常。5月26日,太平军攻克常州。30日,攻克锡金。此前,苏州清军已惊慌失措。早在5月24日,清军在金门、阊门外纵火,企图尽焚沿城民房,以利城守。大火连烧两日,烈焰腾空,"昔日繁华之地,山塘、南濠一带,尽成焦土"[1]。6月1日,太平军尾追溃敌至苏。6月2日,清军开门献城,江苏巡抚徐有壬自尽,太平军不战而下苏州,分兵进击苏、松、太各地。太平军占领苏州后,以苏州为省垣,建立了太平天国苏福省。按太平天国避讳制度,幼主名洪天贵福,凡遇福字,须改写作福或馥。故苏福省写作苏福省或苏馥省。苏福省的建立是太平天国的重大胜利,这一重大历史事件使清朝震惊,列强侧目。从苏福省建立到苏州沦陷(1863年12月4日)的3年6个月,是苏州历史文化与城市发展的特殊时期。本文仅就苏福省、苏州郡、苏州城的有关史实作考证和资料梳理,揭示太平天国时期苏福省、苏州郡、苏州城的历史真实。

一、苏福省建省时间

考定苏福省建省时间,一般都引证龚又村《自怡日记》和太平天国文书

〔1〕 吴大澂:《吴清卿太史日记》,中国史学会主编:《太平天国》(五),神州国光社1952年版,第327—328页。

《幼主诏李秀成》。

《自怡日记》咸丰十年四月十二日记:“是日辰刻,潮勇逃兵引长发贼抵城……涌进阊门,是日城遂失陷。贼据城后,遍构城郭,改苏郡为苏福省。”[1]据此,苏福省建省应为太平军占领苏州的当天(咸丰十年四月十三日,公元1860年6月2日)。值得注意的是,日记有两点可疑之处。其一,太平军入城时间记为咸丰十年四月十二日(公元1860年6月1日),错记一日。其二,太平军既没有也不可能在入城当天便“遍构城郭”,实际上,如时人记载:“城初陷,贼不留宿,向暮……而出。”[2]城中秩序未定,遑论遍构城郭。这两点迹象似乎表明这些内容为日后补记,降低了史料的可信性,难以据此确定苏福省建省的具体的或较为具体的时间,从龚又村《自怡日记》所能得出的稳妥的结论只能是:太平军占领苏州后,建立了苏福省。

《幼主诏李秀成》是太平天国官方文件。这件诏旨称赞“富庶之区首苏福,陪辅京都军用丰”[3]。该文件于太平天国庚申十年六月十九日从天京发往苏州。按:天历太平天国庚申十年六月十九日,即旧历咸丰十年六月十二日,即公历1860年7月29日,由此可以确定,苏福省建省不晚于1860年7月29日。

另据1860年8月11日英文周报《北华捷报》(North China Herald),英国传教士艾约瑟(J. Edkins)撰文称,太平天国干王洪仁玕从天京到苏州,8月2日,在苏州会见艾约瑟等,洪仁玕谈话中说到:“由于征服江苏省(将来称为‘苏福’)的成功,近来忠王势力大增。”[4]由此可知,洪仁玕离开天京时,知道将要建立苏福省。换言之,洪仁玕离京时,太平天国尚未建立苏福省,苏福省建立是在洪仁玕离京之后。

综合上述可以推定,苏福省建省的确切时间应在洪仁玕离京之后、《幼

[1] 龚又村:《自怡日记》,太平天国历史博物馆编:《太平天国史料丛编简辑》第四册,中华书局1963年版,第347页。

[2] 潘钟瑞:《苏台麋鹿记》,中国史学会主编:《太平天国》(五),神州国光社1952年版,第274页。

[3] 《幼主诏旨》,太平天国历史博物馆:《太平天国文书汇编》,中华书局1979年版,第62页。

[4] 英文原文见N0rth China Herald,11 August,1860。

主诏李秀成》颁发之前。

再据太平天国庚申十年五月二十五日《京畿统管李春发为报干王洪仁玕来苏省事上忠王李秀成禀报》,内称,“刻下干王业已奏蒙真圣主旨准,下游前来苏省……干王宝驾拟于二十七日由京起程”[1]。天历庚申十年五月二十七日为公历1860年7月6日,是日为洪仁玕离京时间。这样我们可以确定:太平天国建立苏福省是7月6日至7月29日之间的事。简言之,苏福省建省时间是1860年7月。

二、苏福省辖地

苏州原为清江苏省省垣。明代,直隶于南京的地区(即后来分治的江苏、安徽两省地区)称为南京,又称南直隶。清初,改置江南省。1667年(康熙六年),分置江苏、安徽两省,江苏布政使驻苏州,统江宁、苏州、常州、松江、镇江、扬州、淮安等七府及徐州直隶州。1760年(乾隆二十五年),江苏省增设江宁布政使,驻江宁,统江宁、淮安、徐州、扬州等四府及通州、海州二直隶州。江苏布政使仍驻苏州,统镇江、常州、苏州、松江等四府及太仓直隶州。

太平军占领苏州后,苏州成为苏福省省垣。关于苏福省辖区,史学界有不同说法。有的认为,苏福省辖区为整个苏南地区。有的认为,苏福省辖苏州、松江、太仓、常州,比江苏布政使的辖地少一镇江府。笔者认为,苏福省的辖地就是原清江苏布政使的辖地即镇江、常州、苏州、松江四府及太仓直隶州。太平天国将清朝地方省、道、府、县四级行政机构改为省、郡、县三级,则苏福省辖地为镇江、常州、苏州、松江、太仓五郡。理由如下:

(一)太平天国行政区划一般都沿袭清制,苏福省辖地实际上沿袭江苏布政使辖地。

(二)干王洪仁玕与英国传教士艾约瑟的谈话明确说明“江苏省”将称

---

〔1〕《京畿统管李春发为报干王洪仁玕来苏省事上忠王李秀成禀报》,太平天国历史博物馆:《太平天国文书汇编》,中华书局1979年版,第233页。

为“苏福省”。这里的“江苏省”即清江苏布政使的辖地。

(三)太平天国兵册中登录的太平军官兵籍贯,基本体现了苏福省辖地范围[1]。如:隶于苏福省下的有苏福省长洲县、苏福省吴县、苏福省元和县;有苏福省常州郡武进县、苏福省常州郡阳湖县;还有苏福省镇江郡溧阳县、苏福省镇江郡丹阳县等。太平天国门牌有的写有“苏福省苏州郡长洲县”字样。太平天国上、下忙执照有的写有“苏福省松江郡菁浦县”字样。由此可见,自镇江郡(含镇江郡)以东的苏南地区(镇、常、苏、松、太)均应为苏福省辖地。

(四)镇江是否隶于苏福省,这是有争议的,这个问题也是苏福省辖地问题的难点。否定镇江郡属于苏福省的论据是,兵册中多有“江南省镇江郡”某某县字样,镇江属江南省而非苏福省。但同一份兵册中也有“江南省常州郡”某某县字样。太平天国在常熟发的“圣牌”、在苏州发的“门牌”甚至有“江南苏福省苏州郡”字样。这类写法不合规范,不足为据。

有的学者认为,1857年底以后,镇江一直在清军统治之下,因此实际不存在镇江郡隶属苏福省的问题,苏福省辖地比清江苏布政使的辖地少一镇江府。这种观点理由也是不充分的。如果因为镇江在清军统治之下就不算隶属于苏福省,那么,按照同样的标准,松江也就不能算隶属于苏福省。太平军仅仅在1860年7月和8月曾经两度占领松江,为时一共只有20天。类似情况绝非少数。

(五)据《李秀成自述》,苏州、无锡失守后,李秀成回到天京。他说,其时“稣(苏)省独有丹阳、常州、金坛、溧阳、宜兴而已”[2],苏福省其余郡县均已沦陷。按常州、宜兴属常州郡,丹阳、金坛、溧阳则属镇江郡。镇江郡共辖四县,李秀成未提及者唯丹徒县。李秀成是太平天国晚期最重要的太平军将领、苏福省的最高长官,他的话涉及苏福省辖地,自然具有毋庸置疑的权威性,苏福省辖地应该包括镇江郡。

---

〔1〕《兵册、馆衔名册和家册》,太平天国历史博物馆:《太平天国文书汇编》,中华书局1979年版,第343—405页。

〔2〕罗尔纲:《李秀成自述原稿注》,中华书局1982年版,第307页。

三、苏州郡及属县职官

苏州郡的辖区基本沿袭清苏州府辖区,统长洲县、吴县、元和县、常熟县、昭文县(1724 年析常熟为常、昭二县)、昆山县、新阳县(1724 年析昆山为昆、新二县)、吴江县(吴江县属之盛泽镇划归太平天国浙江天省之秀水县)、震泽县(1724 年析吴江为吴江、震泽二县)、东山县(原太湖厅、治所设洞庭东山,太平军改为东山县)。

按照太平天国政治制度,地方行政郡、县两级的地方官为守土官,县以下行政为乡官制。郡设总制一人,县设监军一人,皆由中央政府任命,管理地方政务。从苏福省的情况看,监军大多委派本县民人充任。由于处在战争时期,苏福省各城均设佐将,由太平军将领充任。有的地方设佐将二人分管军民事务,如常熟、昭文等。有的地方设佐将一人,综理军民事务,如长洲县等。

现据所能找到的、可引以为据的历史资料[1],列苏州郡及属县职官表(见表 1、表 2):

表 1　苏福省苏州郡总制及属县监军

郡　名	总制姓名	在任时间	备　注
苏州郡	何信义	1860 年 6 月—	原清候补知府,6 月 2 日开城门迎太平军。1861 年 2 月调浙江,后任浙江天省文将帅
	姚元璋	—1861 年夏	原为清候补知县
县　名	**监军姓名**	**在任时间**	**备　注**
长洲县	杨　姓	1860 年秋	
	吴省秋	1862 年	
吴　县	李善交	1860 年 6 月—1863 年 4 月	原名君山。1863 年 4 月改任佐将
	刘春涛	1863 年 4 月—?	此前任香山、光福乡官局军帅
元和县	章宝庆	? —1861 年 6 月	原名张应显,清军千总

〔1〕 潘钟瑞:《苏台麋鹿记》,蓼村遁客:《虎窟纪略》,佚名:《避难纪略》,龚又村:《自怡日记》、《太平天国文书汇编》等。

续表

县名	监军姓名	在任时间	备注
常熟县	汪胜明	1860年秋—1862年	篾匠
昭文县	朱姓		
	钱伍卿	?—1862年4月	士绅
	方姓	?—1863年1月	
昆山县			
新阳县			
吴江县	钟志成	1860年秋—1863年7月	贫苦知识分子
震泽县			
东山县			

表2　苏福省苏州郡总制及属县佐将

郡、县名	佐将姓名、职、爵	在任时间	备注
苏州郡	求天义陈坤书	1860年秋—1862年春	主军务，后封护王
	左同检熊万荃	1860年6月—1862年	主民务
	逢天安刘肇均	1860年6月—1862年	主民务，后封凛王
	勋天义兼苏福省文将帅汪宏建	1862年—1863年	主民务
	慕王谭绍光	1862年秋—1863年12月	主军务
长洲县	李姓	1860年6月—?	
	廷天安黄姓	1862年前后	办理长洲军民事务
吴县	汪姓	1860年6月—?	
	勋天福某	1861年前后	
	李善交	1863年4月前后	文将帅李文炳之侄
元和县	超天燕胡王衡	1860年6月—?	
	约天燕某	1863年春—?	
常熟县 昭文县	定南主将黄文金	1860年9月—10月	后封堵王
	慷天燕钱桂仁	1860年10月—1863年1月	主民务，后封比王
	详天燕侯裕田	1860年10月—1862年3月	主军务
	黄天安伍姓	1862年3月—8月	接替侯裕田
昆山县 新阳县	文将帅李文炳	1860年夏—1862年春	原清候补道，6月2日开城门迎太平军入城
吴江县	颛姓	1860年夏—9月	
震泽县	懋天福萧朝兴	1860年9月—1862年8月	

续表

郡、县名	佐将姓名、职、爵	在任时间	备注
	水师天军主将冀天义程姓	1862年8月—1863年7月	
	扬王李明成	1863年7月	
东山县			

县以下城乡则普遍建立各级基层政权，按照《天朝田亩制度》的规定，每五家为一伍，设伍长一人，每五伍为一两，设两司马一人，每四两为一卒，设卒长一人，每五卒为一旅，设旅帅一人，每五旅为一师，设师帅一人，每五师为一军，设军帅一人。从两司马至军帅，均由当地人充任，称为乡官。乡官设局办公，称为乡官局。就苏州城区而言，起初，按六城门分段各设立军帅局，军帅由当地耆老推举，如葑门军帅局，由西十郎巷的吴心香负责。玄妙观钱某自荐："苏城地面辽阔，请另设城心一局"〔1〕，即由钱某主持。这样，整个苏州城区共设立七个军帅局，成为太平天国在苏州城区的基层政权机构。

四、苏州城区掠影

（一）人口

苏州素以繁华著称于世。在英国记者安德鲁·威尔逊（Andrew Wilson，China Mail 香港孖剌报编辑）笔下，当时，包括"大量流动人口，据估计苏州约有居民二百万"〔2〕。按：据同治《苏州府志》，道光十年（1830年），苏州府人口为340余万。同治四年（1865年），苏州府人口不足130万。威尔逊的估计数字若指苏州府人口则大体近似，若指苏州城区（包括近郊），则过分夸张。苏州城区人口，在道咸年间估计约为数十万人。事实上，由于种种原因，太平军入城前，苏州城区人口已经锐减。

〔1〕 潘钟瑞：《苏台麋鹿记》，中国史学会主编：《太平天国》（五），神州国光社1952年版，第275页。

〔2〕 安德鲁·威尔逊著，雍家源译：《常胜军：戈登在华战绩和镇压太平天国叛乱史》，北京太平天国史研究会编：《太平天国史译丛》第3辑，中华书局1985年版，第171页。

其一,由于清朝官府的屠杀。《北华捷报》1860 年 7 月 14 日载文称:"只要叛军(按指太平军)快到一个地方的消息一经传出,地方官员便喜欢运用砍头的方法。以这种办法在苏州杀掉的人,为数的确很大。"

其二,由于恐惧而自杀。由于清方的宣传,"叛军部队的逼近,每每在城市内成为阴郁恐慌的征兆……自杀的事情怪不得很多。"福斯特(L. S. Foster)著《在华五十年》说:"太平军占领苏州之后,八万居民寻了短见。"[1]福斯特的说法肯定是有问题的。1860 年 7 月 14 日《北华捷报》登载的文章就曾谴责某些人"特别喜欢报道叛军如何进行大屠杀与造成大流血的事件"。传教士艾约瑟作了比较客观的报告,他说:"人们有过许多关于'长毛叛军'残酷行为的传说,但这种指责是虚构的……许多纵火焚烧的事情,是在叛军到达以前清军干的。自杀的事情也比屠杀多得多。……众所周知,他们曾多次设法拯救跳河投江的男女,都足以证明他们并不是残暴的匪兵,像传说的那样。按照极其严格的意义来说,他们确是革命者。"[2]艾约瑟的话并非空穴来风。据汪德门《庚申殉难日记》,太平军入城之后,汪德门的侄子汪侣梅"出门被拉扛抬物件,乘间投河,毛贼救免之。晚间,在太子码头投河,仍为救起,已三次不死"[3]。

关于战争所造成的破坏,太平军将领有过中肯的说明,"其故有三:一为张玉良军队败退时所焚烧,一为土匪所抢掠,一则太平军所自毁也。"容闳认为:"旅行过此者,设不知其中真相,必且以是归咎于太平军之残暴。殊不知官军之残暴,实无以愈于太平军。以余等沿途所见,太平军之对于人民,皆甚和平,又能竭力保护,以收拾人心。其有焚掠肆虐,施以极严之军法。""忠王在苏州时……下令三通:一不许杀平民,二不许妄杀牛羊,三不许纵烧民居。有犯其一者,杀无赦。"[4]

其三,由于战乱而逃难。太平军入城前十余日,苏州即有人离城逃难。

---

〔1〕 福斯特:《在华五十年》,杜文凯编:《清代西人见闻录》,中国人民大学出版社 1985 年版,第 172 页。

〔2〕 英文原文见 North China, Herald, 7 July, 1860。

〔3〕 汪德门:《庚申殉难日记》,《太平天国史料专辑》,上海古籍出版社 1979 年版,第 2 页。

〔4〕 容闳:《西学东渐记》,湖南人民出版社 1981 年版,第 52—54 页。

如吴大澂日记四月初一日记："午后闻常州警信，何宫保（按即两江总督何桂清，时驻节常州）有欲退省垣之信，人心惊慌，外祖将眷属徙至太仓，是夜登舟。"四月初五日记："连日城内居民闻警迁乡者，接踵而出娄齐两门，肩摩毂击，城门拥挤，几至不能容足。"初六日记："至早自娄门放舟，一路塘岸难民络绎不绝。"[1]逃难人数之多，于此可见一斑。太平军占领苏州后，在城乡普遍设立了乡官局，城区共设七局。乡官局首先办的事情就是分查户口，编造清册。约在1860年7月初左右"七局送册，合计尚有八万三千余口许"[2]。这个统计数字是可信的。可资佐证者，《劫余杂识》记："盖一苏城已不过十余万人矣"，其中包括太平军精兵一二万人和其他老弱牌尾[3]。另据艾约瑟在1860年7月初的报告，"城内叛军的人数不会少于三万"。根据这些材料可以断言，1860年6、7月间，苏州城区居民为8万3千余人，加上驻城太平军及其眷属，城区人口为10余万。

因为处在战争时期，太平军将领认为："战争时军民必分处……中国亘古以来，无论何代，依向来之习惯，凡遇战争时，人民必退处田野，军士则驻守城中，所谓攻城略地，能攻克一城，则城外之地垂手得也。"[4]太平军以苏州城为据点，大量驻军，在城区取消商业，势必影响居民生活；军民杂处，又难免军队滋扰百姓，遂动员城区居民移住城外。并规定：凡"出城住定每口给米五升，俾度四五日，于四五日内，各谋生业，开出铺面。无资本者，具呈请领本钱，或呈明何业认领何等货物，仍估定货价，于售货后缴还钱七成，息三成，俾其永远藉以运转"。此后，城中居民出城者渐多，太平军如约发给资本，以便迁居者开设各种店铺。于是，在清军焚毁之后，山塘街又蔚然而成集市，"名为买卖街"[5]。

---

〔1〕 吴大澂：《吴清卿太史日记》，中国史学会主编：《太平天国》（五），神州国光社1952年版，第327—328页。

〔2〕 潘钟瑞：《苏台麋鹿记》，中国史学会主编：《太平天国》（五），神州国光社1952年版，第275页。

〔3〕 李光霁：《劫余杂识》，中国史学会主编：《太平天国》（五），神州国光社1952年版，第316页。

〔4〕 容闳：《西学东渐记》，湖南人民出版社1981年1月版，第54页。

〔5〕 潘钟瑞：《苏台麋鹿记》，中国史学会主编：《太平天国》（五），神州国光社1952年版，第274页。

太平军占领苏州期间，"以苏城为屯驻"，出征班师，军队大规模频繁调动，人口流动性极大，实际上很难精确考定这几年间的苏州城区人口。大体上说，居民约近10万，加上太平军驻军，城区人口约在20万上下。

（二）城墙

太平军占领苏州后，将苏州城六门改了名称。阊门改称大西门，胥门改称小西门，娄门改称大东门，葑门改称小东门，齐门改称北门，盘门改称南门。太平军抵苏前，清军已将阊门、胥门、齐门的吊桥撤去，太平军遂搭造浮挢。太平军还改筑了葑门之旱城门，拆掉了原来的石吊桥。城墙上的雉堞则一律砌平、刷白，"内如短垣，仅留炮口之地"。初入城时，城上每隔数百步"搭盖芦篷一座，外幂以布"。后又"造瓦屋如长廊"以备守望。至1862年夏秋，为加强防御，又"浚城濠，城加高五尺，上设谯楼、走廊"[1]。另据王步青著《见闻录》，"又加造城垣，高数尺，改城皆右旋，城门皆左向。取民舍木材，环架长屋于城陴，以蔽风雨。六门周围，一色黑瓦，城影如蟠龙"[2]。

（三）府宅

太平军住屋称"打馆"，占领苏州后，多在"大家宅第"居住。馆有馆条，书各居住者姓氏身份，例有"忠殿九门御林真忠垫天豫黄馆"等。据《虎窟纪略》载，城中太平军馆"约有三千"。每馆约住十至数十人不等，为便于城守和出征，太平军打馆又多依城门左近，城心较少。由于苏州是苏福省垣，许多太平军高级将领居住城中。其时，任蒋桥存诚堂是主持苏州民务的左同检熊万荃的府宅。南北两显子巷是听王陈炳文(后镇守杭州)的王府。钮家巷留余堂原为"相府"，因为英王陈玉成将至苏州，该处"内外洒扫，大门尽用黄缎裱糊，预备迎接"，遂为英王府。忠王府则"以复园吴宅东拓于潘(潘爱轩宅)，西拓于汪(汪硕甫宅)，兼而并之"。忠王部属多"就近居住，大小等差，鳞次排列，占满一条北街"。自北迤西至桃花坞，又有太平军将领府宅四五处。

---

〔1〕 蓼村遁客:《虎窟纪略》,《太平天国史料专辑》,上海古籍出版社1979年版,第42页。
〔2〕 王步青:《见闻录》,《太平天国史料专辑》,上海古籍出版社1979年版,第540页。

（四）望楼

太平军将领府宅前多建望楼，“以巨木四支撑为架，上铺以板，缘梯而登为第一层……凡四五层不等。昼则立旗，夜则悬灯……若三旗昼挥，三灯夜灿，则军情紧急矣”[1]。城中最高的望楼在玄妙观，后殿之弥罗阁“本三层，已见高峻”，再立一台（跨脊更起两层），“愈见矗直，登台四望，目穷城外十余里”[2]。

当时文人李光霁记其苏州之行，在《劫余杂识》中写道：穿桃花坞，“登北寺浮屠，遥望烽火台矗立如林，沿途贼卡鳞次，慕龙街（按：今人民路）、临顿路等处，马步奔驰，男女杂沓，但见红云满目”。1860 年 6 月下旬就到苏州活动的西方传教士这样报道：“苏州城内比我们所预料的要清洁得多。……我们看到的士兵都是身体强壮、精神旺盛的人，他们在外表上要比清军的兵勇高明得多。”[3]苏州历来示人以典雅、玲珑，而太平天国时期的苏州则迥异其趣，更多地打上了军事的烙印，犹如“小家碧玉”披挂了一身戎装。

---

〔1〕 潘钟瑞：《苏台麋鹿记》，中国史学会主编：《太平天国》（五），神州国光社 1952 年版，第 274 页。

〔2〕 王步青：《见闻录》，《太平天国史料专辑》，上海古籍出版社 1979 年版，第 540 页。

〔3〕 译文见马博庵译：《外国传教士访问苏州太平军》，北京太平天国史研究会编：《太平天国史译丛》第 2 辑，中华书局 1983 年版，第 100 页。其中日期翻译错误，这一批外国传教士访问苏州太平军应为 6 月下旬，不可能在 5 月。另参见 A Letter from Rev J L Holmes，Prescott Clarke and JS Gregory，Western Reports on the Taiping，Canberra，1982. p227.

太平天国“列王”小考

关于太平天国“列王”一词的歧见，是由《李秀成自述》和《黄文英自述》引起的。

《李秀成自述》称：“主见失算，封出许多之王，言如箭发难收，又无法解，然后封王俱为列王者，因此之来由也。然后列王封多，又无可改，王加头上三点以为坣字之封，人心更不服，多有他图”。[1]

《黄文英自述》称：“那天朝的王有五等，若从前的东、西、南、北四王，翼王，现在的干王执掌朝纲，是一等王；若英王、忠王、侍王执掌兵权，是二等王；若康王、堵王、听王会打仗的，是三等王；若我与恤王是四等王；那五等王一概都叫列王”[2]。

有些学者据《李秀成自述》引出这样的结论：列王是太平天国后期的一种王号，因为封王太多才有列王之封。有些学者据《黄文英自述》又引出这样的结论：列王是太平天国王爵中地位最低的五等王的王号。但是如果我们征引和研读更多的文献资料，就会觉得这些结论是很值得商榷的。

太平天国“列王”一词，在太平天国前期文献中已经出现。其中较早的太平军将领文告有：

太平天国乙荣五年二月二十九日的《殿右陆拾肆指挥赖劝四民从真向

---

〔1〕《李秀成自述》，太平天国历史博物馆：《太平天国文书汇编》，中华书局1979年版，第534页。

〔2〕转引自罗尔纲：《李秀成自述原稿注》，中华书局1982年版，第323页。

化晓谕》:"本大臣仰体天父有好生之德,我主天王暨东、列王有爱民之心。"〔1〕

太平天国乙荣五年三月二十七日的《前九圣粮刘晓谕粮户早完国课布告》:"恭维天父天兄大开天恩,命我主天王下凡,为天下万国太平真主。复差东王辅佐朝纲,及列王暨众大人南征北剿……"〔2〕

太平天国丙辰六年的《元勋殿左贰拾柒检点赖裕新安民晓谕》:"缘蒙天父天兄大开天恩,差天王下凡,为天下万国真圣主。复差东王辅佐朝纲,列王赞襄国政,扫灭妖氛。……尔士民人等须知天父天兄救世之至德、天王、东王、列王爱民之仁心。"〔3〕

太平天国印书有:

《天情道理书》:"今仰蒙天父上主皇上帝暨救世主天兄基督大开恩,亲命天王下凡救世,又命东王及列王为之辅翼,以天情真道化醒世人……"〔4〕

《天父天兄圣旨》:"天兄劳心下凡,时东王、西王到金田。天兄欲天王、列王等守分待时,勿生疑虑。"〔5〕时天王、东王、南王及韦正等在场。

由上述文告可以得出这样几点结论:(一)太平天国前期已经有列王一词,列王并非后期所特设。(二)太平天国前期使用列王一词,是指天王、东王以外诸王,包括西王、南王、北王、翼王、燕王、豫王等。(三)太平天国前期王爵,实际上分为三个等级,即天王、东王、列王,文告里对太平天国领导人三个等级的排列,是太平天国在永安建立的政治体制的体现,天王是一国之君,天王"所封各王,俱受东王节制"。

太平天国文献中最早出现列王一词的,可能是《天朝田亩制度》。《太

〔1〕《殿右陆拾肆指挥赖劝四民从真向化晓谕》,太平天国历史博物馆:《太平天国文书汇编》,中华书局1979年版,第116页。

〔2〕《前九圣粮刘晓谕粮户早完国课布告》,太平天国历史博物馆:《太平天国文书汇编》,中华书局1979年版,第118页。

〔3〕《元勋殿左贰拾柒检点赖裕新安民晓谕》,太平天国历史博物馆:《太平天国文书汇编》,中华书局1979年版,第119页。

〔4〕《天情道理书》,太平天国历史博物馆:《太平天国印书》,江苏人民出版社1979年版,第515页。

〔5〕王庆成编注:《天父天兄圣旨》,辽宁人民出版社1986年版,第23页。

平天国印书》所辑《天朝田亩制度》(太平天国癸好三年新镌)在述及升贬官员时规定:“……天王降旨,军师宣列王,列王宣掌率以下官一体遵行。”需要说明的是,文中出现了太平天国后期官职称谓,显然不是太平天国癸好三年新镌,应解为:“太平天国癸好三年颁行,庚申十年新镌。”[1]

太平天国后期文献中更多地出现了列王一词。其中太平军将领的文告有:

《悦天安黄劝告嘉兴新塍镇四民及早回心毋怀疑贰珍谕》:“缘蒙我天父天兄大开天恩,亲命真圣主下凡,宰治天下,列王辅佐朝纲……”[2]

辛酉年十二月初三日的《绍天福朱絛天福陆告四方士民亟早投诚各安生业诲谕》:“荷蒙上帝大发义怒,降生我圣主天王下凡作主,并生列王掌握兵机。”[3]

太平天国印书有:

《钦定敬避字样》:“唯上帝、基督、君王父、君王母、真圣主、幼主、代代幼主可称此君王二字,东、西嗣君可称君字,余信、勇至列王长主可称嗣钧。凡单称君字、王字,是天父、天兄、天王、幼主,余外称列王。”“列王写天父四抬、天兄三抬、天王两抬、幼主一抬,写与东、西王及信、勇王又当逊一抬。”“盖开辟天父、天兄、天王、幼主是君是王也,如东、西王或称本东、西王,自信、勇王以下或称列王,不得单称王字。王乃天日也。”[4]

由上述文献可以得出这样几点结论:(一)太平天国后期仍沿用列王一词。(二)太平天国后期王爵,仍一如前期还是存在三个等级,但因形势的变化,第一等级扩大为天王和幼主,第二等级扩大为东王和西王,第三等级为列王,包括自信王、勇王以下的所有王爵。(三)由于西王早已殉国,东王

〔1〕《天朝田亩制度》,太平天国历史博物馆:《太平天国印书》,江苏人民出版社1979年版,第412页。

〔2〕《悦天安黄劝告嘉兴新塍镇四民及早回心毋怀疑贰珍谕》,太平天国历史博物馆:《太平天国文书汇编》,中华书局1979年版,第127页。

〔3〕《绍天福朱絛天福陆告四方士民亟早投诚各安生业诲谕》,太平天国历史博物馆:《太平天国文书汇编》,中华书局1979年版,第137页。

〔4〕《钦定敬避字样》,太平天国历史博物馆:《太平天国印书》,江苏人民出版社1979年版,第803页。

于1856年死于天京变乱，太平天国后期实际上就只有两个等级的王爵：天王(还有幼天王)和列王。故上引两份后期文告中均未提及东、西王，只提天王和列王。(四)“列王”又是相对称呼“王”而言，即《钦定敬避字样》所规定：“凡单称君字、王字是天父、天兄、天王、幼主，余外称列王。”“王乃天日也。”因为信、勇王以下……不得单称王字，便规定一概称列王，列王即诸王之意，不是一个王号，也不是若干人共用的、同一的王号。

至此，我们可以得出结论，并对上文涉及的一些问题作出解释。

1. 列王不是如同英王、忠王之类的王号，意为诸王，并特指前期天王、东王以外的诸王，后期天王和幼天王、东西王以外的诸王。

2.《李秀成自述》称：太平天国后期“封出许多之王，言如箭发难收，又无法解，然后封王俱为列王者，因此之来由也”。应是反映了这样的史实：由于太平天国规定除天王、东西王之外的诸王，不能单称王字，而太平天国后期封王太多，或是因为不易确定这么多的王号，或是因为来不及确定这么多的王号，或者暂不予王号，或是天王根本就不想再确定这么多的王号，封有王爵的又不能单称王字，于是有王爵而无王号者，便都被称为列王了。这样，太平天国后期的“列王”就可分为两种，即有王号(如英王、忠王)的列王和无王号的列王。

3.《黄文英自述》关于列王的说法绝不可靠，它不符合上文所阐明的太平天国制度和史实。史式先生也早已在《太平天国史实考》一书中予以指出，兹不赘述。

4. 与“列王”问题相关，《李秀成自述》说及“王加头上三点以为𤣥字之封”，如所述是实，则可以视为洪秀全为抬高自己皇权的权威而玩的文字花样。按《钦定敬避字样》规定，“王”乃敬避字样，“凡王姓可添用此𤣥字避之”。王、𤣥既有此可通之处，洪秀全遂援此规定，令列王“王加头上三点以为𤣥字之封”。𤣥字既为敬避王字而生造，王尊𤣥卑可知。包括李秀成在内的列王所以“人心格而不服”，其原因在此；洪秀全改各王之号，其用意也在此。[1]

〔1〕 参见王国平：《略谈太平天国后期的“天王改政”》，《苏州大学学报》1983年第4期。

略谈李秀成的心路历程

李秀成是太平天国领导人，特别是太平天国后期领导人中最重要的人物之一，也是历史上唯一留下洋洋数万言“自述”的“农民起义”领袖。李秀成的自述除了其他内容之外，还和盘托出了自己从信教、造反到身陷囹圄后的整个心路历程。

一、虔信入教，迷迷懵懵“造反”

李秀成出生于广西藤县一户贫苦农家，和大多数贫苦农家孩子不同的是，“自八岁，九、十岁，随舅父读书”[1]。虽然他说自己“认字不周”，这几年读书对日后的经历肯定起了积极的作用。

和大多数参加太平天国起义的群众一样，李秀成也是经由入教拜上帝而走上造反道路的。李秀成说：“是(至)廿六七岁，方知有洪先生教人敬拜上帝。”在李秀成生活的广西农村，民间宗教在群众生活中占有极其重要的地位，甚至在很多时候对人们的思想和行动起着决定性的影响。当上帝教显示其超越这些民间宗教权威的时候，它就为自己争得了足够多的信众。李秀成即其中之一。

和大多数入教拜上帝的群众一样，李秀成入教的基本动因主要有三

---

〔1〕 本文引文凡未注明出处者，均见《李秀成自述》，太平天国历史博物馆：《太平天国文书汇编》，中华书局 1979 年版。

点。一是“怕蛇虎伤人”，除灾病。如其自述：“自拜上帝之后，秋毫不敢有犯，一味虔信，总怕蛇虎伤人。”二是家贫，入教可“同家食饭”，如其自述：“西王在我家近村乡居驻，传令凡拜上帝之人不必畏逃，同家食饭，何必逃乎！我家寒苦，有食不逃。临行营之时，凡是拜过上帝之人，房屋俱要放火烧之。家家无食之故而随他也。”李秀成还说到，打江山的事，“其各不知，各实因食而随，此是真言也”。第三个原因，就是上帝教提供他们赖以寻求庇护、满足精神需求的宗教力量。

说到造反，李秀成一直声称自己是“迷迷懵懵”参加起义，走上造反道路。如其所说，“我自幼不知分毫之事，迷迷懵懵而来”。他还一直声称自己是在不知情的情况下参加了起义，“所知事者，欲立国者，深远图为者，皆东王杨秀清、西王萧朝贵、南王冯云山、北王韦昌辉、天官丞相秦日纲六人深知。除此六人以外，并未有人知到(道)天王打江山之事”。“自幼为民之时，不知天王欲图天下，骑上虎背，不得不由。”

对于一个农家子弟来说，李秀成所托出的内心状况应该说是真实的。

当然，史实也已经表明，起义之后的李秀成并不因为“迷迷懵懵而来”而迷迷懵懵，在很长一段时间内，李秀成还是积极、乐观、大有作为的。自述中说：“我在军中，勤劳学练，生性秉直，不辞劳苦，各上司故而见爱，逢轻重苦难不辞。”很快由军帅、监军、指挥、地官副丞相、合天侯以副掌率“提兵符之命”等，历迁至忠王。尽管身处囚笼，李秀成所说的不少话还是让人感受到他曾经的乐观情绪。如说到起义立国：“我天朝开国之时，人心个个肯愿。”说到天京变乱后洪秀全“加恩惠下”，提拔一批年轻将领：“各又振作同心……自此一鼓作气振稳数年。”说到二破江南大营：“此时我朝军威大振，何知有今日之难。”说到与洋鬼交战：“那时洋鬼并不敢与我见仗，战其即败！”

二、信仰破灭，迷失于“天文”“天命”

李秀成曾经虔信上帝教，并以传播上帝教为使命。如他在致英国专使额尔金勋爵书中所说：“我等当协和共进，不当相敌，则中外各国一体联和，使基督教圣教圣书流行万邦,有如一股清流,经由忠实信徒,世世代代,永传勿替。而福音将由中国流传海外,无远勿届,务使人人皈依基督,天下咸得鸿福,万民一体腾欢矣。"[1]但是通观自述,没有任何文字褒扬他所曾经信奉的上帝教或给一个正面的评价。相反,我们看到的是他对洪秀全的宗教语言与行为的极端反感。如其所说,二破江南大营后,"我主格外不由人奏,具(俱)信天灵,诏言有天不有人也……我主不问政事,具(俱)是叫臣认实天情,自言(然)升平之句(局)"。说到改国号:"天王号为天父天兄天王太平天国,此是天王之计,将此来情,云天上有此之事,瞒及世人。天王之事,具(俱)是那天话责人。"眼看天京不保,洪秀全不肯听李秀成之谏言,"让城别走",说什么"朕铁桶江山,尔不扶,有人扶。尔说无兵,朕之天兵多过与(于)水,何具(惧)曾□[妖]者乎?"更让李秀成反感。

其三,最重要的、最能说明问题的是,贯穿整个自述,用以解释一切事件的已经不是上帝教教义,而是所谓"天命"。

李秀成的"天命"观从何而来,按他自己的说法,得教于一位老者。李秀成说:"来在天朝,蒙师教训,可悉天文。""我悉天文者,是在杭州西湖山后有一老师,年有九十余岁,教我七日七夜而知,后此人不知而去,寻踪无由。"

李秀成师老者,悉天文,听天命,地点既在杭州,时间也就可以知道了。李秀成至杭州一共两次。第一次是二破江南大营之前,1860 年 3 月,李秀成率军突袭杭州,3 月 10 日军抵杭州,19 日入城,24 日撤离杭州,急返解天京之围。从时间上说,超过 7 日,但考虑到军情紧迫,李秀成行色匆匆,用七日七夜时间在杭州西湖山后从师习天文的可能性不大。李秀成第二次到杭州是 1861 年 10 月,当时李秀成从江西、湖北一带招兵东返,回师浙江,10 月 20 日攻克余杭,进抵杭州,12 月底,攻克杭州。此后,"回稣(苏)州过年"。李秀成在杭州一带 2 个多月,师老者,悉天文应为此时。

值得注意的是,在自述中,李秀成已完全用这一宿命论的天命观来解

---

[1] 《忠王李秀成致英国专使额尔金勋爵书》,北京太平天国史研究会编:《太平天国史译丛》第 2 辑,中华书局 1983 年版,第 12 页。

释与反思自己的人生道路与太平天国的历史事件。

谈到自己走上起义道路，李秀成说："自幼为民之时，不知天王欲图天下，骑上虎背，不得不由。……此亦世人之劫数，亦是英雄应受折磨之当。""非是我为世民随洪姓而来，作一路而至，即是沙云而已，懵懵而随。"

谈到被捕，李秀成说："今已被拿，天数难辞。"

谈到洪秀全起事，李秀成认为："此是天机。升平日久，应出此人，集传许多乱星下降。乱及凡间。"

谈到天京变乱后太平天国没有立时败亡，李秀成解释说"……杀东王即此时之间。此是天意，若向帅未败，仍扎孝陵卫，遇内乱之时，那时乘乱，京城久不能保矣。逢向帅败过而乱，此是天之所排，不由人之所算。"

谈到天京变乱后继续支撑的形势，李秀成说：那时他"初任重事……又不周详，糊糊涂涂而作。此时国未当绝，乱作而成，乱行不错，故而保至今也"。他还说道，当时，"被和张两帅密密加营，深濠格深，阖朝无计，京城困如铁桶一般。此时天朝气数未尽，不应绝命，人心再振"。

谈到二破江南大营之役前突袭杭州，李秀成说："攻破杭州，非是人力，实实天成。一千三百五十名先锋打破杭郡，并非人力之能也。杭民应难，劫数难逃。""此时天朝未当灭绝，谋而即中。气数满登，谋而不中。"

谈到太平天国的败亡，李秀成认为："此是天意，六困天京，上(而)有救，七困败亡。"又说："此亦世人之劫数，亦是英雄应受折磨之当，五百年之大数转限难逃。自周至今，数千年之大换，世间之作变，非是我为世民随洪姓而来，作一路而至，即是沙云而已，懵懵而随。今除神像，是天王之意，亦是神圣久受烟香之劫数。周朝斩将封神，此是先机之定数，而今除许多神像，实斩神封将，还回之故也。……今我天朝封万千之将，天王斩去万千宇宙，业已数尽国崩，观之可是也。"

既然认为一切定于"天命"，当太平天国事业走下坡路的时候，李秀成就表现出异常的消极情绪和异常的消极行动。

李秀成消极情绪的极端发展就是对卷入太平天国运动的追悔。如"若人能先有先知，何敢(围)违犯天命，逆天行事……何人而肯辈(背)井离宗离亲别友去戚离乡?"

李秀成危害最大的消极行动就是纵容下级的叛逆意图与通敌行为。例如,"郜永宽等这班之人,久悉其有投大清之意,虽悉其为,我亦不罪"。还和他们约好"尔我不必想(相)害"。守天京之砉王陈德风"有心献门投降",事发被捕,陈母求救于李秀成,李秀成"当即出计保之,代用去银一千八百两,然后保陈德风之命"。李秀成妻舅宋永祺通敌被捕,"我与其亲戚之情,不能舍绝。然后将银两用于莫仕葵(睽),而后宽刑,不治其罪,奏轻旨办"。太平天国后期大批将领的叛降固然有各方面的原因,李秀成的消极肯定是原因之一。

三、"忠义"观

李秀成爵为太平天国"忠王",带有讽刺意味的是,李秀成所以能得到忠王封爵,恰恰是洪秀全疑其不忠的结果。李秀成在自述中有两处说到这一点:"力守浦口,后又被见疑,云我有通投清朝之意……恐我有变,封我忠王,乐我之心,防我之变,我实不知内中提防我也。"天王"亲自用黄缎子亲自书大字四个,称万古忠义四字,并赐绸缎前来,封我为忠王……乐我心封之,恐防我有他心"。

身为赫赫有名的忠王,最后向曾国藩提出归顺清朝,自然会引起"忠王不忠"的评论。

李秀成有自己的"忠义"观。从自述看,他的"忠义"观可以分解为两个方面。

第一个方面:"在秦为秦",对洪秀全的愚忠。

李秀成说:"主一心用我,我一心实对,主用臣坚,臣力死报。"李秀成对洪秀全的忠到了"愚忠"的地步。他自己也说:"连母亲家眷概交与主为信,表我愚忠。""六解京围之后,并非主计,实众臣愚忠而对天王。这班臣子本是忠直贤良(不)幸未逢明主。"李秀成的愚忠就表现在心知洪秀全不是"明主",仍然"铁胆忠心对主"、"死对主忠"。"主不修德政,尽我人生一世之愚忠对天。""我□一心为我天王……不忠早已他随。"最后,明知天京不保,劝洪秀全"让城别走"不成,尽管"我将兵数十万在外,任我风流",李秀成没有抛下洪秀全，而是“逼气而培(陪)其亡”。甚至在洪秀全死后，城破之际，还挥泪抛别老母，“合室流涕辞别”，保护幼主突围，并将自己的坐骑让给幼主，放弃了自己突围的希望。李秀成说：“既为其臣，虽天王气满蒙尘，误国失邦，我受过其恩，不得不忠，尽心而救天王这点骨血，是尽我愚忠而为。”舍命护主，不能说“贪生怕死”，愚忠如此，不能说“忠王不忠”。

第二个方面：“在楚为楚”，归顺并效忠清朝。

值得注意的是，在被捕之前，李秀成已经用“天命”观来解释清王朝的建立了。他说：“满州(洲)之人过我大国为帝，此是天命而来，非而自成。”这已完全颠覆了太平天国运动对清王朝的敌对认定。在李秀成看来，太平天国与清王朝没有是非正邪之别，仅仅是一个或秦或楚的问题。李秀成认为：为人臣子，“先忠于秦，亦丈夫信义，楚肯容人，亦而死报。”他为洪秀全出力，是尽忠；如果清政府能用他，他也可以为清政府出力。但他又强调：“若我主在邦全，我为此事，是我不忠。今主死国亡，我兵数十万众乱坏世民，我不能卫，固其害民，皆我之罪也。”

显然，李秀成认为两者都不失于“忠义”，先决条件在于原先所效忠的对象是否还存在。如“主在邦全”，归顺清朝为不忠，如“主亡国破”，归顺清朝不为不忠。李秀成为自己的忠义观和矛盾行为设了一个时空的“度”。

与李秀成同为太平天国将领的赖文光在被俘后这样说：“古之君子，国败家亡，君辱臣死，大义昭然……惟死以报邦家，以全臣节焉。”〔1〕

两者相比较，赖文光所表达的忠义观是一个更容易被接受的封建传统忠义价值观。

实际上，李秀成的前后行为看似矛盾，并不矛盾。前之愚忠与后之降清是同一个人的忠义价值取向的两个侧面。李秀成的忠义价值取向是人与人之间的施恩与报恩，舍象了人们活动于其中的高于人际关系的事业的是非正邪。唯其如此，李秀成才会“先忠于秦，亦丈夫信义，楚肯容人，亦而死报”。

---

〔1〕《赖文光自述》，太平天国历史博物馆：《太平天国文书汇编》，中华书局1979年版，第556页。

对李秀成忠义观的评价，不宜以封建传统忠义价值观为度，也不宜纯然以时空为度，而应以是非正邪为度。对李秀成评价如何，取决于人们对太平天国与清王朝是非正邪的评判。

四、“夷务”观

自述写到最后，李秀成向曾国藩提出：“要防鬼反为先”，并向曾国藩建议，要做好与列强交战的准备。这方面的准备包括：一是购买洋炮。“欲与洋鬼争衡，务先买大炮早备为先。”李秀成建议暗中多购洋炮，并购炮架，多多存储弹药，防在要隘。要隘炮台的大炮，炮位要大，以三四千斤为宜。陆路用炮，则以三四百斤为宜，亦须配炮架。另外，“欲同步战之利，到香港要密买其鬼之抬枪，其炮每条食炮(子)十两半斤之上下”。

二是仿制洋炮。“取到其炮，取到车炮架，寻好匠人，照其样式一一制造。那时将我中国广炮制造多多，以一教十匠人，以十教百匠人，我国人人可悉，制用此物者人多，那时我亦利害制之。”在这方面，李秀成是有经验的。他说：“大西炮架，我在太仓抢得炮样，业经制造，与其一样无差。”

三是训练炮兵。“选集我灵变通明之人”，在开阔地方秘密训练，“仍用炮子对一面高山平处立起靶子，教练炮手。练久而成百发百中之好手，出重工食，给予其资”。

在审讯答辞中，李秀成又补充说：“官兵必能战胜洋人，唯宜陆战，不宜水战，宜与之硬杀，不宜斗巧。宜以中国土炮为主以洋炮辅之，不宜尽用洋炮，盖洋炮之精者皆不肯售与中国也。”〔1〕

李秀成之所以向曾国藩强调“防鬼反”，打“洋鬼”，主要出于以下几方面的原因。

其一，对洋鬼的憎恨。众所周知，由于宗教的关系，太平天国领导人在很长时间里将列强看做“洋兄弟”，李秀成也不例外。李秀成还真诚希望中外兄弟联手合作，并邀请外国传教士到太平天国传教。如 1860 年 9 月，李

〔1〕 罗尔纲：《李秀成自述原稿注》，中华书局 1982 年版，第 365 页。

秀成在致英国专使额尔金的照会中说："今年本藩全仗天父权能，得以连克苏、杭二州。甚愿得诸贵国传教士前来二州，向我天朝臣民传播福音真道。倘蒙惠然肯来，本藩欢忭之情，非言可表。切望凡属同道之辈，不久同心同德，因真道之宣扬，务使其迅即家喻户晓，不久以后，全国各地，甚至边陲僻壤，尽皆遵行崇拜基督之教义，刊印圣书，不受限制。此诚昌盛辉煌之硕果也。……我等当协和共进，不当相敌，则中外各国一体联和。"〔1〕

但是，当李秀成率军攻打上海，遭到列强的打击之后，太平天国领导人包括李秀成也就抛弃了对列强的模糊认识和幻想。

李秀成在自述中历数"洋鬼"的恶行与祸害。如助清军防守上海，在太仓、嘉定、青浦、松江、苏州与太平军交战，"领李抚台之赏，攻我各路城市"等，李秀成还提到，当太平军失守太仓时，"打入城者，鬼把城门。凡见清官兵，不准自取一物，大小男女任其带尽，清官兵不敢与言。若尔清朝官兵多言者，不计尔官职大小，乱打不饶"。李秀成顺便提及，洪秀全之所以"不肯用鬼兵者，因此之由也。有一千人之鬼，要押制我万人，何人肯服，故未用他也"。

最后，太平天国领导人包括李秀成都将列强助清看做太平天国失败的根本原因。如洪仁玕所说"我朝祸害之源，即洋人助妖之事"〔2〕。李秀成则说："苏杭之误事，洋鬼作怪。"

其二，对洋鬼必然为害中国的担忧。李秀成提醒曾国藩，列强必然会与清政府反目，"为今虑者，洋鬼定变动之。为中堂厚恩，我亦陈之"。李秀成说，列强对中国有领土要求，并曾想通过与太平天国联手以达到这一目的，由于太平天国不同意而未能如愿。李秀成说："鬼子到过天京，与天王叙过，要与天王平分地土，其愿助之。天王云不肯：我争中国，欲想全图，事成平分，天下失笑，不成之后，引鬼入邦。此语是与朝臣谈及后不肯。"李秀成认为，在太平天国失败之后，防制列强是清政府的第一要务，他说："要防

〔1〕《忠王李秀成致英国专使额尔金勋爵书》，北京太平天国史研究会编：《太平天国史译丛》第2辑，中华书局1983年版，第12页。

〔2〕《洪仁玕自述》，太平天国历史博物馆：《太平天国文书汇编》，中华书局1979年版，第555页。

鬼反为先,此是真实之语。"

值得注意的是,李秀成的这一段文字还表达了他本人立场的转变和某种责任感与愿望。他说:"我天朝已末,我乃大清民根,亦愿军民之好,免以惊动我大国人民。"这句话的意思是,太平天国已经败亡,李秀成也已成大清之民。为中国人计,为免洋鬼惊扰中国人,李秀成愿意贡献自己对洋鬼的了解,贡献自己与洋鬼作战的经验教训。

其三,与"洋鬼"作战的经历与自信,特别是与"洋鬼"作战胜利的经历分不开。从1860年夏到1864年秋,李秀成与"洋鬼"交战四年,胜败互见。他在自述中不无自豪地陈述了战胜洋鬼的得意之笔。

"我到太仓,当与其见仗……次早又立阵于东门,开兵大战,辰至巳,力破鬼阵,当战数百,追其下水死者千余,当破清营三十余座,得其大炮、洋枪不计其数。"嘉定之战,"鬼兵大败,又斩千余"。青浦之战,击中洋鬼"火舟","其浦城鬼兵自行退去,自惊下水而亡数百名鬼子"。松江之战,"尚海来救之鬼,用舟庄(装)洋药洋炮千余条而来,经我官兵出队与其迎战,鬼败我胜,将其火药洋炮枪为我所有"。

李秀成意气豪迈地说:"那时洋鬼并不敢与我见仗,战其即败"!当是时也,"洋鬼"横行,清军畏敌,政府求和,与李秀成同时之人,能够有资格发出李秀成这样豪言壮语的,恐怕一个也没有。可惜的是,"正当成功之时,曾帅之军已由上(而)下……有如破竹之声(势)而至金陵,逼近京都。"洪秀全"一日三道"严诏追到松江前线,令李秀成回救天京。李秀成不得不收兵西行,贻误大好战机,令人扼腕叹息。

其四,对"天命"的理解。据赵烈文称:"李又言天上有数星,主夷务不靖,十余年必见。余征其星名度数,则皆鄙俚俗说而已。"〔1〕而在审讯答辞中,李秀成说:"洋人能算者言在中国只有十八年,不能久住也。"李秀成的意思是,十余年间必然"夷务不靖",而此后洋人将退出中国,"官兵必能战胜洋人"。〔2〕

〔1〕 赵烈文:《能静居士日记》,《太平天国史料丛编简辑》第三册,中华书局1962年版,第373页。

〔2〕 罗尔纲:《李秀成自述原稿注》,中华书局1982年版,第365页。

李秀成的心路历程，大致可以概述如下：因为害怕蛇虎伤人和生活困难而入教拜上帝；金田起义爆发，迷迷懵懵投入太平天国运动；在太平天国运动发展过程中，积极有为，当太平天国形势无可挽回地逆转之后，迷失于宿命论的“天命”观；尽管对前途悲观，仍以愚忠对天王，国破君亡，以投敌为不失忠义；身陷囹圄，痛定思痛，最后提出“要防鬼反为先”，这是李秀成“夷务”观的终点与升华。如果允许李秀成重新选择人生，他的回答是：“在家为民。”这就是李秀成，一个农民，一个农民出身的军事将领，一个以悲剧结束人生的农民将领的心路历程。

李秀成在自述中总结太平天国失败的主要原因，写了“天朝十误”，把最重大的责任都算在了洪秀全的身上，应该说，这也是可以接受的。然而，读完李秀成的心路历程，掂量李秀成在太平天国后期所承担的重大责任，天朝之误至少应再加上：误忠王心路之出轨。

太平天国军事研究

TAIPINGTIANGUO JUNSHIYANJIU

1859 年宝庆战役研究

1859 年的宝庆战役,是太平天国翼王石达开从天京分裂出走后进行的唯一的一次大规模战役。这次战役对当时江西、湖北、安徽、天京附近的战事以及石达开一军的命运都产生了极大的影响。然而,对于这个重要战役,仍然缺乏足够的研究和探讨,本文就宝庆战役的若干重要问题略陈管见。

一、 石达开的战略意图

1857 年 6 月,石达开从天京负气出走,径赴安徽,出师远征。同年 9 月,石达开统军数万人从安庆渡江,经由安徽建德县进入江西。1858 年 4 号,从江西进入浙江;8 月,石军转进福建;10 月,进抵江西。1859 年 1 月,占领江西的南安、崇义、定南等地。

至此,石军出师一年半,辗转五省,军行数千里,没有进行过一次大规模的战役。在此期间,清方对石达开的战略意图一直捉摸不定。

1857 年 6 月,当石军在安庆、彭泽一带时,胡林翼在奏报中称:石达开统军数万人"从安庆、彭泽分道上犯,扬言分扰湖北,并援江西"[1]。

1858 年夏,石军进入浙江时,督军江西的西安将军福兴奏称:"石逆因

〔1〕 胡林翼:《奏陈九江长围困贼迭次大胜及水师深入失利旋复获胜疏》,郑敦谨编:《胡文忠公遗集·奏疏》第 18 卷,同治六年刻本,第 14 页。

金陵逆贼迭次求援,欲由江西东路直犯苏、杭,以掣金陵大兵之手。"[1]

1858年冬,石军进入江西南部后,和春咨照曾国藩称:"翼逆石达开欲自茶陵窜入湖南。"[2]

奉命追击石达开的曾国藩分析说:石达开在浙江"衢州数月,而进不敢逼严、杭(按:即严州、杭州),东不敢窥宁、绍(按:即宁波、绍兴)",在福建"洋口数月,而不敢犯延平……以此卜之,贼无悍志,无远略"[3]。并无既定的长远的战略意图。清方真正弄清楚石达开的战略目标,是在1859年初石达开军从江西南安一带攻入湘南之后。

1859年2月底,石军赖裕新等从赣南攻入湘南。3月7日,石军大队撤离江西南安,随进湘南。至4月底,石达开军迭克宜章、兴宁(今资兴县)、郴州、桂阳州(今桂阳县)、东安,并进攻永州(今零陵)、祁阳。同时,国宗石镇吉部闯入广东,占领大埔、嘉应,4月初,经由兴宁、罗浮沿赣粤边界西进。5月7日,石达开军开始北上围攻宝庆府(今湖南邵阳市)。

宝庆为"湖南腹地,左右伸缩均足有为"[4],"宝庆有失,则西路之常、澧、辰、沅、靖(按即常德、澧州、沅州、靖州)各府州均将受其蹂躏,而犯鄂图蜀之势成矣"[5]。石军自天京出师后一路避战,出江西后却突然对湖南宝庆发动凌厉攻势,湘系集团大为震惊。曾国藩称:"殊不可解。"[6]然而,湘系其他要员则明确认为,石达开军的战略意图是攻占湖南腹地重镇,由此绕出湘、楚军之后,经由湘系未加设防的湘西地区北上,取道鄂西南进军四川。

---

〔1〕 咸丰朝《东华录》第78卷,第16页。

〔2〕 曾国藩:《复郭意诚》,李瀚章编:《曾文正公全集·书札》第7卷,光绪丙子传忠书局版,第44页。

〔3〕 曾国藩:《复左季高》,李瀚章编:《曾文正公全集·书札》第8卷,光绪丙子传忠书局版,第10页。

〔4〕 左宗棠:《与李希庵》,杨书霖编:《左文襄公遗集·书牍》第5卷,光绪十六年版,第16页。

〔5〕 骆秉章:《逆贼穷蹙南窜官军追剿楚境渐次肃清折》,《骆文忠公奏议·湘中稿》第15卷,光绪四年刻本,第25页。

〔6〕 曾国藩:《复冯树堂》,李瀚章编:《曾文正公全集·书札》第8卷,光绪丙子传忠书局版,第6页。

胡林翼认为：石达开“志在上游”，“欲由宝庆、常德、荆、宜（按：即湖北荆州、宜昌）各路掳掠入川，自立一帜，蓄谋已久”〔1〕。当时在湖南巡抚骆秉章幕府主军事与奏笺的左宗棠也认为：石达开意在“北窜”鄂、蜀，“非穷蹙至极，必不南窜”〔2〕广西。

骆秉章奏称：据江西乐平绅团搜获石达开信件，“石逆在南安时，景德镇贼首（按：指杨辅清）嘱其由赣、吉（按：指江西赣州、吉安）取道北窜，与之合势，以窜皖、鄂。石逆复称须由南安窜湖南，下趋鄂省，以取上游之势”〔3〕。

由上可知，石达开至迟在江西南安时已定计进攻宝庆，北进鄂西南荆州、宜昌一带而入四川。这就是石达开发动宝庆战役的战略意图。

二、 湖北大举援湘和湘系的战略决策

石达开军攻入湘南，左宗棠飞檄向湖北巡抚胡林翼告急求援。胡林翼立即复函答应先以水师两营、马队 300 人增援湖南，并准备续派重兵大举援湘。

当时，湖北正在积极筹划边境防务和部署三路进犯安徽。胡林翼分兵赴援湖南，引起湖北军政大员的普遍不满。湖广总督官文、荆州将军都兴阿及多隆阿、舒保等均持异议。他们认为，陈玉成部太平军虎视眈眈，刻刻不忘从安徽进攻湖北，以湖北现有之兵力与陈玉成角逐，非但鄂东边境之防御在在可虞，三路攻皖尤须厚集兵力方可期有成效。此时“不援皖而惟湘是图”，是置湖北之安危于不顾，埋怨胡林翼：“湘人以空虚而致贼，鄂人

〔1〕 胡林翼：《派员统带重兵往援湖南疏》，郑敦谨编：《胡文忠公遗集·奏疏》第 33 卷，同治六年黄鹤楼刻本，第 8 页。

〔2〕 左宗棠：《与李希庵》，杨书霖编：《左文襄公遗集·书牍》第 5 卷，光绪十六年版，第 20 页。

〔3〕 骆秉章：《江西大股贼匪窜扰南路筹办情形折》，《骆文忠公奏议·湘中稿》第 14 卷，光绪四年刻本，第 6 页。

奈何效尤?"[1]故都兴阿态度消极,而"多(按:即多隆阿)不拨兵,舒(按:即舒保)不愿去"[2]。

胡林翼认为,陈玉成暂时尚不至发动攻势,其原因是:第一,陈玉成于三河大捷后进攻宿松二郎河受挫,损失严重,非经休整蓄锐,难以对湖北发动攻势。第二,东线风云突变,1859 年 3 月 1 日,太平军江浦守将薛之元献城降清,又与叛将李世忠合军攻陷浦口。4 月 8 日,陈玉成驰援两浦。胡林翼说:"两浦既陷,六合合围,故贼之攻浦救六,势所必至,时机可乘。"胡林翼以此说服同僚。4 月 14 日,湖北首批援湘军队共约 3 000 余人启行。

4 月,石达开军北上攻打永州、祁阳。5 月 7 日,石达开军在新宁击败刘长佑部湘军,北上围攻宝庆。石军深入湖南腹地,再进西路,即可控制资水和沅江上游,顺流而下,即可趋鄂入川。湖南军情日紧,胡林翼如坐针毡,他深知湖北援湘军队仅 3 000 余人,杯水车薪,无济于事,不得不商请官文大举援湘。他向官文细陈利害关系:

第一,咸丰"二、三年,贼从湖南犯鄂……其时永州、衡州、长沙并未失守。此次永州、衡州、宝庆三府即令无恙,而贼所经过不必定由郡城。若大股分窜,湖南不能追,湖北势必不能堵"。估计石达开军"拊鄂之背,必在夏秋之间,其大枝另由西路窥伺巴蜀"。鄂事将不堪设想。

第二,湖南不支,"贼必犯鄂","湖北御此大股,必须再添两万人。饷力固不能任,将才又不能多",而湖南"鉴于前此之空虚,非全境肃清三五月后",必不能援鄂,为湖北计,"自守于境内不如助剿于境外,助剿则兵少而功倍,自守则备多而势分"。

第三,湖北大举援湘,兵力将锐减。可以"新定鄂军章程"专募湖北勇丁数千人"另成一军",且守且练,弥缝其阙。而况陈玉成"已趋六合、江浦"。湖北防务暂可无虞,机不可失,"或可藉以援湘"。

官文被胡林翼说服,与胡林翼联衔上奏说:石达开军欲由宝庆、常德等

---

〔1〕 胡林翼:《致官揆帅》,郑敦谨编:《胡文忠公遗集·抚鄂书牍》第 63 卷,同治六年黄鹤楼刻本,第 26 页。

〔2〕 胡林翼:《致李续宜》,湘乡李氏藏:《曾胡手札》,沈云龙主编:《近代中国史料丛刊》正编,第 24 辑,文海出版社 1966 年版,第 399 页。

地入川，现已聚集宝庆，迫近资水、沅江上游，资、沅二水为江湖紧要关键，除已续调水师加强防务外，并令李续宜乘假归之便，“拣选抚湘各军五千三百七十余名，并余丁、长夫四千名，裹带口粮、军火，前赴湖南，督率陆路各营”，赴援宝庆[1]。由于胡林翼的努力，湖北大举援湘“凡援军万五千人，月馈饷六万，不以烦湖南”[2]。湖北湘、楚军大举援湘，给石达开军围攻宝庆之役增添了一个极其危险的因素。

当石达开军初入湖南，骆秉章急商曾国藩派遣萧启江部回援。萧启江军行迟缓，胡林翼得知后气急败坏，咒骂萧启江“雅步从容，逢人便问魏三兄，其所谓血性者安在？彼言网开一面，是欲纵贼入蜀，师杨武陵故智也”[3]。他又写信给官文说：“湖南之辰、永等府，前面亦无拦阻，后路追是送贼入蜀也。南抚固无此意，而将帅之力不能战者，必且以入蜀为幸事，谓不欲以邻为壑，特大言耳。”[4]然而，当湖北大举援湘时，胡林翼却迭次密令李续宜：“杀尽此贼，势必不能。……能遏逼使南走，尚是善策。”“贼数过多，不能尽杀，惟有虚南路，以两粤为贼之去路，则天下之祸尚轻也。”[5]胡林翼又何尝不是“网开一面”，“以邻为壑”？区别仅仅在于：胡林翼欲以两粤为壑，萧启江则欲以四川为壑，而这将使石达开军“转据长江之上游”，如此，则非但湖北军饷之大宗川盐盐课将来源无着，而且石达开军将从四川拊湖北之背，犯了胡林翼的大忌，为湘系集团计，胡林翼的战略决策确实是“为祸尚轻”。正因为这样，左宗棠和骆秉章才会在战略决策上同胡林翼意见一致。

骆秉章在奏报中称：“湖南军事，应分派统领两员，一剿东路，一剿西

[1] 胡林翼：《派员统带重兵往援湖南疏》，郑敦谨编：《胡文忠公遗集·奏疏》第33卷，同治六年黄鹤楼刻本，第8页。

[2] 梅英杰：《胡文忠公年谱》第3卷，梅氏抱冰堂刊，第5页。

[3] 胡林翼：《致左季丈》，郑敦谨编：《胡文忠公遗集·抚鄂书牍》第63卷，同治六年黄鹤楼刻本，第28页。

[4] 胡林翼：《致官秀峰揆帅》，郑敦谨编：《胡文忠公遗集·抚鄂书牍》第64卷，同治六年黄鹤楼刻本，第12页。

[5] 胡林翼：《致李续宜》，湘乡李氏藏：《曾胡手札》，沈云龙主编：《近代中国史料丛刊》正编第24辑，文海出版社1996年版，第400页。

路，渐剿渐进，迫贼归并南路，然后合势蹙之。”[1]左宗棠也认为，应该将石达开军“逼窜南路，徐为图之”。对湘系集团来说，整个宝庆战役实质上就是左宗棠所概括而言的“逼窜南路之局”。[2] 这一战略指导思想在战争过程的关键环节上清楚地表现出来。

当石达开军攻入湘南、逼近广西边境时，清政府曾谕令骆秉章：“其窜近粤西匪徒，粤西虽派驻全州之苏凤文并教谕李若霞等督带兵练防守，仍著骆秉章拨兵援应。”骆秉章如遵旨拨兵援应广西，则“逼窜南路之局不成”。因此，骆秉章由左宗棠主稿，奏称：“逆贼亦曾扬言回粤西老巢，而其实非势极穷蹙，必不舍楚而窜粤西。……所有数省逆贼尽窜湖南，并会合粤贼窜楚，毋须拨兵援应广西。”[3]其实无非是虚粤西之防，而预为石达开军之退路。

当李续宜驰军援湘时，胡林翼“坚嘱其必由益阳、安化、新化以指宝郡”。益阳处资水下游，安化踞资水中游，新化踞资水上游，李续宜循此南进，即可控扼资水，兼顾沅江，阻遏石达开军由资水、沅江北上。

当李续宜驰抵宝庆外围时，他到高家冲与刘长佑会商军务。李、刘决定不急于扑宝庆围师，而以刘长佑部驻营高家冲一带以扼东路，李续宜部渡资水以扼西路，仍是注意于防石达开军由西路循资水、沅江北上。

7月下旬以后，宝庆战役进入决定性阶段。7月24日，石达开亲督大队攻高家冲等地刘长佑军，不胜；7月28日，石达开督赖裕新、傅忠信等统大军围攻李续宜部，大败。资水以西太平军被迫渡资东退，李续宜部蹑踪而进，扼驻资水东岸。8月13日，石达开军分数十队猛攻李续宜大营，又败，14日夜，石达开军被迫分两路南撤，18日，前队至东安，主力向广西全州一路撤退。

宝庆战役结束，湘系“逼窜南路”的战略完全实现。为了敷衍清政府，

---

〔1〕 骆秉章：《请调李道总统诸军片》，《骆文忠公奏议·湘中稿》第14卷，光绪四年刻本，第55页。

〔2〕 左宗棠：《与李希庵》，杨书霖编：《左文襄公遗集·书牍》第5卷，光绪十六年版，第16页。

〔3〕 骆秉章：《逆贼尽窜湖南无庸拨兵援粤片》，《骆文忠公奏议·湘中稿》第14卷，光绪四年刻本，第53页。

骆秉章上奏说："臣前调萧启江、魏喻义两军赴永州、东安截剿，预期聚而歼旃。……官军虽兼程行走，终未能速到贼前，截其窜路。此则臣思虑所未到而深为惭恨者也。"[1]湘系集团深思熟虑，故设"逼窜南路之局"，却假惺惺地说什么"思虑未到"，清政府若有知，岂不加之以"欺君之罪"？

三、石达开围攻宝庆失败的原因

考察作战双方的力量对比，军事指挥以及其他有关因素，石达开军围攻宝庆失败的主要原因有：

第一，实际战斗力的对比对石达开军并不有利。

石达开从天京分裂出走，兵力"约五七万人"。据曾国藩说，石军入浙出闽时，约七八万人。从南安进入湘南时，兵力有极大扩充，此时兵力为10余万人，全军包括战斗兵员和老弱妇女在内为20万左右。兵力不可谓不厚。

然而，湘系集团投入宝庆战役的兵力也相当雄厚。据胡林翼奏报，石军入湘前湖南原有兵勇不计在内，仅"仓卒募勇，已得四万余人"[2]。骆秉章又调回湖南援黔之田兴恕一军为4 500人，另有曾国藩所遣萧启江一军4 000余人，胡林翼所遣李续宜等部15 000人，以上合计，敌方兵力当不下7万余人。

如果仅仅从人数上考察，石达开军确实占优势，但是，若将其他影响战斗力的因素考虑在内，结论就不同了。

首先，石达开军新兵居多，战斗力不强。曾国藩这样说："观贼在闽、浙，专伺虚隙，略无道理，似其中并无能结硬寨、打死仗者。"[3]又说："其不

---

〔1〕 骆秉章：《逆贼穷蹙南窜官军追剿楚境渐次肃清折》，《骆文忠公奏议·湘中稿》第15卷，光绪四年刻本，第27页。

〔2〕 胡林翼：《遵旨复奏征皖孤军未可深入疏》，郑敦谨编：《胡文忠公遗集·奏疏》第33卷，同治六年黄鹤楼刻本，第6页。

〔3〕 曾国藩：《复左季高》，李瀚章编：《曾文正公全集·书札》第8卷，光绪丙子传忠书局版，第10页。

甚足虑者,数虽众,究系裹胁者(按:指新兵)多,久战者少。"[1]相反,敌军人数少而战斗力强。胡林翼说:"湖南将士转战六七年,敢战……已成风气。"[2]湖南数万湘军虽属"仓促募勇"成军,其凶悍能战不可低估。

其次,石达开军分裂出走,脱离太平军主战场,悬师远征,没有根据地作依托。曾国藩分析说:"贼至十万之多,每日需食米千石,需子药千斤,渠全无来源。"他甚至认为,仅以粮饷、军械无从接济推断,一旦石军"粮米掳尽,断无不去之理,可不须大胜仗也"[3]。相反,当时湖南饷银仅库存即有"百余万两,近十年富强之国也",况还有他省协饷。湖北援军则由胡林翼"月馈饷六万,不以烦湖南"。敌军在本土作战,饷粮、军械源源不断。

除此以外,还有其他一些因素对石达开军不利。如石达开军是进攻的一方,敌军作为防御的一方,占有地利等有利条件,兹不赘述。由上观之,石达开军虽然在数量上占优势,但从实际战斗力看,并不占优势。

第二,石达开指挥上的失误。

石达开围攻宝庆,是一次进攻会战。"进攻会战的一个特点是在大多数情况下敌情不明。……在进攻会战中越是情况不明,就越需要集中兵力,就越需要多采用迂回,少采用包围。"[4]石达开进攻宝庆,以客军而深入,情况不明在所难免。因此,克劳塞维茨上述关于进攻会战中的战术原则,对石达开进攻宝庆之役应该是通用的。但实际情况是,石达开在战术的运用上恰恰发生了失误。

首先,失误于主力围攻宝庆。当时战争的一个重要特点是双方均不具备强大的攻坚手段和能力。故胡林翼认为,仰攻坚城,徒伤精锐,"围城为危机,攻城为非计"[5]。以湘、楚军之军械精良、子药充足,尚且以围城攻

---

〔1〕 曾国藩:《复胡宫保》,李瀚章编:《曾文正公全集·书札》第8卷,光绪丙子传忠书局版,第4页。

〔2〕 胡林翼:《致官揆帅》,郑敦谨编:《胡文忠公遗集·抚鄂书牍》第63卷,同治六年黄鹤楼刻本,第7页。

〔3〕 曾国藩:《致澄弟》,李瀚章编:《曾文正公全集·家书》第6卷,光绪丙子传忠书局版,第46页。

〔4〕 克劳塞维茨:《战争论》,中国人民解放军总参谋部出版局1965年版,第1 071页。

〔5〕 胡林翼:《致钱萍矼星使》,郑敦谨编:《胡文忠公遗集·抚鄂书牍》第67卷,同治六年黄鹤楼刻本,第23页。

坚为忌，石达开却偏偏亲督主力围城攻坚，精锐暗销而终未得城。

石达开原欲由湘西北上经鄂入川，资、沅二水是必由之路。在湖北大举援湘之前，这一带敌方防务空虚，胡林翼极其担心石达开军由此迂回北进，但石达开却以主力围攻宝庆，以小支部队迂回西路，虽然北进至资水上游之新化，却因李续宜部湖北援军进抵距新化百余里之蓝田，众寡悬殊，不得不退回南路。显然，石达开以主力围攻宝庆，非但未能克城，更重要的是贻误了主力迂回的战机。

其次，失误于兵力使用不当，没有真正做到集中兵力。1859 年 5 月，石达开亲督大军开始围攻宝庆，此时，国宗石镇吉率领所部约 2 万人仍在赣粤边境。5 月 30 日，石镇吉部刚刚进入湖南临武县境。6 月 1 日，进攻蓝山，进攻宁远。6 月 9 日，石镇吉部又折向西南，会同何名标部占领永明县(今江永县)，续占江华县。7 月 28 日(正值宝庆战役决战之际)，进入广西占领恭城、平乐。

宝庆战役期间，湘系集团虚南路以为石达开军之退路，拒绝分兵援应广西。清方在广东、广西并无可观的军事力量，石达开军围攻宝庆，原无来自两粤的后顾之忧，但石镇吉、何名标两部共约 4 万余人却一直活动于两粤边境，无疑是在不必要的地方配置过多的兵力。

按照骆秉章的分析，石镇吉等部的活动意在"示形于楚、粤之交，计诱官军蹑踪追剿，以便深入"[1]。果真如此，那么，当湘系集团显然在实行"逼窜南路"的战略时，石镇吉等部理应开赴宝庆战场，事实却不是这样。尤可骇怪的是，据骆秉章奏，宝庆战役决战之际，石达开曾"分路求援"于石镇吉、何名标等部，但直到"石逆自宝庆败窜时，两粤之贼尚未之知也"[2]。

第三，石达开军军心不固。

石达开军进入赣南后，兵士激增而成分也因此复杂。全军"约分三起，一起长发(按：太平军正规部队)，系石国宗统带。一起花旗，大半皆南康、

---

〔1〕 骆秉章：《逆贼尽窜湖南无庸拨兵援粤片》，《骆文忠公奏议 · 湘中稿》第 14 卷，光绪四年刻本，第 53 页。

〔2〕 骆秉章：《剿办两粤股匪连获大捷现筹情形折》，《骆文忠公奏议 · 湘中稿》第 15 卷，光绪四年刻本，第 43 页。

万安、赣县之匪，系何先锋、傅检点统带。一起广码（按：新加入太平军的广东天地会会众），系罗都督、卢检点统带”。[1] 进入湘南后，又有郴州、桂阳等地起义群众加入。各色人等大批加入，未免鱼龙混杂。骆秉章奏称：石达开军中不少人“从贼非所甘，而逃出又恐为官军及乡团所杀”。“臣于此次逆贼窜楚之时，即刊发简明告示数千张，遍贴街僻各处”，凡弃械投诚者，即给予免死票，资遣回籍。据骆秉章说：“此示一张，石达开军逃出领票归籍者约以2万计，其未曾领票、径自逃归者尤复不少。……贼中暗相传诵，群思解散。”甚至有大军略周学韩等将领50余人投降[2]。不管骆秉章是否夸张，敌方的这一举措起了分化瓦解的恶劣作用，反映了石达开军军心不固。

四、宝庆战役的影响

1859年的宝庆战役对于石达开军的命运和江西、湖北、安徽的战事都有重要的影响。

就石达开一军而言，石达开自分裂出走后，军事并无起色，进入赣南后，军势始振，围攻宝庆失败后，石达开军损失重大，士气大伤，由湘、鄂入川的战略意图不能实现，被迫南退。曾国藩认为：“湘贼大股全窜粤西，前队已趋义宁，距黔省边界甚近，或由怀远一带入黔，以遂其窜蜀之本谋，亦未可定。……惟以道里计之，贼踪离蜀，尚隔三千里，粤、黔两省，万山丛杂，贼多食少，势难遽达蜀境。”[3]当时，粤西屡经兵燹，“黔中扰乱数年，田畴多就荒芜，残破之乡，食物极贵，且有无从买籴者”。对石达开军是极为不利的。曾国藩断定，石达开军围攻宝庆失败后，“裹胁之人愿从者渐少，

〔1〕 曾国藩：《移军剿景德镇股匪折》，李瀚章编：《曾文正公全集·奏疏》第10卷，光绪丙子传忠书局版，第32页。

〔2〕 骆秉章：《逆目周学韩等投诚片》，《骆文忠公奏议·湘中稿》第15卷，光绪四年刻本，第53页。

〔3〕 曾国藩：《会商大略折》，李瀚章编：《曾文正公全集·奏疏》第11卷，光绪丙子传忠书局版，第23页。

且无老巢以为粮台,粮米须掳,子药须搬,行且疲于山谷之间"[1]。事实表明,宝庆战役后,石达开军一蹶不振,从此在广西、贵州等地流动作战,最后在四川大渡河覆灭。由此视之,宝庆战役是石达开分裂出走后的一次最重大的军事努力,也是石达开军最终失败的重要转折点。

就江西战场而言,石达开出闽南、入赣南,再进湘南之时,曾国藩就不准备跟踪追击,其原因如他后来在给胡林翼的信中所说:"一则见贼在闽、浙奄奄若无能为。一则寸心欲与阁下及希庵、厚、雪(按:李续宜字希庵、杨载福字厚庵,彭玉麟字雪琴)三师合势。"[2]因此,曾国藩驻抚州大营不动,亲督张运兰部扑犯景德镇,命萧启江部追击石达开。萧启江占领南安后,曾国藩"本拟调萧启江一军从浮梁夹击"景德镇,"又因郴、桂告陷,回援湖南",江西湘军"只得扼要严防,观势而动"[3],不能迅克景德镇。宝庆战役扯薄了江西湘军兵力,支援了景德镇一带杨辅清等部太平军的斗争。

就安徽战场和天京外围而言,宝庆战役前夕,湖北巡抚胡林翼正在黄州大营策划和布置三路进犯安徽,决定以荆州将军都兴阿统率多隆阿、鲍超等部马步兵勇为一路;以李续宜督同唐训方、余际昌等部为一路;并奏调曾国藩"移兵图皖",独当一路。当时,都兴阿所统马步兵勇已进抵安徽太湖城下,李续宜等部也已在黄州整军待发,曾国藩军一俟攻景德镇得手,即可移师图皖。宝庆战役打响后,曾国藩一军分兵回援,景德镇不能迅克,难以舍赣谋皖。在鄂湘军情急望乡,军心动摇,胡林翼也担忧石达开由湘入鄂入蜀,危及湖北,不得不派遣李续宜率军援湘。三路之中惟剩都兴阿一路。胡林翼后来回顾说:"当湘事之告急也……不能不顾上游。林翼发兵后,仅领余兵两千人入黄州城守,盖兵将已全付于湘中。万一贼至,仅以婴

---

〔1〕 曾国藩:《复胡宫保》,李瀚章编:《曾文正公全集·书札》第8卷,光绪丙子传忠书局版,第27页。

〔2〕 曾国藩:《复胡宫保》,李瀚章编:《曾文正公全集·书札》第7卷,光绪丙子传忠书局版,第45页。

〔3〕 曾国藩:《景镇官军攻剿情形折》,李瀚章编:《曾文正公全集·书札》第10卷,光绪丙子传忠书局版,第83页。

城固守为长计矣。"[1]显然,石达开军围攻宝庆,打乱了胡林翼三路进犯安徽的计划,迫使胡林翼将进犯安徽的军事行动推迟达半年之久,给安徽战场上的陈玉成部太平军造成了极为有利的形势。

1859 年初,翼王石达开提师 10 余万众,直捣湘军老巢湖南,发起了宝庆战役。这次战役以石达开军的失败告终而令人惋惜,但是宝庆战役的影响波及江西、湖北、安徽和天京及其外围,打乱或牵制了湘、楚军的军事行动,支援了长江中下游主战场上的太平军,有着牵一发而动全身的战略重要性,不失为太平天国时期战争史上的重要一页。对宝庆战役进行进一步的探讨,对于深入研究太平天国时期战争史无疑是必要的。

〔1〕 胡林翼:《致漕运总督袁午桥》,郑敦谨编:《胡文忠公遗集·抚鄂书牍》第 66 卷,同治六年黄鹤楼刻本,第 2 页。

太平军安庆保卫战战略决策试探

——兼论所谓"二次西征战役"

安庆保卫战是太平天国后期带有战略决战性质的重要战役,弄清楚太平军解围安庆的战略决策,对于研究安庆保卫战是极为必要的。目前,史学界一般都认为,太平军解围安庆的战略决策是举行"二次西征"。为此,太平军东征苏常后,英王陈玉成、忠王李秀成等部的军事行动,都被看做所谓"二次西征战役"的组成部分。笔者以为,这个问题值得重新探讨。从现有资料和太平军的军事行动看,太平军确曾制定过一个"二次西征"方案,但到 1860 年 8、9 月间,天王洪秀全又放弃了这一方案,改为直接解安庆之围,并将这一新的决策付诸执行。因此,尽管太平军曾经有过一个"二次西征"的战略设想,却根本不存在所谓"二次西征战役"。本文试就这一问题作粗浅的探讨,请大家批评指正。

一、"二次西征"方案的制订

1860 年初,太平军发起二破江南大营之役,李秀成率领所部精锐轻兵奇袭杭州,调动江南大营分兵赴援。李秀成随即主动弃守杭州,回师建平,会同李世贤、杨辅清、陈玉成等部分进合击,在局部战役上以绝对优势兵力,压向江南大营。5 月 5 日(农历闰三月十五日),太平军击溃江南大营。江南大营主帅和春、张国梁等率领残兵败将溃退丹阳一带。太平军在东线的军事形势顿时好转。然而,在西线,曾国藩、胡林翼却指挥湘、楚军加紧进犯安徽,1860 年 2 月 17 日,攻陷安徽太湖,19 日,再陷潜山。安庆门户洞开,湘、楚军进窥安庆,西线形势日益吃紧。在这种形势下,东征苏常、扩大二破江南大营之役的战果;保卫安庆、扭转西线的不利形势,便一齐提上了太平军领导人的议事日程。

1860 年 5 月 11 日(农历闰三月二十七日),太平军高级将领等举行军事会议,会上发生了争议,"英王意在救安省,侍王意取闽浙",洪仁玕认为:乘胜下取苏常等地,"其功易成。俟下路既得,即取百万买置火轮二十个,沿长江上取;另发兵一枝,由南进江西,发兵一枝,由北进蕲、黄,合取湖北,则长江两岸俱为我有,则根本可久大矣"[1]。李秀成赞同洪仁玕的战略主张。天王洪秀全批准了洪仁玕提出的战略方案,决定:第一步,东征苏常,夺取上海、杭州,购置火轮船重振太平军水师。第二步,回师西征,水陆三路合取湖北,占领长江中游的两岸地区。洪仁玕所提方案的第二步军事行动,史学界一般称之为"二次西征"。这是因为这一方案与太平军 1853 年举行的第一次西征有着战略上的一致性。第一次西征的战略目标是开辟长江中游根据地,洪仁玕这一方案的战略目标是使"长江两岸俱为我有","根本久大",实际上是重新开辟长江中游根据地。很清楚,"二次西征"方案如能实现,安庆之围自然不战而解,在这个意义上说,"二次西征"同时也包含了保卫安庆的战略任务在内,也正因为如此,很多同志才会把"二次西征"视为太平军统帅部作出的保卫安庆的战略决策。

关于"二次西征"方案实施的时间规定,尚需作一些必要的说明。据李秀成说,天王洪秀全命令,东征之役限"一月肃清回奏"[2],就是应于 6 月中旬(农历四月下旬)结束东征之役,举行第二次西征。又据胡林翼农历四月下旬函称:"四月二十二日,围攻安庆各营盘获狗逆(按:清方对陈玉成的

---

〔1〕《洪仁玕自述》,太平天国历史博物馆:《太平天国文书汇编》,中华书局 1979 年版,第 554 页。

〔2〕《李秀成自述》,太平天国历史博物馆:《太平天国文书汇编》,中华书局 1979 年版,第 508 页。

诬称)信件,知贼计窥伺江西、两湖。"[1]并致曾国藩函称:"据安庆各营搜获逆首陈玉成伪文,定于秋间两路大举上犯湖北、江西。"[2]由此可知,直到6月中旬(农历四月下旬),"二次西征"方案仍然没有改变,付诸施行的时间则已推延至1860年秋。从当时的形势看,应该说,的确也存在着推迟实施"二次西征"方案的必要性和可能性。

首先,原定东征之役一月蒇事,实际上是对东征所需时日估计不足。太平军于1860年5月中旬(农历闰三月底)出师东征,6月2日(农历四月十三日)攻克苏州,6月中旬(农历四月下旬),前锋东至太仓、南至嘉兴,要攻取上海、杭州尚需时日,东征师期有展限之必要。其次,西线湘、楚军虽已于5月中旬(农历闰三月底)攻打安庆城北要隘集贤关,但至6月中旬(农历四月下旬),迄未进薄安庆城下。更重要的是,枞阳还在太平军掌握之中。枞阳为安庆守军之后路与饷路,如胡林翼所分析:不得枞阳,不能合围。"枞阳不得,则顿兵十年亦必不能断城贼接济"[3]。何况安庆"粟米、火药可支一年,守具之备已七年矣"[4]。可见,安庆战场形势吃紧,但不能说危急,这就使太平军有可能展期东征。

二、太平军放弃"二次西征"方案,重新决策直接解安庆之围

在李秀成等指挥下,太平军挥师东征,1860年6月攻克苏州后,主力直趋上海,分兵一支由吴江攻入浙江。9月中旬(农历八月初)进攻上海的太平军因英法侵略者的武装干涉受挫;进攻浙江的太平军在嘉兴一带与清军鏖战,攻势稍滞。时届仲秋,太平军仍未达到夺取上海、杭州的预定目标。就在这个时候,天王洪秀全已经作出了新的重大决策。

---

〔1〕 胡林翼:《致江抚毓又坪》,郑敦谨编:《胡文忠公遗集·抚鄂书牍》第73卷,同治六年黄鹤楼刻本,第3页。

〔2〕 李瀚章编:《曾文正公全集·年谱》第6卷,光绪丙子传忠书局版,第17页。

〔3〕 胡林翼:《致李希庵方伯》,郑敦谨编:《胡文忠公遗集·抚鄂书牍》第72卷,同治六年黄鹤楼刻本,第5页。

〔4〕 胡林翼:《复吴桐云内翰》,郑敦谨编:《胡文忠公遗集·抚鄂书牍》第72卷,同治六年黄鹤楼刻本,第14页。

据《李秀成自述》:“解嘉郡围之后,回省(指苏福省省垣苏州)正是八月中旬(按:天历八月中旬,农历八月上旬,公历9月中下旬),天王严诏颁到,命我(赴)上由(游),推(催)我领军而去扫北。”[1]就是说,到长江北岸作战,解安庆之围[2]。

清方所收集的情报和截获的太平天国文件也证实了太平军战略决策的变化。咸丰十年十二月二十五日,胡林翼向清政府奏报军情时说:“探闻首逆陈玉成复纠约李秀成、杨七麻子(按:清方对辅王杨辅清的诬称)及北路捻匪并力西犯,其大股贼匪均从南岸渡江,而北会于无为、庐江,以图急援怀、桐(指安庆、桐城)。”[3]咸丰十一年正月初一日,曾国藩在家书中说:“搜获伪文,亦言金陵调杨七麻子、李寿成(按:即李秀成)援安庆。杨本自立门户,李现在常山修城,均未必肯赴北岸。”而北岸陈玉成部已“至无为州”[4]。

从以上资料可以看出:(1)调遣李秀成、杨辅清等部渡江赴北岸、急援怀桐的这份“伪文”,显然只能是天京统帅部的命令。这一命令和九月中下旬天王令李秀成领兵“扫北”的“严诏”要求是一致的,是重申直接解安庆之围的战略决策。(2)陈玉成部到无为州正是为了接应南岸李秀成、杨辅清等部渡江,执行直接解安庆之围的战略决策。综上考察,无疑应该作出这样的结论:天王洪秀全至迟到10月中下旬(农历八月上旬)已经放弃“二次西征”方案,作出新的战略决策,就是集中太平军主力,直趋皖北,解安庆之围。

当时是否存在促使天王洪秀全改变战略决策的客观原因呢?回答是

---

〔1〕《李秀成自述》,太平天国历史博物馆:《太平天国文书汇编》,中华书局1979年版,第513页。

〔2〕关于扫北的含义。李秀成说天王命他赴上游,领军扫北。又说:那时,正逢有江西、湖北起义首领40余名“具禀差使到稣〔苏〕,恭呈降谈〔表〕投军。是以将此情由具本奏复,云我招集此等之人数十万,再行遵诏扫北”。“到京,将来情启奏,不欲扫北。”“故而逆主之命,信友之情,从师而上江西、湖北。”从李秀成的这些话中可以看出:第一,天王命李秀成“扫北”,李秀成要去江西、湖北,是“逆主之命”,则“扫北”绝不是进军江西、湖北。第二,天王命李秀成赴上游,而又不是去江西、湖北,那就只能是去安徽。既谓“扫北”,具体说,又只能是皖北(这里指长江北岸的安徽地区)。“扫北”,就是到长江北岸作战,解安庆之围。

〔3〕胡林翼:《请仍减成收捐以救饥军疏》,郑敦谨编:《胡文忠公遗集·奏疏》第40卷,同治六年黄鹤楼刻本,第16页、第14页。

〔4〕曾国藩:《致沅圃九弟》,李瀚章编:《曾文正公全集·家书》第7卷,光绪丙子传忠书局版,第18页。

肯定的。

第一，太平军领导人制定“二次西征”方案时，是把购置火轮船、重振太平军水师考虑在内的。事实上，没有一支强大的水师以取得长江的制水权，第二次西征难期成功。第一次西征战事的胜利与失败，与长江制水权的得失密切相关，对太平军领导人来说，可谓殷鉴不远。但是，东征的结果，未能攻取上海、购置火轮船、重振水师。重新开辟长江中游根据地，势有所不能。这样，“二次西征”方案就有改变的必要。

第二，如前所述，“二次西征”方案制定时(5月中旬)，安庆形势不能说危急。但到6月以后，安庆战场形势有了重大变化。6月21日，湘军水师以韦俊所部降军为前驱攻陷枞阳。此后，湘军曾国荃部万人进驻集贤关内，逼扎安庆城下，开掘长壕，安庆合围。稍后，到10月5日，“安庆文报、接济已断”〔1〕。显然，安庆告急产生了重新决策的必要。

第三，太平军东征之役虽未达到全部预定目标，但战果辉煌。首先，太平军在人力、物力方面得到了极大的补充。曾国藩说:“苏常失守，金陵师溃，目下贼数骤多至数十倍……凶悍亦倍于往年。”〔2〕胡林翼说:“贼踞富庶之要区，动挟数十余万众”，其势“大非昔比”〔3〕。“贼日多，兵日少，贼日富，兵日贫。”〔4〕力量对比发生了有利于太平天国的变化。其次，太平军犁庭扫穴，歼灭了江南大营，开辟了苏福省根据地，并控制了浙江嘉兴一带。如曾国藩所说;“嘉兴溃，而浙中无牵制之师，金坛、常昭陷，而江左有长驱之势，各股悍贼遂得全力上犯。”〔5〕胡林翼也说:“自金陵溃失，下游无一卒一兵为牵缀疑忌

〔1〕 胡林翼:《复曾沅圃观察》，郑敦谨编:《胡文忠公遗集·抚鄂书牍》第77卷，同治六年黄鹤楼刻本，第7页。

〔2〕 曾国藩:《致澄弟》，李瀚章编:《曾文正公全集·家书》第7卷，光绪丙子传忠书局版，第36页。

〔3〕 胡林翼:《请仍减成收捐以救饥军疏》，郑敦谨编:《胡文忠公遗集·奏疏》第40卷，同治六年黄鹤楼刻本，第16页、第14页。

〔4〕 胡林翼:《复官揆帅》，郑敦谨编:《胡文忠公遗集·抚鄂书牍》第79卷，同治六年黄鹤楼刻本，第12页。

〔5〕 曾国藩:《统筹缓急机宜折》，李瀚章编:《曾文正公全集·奏稿》第12卷，光绪丙子传忠书局版，第41页。

之势,贼遂并力西犯。"[1]就是说,东征苏常后,太平军暂时摆脱了两线作战的严重不利局面,可以大力倾注西线。太平军军势大振,又无东线后顾之忧,这就产生了集中主力部队投入皖北、直接解安庆之围的可能。

既有上述必要和可能,太平军放弃"二次西征"方案,改为直接解安庆之围,就是很自然的了。

三、关于陈玉成、李秀成军事行动的考察

太平军两大主力陈玉成部、李秀成部先后于1860年8、9月间和10月结束东征,分别进军皖北、江西。目前比较普遍的看法是:太平军从这时起开始举行第二次西征。实际并非如此。

我们先来考察1861年2月以前太平军的军事行动。

陈玉成于1860年8月下旬从皖南回师,9月,经由天京渡江,遣军攻向皖北定远、寿州、六安。旋与捻军会合,联兵南下,11月初,经由舒城到达庐江、桐城。当时敌军的阵势是:曾国荃领万人依凭长壕围困安庆。多隆阿统万人驻军桐城西南的挂车河,阻击援救安庆的太平军,以掩护曾国荃部安庆围师的侧背。李续宜率万人驻青草塥,为救援多隆阿、曾国荃两部的机动部队。枞阳则由湘军水师和韦俊部降军防守。胡林翼前已扎大营于英山,1861年1月,又移大营于太湖。这样,挂车河、青草塥、太湖、安庆、枞阳都有重兵驻扎,构成了湘、楚军强大的预置阵地,专伺陈玉成等率军前来援救安庆时,合力攻打太平军。

按照"二次西征"方案,陈玉成不应攻打湘、楚军在安庆战场的预置阵地,而应率军直趋湖北。但实际情况是,从1860年11月26日至12月10日,陈玉成发起挂车河之战,为时半月。攻挂车河不利,陈玉成又于1861年1月2日至2月12日攻打枞阳,历时40余日,也以受挫而告终。

在长达半年的时间里,陈玉成部一直鏖战于皖北战场,完全是为了直接

---

〔1〕 胡林翼:《上王春缓师》,郑敦谨编:《胡文忠公遗集·抚鄂书牍》第83卷,同治六年黄鹤楼刻本,第12页。

解安庆之围。这一点清方前敌将帅看得很清楚。陈玉成进攻寿州、六安等地。胡林翼在奏报中说："此次逆、捻自九月内窜扰寿州、六安。六安为鄂省东北边境入寇之道，盖贼诡计欲见形于东北，牵动我怀、桐大军厚集东北，而因以全力解安庆之围。"[1]陈玉成进攻挂车河，胡林翼又推测陈玉成是"与怀、桐交战而无意于罗(即湖北省罗田县)、麻(即湖北省麻城县)"[2]。陈玉成进攻枞阳，杨载福认为："首逆陈玉成率众万余来攻枞阳，以图进援安庆。"[3]多隆阿认为："贼以另股伺我，欲官军之救枞阳，而间道以扑安庆之围。"[4]胡林翼认为："韦部不支则安庆必警"，陈玉成意在"先拔枞阳"，再破安庆围师[5]。敌方的上述判断应该说是客观的。由此观之，陈玉成亲率主力在安庆战场敌方预置阵地鏖战半年之久，绝不是"临时变计"，而是锐意直接解安庆之围，是天王放弃"二次西征"方案后新的战略决策的实施和体现。

在这一段时间里，李秀成留下陈坤书等主力部队镇守苏福省，旋于1860年10月率谭绍光等部从天京出发，经由皖南进军江西。如前所述，李秀成的目的是去江西、湖北招兵。同年年底，李秀成军次浙赣之交，天京统帅部鉴于陈玉成部孤军奋战于安庆战场，又行文李秀成、杨辅清等，命令李秀成停止西行，即速渡江至无为、庐江与陈玉成部会合，急援安庆。对于天京的命令，李秀成采取消极的态度，引军自江西玉山等地折回浙江，"到常山县过年"。很清楚，李秀成自天京出师至顿兵浙赣之交，既不是西进实施"二次西征"方案，也不是为了直接解安庆之围，而是完全游离于天京统帅部战略决策之外。

我们再来考察1861年2月以后太平军的军事行动。1861年2月10日(农历正月初一日)，陈玉成一面遣军至无为州，以接应李秀成等部渡江

〔1〕 胡林翼:《奏陈逆匪纠合捻众上犯楚军会剿大胜折》，郑敦谨编:《胡文忠公遗集·奏疏》第39卷，同治六年黄鹤楼刻本，第19页。

〔2〕 胡林翼:《复官揆帅》，郑敦谨编:《胡文忠公遗集·抚鄂书牍》第80卷，同治六年黄鹤楼刻本，第14页。

〔3〕 杨载福辛酉年二月初三日奏，《钦定剿平粤匪方略》第259卷，第2页。

〔4〕 胡林翼:《复阎丹初农部》，郑敦谨编:《胡文忠公遗集·抚鄂书牍》第80卷，同治六年黄鹤楼刻本，第18页。

〔5〕 胡林翼:《致多礼堂李希庵》，郑敦谨编:《胡文忠公遗集·抚鄂书牍》第80卷，同治六年黄鹤楼刻本，第18页。

会合急援安庆；一面数队并进，猛攻枞阳[1]。结果，攻枞阳不胜，也未见李秀成等部渡江。此后，陈玉成停止进攻枞阳，退入桐城、庐江，蛰伏不动，另筹良谋。

2月12日(农历正月初三日)，李秀成率军离开浙江常山县，进入江西，攻玉山县。此后，逶迤而西，进军江西腹地，四月下旬攻占吉安，旋即弃城北上，经赣西北直趋鄂南。

李秀成从常山出发西进的同一天，陈玉成停止进攻枞阳，撤回桐城，接着分兵扰霍山、天堂。3月10日，陈玉成率主力击溃霍山敌军，楔入湖北。3月18日，陈玉成部占领湖北重镇黄州，进窥武汉。

陈玉成、李秀成两军在1861年2、3月接踵西进，兵锋均指向武汉，很容易造成这样的印象，即太平军已恢复实施"二次西征"方案。有关资料表明，实际并非如此。

第一，据安庆战场清方主帅胡林翼判断："贼之诡谋，原欲扰我腹地，使我军不得不分，乃狡焉肆出，以图解安庆之围。"待安庆"前路一空，势将无所顾忌，长驱竟进，直扑安庆矣"[2]。"贼意不过欲试窜，将劲兵远调，乃直下安庆，以拊围师之背耳。"[3]据曾国藩判断："群贼分路上犯，其意无非援救安庆。无论武汉幸而保全，贼必以全力回扑安庆围师。即不幸而武汉疏失，贼亦必以小支牵缀武昌，而以大支回扑安庆，或竟弃鄂不顾。"并说："去年之弃浙江而解金陵之围，乃贼中得意之笔，今年抄写前文无疑也。"[4]曾国藩和胡林翼是镇压太平天国的元凶巨魁，长期同太平军尤其是同陈玉成部作战，且长于谋略，他们对陈玉成部军事行动的战略意图的判断是客观的。

第二，从英国参赞巴夏礼的报告中同样可以看出陈玉成的战略意图。1861年3月初，巴夏礼随同英国水师提督何伯依据从1858年的《中英天津

〔1〕 杨载福辛酉年二月初三日奏，《钦定剿平粤匪方略》第259卷，第3页。

〔2〕 胡林翼：《复陈湖北兵力不敷暂难筹拨情形疏》，郑敦谨编：《胡文忠公遗集·奏疏》第41卷，同治六年黄鹤楼刻本，第2页。

〔3〕 胡林翼：《复李中丞》，郑敦谨编：《胡文忠公遗集·抚鄂书牍》第81卷，同治六年黄鹤楼刻本，第14页。

〔4〕 曾国藩：《致沅季两弟》，李瀚章编：《曾文正公全集·家书》第7卷，光绪丙子传忠书局版，第22页、第25页。

条约》和1860年的《中英北京条约》所攫取的侵略特权，乘军舰沿江而上，在岳州、汉口等地调查开埠通商事宜。3月22日，巴夏礼到黄州访问陈玉成，据他报告："陈玉成说他自己是军中主帅，人称做英王，奉南京之命来救援安庆，因此，他曾向西进军，以便从西面攻打、包围安庆清军的背部。"〔1〕陈玉成说得很清楚，他的任务是奉天京统帅部的命令解安庆之围，他所以西进湖北是为了迂回敌后，从西面拊安庆围师之背，并不是为了攻取湖北，占领长江两岸，重开长江中游根据地。也就是说，陈玉成西进湖北的军事行动不是"二次西征"方案的实施，而是直接解安庆之围战略决策的执行。

第三，据李秀成自述，他在6月间占领鄂南兴国、大冶、通山、通城等地，在这一带招齐"义民"约30万。此时，驻守长江北岸黄州的陈玉成部将赖文光已主动同李秀成联系。按照李秀成出师时给天王洪秀全的上奏，李秀成应于"招集此等之人"后即行"遵诏扫北"，参加安庆保卫战。李秀成部或可继续经略鄂南，威胁武汉，迫敌不断回援，扯薄安庆敌势；或可设法渡江，与陈玉成部会合，拊安庆围师之背。但李秀成"一因兵新，二因接李世贤来报云乐平之败，赶我复回"，李秀成企图经营江浙地盘，不欲参加安庆保卫战，"是以当即将湖北等县全军尽行同日收兵赶下"〔2〕，侧敌行军东归，开辟浙江根据地。

从上述情况可以清楚地看出，1861年2、3月，陈玉成部与李秀成部先后西进，攻入湖北，其战略意图并不相同。就陈玉成部而言，是为了避免从桐城南下所遭到的挂车河等地湘、楚军预置阵地的强力阻击，进行战术迂回，攻敌必救以分敌势，进而以黄州为大本营，从宿松、太湖一路间道回军拊安庆围师之背，仍然是在执行天王洪秀全关于直接解安庆之围的战略决

---

〔1〕王崇武译注：《英国侵略者破坏太平天国革命的一段史料。英国参赞巴夏礼（BarryParkes）报告黄州访向英王陈玉成的经过》，《历史教学》1957年4月号。巴夏礼报告原文中"……with the view of gaining the rear of the Imperial force besieging that city on the western side"，译为"……以便从西面攻打、包围安庆清军的背部"有误。应译为"……以便从西面攻打包围安庆的清军的背部"，或译为"……以便从西面拊安庆围师之背"。原文见：Prescott Clarke and JS Gregory, Western Reports on the Taiping, p. 337. Australian National University Press, Canberra, 1982.

〔2〕《李秀成自述》，太平天国历史博物馆：《太平天国文书汇编》，中华书局1979年版，第515页。

策。就李秀成部而言，目的仍然是招兵，既不是为了重开江西、湖北根据地，也未于招兵之后参加安庆保卫战。从表面看，陈玉成与李秀成西进湖北的军事行动与“二次西征”方案的规定有形似之处，究其实质，却根本不是“二次西征”方案的实施。

由于英国侵略者的干涉，陈玉成攻占黄州后，不去攻打汉口，留赖文光镇守黄州，分兵攻打湖北北部，继续牵制由安徽回援武汉的湘军李续宜部。接着，陈玉成以黄州为前进基地，由蕲州、黄梅、宿松一路回攻安庆敌军。经过半年的激烈战斗，终未能解安庆之围，1861 年 9 月，安庆失守。

结束语

1860 年 5 月太平军二破江南大营后，天京统帅部曾经制定了“二次西征”方案，决定重新开辟江西、湖北根据地，并拟于 6 月中旬施行。由于东征之役有展期之必要，这一方案又拟推迟至夏秋施行。时至 8、9 月间，由于湘、楚军加紧围攻安庆，安庆危急，天王洪秀全放弃“二次西征”方案，决策直接解安庆之围。从这时起，陈玉成部按照天王洪秀全的这一决策，渡江进入皖北，直到翌年 2 月，一直激战于安庆战场。此后，1861 年 3 月，又进行战术迂回，攻入湖北，以拊安庆围师之背，谋解安庆之围。李秀成则坚持先到江西、湖北招兵，再参加安庆保卫战。从天京出发后，1860 年 12 月军次浙赣之交，天京统帅部又曾追令李秀成即速渡江至无为、庐江，会合陈玉成等部急援安庆。此后，李秀成曾一度停止西进，顿兵浙江常山一带 40 余日，但他仍坚执己见，1861 年 2 月率所部横贯江西，攻入鄂南，招齐“义民”。此时，李秀成并不去参加安庆保卫战，而是回师经营江浙，开辟浙江根据地。史实确凿表明，陈玉成、李秀成两军的军事行动都不是“二次西征”方案的实施，所谓“二次西征战役”是根本不存在的。

考察太平军援救安庆的战略决策及其实施问题，也使我们看出太平天国后期军事中存在的两个突出的问题。

其一，太平军主要将领的战略意见存在严重分歧，越来越不可调和。太平军主要将领的战略歧见在二破江南大营后开始明显表露。陈玉成意在安徽，李世贤意在闽浙，李秀成意在苏杭。东征之役后，李秀成、李世贤等也都有了自己的地盘。曾国藩这样说："细阅南岸各路伪文及生擒贼口供，大约三王两主将分管各处。""伪忠王所管苏州、常州、松江等处。""伪侍王所管徽州、嘉兴、广德州、金坛、溧阳等处。""伪辅王所管宁国府。""伪定南主将黄文金所管芜湖、繁昌、青阳等处。""伪右军主将刘官芳所管池州及旌、石、太、南陵等处。"〔1〕太平天国实际上已经实行"分地制"〔2〕。洪仁玕所批评的"各守疆土，招兵固宠"的倾向日益发展。安庆保卫战中，李秀成拒不赴北岸作战，除了其他原因以外，其执意去江西、湖北招兵，招兵后即回师经营江、浙，"不以北岸及京都为忧"〔3〕，便是典型的表现。在"分地制"的基础上，太平军将领只顾分地，不顾大局，战略歧见越来越不可调和。

其二，太平军一些主要将领拥兵自雄、尾大不掉，中央军令难以切实贯彻。东征之役后，太平军各部大大扩充。曾国藩估计："每股贼党多者十余万，少者八九万。"〔4〕胡林翼估计："每股或五六万、八九万人。"〔5〕太平军各部实力的扩充本应是振兴太平天国的极为有利的条件，但是由于太平天国后期政治封建化程度的逐渐加深，各部实力的扩充却成为统兵将领专土自雄的资本。李秀成等重兵在握，可以"逆主之命"，"不欲扫北"；可以拒不奉调，拒绝从无为附近渡江急援安庆；可以敷衍天王说招兵后"遵诏扫北"，而终究不发一兵一卒。至于军师洪仁玕的意见和命令，更是置若罔闻。太平军解安庆之围的战略决策所以归于失败，除了其他原因以外，一些主要将领拥兵自雄、尾大不掉应该说也是一个重要的原因。

安庆保卫战失败后，这两个问题不仅没有解决，反而更为严重，成为太平天国后期军事一蹶不振的一个重要症结，教训是十分深刻的。

---

〔1〕 曾国藩：《致沅弟》，李瀚章编：《曾文正公全集·家书》第7卷，光绪丙子传忠书局版，第25页。

〔2〕 董蔡时：《太平天国后期的"分地制"初探》，《太平天国史论丛》第2辑，第14页。

〔3〕 《洪仁玕自述》，太平天国历史博物馆：《太平天国文书汇编》，中华书局1979年版，第546页。

〔4〕 曾国藩：《致沅弟》，李瀚章编：《曾文正公全集·家书》第7卷，光绪丙子传忠书局版，第25页。

〔5〕 胡林翼：《上王春缓师》，郑敦谨编：《胡文忠公遗集·抚鄂书牍》第83卷，同治六年黄鹤楼刻本，第12页。

略谈中国近代通商口岸的范围及列强的侵权

——兼论太平军苏福省战事

第一次鸦片战争结束后,清政府被迫与英国订立了《南京条约》,其中规定中国向英国开放广州、厦门、福州、宁波、上海等五口通商,由此而产生了近代中国的通商口岸制度。这一制度直到1943年1月才由中美、中英关于取消治外法权的换文而废除。在通商口岸制度存在的100年间,列强"依据"有关条约,获得了大量合法或不合法的特权。学术界在这些方面已经有不少的研究成果。

著名国际法学家威罗贝在其所著《外人在华特权和利益》一书中论及中国近代通商口岸时说:"关于条约口岸的范围,没有一个条约是明确的。"[1]通商口岸的范围问题是直接涉及条约权利受益范围的重要问题,中国近代许多重大的政治、军事和经济活动恰恰都以通商口岸为舞台,并且与通商口岸的范围有关,因此,我们有必要对这个问题进行认真的考察,以厘清史实,并从一个新的视角审视这些历史事件。

一、第一批不平等条约关于通商口岸范围的规定

第一次鸦片战争产生了中外第一批不平等条约,中国近代通商口岸制

---

〔1〕 威罗贝著,王绍坊译:《外人在华特权和利益》,三联书店1957年版,第449页。

度由此产生。涉及中国近代通商口岸范围的条约及有关条款如下：

《中英虎门条约》(1843 年 10 月订立)第六款称："广州等五港口英商或常川居住，或不时来往，均不可妄到乡间任意游行，更不可远入内地贸易……倘有英人违背此条禁约、擅到内地远游者，不论系何品级，即听该地方民人捉拿，交英国管事官依情处罪，但该民人等不得擅自殴打伤害，致伤和好。"

《中美望厦条约》(1844 年 7 月订立)第十七款称："其合众国人泊船寄居处所，商民、水手人等止准在近地行走，不准远赴内地乡村，任意闲游，万不得赴市镇私行贸易。应由五港口地方官，各就民情地势，与领事官议定界址，不许逾越，以期永久彼此相安。"

《中法黄埔条约》(1844 年 10 月)第二十三款称："凡法兰西人在五口地方居住或往来经游，听凭在附近处所散步，其日中动作一如内地民人无异，但不得越领事官与地方面官议定界址，以为营谋之事。至商船停泊，该水手人等亦不得越界游行。"

这些条约把外国人的活动限制在通商口岸，通商口岸的范围虽然不是很明确，但还是有大致的规定。按条约内容，外国人到"乡间"、"内地"、"内地乡村"、周边"市镇"即为逸出通商口岸范围，外国人只能在"附近"、"近地"活动。

除此之外，还有一项与此相关的约定。1845 年，上海道台宫慕久与英国驻沪领事订立《上海租地章程》，并议定"外人行走之地以一日往还为断，不得在外过夜"。

应该说，上述条约和约定已从空间和时间两个方面大体规定了上海通商口岸的范围。

事实上，在上海活动的外国人，特别是传教士并不肯严格地执行这一规定。据《中国教案史》所作统计，从 1844 年《中美黄埔条约》订立至 1858 年中英《天津条约》等条约订立的 15 年间，至少又有法国、英国、意大利、美国、葡萄牙、西班牙、德意志等国的 52 名传教士(包括天主教和基督教)离开通商口岸潜入内地[1]。应该补充的是，这一时期，除了法国、英国的传

---

〔1〕 张力、刘鉴唐：《中国教案史》，四川省社会科学院出版社 1987 年版，第 332 页。

教士曾潜入江苏内地外，还有美国的传教士从通商口岸潜入了江苏内地[1]。

由于传教士进入内地是非法的，因此很容易导致民教纠纷和外事纠纷。天主教如此，基督教也如此。1848 年的所谓“青浦教案”，就是这一时期涉及通商口岸问题的典型案例。

“青浦教案”发生前，上海的基督教传教士已经逸出口岸范围活动。据当时担任江苏巡抚的陆建瀛调查，英国伦敦会传教士麦都思、雒魏林等“时常私往附近厅县游行，或与民人口角龃龉”。1848 年 3 月 8 日，麦都思、雒维林、慕维廉三人乘船至青浦城外野鸡墩，舍舟登陆，步往城中。当时，恰有大批北上漕船在青浦停泊。麦都思等在城隍庙一带散发宣道小册子时，与漕船水手发生“争殴”，雒魏林挥舞手杖时打伤了几个水手，水手们还击，用石子砸雒魏林等，三个传教士也受了轻伤，向青浦东门逃跑。署理青浦知县闻讯后，派役吏将传教士从重围中救出，并“备轿将他们送回上海”。

传教士们自知潜入内地非法，因此，往往在发生纠纷后“回沪时辄讳匿不言，恐人知觉无颜”。这次在青浦被殴，当知县要派人将他们“护送回沪”时，三个传教士“再三拦阻，虑为众夷所知”。抵沪次日，苏松太道咸龄觉得这三个传教士还算“恭顺”，好心地致书麦都思等，“问其伤痕曾否平复”。但英国驻沪领事阿礼国却不顾传教士违约的事实，小题大做，要求咸龄“惩凶”和赔偿。咸龄一方面表示不能“执民以媚夷”，另一方面，既指出传教士们去青浦是违约，又写信给麦都思等表示慰问。阿礼国蛮横无理，坚持要清政府惩凶和赔偿，又以英国商船进出口货物不再纳税和以军舰阻止漕船海运相要挟，并派副领事罗伯逊乘军舰驶往南京递交照会以恫吓两江总督李星沅。

李星沅立即派署理江苏按察使倪良耀、候补道员吴健彰驰赴上海查办。倪良耀等“督拿各犯，解沪审办”，将漕船水手王名付等十人“当堂枷责”。

罗伯逊到南京后，李星沅接见了罗伯逊，告诉他已派员去沪办理。罗

〔1〕 参见王国平:《基督教在苏州的开教和初传》,《苏州大学学报》1996 年第 4 期。

伯逊坚持要求另派大员再赴上海查办。李星沅不得不再派江苏布政使傅绳勋去沪。4月13日,傅绳勋抵达上海,会见阿礼国等。阿礼国坚持惩凶、赔偿要求。傅绳勋即将被捕水手带回南京审办。5月22日结案,“将为首之王名付拟流,为从之倪万年拟徒”[1]。苏松太道咸龄被革职,改以吴健彰署理。

“青浦教案”发生,凸显出了通商口岸范围问题的严重性。

王尔敏先生在论及“青浦教案”时指出:“所谓‘青浦教案’,乃为一般常识之误称,其实殴打教士之水手们并非为反教而起。”[2]如果不问起因,事涉传教士即为教案,这一事件称之为教案未尝不可。笔者认同王尔敏先生的观点,不赞成将青浦事件归为教案。因为,只要进行深入的考察,我们就会发现,这一事件的核心问题不是传教,而是通商口岸的范围问题。

如果青浦在通商口岸范围之外,则传教士到青浦活动为违约,处理这一事件时首先应追究传教士违约的法律责任。因此,在交涉过程中,“上海英领事阿礼国得到法、美、比利时等国领事的支持,硬说距上海九十里的青浦在‘官定范围之内’,要求中国方面惩凶”[3]。这样做恰恰是企图避开对违约远行责任的追究,反而突显了问题的实质所在。

清政府在交涉中则一再重申宫慕久和英国公使德庇时、驻沪领事巴富尔等的约定。

1848年4月18日,李星沅等奏:“至夷人原定条约,各就地方民情地势议定界址,本不准任意逾越。上海口岸,经前任苏松太道宫慕久与英夷德酋及领事巴富尔再三要约,以早出晚归,不准在外过夜为断。青浦并非一日可以往还之地。”[4]

1848年4月18日,廷寄称:“至所称上海口岸,本与德酋再三要约,以早出晚归,不准在外过夜为断。所约本属明白晓畅,以后该夷等如复不遵

---

〔1〕 耆英等奏,文庆辑:《筹办夷务始末》(道光朝),中华书局1964年版,第3141页。
〔2〕 王尔敏:《序》,林治平主编:《近代中国与基督教论文集》,宇宙光出版社1981年版。
〔3〕 参见丁名楠等:《帝国主义侵华史》第1卷,人民出版社1973年版,第86页。
〔4〕 李星沅等奏,文庆辑:《筹办夷务始末》(道光朝),中华书局1964年版,第3136页。

条例……届时似此违约私行，致有争斗，勿议我国置之不理。"[1]

1848年5月22日，耆英等奏："该夷违约远行，致被我民殴逐，已非一次。该夷既虑我民与之为难，又畏其公使责以违约，每多隐忍不言。""其上海口岸，前经德酋与前任苏松太道宫慕久议定，该夷行走之地，以一日往还为断。前夷目巴富尔照会苏松太道文内，亦有准其雇买船只轿马，水陆往来，均不得在外过夜之语。今青浦县离上海九十里，来回一百八十里，穷日之力，断难往返，该夷违约远行。"[2]

从以上引文，特别是耆英所奏可以清楚地看出，在通商口岸范围问题上，宫慕久和德庇时曾议定外国人"行走之地，以一日往还为断"。巴富尔也曾给宫慕久一个照会，这份照会也确认了外国人"不得在外过夜"的同样规定。从广义上说，这种议定和照会已经成为双方均必须遵循的条约。

尽管清政府知道青浦教案的实质是传教士"违约远行"而与中国民人发生争殴，"该夷以斗殴细故，藉口前有条约，赴省控诉，任意乖执"，但还是作出了屈辱的让步，这是对外交涉的一次可耻的失败。

青浦事件结案前后，清政府担心列强"势将接踵效尤"，为避免此类事件再次发生，清政府地方官员又多次与美国驻华使节交涉，再三重申宫慕久和英国公使德庇时、驻沪领事巴富尔等的约定。

1848年5月4日，钦差大臣、广东巡抚徐广缙照会美国代理公使伯驾称："为照会事：现准两江总督部堂李来咨，内开：'照得英人麦都思等，在青浦地方与水手争殴受伤……惟各国人在上海地方出外游行，原议早出晚归，不准在外过夜。乃近来各国人，动辄前赴附近各县游行，核计道里，均非一日可以往返。兹麦都思等又远赴青浦，殊与成约有违。'……应请贵大臣照会各国公使，通行各国领事官等，嗣后各国人在上海游行，总以早出晚归，不准在外过夜为断。"[3]

1848年5月25日，美国代理公使伯驾复照称："查条约第十七款内载，

---

[1] 廷寄，文庆辑：《筹办夷务始末》(道光朝)，中华书局1964年版，第3 137页。

[2] 耆英等奏，文庆辑：《筹办夷务始末》(道光朝)，中华书局1964年版，第3 141页。

[3] 《钦差大臣徐广缙致美副使伯驾照会》(道光二十八年四月初二日)，"中央研究院"近代史研究所编：《中美关系史料》，1968年版，第113页。

由五港口地方官与领事官议定界址等语。现在本国尚未与贵国议定界址，故本国大学士大臣亦有公文催与中国速为议定此事。是本摄理即于此时与贵大臣酌定，凡合众国人出外游行，亦准其尽一日可以往返途程为断。"〔1〕

1848年5月30日，徐广缙复伯驾照会称："溯自上海有一日往返之议，各口效尤，以致事端滋起……乃来文尚请以尽一日往返为断，所见殊与本大臣不同，若必欲如此办理，则此议之行已非一日。"〔2〕

从以上三份照会可以看出，清政府坚持通商口岸的范围应为外国人"早出晚归，不准在外过夜为断"，而美国公使则要求"尽一日往返为断"，双方指称的范围是不同的。以青浦事件为例，若以"早出晚归，不准在外过夜为断"，青浦就不在通商口岸范围之内。若以"尽一日往返为断"，昼夜兼行，则青浦可一日往返，在通商口岸范围之内。因而徐广缙驳斥伯驾："所见殊与本大臣不同。"

6月8日，伯驾复照称："查此议，前经中国与本国、英三国同酌，许久尚未定夺。迨英国德公使于去年二月到省时，其英吉利一国自己与贵国酌定，惟本国至今仍未曾与贵国定议，是以本摄理遵条约及本国大学士之意，照会贵大臣办理此事，亦情愿照议同此章程，以继英国与贵国既定之议，并预备接到复准，即饬令本国领事官及商民人等遵守奉行。惟总不能饬令遵守非已国所定之条约也。"〔3〕

显然，徐广缙和伯驾的交涉是没有结果的。

至此，我们可以得出这样的结论：第一批不平等条约订立后，根据有关条约和约定，通商口岸（至少在上海）的范围应以苏松太道宫慕久和英国公使德庇时所议定内容、驻沪领事巴富尔致宫慕久的照会为依据，即"以早出

---

〔1〕《美副使伯驾致钦差大臣徐广缙照会》（道光二十八年四月二十三日），"中央研究院"近代史研究所编：《中美关系史料》，1968年版，第115页。

〔2〕《钦差大臣徐广缙致美副使伯驾照会》（道光二十八年四月二十八日），"中央研究院"近代史研究所编：《中美关系史料》，1968年版，第115页。

〔3〕《美副使伯驾致钦差大臣徐广缙照会》（道光二十八年五月初八日），"中央研究院"近代史研究所编：《中美关系史料》，1968年版，第116页。

晚归，不准在外过夜为断。”青浦事件中传教士至青浦活动显系违约侵权行为[1]。

二、《天津条约》与通商口岸范围

1856年，英法发动对中国的第二次鸦片战争。1858年6月，列强以兵威逼迫清政府订立了又一批不平等条约，其中，《中美天津条约》与通商口岸有关的条款仍同《望厦条约》。《中法天津条约》仍如前规定法国人“不得越领事官与地方官议定界址”。而《中英天津条约》及此后订立的《中德通商条约》则似乎有关于通商口岸范围的进一步规定。

《中英天津条约》第九款规定：“英国民人准听持照前往内地各处游历、通商，执照由领事官发给，由地方官盖印。经过地方，如饬交出执照，应可随时呈验，无讹放行；雇船、雇人、装运行李、货物，不得拦阻。如其无照，其中或有讹误，以及有不法情事，就近送交领事官惩办，沿途止可拘禁，不可凌虐。如通商各口有出外游玩者，地在百里，期在三五日内，毋庸请照。惟水手、船上人等不在此列。应由地方官会同领事官另定章程，妥为弹压。”

《中德通商条约》第八款规定与中英条约相同：“布国及德意志通商税务公会和约各国民人，皆准在通商各口近处游玩，如地在百里，期在三五日内，毋庸请照。”

《中英天津条约》订立的第二年，由于“换约”交涉而战争再起。1860年10月，清政府兵败求和，与英、法交换《天津条约》批准书，并与列强订立《北京条约》。《北京条约》肯定了《天津条约》的这些规定。

与前文所述及的条约和约定相比，《中英天津条约》和《中德通商条约》出现了所谓“地在百里，期在三五日内”的新的表述，这一表述似乎无论从时间上，还是从空间上都扩大了通商口岸的范围。就时间而言，从“早出晚归，不得在外过夜”展限至“三五日内”；就空间而言，从原定外国人到“乡

---

〔1〕 据《怡和档案》，1856年3月，太平洋行的拉斯登先生就曾“前往（福州）内地茶区”。参见郝延平：《中国近代的商业革命》，人民出版社1991年版。由此可见，青浦事件后，通商口岸的外国人违约远行的事当不在少数。

间”、“内地”、“内地乡村”、周边“市镇”即为逸出通商口岸范围，外国人只能在“附近”、“近地”活动，扩大到“地在百里”。[1] 按当时度量衡制，通商条约规定之度量衡，与英制折算办法为“中国一丈即十尺者，以英国一百四十一因制为准”[2]。则1里为150丈，即21 150英寸，约合0.537公里。“百里”约合53.7公里。

《中英天津条约》等订立以后很长一段时间，清政府和列强没有发生关于通商口岸范围的重要交涉。直至1908年，荷兰、英国和美国公使给清政府的一份照会中才又提到了这一问题。该照会称："在谈判条约时，各外国意思是，‘条约口岸’或‘通商口岸’的名词，应包括相当广阔的地区。英约的英文本中用‘城镇’，法约本中用口岸与城市，以及对内地旅行发给护照的章程规定条约口岸一百里内不需护照，都可证明这一点……各有约国对这问题的态度是人所习知的……它们如一向所主张，认为条约口岸包括当地城市和其附近的水面和陆地。而且不论是根据条约，或是由中国政府自愿向外国贸易开放的地方，为了划一起见，都应适用这一原则。”[3]

显然，在列强看来，《天津条约》订立以后，通商口岸的范围已扩大到百里以内。

马士讲到条约口岸关税时说道："如果进入‘内地’到距离上海三十哩的一个非条约口岸的地方，那么，就要征其他的税。”[4]按1哩(即英里)为1.609公里，30哩合48.27公里。显然也将通商口岸的范围认定为30哩，即48.27公里，约合90华里(按当时度量衡制)。

问题在于，我们并不能从《中英天津条约》和《中德通商条约》得出这样的结论。

第一，条约清楚地写明“如通商各口有出外游玩者”和“准在通商各口

---

〔1〕 也许，在英国人看来，如果由此追溯青浦事件，距上海90里的青浦就在通商口岸范围之内了。当然，这种追溯是无效的。

〔2〕 吴承洛：《中国度量衡史》，上海书店影印1984年版，第282页。

〔3〕《1908年美国对外关系》，第145页。转引自威罗贝著，王绍坊译：《外人在华特权和利益》，三联书店1957年版，第449页。

〔4〕 H. B. Morse, The Trade and Ministration of China (《中朝制度考》)，译文转引自威罗贝著，王绍坊译：《外人在华特权和利益》，三联书店1957年版，第448页。

近处游玩"字样,就已明确"游玩"之处已在通商口岸范围之外,唯不得超出百里范围和三五日时限而已。

第二,从条约规定的外国人活动的性质看,如果外国人仅仅是在百里范围或三五日时限之内旅游("游玩"),而不是从事商业或其他活动,方可"毋庸请照",享有相当于在通商口岸活动时依据条约所享有的待遇。

由此可见,《中英天津条约》等订立以后,通商口岸的范围并未扩大到百里以内。仍应依前定条约,"以早出晚归,不准在外过夜为断"。

还应补充指出的是,列强在中国要求一百里通商口岸范围的不合理性。

就在与清政府签订《中英天津条约》后一个月,英国全权专使额尔金又率军舰到日本,与日本订立了《英日友好通商条约》(1858 年 7 月 11 日)。条约第三款规定:日本国哈勾达低(函馆)、干挪加华(神奈川)、纳加沙机(长崎)三口从 1859 年 7 月起辟为通商口岸;尼以加达(新潟)从 1860 年 1 月起辟为通商口岸,倘若该口不便于辟为通商口岸,则改换为尼分西海滨和希亚勾(兵库),并于 1863 年 1 月起辟为通商口岸。条约对于通商口岸的范围明确规定为:"英属人民可任意在以下所定界内来往。如在干挪加华,至罗处河止,周围以十里为界。在哈勾达低,周围亦以十里为界。希亚勾亦以十里为界……"条约并写明:"以上里数,皆自各口官堂量起,每里以四千二百七十五英码为准。"[1](按:1 英码合 0.914 4 米,则 1 里约合 0.39 公里,10 里约合 3.9 公里)。这就是说,英国在日本的通商口岸范围,即以各口岸的官府衙门为起点,半径为十里(3.9 公里)的范围。同时期订立的《美日友好通商条约》第七款也有相同的口岸范围规定,均以十里为限[2]。显然,列强与日本的条约关于通商口岸范围的规定是非常明确的。如果说,这些条约中规定的"以十里为界"是"合理"的,那么,列强在中国要求一百里的通商口岸范围就是不合理的。

---

〔1〕 佚名辑:《晚清洋务运动事类汇钞》(中),中华全国图书馆文献缩微复制中心 1999 年版,第 843 页。

〔2〕 佚名辑:《晚清洋务运动事类汇钞》(中),中华全国图书馆文献缩微复制中心 1999 年版,第 849 页。

三、《天津条约》订立后列强的违约和侵权活动

值得注意的是,《天津条约》和《北京条约》订立以后,列强在通商口岸附近的活动就建立在他们对通商口岸范围的上述解释的基础上,并立即对当时的一些重大事件,特别是太平天国和列强的关系产生了重大影响。

例一,对1861年3、4月间英国与太平天国关于太平军进攻上海的谈判的影响。

1860年以前,列强在太平天国与清政府之间基本上保持了“中立”的立场。1860年6月,太平军占领苏州。7月,攻占松江,此时太平军距上海约百里之遥。8月,李秀成两度进军上海,遭英法侵略军阻击,退回苏州。值得注意的是,在此过程中,由于当时第二次鸦片战争尚未结束,《北京条约》尚未订立,《天津条约》尚未生效,列强并没有提出通商口岸范围为一百里的问题。

至1861年初,太平军与列强的协议则涉及通商口岸范围问题。

由于《天津条约》和《北京条约》的订立,长江中下游又有镇江、南京、汉口三处被辟为通商口岸。为调查口岸情形和落实开埠通商事宜,1861年2月11日,英国在华海军司令何伯与参赞巴夏礼、舰长雅龄(或译亚勃林)等由吴淞启碇溯江西上。3月11日,巴夏礼等到达武汉。3月21日,与湖广总督官文议定汉口英国租界条约。3月22日,巴夏礼特地赶到黄州,会见太平天国英王陈玉成,阻止太平军进攻武汉三镇。此后顺流东下。

何伯与巴夏礼等在黄州得手后,又得陇望蜀,企图阻止太平军进攻上海。3月28日,何伯在南京江面“克罗门地号”军舰上训令雅龄等会见太平天国领导人并转达照会,要求“太平军切勿进至距该处两日路程之地点”[1]。从3月29日至4月2日,英国外交官与太平天国官员举行了多次谈判。1861年3月31日,巴夏礼与太平天国赞嗣君蒙时雍举行第四次会谈。巴夏礼提出两点要求:第一点就是,太平军不进入根据条约规定向英

〔1〕 呤唎著,王维周译:《太平天国革命亲历记》,上海古籍出版社1985年版,第266页。

国开放的任何港口或地方的一百里以内地区。它的条件是，清政府不得从这些地方派遣军队攻击太平军[1]。这就意味着英国已经援引《天津条约》，将通商口岸的范围解释为"距该处两日路程"或"百里以内地区"[2]。尽管太平天国领导人严正声明：不能禁止太平军进入上海附近百里以内地区，尽管太平天国领导人向太平军将士说明"进攻上海不是太平军当年的任务"，毋庸讳言，对英国侵略者的侵权活动，太平天国领导人不得不作了让步。4月2日，雅龄向何伯报告说，太平军将下达命令给他们的官员，命令所属部队在本年内不去进攻上海和吴淞，并与这两个地方保持一百里的距离。

例二，对1862年后列强进攻和镇压太平天国的影响。

1862年，太平军不进入上海附近百里以内地区的协定期限届满，太平军大举进攻上海。此时，列强的军事部署从地域上看，仍依据他们所解释的通商口岸范围。

1862年2月22日，何伯向普鲁斯提出，让英法联军肃清上海四周乡村的太平军势力，在穿越距离大约30英里的城镇建立一道防线。普鲁斯认为，这个计划在英国"政府的意图范围之内"。

1862年4月23日，普鲁斯写信给士迪佛立："我想，在陆地上对太平军的任何军事行动是否恰当，将视下列两个问题是否得到回答为准：(一）这个军事行动是否是保证上海安全所必需，即将太平军从上海四周30英里以内他们所占领的地点赶走所必需；(二）在他们被赶走以后，清政府是否有能力驻扎和防卫被肃清的地区，并且在不需要我们动员陆上武装支持清军的情况下，他们能保证这些地区不受太平军的袭击。"[3]

这一阶段英法联军的主要军事活动就是与太平军在嘉定、青浦、松江、

---

〔1〕 呤唎著，王维周译：《太平天国革命亲历记》，上海古籍出版社1985年版，第272页。

〔2〕 英国学者安德鲁·威尔逊于1868年出版《"常胜军"：戈登在华战绩和镇压太平天国叛乱史》，书中述及此事云：何伯要求太平军"不得侵入上海周围一百里或三十英里以内（据设想这样的距离足以保证上海不致遭受突然袭击）"。显然只是一种猜想。参见北京太平天国史研究会编：《太平天国史译丛》第3辑，中华书局1985年版，第182页。

〔3〕 Further Papers Relating to the Rebellion in China. 转引自茅家琦：《太平天国对外关系史》，人民出版社1984年版，第259页。

奉贤一线的争夺战。嘉定方面,1862 年 5 月 1 日,英法侵略军会同常胜军攻陷嘉定;5 月 26 日,太平军收复嘉定;10 月 24 日,英法侵略军会同常胜军、淮军再陷嘉定。青浦方面,5 月 12 日,英法侵略军会同常胜军攻陷青浦;6 月 9 日,太平军收复青浦。8 月 10 日,英法侵略军再陷青浦。奉贤方面,自 1862 年 1 月至 6 月,奉贤两度易手,最终为英法侵略军所占。在此期间,5 月 17 日,太平军在奉贤南桥击毙法军提督卜罗德。至 1862 年 8 月,除松江为太平军控制外,英法侵略军已基本构成了以上海为圆心,以"百里"为半径,连接嘉定、青浦、奉贤三点的弧形防线。

1862 年 8 月,上海外围战斗结束后,英法联军没有继续西进,如果越出奉贤、青浦、嘉定一线,他们就甚至违反了他们自己所解释的关于通商口岸范围的条约权利。

英法联军退回上海,但这并不表明列强不再与太平军为敌。相反,他们采取了一种更隐蔽的形式,由常胜军和清军联合向内地太平军进攻。华尔死后,李鸿章和英国侵华陆军司令士迪佛立就整顿常胜军谈判。1863 年 1 月 14 日,双方签订了整顿常胜军的协定十六条,其中第二条为:常胜军作战"如远在百里以外攻打城池,须预先与英法两国商量"〔1〕。换言之,英法两国不能派英法军队"远在百里以外攻打城池",但在英法两国同意的前提下,常胜军可"远在百里以外"的内地作战。

从性质上认定,常胜军是清军中一个特殊的部分:由中国士兵组成,由外国军官指挥。外国军官入中国籍,受任清政府的职务。武器、薪饷等一切费用均由清政府承担。这样,尽管清政府在很多方面须和列强商议,没有对常胜军的完全的控制权,但在形式上和性质上,常胜军是清政府的军队。也正因为如此,当英法觉得他们的外国军队不宜超出通商口岸一百里范围时,常胜军便可代为出征,不致引起违约的物议。

问题在于,英法军队在通商口岸一百里范围内进行军事行动时,即已违反条约规定而构成侵权。

按条约规定,外国人"毋庸请照",可以在通商口岸周围一百里范围或

〔1〕《吴煦档案选编》第 3 辑,江苏人民出版社 1984 年版,第 18 页。

三五日时限之内旅游（“游玩”），但绝没有从事商业或其他活动的条约权利，更没有进行军事行动的权利，因此，英法联军在通商口岸上海附近一百里内的活动是违背条约规定的侵权活动。可悲的是，清政府为了镇压太平天国，不惜与列强相勾结，对列强的侵权容忍和默认。尽管清政府从未承认通商口岸的范围扩大到百里[1]，一直到清王朝垮台，清政府对列强的违约与侵权都不置一喙，“条约口岸”或通商口岸的范围扩大到百里以内几乎成为不争之事实。

然而，事实是不容歪曲的。按本文的考察，通商口岸的范围应以英国公使德庇时、驻沪领事巴富尔与苏松太道宫慕久的约定和照会为准，“以早出晚归，不准在外过夜为断”。威罗贝认为，“关于条约口岸的范围，没有一个条约是明确的”。相对于列强单方面按一百里范围解释近代通商口岸的范围而言，威罗贝的说法更近乎有关条约的真实。中国近代通商口岸的范围绝不是一百里，这应该是确定无疑的。

---

〔1〕 可以佐证的是：1900年，清政府将武昌辟为通商口岸。武昌与已开通商口岸汉口毗连，换言之，在汉口周围的百里之内。如果清政府承认通商口岸的范围扩大到百里，就不会另辟武昌为通商口岸。

太平天国经济与文化研究

TAIPINGTIANGUO JINGJIYUWENHUAYANJIU

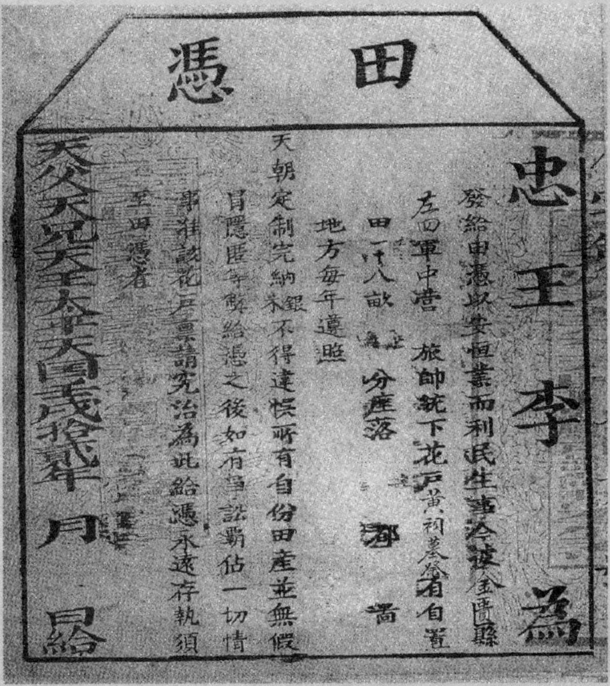

天朝田亩制度新议

天朝田亩制度历来被视为太平天国主张平均分配土地,使耕者有其田,反映农民土地要求的农民革命纲领。揆诸太平天国起义酝酿过程的宣传活动及其主张,探析上帝教的教义,并与中国历史上曾使农民获得私有土地的均田制作比较,我们理应得出这样的结论:太平天国起义时揭橥上帝教教义和反清"民族大义",没有提出农民的土地要求。土地私有不符合太平天国上帝教反对私有制的教义。天朝田亩制度没有类似历史上"均田制"关于"桑田"与"永业田"的私有规定。天朝田亩制度的"分田"与"均耕"只是平均劳动者的劳动条件和劳动强度,以实现在此基础上的产品的平均分配和"同享"。"平均分配土地"是对天朝田亩制度的误解。

一、太平天国起义时揭橥上帝教教义和反清"民族大义",没有提出农民的土地要求

斯大林曾这样说:"农民要土地,他们做梦也梦见土地。"[1]土地确实是悠久的中国封建社会中农民的悠远的梦。土地集中、农民丧失土地、农民对土地的诉求引发各种形式的斗争,诸如此类的记载在封建社会的正史和野史中都史不绝书。至明清两代,土地问题更为严重,农民对土地的诉求更为突出。明末李自成起义与清代中叶白莲教起义即其明证。

〔1〕 斯大林:《土地问题》,《斯大林全集》第1卷,人民出版社1953年版,第195页。

明中叶以后，土地兼并恶性发展。例如，成化年间，“大同宣府诸塞下腴田无虑数十万，悉为豪右所占。畿内八府良田，半属势家”[1]。“吴中之民有田者什一，为人佃作者什九。”[2]成化年间的荆襄流民起义就是聚集到荆襄山区的农民争取土地的斗争，明政府最终不得不采取允许农民附籍的办法以平息农民起义，承认了农民开垦荒地的权利。

明末，又爆发了大规模的农民起义。1641 年，李自成针对明末土地高度集中、赋税繁重的情况，在李岩的协助下，提出“均田免粮”。这一宣传切中时弊，反映了农民的土地要求，产生了巨大的号召力。

离太平天国起义时间最近的大规模农民起义是川楚陕白莲教起义(1796—1805)，距太平天国起义约 50 年。引发这次起义的主要原因之一是土地问题。起义的组织者白莲教号召教徒捐款，宣布起义成功后，按捐款情况分配土地。“教中人先纳地税若干，将来按税授田。”[3]白莲教起义动摇了清政府的统治。1799 年正月，嘉庆皇帝亲政，采取措施以挽救和维护清王朝的统治，这些措施包括：(一) 下“罪己诏”，抄斩和珅；(二) 挑拨、分化起义军内部关系；(三) 声言农民军放下武器，可以在深山老林开荒，三年免征，以明政府安插荆襄流亡农民的方法，来“满足”农民的土地要求，瓦解农民军。

白莲教起义和嘉庆皇帝的措施表明，拥有土地确实是当时农民的迫切要求。50 年后，中国农村土地占有状况并未发生质的变化。值得注意的是，与白莲教起义不同，从太平天国起义前的酝酿阶段直到定都天京前不久的长时间中，太平天国领导人都没有提出农民的土地问题。

洪秀全创立上帝教后的几篇重要宗教作品没有提出农民的土地问题，其主旨在于布道，要求“天下凡间我们兄弟姐妹，跳出邪魔之鬼门，循行上

---

〔1〕《续文献通考》卷二《田赋考》，《四库全书》第 626 册，上海古籍出版社 1987 年版，第 58 页。

〔2〕顾炎武：《苏松二府田赋之重》，《日知录》第 10 卷，《四库全书》第 858 册，上海古籍出版社 1987 年版，第 630 页。

〔3〕石韫玉：《纪教军始末》，转引自刘泽华等编：《中国古代史》(下)，人民出版社 1979 年版，第 481 页。

帝之真道"[1]。反映太平天国起义前夕酝酿活动的天父天兄圣旨记录了当时的许多事件，涉及领导集团的形成、上帝教教义的演进、武装斗争的发展、礼制等制度建设等，但恰恰没有涉及农民的土地问题[2]。太平天国起义后发布的三篇著名"奉天讨胡"檄文，用以号召全国响应的仅仅是它所揭橥的上帝教教义和反清"民族大义"。所谓"胡虏妖人"敬拜"蛇魔阎罗妖邪鬼"，"霸占中国""窃据中夏"，"妖人反盗神州，驱我中国悉变妖魔"。太平天国号召起义，"上为上帝报瞒天之仇，下为中国解下首之苦"[3]，也绝口不提农民的土地问题。

以上迹象表明，太平天国领导人在太平天国起义时揭橥上帝教教义和反清"民族大义"，没有提出农民的土地要求。

二、土地私有不符合太平天国上帝教教义，"分田"与"均耕"是平均劳动者的劳动条件和劳动强度

根据目前已经知道的史料，太平天国最早提出土地问题的文献是《待百姓条例》。《金陵被难记》称：太平天国定都天京建立政权不久，"所刻妖书逆示颇多，如书诏文告等类，极狂悖，极不通。内有《百姓条例》，诡称不要钱漕，但百姓之田，皆系天王之田，收取子粒，全归天王。每年大口给米一石，小口减半，以作养生。所生男女，亦选择归天王。铺店照常买卖，但本利皆归天王。不许百姓使用。如此魂得升天，否则即是邪心，为妖魔，魂不得升天，其罪极大"[4]。这一条例的主旨在于消灭土地和财产的私有制，与此后随即颁布的《天朝田亩制度》一脉相承。

---

〔1〕《原道醒世训》，太平天国历史博物馆：《太平天国印书》，江苏人民出版社 1979 年版，第 16 页。

〔2〕参见王庆成编注：《天父天兄圣旨》，辽宁人民出版社 1986 年版。

〔3〕《东王杨秀清西王萧朝贵发布奉天讨胡檄布四方谕》，太平天国历史博物馆：《太平天国印书》，江苏人民出版社 1979 年版，第 106 页。

〔4〕佚名：《金陵被难记》，中国史学会主编：《太平天国》（四），神州国光社 1954 年版，第 750 页。相关考证参见郭毅生：《太平天国经济制度》，中国社会科学出版社 1984 年版，第 253 页。姜涛：《〈百姓条例〉考》，《太平天国建都天京 130 周年纪念文集》，南京大学学报编辑部，第 430 页。

太平天国定都天京后，又发布了包括土地制度、政治制度等在内的内容广泛的《天朝田亩制度》。学术界曾经普遍认为，《天朝田亩制度》反映了农民的土地要求，天朝田亩制度的宗旨就是将土地平均分配给农民，使耕者有其田，土地成为农民的私有财产。只是由于当时的战争环境，由于解决粮饷问题的迫切需要，太平天国才不得不"照旧交粮纳税"，未能实施《天朝田亩制度》规定的土地平均分配。

如果说，《天朝田亩制度》主张平均分配土地，那就可以认为，《天朝田亩制度》客观上符合农民获得土地的愿望。在当时的历史条件下，平均分配土地也符合社会发展的要求。

众所周知，平均分配土地的结果必然造成自由农和小农经济。自由农与小农经济存在于各个社会形态。自由农阶层是极不稳定的，它会迅速发生两极分化。在奴隶社会，自由农的分化是再生出奴隶和奴隶主；在封建社会，自由农分化是再生出地主和佃农；在发展资本主义的历史条件成熟的时空环境中，则分化为资本家和雇佣工人。太平天国运动所处 19 世纪 50 年代的中国，正处于资本主义产生的前夕，中国社会生产力发展的最大障碍是腐朽的封建地主所有制，当时的历史任务就是反对各种封建制的、资本主义以前的旧的生产关系，这一历史任务的完成就造成资本主义产生和发展的广泛的条件和基础，即在小农经济分化的基础上开始资本主义的原始积累。从这个意义上说，平均分配土地，废除封建地主土地所有制，在客观上适应了历史发展的要求，符合近代中国民主革命的主要任务。

问题在于太平天国不是平均分配土地。与太平天国的其他制度一样，天朝田亩制度作为太平天国最重要的制度之一，它的内容规定不会不受上帝教教义的影响，也绝对不能违反上帝教教义。重新审视太平天国的土地制度，我们会发现，"耕者有其田"不是太平天国的"土地纲领"，天朝田亩制度并不是把土地平均分配给农民，使农民成为土地所有者，而是按照"物物归上主"的上帝教教义，废除土地私有制，确立上帝教教产制的土地制度：土地归皇上帝所有，亦即归上帝教所有。由于太平天国"政教合一"，上帝教教产制也就是太平天国国家所有制。

首先，太平天国上帝教的教义否定私有制，当然也否定土地私有制。

太平天国文献有不少此类规定。如1851年9、10月间,“天王诏令,各军各营众兵将,各宜为公莫为私……凡一切杀妖取城,所得金宝、绸帛、宝物等项,不得私藏,尽缴归天朝圣库,逆者议罪”[1]。

1852年9月,“天王诏令:通军大小兵将,自今不得再私藏私带金宝,尽缴归天朝圣库。倘再私藏私带,一经察出,斩首示众”[2]。

反之,我们还可以这样推理:如果说,太平天国实行真正意义上的“分田”,使农民拥有自己的一份土地,土地成为农民的私有财产,那就违背了上帝教的教义。按上帝教教义,即“天下皆是天父上主皇上帝一大家。天下人人不受私,物物归上主”。上帝教否定私有制,其“分田”就绝不会是搞私有制,绝不会是为了使“耕者有其田”。

其次,应该指出,天朝田亩制度关于分田与生产经营的几项规定都表明,所谓“有田同耕”,就是平均承担土地的经营,不是平均占有土地。天朝田亩制度关于土地分配的规定:“分田照人口,不论男妇。算其家口多寡,人多则分多,人寡则分寡,杂以九等”,形式上是平分土地,实质上是在土地质量与数量综合平衡的基础上,平均劳动者的劳动条件和劳动强度,实现所谓“凡天下田,天下人同耕”。以两为生产管理单位,共同集体劳动。

天朝田亩制度的目标是实现“有饭同食,有衣同穿,有钱同使,无处不均匀,无人不饱暖”的宗教理想,即洪秀全所说:“天下大家处处平匀,人人饱暖矣。此乃天父上主皇上帝特命太平真主救世旨意也。”就是大家共同享有大家的劳动成果,并且是在集体成员间平均分配。要达到这一目的,又必须以“均耕”为前提。只有建立在相同的劳动条件和劳动强度的“均耕”基础上,才能平均劳动者对产品的平均分配以实现“同享”。

杨秀清在答复英国外交使节时说:“田产均耕一事是也,人人皆是上帝所生,人人皆当同享天福,故所谓天下一家也。”[3]杨秀清同样也是强调所

---

〔1〕《命兵将杀妖取城所得财物尽缴归天朝圣库诏》,太平天国历史博物馆:《太平天国文书汇编》,中华书局1979年版,第33页。

〔2〕《严禁私藏私带金宝诏》,太平天国历史博物馆:《太平天国文书汇编》,中华书局1979年版,第37页。

〔3〕《东王杨秀清答复英人三十一条并质问英人五十条诰谕》,太平天国历史博物馆:《太平天国文书汇编》,中华书局1979年版,第302页。

谓“分田”就是“均耕”。一句话，所谓“有田同耕”，所谓“有饭同食，有衣同穿，有钱同使，无处不均匀，无人不饱暖”，其本质就是“均耕”与“共享”。

再次，同样值得注意的是，天朝田亩制度的其他相关规定也体现了这一点。其一，关于农业生产管理规定，以两为生产单位，共同集体劳动。“凡二十五家中力农者有赏，惰农者有罚。”其二，关于副业生产管理规定：“凡天下树墙下以桑，凡妇蚕绩缝衣裳。凡天下每家五母鸡，二母彘，无失其时。”其三，关于农闲时工役的管理规定：“凡二十五家中陶冶木石等匠，俱用伍长及伍卒为之。农隙治事。”其四，关于每个人的劳动时间规定：“若每日无三个时辰工夫者，即富贵亦是惰民，准父兄长老擒送进诸绝域。”等等。[1] 这些都是为了平均劳动者的劳动条件和劳动强度。

“十月革命”前，俄国社会革命党人曾提出“土地平均使用制”以解决俄国的农民与土地问题。斯大林这样予以批判：“平均使用土地就需要财产上的平等”，但俄国农民之间在财产上是不平等的。斯大林又说：“可不可以设想，有八对耕牛的农户竟会和连一头耕牛也没有的农户同等使用土地呢？”回答当然是否定的。因此，社会革命党人提出的“土地平均使用制”“不过是一句空话罢了”[2]。从理论上说，只有在财产平等的基础上，在平均劳动者的劳动条件和劳动强度的基础上，劳动者才有可能平均占有劳动成果。这也正是天朝田亩制度废除土地私有制和“平均分配土地”的真谛之所在。这样解读，才符合天朝田亩制度的内在逻辑。

三、与历史上“均田制”比较：天朝田亩制度没有类似“桑田”与“永业田”的私有土地规定

如果我们将太平天国的“平均分配土地”与北魏隋唐的“均田制”作比较，就可以获得更为清晰的认识。

均田制始于北魏孝文帝的改革。北魏孝文帝（拓跋宏）改革的最重要

〔1〕《资政新篇》，太平天国历史博物馆：《太平天国印书》，江苏人民出版社 1979 年版，第 690 页。

〔2〕斯大林：《土地问题》，《斯大林全集》第 1 卷，人民出版社 1953 年版，第 200 页。

内容之一是实行均田制。均田令于公元 485 年颁布，主要内容如下：

(1) 男子年十五岁以上受露田四十亩，另有倍田四十亩，以备休耕。需要休耕两年的，再加四十亩。露田在受田人身死或年满六十岁后归还官府。另受桑田二十亩。所受桑田身死不还，传给子孙。在宜于种麻的地区，另给麻田十亩。

(2) 妇人只受露田二十亩，倍田二十亩，无桑田。所受露田在身死或年满六十岁后归还官府。在宜于种麻的地区，另给麻田五亩。

(3) 奴、婢受田同一般男、妇，奴、婢出卖后所受田归还官府。

(4) 牛一头受露田三十亩，倍田三十亩。每户受田的牛限四头，牛死或出卖后所受田归还官府。

(5) 居民可以从人多地少的地方向地多人少的地方迁移，不能随便逆向迁移。

与之相应，新的租调制规定：一夫一妇每年向官府交纳粟二石、帛一匹。凡年十五以上而未结婚的男女四口，或从事生产的奴婢八口，或耕牛二十头，租调均同一夫一妇。

显然，北魏均田制是以封建国家土地所有制为主体的混合型土地制度。其中露田属于国家所有，私人有使用权而无所有权，国家所有的土地占 80%以上。桑田属于私人所有，私人所有的土地占 20%以下。

北魏之后，均田制又相继推行于北齐、北周和隋朝。唐代均田令颁布于公元 624 年(武德七年)。其主要内容如下：

(1) 丁(二十一岁为丁)和十八岁以上的男子受田一顷，其中二十亩为永业田，可传子孙；八十亩为口分田，死后还官。土地贫瘠，每年须要轮耕者，加倍授田。

(2) 老(六十岁为老，年岁规定前后有变化)男、残废人受田四十亩，守寡妻、妾受田三十亩，若为户主均增二十亩。其中均以二十亩为永业田，余为口分田。

(3) 贵族官僚授田另有规定：亲王可分永业田一百顷，一品官六十顷；上柱国(武官最高勋级)永业田三十顷，柱国二十五顷等。

(4) 地多人稀处为宽乡，地少人稠受田不足处为狭乡。狭乡口分田只受半数，但可在宽乡遥受土地。

(5) 严格控制土地买卖。徙乡及贫困无资供葬者准许出卖永业田，由狭乡迁往宽乡者可卖口分田。[1]

唐代均田制仍然是以封建国家土地所有制为主体的混合型土地制度。其中口分田为国家所有，私人有使用权而无所有权。永业田为私人所有。唐代均田令的变革之处在于，受田者在特殊情况下可卖永业田或口分田。

均田制的实质，主要是将封建国家直接掌握的荒地，按照民户的人丁多少，分配给一定数量土地，以此榨取租调。

与均田制比较，天朝田亩制度与均田制的最大不同在于，天朝田亩制度中的土地没有口分田与永业田的区分，即没有国有与私有的区分，因此也就没有"还田"的规定，没有关于土地买卖的规定。天朝田亩制度的实质，是将所有土地收归国有，并否定一切土地私有权。

按照《天朝田亩制度》，"分田"之后，土地所有权仍然是国家的。体现于：(1) 国家对土地的支配权："凡天下田，天下人同耕，此处不足则迁彼处，彼处不足则迁此处。"制度没有规定劳动者有自由买卖土地的权利，相反，国家随时都有划拨土地的调控权。(2) 国家对生产者产品分配的支配权。《天朝田亩制度》规定："凡当收成时，两司马督伍长，除足其二十五家每人所食可接新谷外，余则归国库。"不能支配土地上的产品，便不拥有土地的产权。(3) 太平天国还要在全国范围内平均分配。规定"凡天下田，丰荒相通，此处荒，则移彼丰处以赈此荒处，彼处荒，则移此丰处以赈彼荒处"。

所有这些都证明，天朝田亩制度没有关于土地私有的任何规定。《天朝田亩制度》在当时并没有产生如同明末李自成起义"均田免粮"口号对农民所起的巨大的吸引力，其原因也在于此。

郭毅生先生曾精辟地指出：《天朝田亩制度》"是在'皇上帝'的名义下，取消了土地的私有"。郭先生说，从"凡天下田，天下人同耕"，"凡天下田，丰荒相通"来看，"它意味着土地公有，或者说是土地国有。这就剥夺了地

---

[1] 参见刘泽华等编：《中国古代史》(上)，人民出版社 1979 年版，第 574 页、第 647 页。

主阶级的土地所有权”。但在此后的论述中,郭先生偏离了自己设定的正确的原点。他说:“‘天朝’把土地平均分配给农民。”“《天朝田亩制度》的土地分配法造成的结果,是名义上的土地公有制,实际上是分田到户,成为变相的个体小农所有制。”[1]笔者认为,实际上,《天朝田亩制度》“在‘皇上帝’的名义下,取消了土地的私有”。这不仅“剥夺了地主阶级的土地所有权”,也同样剥夺了包括地主和农民在内的一切人的土地所有权。

〔1〕 郭毅生:《太平天国经济制度》,中国社会科学出版社1984年版,第61页。

浅析太平天国在吴江芦墟颁发的"租凭"

——兼论太平天国时期吴江的土地关系

1860年6月,太平军在二破江南大营后,挥师东征苏、常。六月攻克苏州,设立了以苏州为省垣,辖有镇江、常州、太仓、松江、苏州五郡及各郡属县的苏福省,并建立了各级地方政权和乡官政权。1860年11月,太平天国在苏福省开征田赋。其中,吴江县的几项征赋措施具有一定的典型性,而太平军在吴江芦墟颁发"租凭",让地主收税完粮,又是苏福省及此后在江、浙根据地内所仅见的一种征赋措施。本文就此进行探讨,以便对太平天国在江、浙根据地的征赋措施及其所体现的土地关系有更为全面的了解。

一、太平天国在吴江的四种征赋措施

太平军于1860年6月13日攻克吴江,11月13日,监军钟志成接印视事,12月,开征田赋。从有关资料看,太平天国在吴江的征赋措施主要有四种。

其一,"着佃征粮"。据《吴江庚辛纪事》咸丰十年十一月初旬记:同里地方"办理预完粮米,师帅名下各旅帅所属乡村,照田完纳,每亩约出米一斗四五升"[1]。又据《柳兆薰日记》咸丰十年十一月二十三日记:"吴江、北

〔1〕 知非:《吴江庚辛纪事》,《近代史资料》1955年第1期,第43页。

库、莘塔着佃办粮"[1]。着佃办粮，照田完纳，就是让佃户代为交纳田赋。太平天国所以采取这项措施，或因"业主迁避他方"，或因地主拒不认田报明田数，或因田册损毁，太平天国地方当局一时无法向地主征赋，令"佃户代缴"[2]。又明文规定"姑着各佃户代完地粮，俟业户归来，照税额算找"[3]。可见，太平天国的这项措施是以承认封建土地关系为前提的，佃户完粮还不过是"代缴"。土地所有权并未改变。

其二，设"租粮公收局"，按照先粮后租的原则征赋办租。据柳兆薰咸丰十年十一月初二日记，吴江"盛川(盛泽)章程，每亩每月收钱一百十文，闻收十个月，除完粮、局费外，给还业主"。十一月二十一日记，吴江"黎局(即黎里乡官局)租粮(四斗半)，公收局中人作主，业主须俟粮务开销有余方始去领"[4]。太平天国地方当局允许地主在太平军征足田赋后领取田租，同样表明太平天国承认旧有的封建土地关系。

其三，让地主领取"租凭"，收租完粮。据《柳兆薰日记》载：咸丰十年十一月二十二日，柳兆薰"命相好至局(指芦墟乡官局)领照凭"，三日后，"嘱相好开船收租"。十二月十四日，到"芦局完粮"[5]。咸丰十一年二月初三日又记："莘塔局收租，要讨租凭。"二月十四日记："北库局又以租凭来嬲。"[6]很清楚，这也表明太平天国是承认封建土地关系的。

其四，颁发田凭，"按照天朝定制完纳粮米"。1861 年后，太平天国在苏、浙根据地许多地方颁发田凭，吴江颁发田凭稍晚。据倦圃野老《庚癸纪略》载：同治元年(1862 年)三月二十七日，"伪监军(即钟志成)提各乡卒长给田凭，每亩钱三百六十"；又称："领凭后租田概作自产，农民窃喜，陆续完

[1] 《柳兆薰日记》,《太平天国史料专辑》,上海古籍出版社 1979 年版,第 156 页。

[2] 蓼村遁客:《虎窟纪略》,《太平天国史料专辑》,上海古籍出版社 1979 年版,第 42 页。

[3] 《廷天安办理长洲军民事务黄酌定还租以抒佃力告示》,太平天国历史博物馆:《太平天国文书汇编》,中华书局 1979 年版,第 145 页。

[4] 《柳兆薰日记》,《太平天国史料专辑》,上海古籍出版社 1979 年版,第 152 页、第 156 页。

[5] 《柳兆薰日记》,《太平天国史料专辑》,上海古籍出版社 1979 年版,第 156 页、第 157 页、第 161 页。

[6] 《柳兆薰日记》,《太平天国史料专辑》,上海古籍出版社 1979 年版,第 170 页、第 171 页。

纳。"[1]实际上，这条史料不过载明了这样的历史事实：在太平天国颁发田凭时，个别地方的一些农民，由于种种原因而得以冒领田凭，把租田变为自份田产。

太平天国并没有通过颁发田凭，实行耕者有其田的土地政策。

第一，太平天国颁发的田凭，格式一律，刻印文字完全相同，载明领凭人必须保证土地确为"自份田产，并无假冒隐匿等弊"，"如有争讼霸占一切情事"，准"禀请究治"。[2] 吴江佐将、水师天军主将冀天义程某依据"忠王操劳瑞心，颁发田凭"，"以安恒业"的规定所颁"潘叙奎荡凭"，也明文规定：由"业户永远收执，取租办赋"。[3] 很明显，田凭和荡凭是发给有自份田产的地主、自耕农和半自耕农的，不是发给佃农的，无田无地的贫苦农民不可能合法地领得田凭。

第二，据《柳兆薰日记》记，同治元年四月初五日，"账房内有租户顶田事"[4]。这件事发生在钟志成给田凭后八日，由此可见，吴江的佃农依然在向地主租种田地。认为太平天国吴江地方政权给佃农颁发田凭，使租田概作自产的看法，是不符合当时吴江土地关系的实际情况的。柳兆薰是吴江县大地主，他在芦墟、北厍、莘塔、黎里等处共有四五千亩以上的田产，土地范围遍及吴江县境的幅员之半。《柳兆薰日记》并无一字言及太平天国吴江地方政权给佃户颁发田凭的大事。因此，不能说太平天国在吴江实行了耕者有其田的政策。

第三，《庚癸纪略》所载，钟志成给田凭，农民领凭窃喜，租田作自产，只是个别地方(如吴江同里)的特殊情况。《庚癸纪略》的作者是同里王元榜。吴江监军钟志成也是同里人。《庚癸纪略》载，钟志成"提各乡卒长给田凭"，实际上是在同里各乡"给田凭"。就当时同里的阶级斗争形势看，又确实存在佃户冒领田凭的可能性。吴江为苏、浙之吭，太平军东征苏常，侍王

---

〔1〕 倦圃野老：《庚癸纪略》，中国科学院历史研究所第三所、近代史资料编辑部编：《太平天国资料》，科学出版社 1959 年版，104 页。

〔2〕 《金匮田凭》，中国史学会主编：《太平天国》(二)，神州国光社 1952 年版，第 876 页。

〔3〕 《吴江荡凭》，中国史学会主编：《太平天国》(二)，神州国光社 1952 年版，第 877 页。

〔4〕 《柳兆薰日记》，《太平天国史料专辑》，上海古籍出版社 1979 年版，第 251 页。

李世贤率部经由吴江入浙。吴江一带地主阶级受到沉重打击，“千家星散泥涂走”，即如“同里近乡李姓，平日结怨，乡民乘乱杀死，焚其庐舍”。[1]地主或徙或死，一些佃户已经实际上占有了他们的土地，封建土地关系已经打得很乱了。地主在，佃户尚不便假冒田凭，地主或徙或死，不会有人“争讼”，“禀请究治”，佃户又何乐而不冒领田凭呢？土地的梦想变为现实的田凭，佃户又怎么会不“暗暗高兴”呢？而问题恰恰在于，这决不能说明吴江太平天国地方政权在给佃户颁发田凭，实行耕者有其田的政策。

二、“租凭”产生的历史条件

值得注意的是：太平天国吴江地方政权允许地主领取“租凭”取租办赋，这和其他征赋措施一样，都是太平天国承认封建土地关系的历史产物。太平天国作为一个农民政权，不可能提出新的生产关系，不可能摆脱封建生产关系的束缚。租凭的产生，恰恰在一个微观的局部，反映了这一宏观的历史必然性。

然而，这不能完全解释为什么在吴江芦墟这样的地方，会出现租凭这一允许地主领凭取税办赋的征赋措施，应该说，这里还有某种历史的偶然性。具体说，芦墟等地的租凭又是该地特定的历史环境和阶级斗争形势的产物。

从上文所引资料可以看出，吴江县实行“着佃办粮”的地方主要是同里、北厍、莘塔。这一带离太平军统治中心吴江县城较近，地主阶级受到沉重打击，封建生产关系被完全打乱了，太平军军需孔亟，有必要采取权宜措施，随田起征，“着佃办粮”。

吴江县实行租粮公收的地方主要是黎里、盛泽。这一带离吴江县城较远，地主阶级受打击的程度、封建土地关系受冲击的程度较同里等处为轻。但是，黎里、盛泽地处苏州和嘉兴太平军交通联络的孔道，太平军在这一带

〔1〕 知非：《吴江庚辛纪事》，《近代史资料》1955年第1期，第26页、第29页。

的控制比较牢固，如黎里，有太平军俞姓将领驻守[1]。这一带的佃农又有抗租斗争的传统，如1854年秋，黎里陆孝恩、陆孝忠兄弟“在大王庙聚众抗租”，捣毁恶霸地主殷兆镛、蔡岭香两家。1855年春，江苏巡抚奉清廷令调兵“征讨”，陆氏兄弟率佃农武装抗击[2]。太平军占领吴江后，黎里一带佃农抗税之风甚盛，柳兆薰深恨“黎局租风甚不起色”，“租风不佳之至”[3]。在这种情况下，对太平军来说，设立租粮公收局，先粮后租，征集田赋，尚为切实可行之举。

芦墟位于同里东南，黎里以东，僻处吴江县东南隅，离吴江县城最远，交通闭塞。与其他地方相比，芦墟以及与之毗连的莘塔、北厍部分地方地主阶级受到的打击、封建土地关系受到的冲击较轻。几乎原封不动地保存下来。如柳兆薰领取“租凭”后，远处开船去佃农处收租，其近处各佃亦“纷纷来还租”。他说：“佃心未变”，“诸佃踊跃而来，知佃心尚未涣散”。与黎里相比，“黎局租收不过一二成，以此较彼，驯顽立见。吾乡人心风俗，尚有可原”[4]。由上可见，芦墟一带封建土地关系没有受到多少冲击，地主收租没有遇到什么大的困难，太平天国吴江地方政权在这一带颁发“租凭”，令地主缴纳凭费，领取“租凭”取租办粮，实际上也表明太平天国承认了封建土地关系。

显然，吴江县各地征赋措施的不同，是各地历史环境不同，阶级斗争形势发展不平衡的产物。太平天国吴江地方政权在芦墟一带颁发“租凭”，让地主取租办粮又是该地封建秩序和封建土地关系基本上没有受到多大冲击，阶级斗争形势并不高涨的表现和产物。

三、“租凭”的性质

要弄清“租凭”的性质，有必要将“租凭”与田凭的异同作一番比较。为

〔1〕《柳兆薰日记》，《太平天国史料专辑》，上海古籍出版社1979年版，第154页。
〔2〕董蔡时：《太平天国在苏州》，江苏人民出版社1981年版，第22页。
〔3〕《柳兆薰日记》，《太平天国史料专辑》，上海古籍出版社1979年版，第222页、第223页。
〔4〕《柳兆薰日记》，《太平天国史料专辑》，上海古籍出版社1979年版，第222页、第223页。

方便起见,列表如下:

1. “租凭”和田凭给凭对象和给凭作用的比较:

	租　凭	田　凭
资料依据	“命相好至局领照凭”,“开船收租” “莘塔局收租,要讨租凭” “北库局又以租凭来黝”	花户“永远存执”,“每年遵照天朝定制。完纳银米”,“给凭之后,如有争讼霸占一切情事,准该花户禀请究治”(《金匮田凭》)。“仰该业户永远收执,取租办赋”(《吴江荡凭》)。“给田凭,准其收租”(《漏网喁鱼集》)
给凭对象	地主	地主、自耕农、半自耕农
给凭作用	持凭收租完粮	持凭占有土地,自完粮赋,或取租办赋

2. “租凭”和田凭给凭时间和凭费的比较

	租凭	田凭
资料依据	“至局领照凭”,“给凭每亩十文”,咸丰十年十一月二十日至二十一日(《柳兆薰日记》)。“莘塔局收租,要讨租凭”,咸丰十一年二月初三。“北库局又以租凭来黝”,咸丰十一年二月十四日(《柳兆薰日记》)	“每亩出田凭费六十”,咸丰十一年八月初八日(《自怡日记》)。“每亩先交米一斗,即给田凭”,咸丰十一年九月(《漏网喁鱼集》)。“给田凭,每亩钱三百六十”,同治元年三月二十七日(《庚癸纪略》)。又,现知田凭实物均颁于太平天国壬戌十二年,即同治元年
给凭地方	吴江县芦墟、莘塔、北库	常熟、吴江、金匮、石门等地
最早给凭时间	咸丰十年十一月二十日	咸丰十一年八月八日
凭费	每亩十文	每亩六十文,或米一斗,或三百六十文不等

从上列两表可以看出,租凭与田凭既有相似之处,又有不同之处。相同之处有三点:一是给凭对象中都有地主,二是都可以作为收租的凭证;三是领凭时均须交纳若干凭费。

重要的是,“租凭”与田凭又有明显的不同之处:

其一,从给凭时间看,“租凭”最早见之于《柳兆薰日记》,颁发于咸丰十年十一月(吴江)。田凭最早见之于龚又村《自怡日记》,颁发于咸丰十一年八月(常熟)。

其二,从凭费看,领取“租凭”所纳凭费极少,田凭费则为“租凭”凭费的十数倍至数十倍。

其三,从给凭对象看,“租凭”只发给收税完粮的地主,不发给自完粮米的土地所有者自耕农和半自耕农。田凭则发给包括地主、自耕农和半自耕农在内的一切土地所有者。

其四,也是很值得注意的一点,“租凭”和田凭的最后收执人不同。据柳兆薰记载,他到莘塔去收租,莘塔的佃户“要讨租凭”,到北库收租,北库的佃户“又以租凭来嬲”。如前所述,莘塔、北库是实行着佃交粮、随田起征的,该地的佃户当然不肯既向芦墟的地主交租,又向莘塔、北库的乡官局完纳田赋。讨得柳兆薰的“租凭”,才可不再向莘塔、北库的乡官局缴纳田赋。正因为这样,莘塔、北库的佃户才一定“要讨租凭”,不给“租凭”就不交租。由此可见,“租凭”发给地主,地主持凭收租,收租后,“租凭”便转入佃户手中,成为佃户已经交租的证明,不再向乡官局完纳田赋。因此,“租凭”最后是由佃户收执的。至于田凭,则由包括地主、自耕农和半自耕农这些土地所有者“永远收执”。

其五,从给凭作用看,“租凭”仅供地主作收租的凭证,田凭则不仅是地主收租的凭证,也是一切土地所有者土地所有权的凭证。

根据上述“租凭”与田凭的异同之处,可以得出下列几点结论:

其一,给凭对象范围的广狭、给凭作用的差别、凭费的悬殊不等、给凭时间的先后、最后收执人的不同,这一切不同之处说明,“租凭”不是田凭,不能混为一谈。

其二,“租凭”和田凭的颁发对象中都有地主,都可以作为收租的凭证,这些相同之点表明“租凭”和田凭在本质上有相似之处。

马克思指出:“地租的占有是土地所有权由以实现的经济形式。”[1]收租权是土地所有权在经济上的表现。在这个意义上说,“租凭”已经在不完全的意义上成为土地凭证。说不完全是因为:第一,“租凭”只颁发给一部分土地所有者即地主,而不是颁发给所有的土地所有者。第二,“租凭”只

〔1〕 马克思:《资本论》第3卷,人民出版社1966年版,第744页。

是在经济形态上表现了土地所有权，还没有达到在政治的、法律的形态上表现土地所有权。同时在经济形态上和政治的、法律的形态上表现土地所有权的是田凭。从这方面的差异和联系来看，“租凭”和田凭有着内在的本质的联系，或者说，“租凭”是田凭的不完全的和过渡的形态。

其三，太平天国吴江地方政权曾于咸丰十年十一月颁发“租凭”，一年多以后又颁发了田凭，这说明太平天国吴江地方政权已由对封建土地关系的承认，发展到了对封建土地关系的更完全、更合法的恢复和肯定。

总而言之，太平天国吴江地方政权在征收田赋中采取了四种措施，即“着佃办粮”；设立租粮公收局，先粮后租征收田赋；颁发“租凭”，让地主取租办赋；颁发田凭，照旧交粮纳税。这四种措施形式互异，其实质则同是对封建土地关系的承认和恢复。“租凭”的颁发，又是当地特定的历史条件的产物。“租凭”，究其性质已是不完全意义的田凭，是田凭的前身或过渡形态，也是太平天国承认和恢复封建土地关系的一个典型的反映。

太平天国文化

太平天国文化笼罩着宗教的光晕，也闪烁着农民革命思想的异彩。

宗教：太平天国崇奉拜上帝教，禁绝其他一切宗教和偶像崇拜。拜上帝教吸取了基督教的某些教义，经洪秀全发挥和改造，拜上帝教和基督教又有很大差别。基督教崇拜独一真神上帝，信仰圣父、圣子、圣灵三位一体。拜上帝教同样崇拜独一真神皇上帝，但洪秀全摈弃三位一体的说法，认为“《新约》有错记”。在拜上帝教教义里，上帝是上帝，基督是基督，上帝和基督都可以下凡，分别降附在杨秀清、萧朝贵身上。洪秀全还把独一神改为上帝家庭，上帝是天父，天父之妻即天妈。耶稣是天父长子，耶稣之妻即天嫂。洪秀全自居天父次子，三子是冯云山，四子是杨秀清，帝婿是萧朝贵。洪秀全的儿子洪天贵福“过继”给耶稣，于是又成为上帝的皇太孙。

基督教的《圣经》由《旧约》和《新约》两部分组成。按照拜上帝教教义，洪秀全“做事即天做事，其诏书即天书”，被尊为《真约》。拜上帝教的《圣经》也就由《旧约》、《新约》和《真约》三个部分组成。

类似上述对基督教教义的发挥和改造，显然和确定、巩固洪秀全的宗教、政治领袖地位有关，另一些则是出于反清斗争的需要。

拜上帝教宣传灵魂登天的来世永福，但反对消极厌世。洪秀全把天堂分为两种，“神国在天是上帝大天堂，天上三十三天是也，神国在地是上帝小天堂，天朝是也”。基督教的平等主要是原罪的平等，信仰上帝的平等，来世赏罚的平等。在拜上帝教教义里则扩大到今生的政治上、经济上的平等。在拜上帝教的小天堂里，天下人都是上帝的子女，人与人平等，国与国平等。有田同耕，有饭同食，有衣同穿，有钱同使，无处不均匀，无人不饱暖。天下一家，同享上帝赐福。这就启迪和激励人们面对现实，追求人间的小天堂幸福，直至用战争的手段推翻清王朝的压迫。洪秀全对《圣经》十诫所云不可杀人也作了相应的修正，他说："斩妖杀有罪，不能免也。"上帝"诫人不好谋害妄杀，非谓天法杀人也。"

其他如圣礼、崇拜和节日规定等方面，拜上帝教和基督教既有相似之处，也有很大不同。

从总体上看，拜上帝教吸取了传统基督教的某些思想材料，但又不同于传统基督教，实际上已经成为一种新的宗教。

文字：太平天国造字、改字不下四五十字，有人考证多达七十余字，为历代所罕见。其中有些是出于宗教、政治避讳的考虑，为避皇上帝爷火华讳，凡在别处使用，皇改作黄、方，上改作尚，帝改作谛，火改作焼，华改作花。为避王爵讳，(周)文王、武王要写作文狂、武狂，王姓要改为黄姓、汪姓。幼天王名洪天贵福，凡在别处使用福字，"见福加点锦添花"，造了一个福字。有的是出于反清的目的，清帝年号咸丰须写作⿰犭咸⿰犭丰。有的出于拜上帝教教义的需要，根据"脱鬼成人"的说法，凡与鬼字有涉的其他字，均改鬼为人。魂写作⿰云人，魄写作⿰白人，魏写作⿰委人。有的则出于讨吉利，太平天国以干支纪年，丑改为反义词好，卯音同冇(意为无)，改为无的反义词荣。亥音谐害，改为开。太平天国造字、改字虽多，主要是出于宗教、政治需要，十之八九与避讳有关，谈不上进行文字改革。

文学：通俗诗歌是太平天国文学中的主要形式。太平天国领导人和广大军民写下了内容丰富的诗歌。洪秀全的《吟剑诗》抒发擒妖斩邪，"手持三尺定山河"的政治抱负，气概非凡。杨秀清的《果然忠勇》写道："我们弟妹果然忠，胜比常山赵子龙。起义破关千百万，直到天京最英雄。"很有激励斗志的作用。石达开的诗艺术性较强，其《白龙洞题壁诗》云："……临军称将勇，玩洞羡诗雄。剑气冲星斗，文光射日虹。"抒写英雄情怀，风格雄浑豪迈。湖北军民的题壁歌谣写道："天京天兵威如猛虎，汉口胡儿败若寒鸡。"(汉口胡儿指清湖北巡抚胡林翼。)用形象的对比烘托了太平军军威。

引人注目的是，太平天国大量运用通俗诗歌的形式来颁布诏谕、文件等。洪秀全的《戒鸦片诏》云:“烟枪即铳枪,自打自受伤。多少英雄汉,弹死在高床。”谕苏福省四民诏:“……上帝基督带朕幼,照见民困发政仁。酌减征收舒民力,期无失所安众心。”时人记载:“批示皆以韵句,或四言数句如箴颂,或五言数句如歌谣,或七言数句,短者如绝句,长者如古风。惟纯以俗语,不用故实。”这类形式的诏谕、文告实际上就是通俗的政治诗。

太平天国发布文告戒浮文巧言,要求“语语确凿,不得一词娇艳,毋庸半字虚浮”。提倡“文以纪实”,“朴实明晓”。这种进步文化政策的曙色,与通俗诗歌的繁星交相辉映。

艺术:壁画是太平天国艺术中的主要形式。壁画曾经是中国古代重要的艺术形式。宋代以后,卷轴画兴盛,壁画衰落。太平天国继承、发扬了中国古代壁画传统。无论王府、衙署、民宅,多有壁画彩绘。天京陷落后七日,兵燹之余,仍存有壁画一千余处,可以想见太平天国壁画艺术的繁荣。

太平天国壁画多绘山水鸟兽、花木菜蔬,也画人物。色彩丰富,形象生动,具有浓郁的民间气息。南京堂子街某王府故址保存着较多的太平天国壁画。其中孔雀开屏图绚丽多彩,生气勃勃。孔雀在湖石上开屏,两边牡丹盛开,其后青松挺立。江防望楼图场景开阔,长江如练,青山如壁,望楼高耸,俯瞰江面帆樯点点,展现了太平军战士保卫长江、守护天京的战斗生活,更是国内外公认的太平天国壁画瑰宝。

历法:太平天国建立伊始,即行改元,以旧历辛亥年(公历1851年)为太平天国新开(辛亥)元年。壬子二年(公历1852年)起,施行冯云山创制的新历即天历。天历参照中西历法,有沿有革。初定每年366日,分为12月,单月31日,双月30日,不置闰年或闰月。每年比回归年多约18小时,且规定40年一加,每月33日,有很大缺陷。1859年,经洪仁玕改定,每40年一加改为每40年一斡旋,斡之年每月28日,全年336日。40年为“一总”,这样每年平均为365.25日,同回归年大致相等。

天历一概革除了旧历中的时日吉凶生克等迷信成分,认为日日时时都是吉日良辰,随时行事皆大吉大昌。天历注意“便民耕种兴作”,二十四节气固定在初一日、十七日(单月)、十六日(双月)、十五日(斡之年)。天历也染着浓重的宗教色彩,规定“七日礼拜颂赞皇上帝恩德”,礼拜日定在阳历的安息日。还规定每年六大节期,正月十二日太兄升天节,二月初二日报爷节,二月二十一日登极节,三月初三日爷降节,七月二十七日东王升天节,九月初九日哥降节。天历的原则是“定民志而正农时”,为宗教、政治和农业生产服务。

天历以太平天国国号纪元,改变了我国自汉武以降历代以帝王年号纪元的做法,是我国历史上的新创。

史学:太平天国沿前代史官之制,设左史正副各一人,右史正副各一人为国史官。

据记载,太平天国有一部称为《诏书》的官修史书,自戊申年(公历1848年)冬起,叙至癸好年(公历1853年)春攻克金陵,先后出冯云山、史官曾钊扬等人之手。用“评话”体裁,“叙事如闲书”。这部官修史不叫做《实录》,而称为《诏书》,今已失传。

《太平天日》是现在仅存的一部太平天国自编史书,洪仁玕撰,1862年刊行。所记内容起于1837年洪秀全的病中异梦,迄于1847年捣毁广西象州甘王庙,是记述金田起义前洪秀全、冯云山等早期活动的重要历史文献。

太平天国宗教研究

TAIPINGTIANGUO ZONGJIAOYANJIU

洪秀全的异梦及其影响

史学界对洪秀全的异梦已有大量的研究，本文仅就异梦内容的解析与异梦对太平天国宗教和政治的影响谈一些想法，并请大家指教。

一、洪秀全的异梦

1837年，农历丁酉年三四月间，洪秀全在应试失利后大病一场，历时40余日，在此期间，发生了一连串的异梦。洪秀全的"异梦"在太平天国运动中占有异常特殊的地位。《钦定敬避字样》规定"天酉"为敬避字样，将天王异梦上天的这一"丁酉"年赋予特别重要的意义。"单是真圣主上天之年称之，以志天恩也。余仍用丁酉字样。"可以说，洪秀全异梦的解释和宣传，以及对异梦的宗教政治意义的笃信，是上帝教和太平天国的立教、立国之基[1]。汗牛充栋的太平天国文献几乎无不投射着"异梦"的幻影。

描述洪秀全异梦的太平天国文献主要有四种，即《天兄圣旨》、《太平天日》、《太平天国起义记》和《王长、次兄亲目亲耳共证福音书》。

《天兄圣旨》和《太平天日》两书关于异梦的内容均定型于太平天国起义前的1848年。《天兄圣旨》记载了1848年秋萧朝贵作天兄下凡与洪秀全的对话讲述了异梦的主要情节。《太平天日》"诏明"于1848年冬，刊行于

[1] 《钦定敬避字样》，太平天国历史博物馆：《太平天国印书》，江苏人民出版社1979年版，第803页。

1862年，其中异梦的内容最为丰富。《太平天国起义记》，成书于1854年4月，由洪仁玕口述，瑞典传教士韩山文撰写。内容与《太平天日》大体相同。异梦的主要情节载于《天兄圣旨》、《太平天日》和《太平天国起义记》的有：秀全升天、天母洁身、上帝坐殿、责打孔子、战逐妖魔、君权神授、高天享乐、秀全下凡等，这些都是大家熟知的。

洪秀全有没有丁酉异梦的经历，这方面似乎没有多少疑问。丁酉异梦的情节内容是否出于洪秀全的事后编造，大家可能会有不同的看法，至少我们还无从下一定论。韩山文在听了洪仁玕的叙述后说："就大略言之，著者颇信其所闻之无误而可据。"〔1〕笔者倾向于认为，洪秀全异梦确有其事，异梦中的主要情节是虚幻的，但并不都是凭空编造的。洪秀全本人对异梦的宗教意义真的非常笃信。这里可能用得上美国公理会裨治文牧师对洪秀全的评价："他确实是这一伟大运动的主要原动力。显然，他是一位真诚然而自欺的人。"〔2〕洪秀全的异梦是洪秀全对现实问题感知和思考的成熟和不成熟的结论，以及对解决这些问题的成熟和不成熟的方案的虚幻的演绎。考察当时的历史背景，《太平天日》和《太平天国起义记》中所叙述的异梦及其情节内容是完全可能的，学者们对此已有充分的论述。

还可以说明这一点的是，洪秀全并没有在异梦的描述中刻意美化自己，甚至还自揭短处。如洪秀全描写了自己贪图天上的享乐而不愿下凡诛妖。文中写了天嫂、天妈对他的宠爱，还有"高天众小妹亦时或陪主读诗书，琴箫鼓乐，快活无穷。主此时不愿下凡矣"。洪秀全还写了因此遭到皇上帝的"烈怒"："主此时不愿下凡矣。但天父上主皇上帝常命主曰：'为爷教尔多读些诗书，后作凭据，尔仍要下凡也。尔若不下凡，凡间人何能得醒，得升天堂乎？'主曰：'唯唯。'但主心不愿下凡矣。有时天父上主皇上帝催促甚，主不得已，既下几重天，仍然退回。天父上主皇上帝烈怒。"一直到临下凡时，洪秀全还面"有难色"。

---

〔1〕 韩山文：《太平天国起义记》，中国史学会主编：《太平天国》（六），神州国光社1952年版，第833页。

〔2〕 《苏斯奎汉那号的南京、芜湖之行》，北京太平天国史研究会编：《太平天国史译丛》第2辑，中华书局1983年版，第45页。

再如，洪秀全写了皇上帝和基督对自己的指责。皇上帝在责孔子书“甚多差谬”时说洪秀全读孔子的书，“亦被其书教坏了”。基督责备孔子：“尔造出这样书教人，连朕胞弟读尔书被尔书教坏了！”[1]贪图享乐下凡畏难、读孔子书被教坏。这些有损洪秀全教主形象的描述倒也给人们一个感觉，异梦的情节不会是洪秀全凭空虚构的，否则，他没有必要去虚构有损自己的情节，要知道这些描写是要让自己的信徒和臣民看的。

《王长、次兄亲目亲耳共证福音书》，成书于 1860 年，出洪秀全的两位兄长洪仁发、洪仁达之手。该书对异梦情节作了一些补充。例如，“天王有时预诏：‘主是朕做，军师亦是朕做。’应验东王升天这几年也。”又如“天王又预诏：‘洪家天子杨家将，尔知么?’”所谓天王有时预诏：“君不君，臣不臣，父不父，子不子，夫不夫，妇不妇，总要君君，臣臣，父父，子子，夫夫，妇妇”等等。笔者认为，这些情节与洪杨关系及太平天国后期政治有关，未见于太平天国早期的《太平天日》和《太平天国起义记》，是洪仁发和洪仁达后来蓄意杜撰的，《王长、次兄亲目亲耳共证福音书》完全是早期版本异梦的“故事新编”。

二、 异梦的政治与宗教影响

关于异梦的政治影响，笔者认为以下数端是可以讨论的。

其一，异梦对此后 6 年之久的洪秀全的行动没有发生政治影响。

应该说，异梦说明在洪秀全的思想中有“君王意识”的滋生。所谓“滋生”，就是说还没有成熟和定型，还很脆弱，还没有对洪秀全的行动起一种始终处于决定的指导的地位的作用。在一种特定的条件下会弱化，在另一种特定的条件下又会强化。前一种情况如：在 1837 年洪秀全异梦之后的 6 年中，洪秀全没有任何与异梦相关的异常行为，或反映“君王意识”的行为，1843 年，他还到广州参加了科举考试，似乎全然失去了“君王意识”。洪秀

---

[1] 《太平天日》，太平天国历史博物馆：《太平天国印书》，江苏人民出版社 1979 年版，第 39 页。

全自己是这样解释的：他到这个时候才想通，“当日临下凡时，天父上主皇上帝曾吩咐曰：‘尔下去凡间，还有几年不醒，但不醒亦不怕，后有一部书畀尔，对明此情。’”[1]我们知道，实际情形是：洪秀全对科举考试和封建传统仕途还没有彻底绝望。

1843年落第还乡后，洪秀全仔细阅读了梁发的布道小册子《劝世良言》，宗教灵感受到极大的激发。洪秀全说：“这几本书，实为上天特赐于我，所以证实我往时经历之真确。如我徒得此书而无前时之病状，则断不敢信书中所言而反对世上之陋俗。然而若徒有前时之病而无此书，则又不能再次证实吾病中所历之为真确，亦不过视为病狂时幻想的结果而已。”[2]这就是说，在以书证梦之前，在1843年之前，洪秀全自己也肯定将异梦“不过视为病狂时幻想的结果而已”。也就是说，在异梦后的最初6年间，异梦对洪秀全没有政治的和宗教的影响。

其二，异梦对1843年至1847年春洪秀全的行动也没有政治影响。

1843年，洪秀全第四次应试铩羽，从此绝意于科举考试，但他也并没有马上走上造反的道路。他所做的是寻找宗教的出路。落第还乡后，洪秀全读了《劝世良言》，与他的异梦相印证，对世俗的失望和以为真是得到“天命”的宗教狂热使他突然获得了行动的激情和勇气。但人们还是难以发现异梦的“君王意识”的影响，洪秀全并未去造反做世俗的“君王”，而是走上传教的道路，甚至还没有想到去做一个宗教的“教主”。1843年夏，他与洪仁玕等自行施洗。1847年春，他到广州罗孝全的教堂，并极想受洗，皈依基督教，差点走上一条和日后完全不同的道路。这里的特定条件是：洪秀全还没有与世俗政权为敌而走上造反的道路。

其三，与政治影响相比，异梦的宗教影响更为直接，换言之，在异梦产生其政治影响之前，首先产生的是宗教影响。如上所述，洪秀全所以走上传教道路，是他以《劝世良言》与异梦相印证而获得勇气和激情的结果。

---

〔1〕《太平天日》，太平天国历史博物馆：《太平天国印书》，江苏人民出版社1979年版，第43页。

〔2〕韩山文：《太平天国起义记》，中国史学会主编：《太平天国》（六），神州国光社1952年版，第848页。

1843 年至 1847 年间的洪秀全所扮演的角色是宗教的而非政治的。

异梦对宗教的影响，还主要表现在对上帝教教义的影响，这些影响也导致了上帝教教义与基督教教义的背离。洪秀全对异梦启示的固执和进一步强化，使上帝教在后来的发展中与基督教更是渐行渐远。

异梦对上帝教教义的影响主要有：上帝家庭、上帝有形、阎罗妖等等。其中，关于阎罗妖的说法在上帝教教义里有特殊的意义。

阎罗即阎魔王，梵文 Yamaraja的意译，亦译"焰摩罗王"、"焖魔"、"阎罗王"、"阎罗"、"阎王"等。原为古印度神话中管理阴间之王。《梨俱吠陀》中即已出现，佛教沿用其说，称为管理地狱的魔王。传说他属下有十八判官，分管十八地狱。据《翻译名义集》卷二，阎魔兄妹俩都是管理地狱之王，兄治男犯，妹治女犯，故称"双王"。慧琳《一切经音义》卷五："梵音焖魔，义翻为平等王，此司典生死罪福之业，主守地狱八热八寒以及眷属诸小狱等，役使鬼卒于五趣之中，追摄罪人，捶拷治罚，决断善恶，更无休息。"中国民间所传说的阎罗王即来源于此。[1]

在洪秀全的异梦中，阎罗是上帝的对立面，是阎罗妖。阎罗妖是"四方头红眼睛之妖魔"，洪秀全看见它"总是古古怪怪迷惑人，缠捉人"。还有不少妖魔跟他走，是众妖魔之首领，是"妖魔头"，是"凡间人所称阎罗妖"。阎罗妖也很有能耐，"甚作怪多变，有时打倒地，倏变为大蛇矣；又将大蛇打倒，倏又变为别样矣，能变得十七八变，虽狗虱之小亦能变焉"。值得注意的是，这阎罗妖还不能立即收拾掉，"若即收它，许多被他食之灵魂无救矣，况污秽圣所"[2]。这是洪秀全要继续战逐妖魔、拯救世人的使命感的梦幻化。

不少文章和著述说，洪秀全和太平天国将清政府视为"阎罗妖"。这不符合上帝教教义。在上帝教教义里，在神界是皇上帝与阎罗妖的对立。在凡界则是敬拜皇上帝的太平天国与阎罗妖的"妖徒鬼卒"（如菩萨偶像等）以及敬拜阎罗妖的清政府（"鞑靼妖胡"）的对立。这些在太平天国文献里

---

〔1〕 任继愈主编：《宗教词典》，上海辞书出版社 1981 年版，第 969 页。

〔2〕《太平天日》，太平天国历史博物馆：《太平天国印书》，江苏人民出版社 1979 年版，第 39 页。

有清楚的叙述。如《救一切天生天养中国人民谕》称："魔鬼者何？就是尔等所拜祭各菩萨偶像也。各菩萨偶像者何？就是蛇魔红眼睛阎罗妖之妖徒鬼卒也。蛇魔红眼睛阎罗妖者何？就是上帝当初造天造地时所造生之老蛇。今既变为妖怪，能变得十七八变，东海龙妖亦是他。"[1]《奉天讨胡檄布四方谕》："蛇魔、阎罗妖，邪鬼也。鞑靼妖胡惟此敬拜，故当今以妖人目胡虏也。"

其四，异梦预兆了洪秀全与太平天国对儒学的政治态度。

在洪秀全异梦的时空中，孔子是一个重要角色。科场失意使孔子注定会成为洪秀全愤怒宣泄的对象。孔子被追捕、捆绑、鞭挞、责骂。孔子的书被皇上帝说成"甚多差谬"，基督责备孔子："尔造出这样书教人，连朕胞弟读尔书被尔书教坏了！"洪秀全自己也斥责孔子："尔作出这样书教人，尔这样会作书乎？"[2]但另一方面，异梦中又表现出对孔子的尊重和宽恕。如《太平天日》中所述："天父上主皇上帝乃念他功可补过，准他在天享福，永不准他下凡。"[3]

在异梦发生的8年以后，当洪秀全开始立教布道时，他撰写了几部宗教作品如《原道救世歌》、《原道醒世训》等，这些作品中不乏对孔子的赞美。如《原道救世歌》中有："孔颜疏水箪瓢乐，知命安贫意气扬。""周文孔丘身能正，陟降灵魂在帝旁。""孔丘服教三千，乃以正化不正。"[4]《原道醒世训》中有"孔孟殆车烦马，何分此邦彼邦。"还大段引用了孔子关于大同之世的描述。这些话反映了太平天国立国前洪秀全对孔子及儒学的一个比较完整的评价，反映了洪秀全对儒学和封建纲常伦理的不满和眷恋的对立统一。

---

〔1〕《东王杨秀清西王萧朝贵发布救一切天生天养中国人民谕》，太平天国历史博物馆：《太平天国文书汇编》，中华书局1979年版，第109页。

〔2〕《太平天日》，太平天国历史博物馆：《太平天国印书》，江苏人民出版社1979年版，第38页。

〔3〕《太平天日》，太平天国历史博物馆：《太平天国印书》，江苏人民出版社1979年版，第39页。

〔4〕《原道救世歌》，太平天国历史博物馆：《太平天国印书》，江苏人民出版社1979年版，第13—14页。

对孔子和儒学的上述看法，构成上帝教教义的一个部分，并体现、贯彻于太平天国对孔子和儒学的政策和措施。太平天国既有焚烧儒家经典之激烈举动，又有认可儒家经典与删改儒家经典的政策和措施。两者之中，又以后者为主要方面。如太平天国文献称："孔孟之书不必废，其中有合于天情道理亦多，既蒙真圣主御笔钦定，皆属开卷有益者。"(《钦定士阶条例》)"如读书士子不思学尧舜之孝悌忠信，尊孔孟之仁义道德……以为功名必显达，此是士人痴心妄想。"[1]在这个意义上说，如何对待孔子和儒家经典，洪秀全和杨秀清之间不存在根本的认识上的矛盾。

三、 异梦的其他影响

洪秀全的异梦对洪秀全和太平天国运动还有其他方面的影响。例如大家所熟知的，洪秀全因此而易今名。洪秀全原名火秀，皇上帝名耶火华，皇上帝命洪秀全："尔从前凡间名头一字犯朕本名，当除去。"因已封洪秀全为"太平天王大道君王全"，皇上帝命主曰："尔名为全矣，……尔下去凡间，时或称洪秀，时或称洪全，时或称洪秀全，尔细弟之名与尔名有意义焉。"事实上，不知为什么，洪秀全从未使用过洪秀或洪全的姓名。

蓄发是太平天国的一件大事，是反清的一件外在性标志。太平军因此被称为和被蔑称为长毛、发逆、发匪等。太平天国为什么要蓄发？有一种解释是太平天国要恢复汉民族蓄发不剃的习俗以对抗清政府剃发留辫的律令。笔者认为这还不是全部的原因，太平天国所以要蓄发，还有宗教和其他方面的因素。

洪秀全异梦中有这样的镜头："于是天父上主皇上帝同其天兄基督及众天使送主下凡，见凡人剃头，天父上主皇上帝怒曰：'尔看凡人这样贪威风！'见凡人好饮酒，天父上主皇上帝怒曰：'尔看凡人这样变怪，其口好吃！'见凡人食烟，天父上主皇上帝怒曰：'尔看凡人这样变怪，其口出烟

〔1〕《钦定英杰归真》，太平天国历史博物馆：《太平天国印书》，江苏人民出版社1979年版，第771页。

火!'见人淫邪,天父上主皇上帝怒曰:'尔看凡人这样变怪,不成人类!'"皇上帝讨厌凡人剃头,太平天国当然要规定蓄发。

《英杰归真》中有一段洪仁玕与某人的对话,对太平天国蓄发的理由说得很清楚。有人问洪仁玕:"但有无知之人言:'留长发不便,每至半月不剃,则痒不可耐,前代虽留长发,究不如今之为便,况久而不剃则天热即痒,非吾所愿也。'弟闻此等鄙言,口虽难言,而心甚怪之,但弟无才以化之耳。"

洪仁玕在答问时陈明四点理由,其一,生理方面的。"盖发之生于首,犹草之生于山也。山无草则崩破消磨不足以悦人观,头剃发则泄气坏脑多生头晕善忘之病。夫脑为一身之总会,脑清则明,脑浊则钝,脑浆少则摇头失神,于坐船荡桨时必晕闷可验,而失撞倾跌必不省人事可征。若脑充实则心灵善悟,脑热则谵语多梦。脑之为用甚大,实为灵魂生命,故剃发之人定有所损。"

其二,宗教方面的。"发为上帝生成,发于肌肤,鞠于母胎,非比袍裳于出世后才做就以被于身。"《圣经》中也有蓄发的"规定":"头的周围不可剃,胡须的周围也不可损坏。"〔1〕故洪仁玕说:"今上帝欲生之,尔偏削之,岂不逆天?天既定于母胎之前,尔偏去于母胎之后,岂非不孝?逆天不孝,何以为人?乃该等忘其身之为华,甘为鞑妖瞒天不孝之举。"

其三,政治方面的。"我中土当明末妖来之时,凡百列祖必不肯剃发从妖,惟迫于势不得已而剃之,亦必嘱之曰:'小心轻剃,毋伤吾体也。'"

其四,纲常方面的。"即凡百之家亦有长发之妇媪,未见说天热即痒而致怨天怨母之生鞠者。只闻古有孝子曾参全受全归,发肤无有毁伤者。"

洪仁玕最后说:"今众等不以亏体为辱,而以削发为荣,不以逆天不孝并迫先祖之仇为忿,而以头皮痒起嗔,难怪其不愿为天父上帝子女,天兄基督弟妹,甘为鞑妖狗奴所惑矣。虽然如此,终有上帝化醒之日,弟惟行已是就是,勿效彼焉可。"〔2〕

除蓄发外,太平天国禁烟、禁淫也显然有宗教因素的影响。在《太平天

〔1〕《圣经·旧约·利未记》第19章,第27节。

〔2〕《钦定英杰归真》,太平天国历史博物馆:《太平天国印书》,江苏人民出版社1979年版,第765页。

日》的叙述中，皇上帝视饮酒为“变怪”，太平天国便禁酒。皇上帝视食烟为“变怪”，太平天国便禁烟。皇上帝视淫邪为“变怪”，太平天国便禁淫。即如东王杨秀清给英国官员的答复所说：“凡食洋烟、水旱等烟及吃酒并行淫，皆我主天王遵天父圣旨斩邪不赦也。”〔1〕

洪秀全的异梦是在病程中发生的，异梦中的情节和洪秀全的言行在当时就被不少人目为“癫狂”，即使是洪秀全本人也曾经将异梦“不过视为病狂时幻想的结果而已”，当然后来他又确定了异梦的神圣地位。简又文先生曾这样评论：我们不能视洪秀全为“疯子”或“狂人”。洪秀全病症和异梦的“后效大致是善的，不能轻视或鄙视”〔2〕。不管怎么说，洪秀全异梦对太平天国宗教和政治的影响是不可忽视的。

〔1〕 太平天国历史博物馆：《太平天国文书汇编》，中华书局1979年版，第303页。
〔2〕 简又文：《太平天国典制通考》（下），简氏猛进书屋1958年版，第1 647页。

上帝教的异化：宗教与政治的合奏

本文所说的异化，是指上帝教作为一个宗教组织谋求世俗政权，发动起义，建立世俗的太平天国，从单纯的宗教独奏演变为宗教与政治合奏的过程与结局。

从历史资料的记载看，洪秀全从立教到起义实际上经历了一个从宗教运动到宗教政治运动的异化过程。其宗教运动的性质揭示于《太平天日》，经历时段为1837年至1847年；而向宗教政治运动的异化则揭示于《天父天兄诏旨》，发生时间在1848年之后。史学界关于洪秀全何时反清的争论本身就是对上帝教何时由宗教运动向宗教政治运动转变这一异化过程的讨论。

一、《太平天日》所揭示的上帝教早期的非政治倾向

洪秀全何时萌生反清思想？上帝教何时产生政治诉求？这是学术界关注的重要问题。有的学者认为，洪秀全在1837年的异梦中“受命于天”，“可以看到反清志士推翻清朝统治的强烈要求”。还有学者认为，洪秀全的反清思想萌芽于1837年，确立于1843年，创建拜上帝会以后，他又逐步提出了一套自成体系的思想、理论，把历代农民战争中提出的平等平均思想发展到了最高峰。也有学者提出：“洪秀全在1847年以前还不具有反清革命思想，只是在1847年重游广西时，在早已对邪恶社会不满的思想基础

上，在广西激烈阶级斗争的推动下，才形成反清革命思想。"[1]

考察太平天国文献，特别是现存唯一的太平天国自编史书《太平天日》，可以看出在《太平天日》所记载的长达10年的史事中，实际上很难发现洪秀全的反清思想痕迹和上帝教的政治倾向。

《太平天日》所见刻本收藏于英国剑桥大学图书馆。书封面题："此书诏明于戊申年冬。今于天父天兄天王太平天国壬戌十二年钦遵旨准刷印铜版颁行。"这本书(缺第二页)记载了丁酉年(1837)三月至丁未年(1847)十一月这10年间洪秀全的活动，主要有：1837年洪秀全异梦；1843年读《劝世良言》顿悟；洪秀全、李敬芳、洪仁玕、冯云山等人最初的宗教活动；1844年洪秀全等第一次"出游天下"至广东、广西传教；1845年写作《原道救世歌》、《原道醒世训》；1847年洪秀全与洪仁玕到广州罗孝全处；洪秀全再游广西；洪秀全至紫荆山；洪秀全从紫荆山到贵县。考察洪秀全这10年间的活动，主要是立教、传教，攻击与毁坏各式偶像是活动的高潮。即如麦沾恩所说："洪秀全同一个名叫冯云山的友人受了梁发的书的感动，兴起打倒偶像的战争，组织了一个上帝会。"[2]可以这样说，这些活动还不带有政治性质。

当时及其后不久，这一点就受到极多的关注与揭示。罗孝全记录洪仁玕的述词称："当我等开始传道时，官与兵皆承认传教师系好人，所以并不与我等作对，彼等自言只是捕除盗贼而已。但不久我等即被控告，并有徒众二人，姓王及姓卢者，被迫害致死。于是战事发生，只为我等教人相爱及行善之故。但不久人民会集而就我等保护者盈千累万。我等不能不敬重此等父兄为上天所遣，彼等以与我等联合一致为至上策也。至是我等乃公然传播真道，信徒之数日日加增，而与我等作对之人不能不消灭。"[3]麦都思就此说："由此人所述之词，显见在洪秀全与其徒众方面而观之，革命之

---

〔1〕《纪念太平天国起义一百三十周年学术讨论会纪要》，《太平天国史论文集》，广东人民出版社、广西人民出版社1983年版，第720页。

〔2〕麦沾恩著，胡簪云译：《中华最早的布道者梁发》，《近代史资料》，中华书局1979年版，第190页。

〔3〕罗孝全著，简又文译：《洪秀全革命之真相》，中国史学会主编：《太平天国》(六)，神州国光社1952年版，第823页。

起源实由于宗教之迫害。述词人云：‘初时并无举行革命之计划；但因官与兵之压迫及残害为吾人所不能屈服，并无别路可走故耳。’”[1]

晏玛太在其所著《太平军纪事》中说道，两位亲身参与其事的青年向他介绍了太平天国运动的情况，晏玛太的观感是：“这两位青年对我所陈述的事情，我以为深为可信。他们似乎得了一种神秘的权力附在身上一般。他们甚至胆敢攻毁偶像。这就是证明这运动是纯然宗教性质的，至为可信。因为如果他们只是要反抗政府，则又何必故违宗教人心习俗以激起人民之反感乎？他们之毁坏偶像神庙实惹起大多数民众至强烈的仇恨。”[2]晏玛太在此明确地强调了太平天国运动的宗教性质。

这段时间最重大的事件之一是冯云山被捕与获救。据洪仁玕述：“广西拜上帝会之弟兄随后毁坏许多偶像，故激起各处人民之反对。时有一富绅王作新秀才上禀平南县官控告伊等，谓彼等以拜上帝为名，到处毁坏庙宇神坛，其实皆反叛之徒也。县官乃逮捕冯云山及卢六二人，审问时以王绅为证。王绅已向县官行贿，遂下二人于狱。”“在此期中，广西各兄弟自愿筹集巨金数百串钱——以救冯、卢两友，并入禀为其所传之真理声辩，附呈所信之十诫以求县官秉公审查。此时县官渐信拜上帝会教徒原非叛逆，有意释放两人。”[3]冯云山最终在押解回籍路上得以脱身。这一事件同样说明，这一时期的活动不带有政治性质。

尹福庭所著《关于洪秀全何时开始反清的一点浅见》一文对此有精辟的论述。该文分析了1847年秋冬发生的两起重要事件，即捣毁甘王庙与冯云山被捕，指出直到那个时候，洪秀全还没有走上政治斗争道路。该文认为，捣毁甘王庙是在独尊上帝、反对一切邪神的思想指导下进行的。从题诗和历数甘王神的“十大罪状”，不仅找不出反官府的字句，甚至还有为官府鸣不平的话。冯云山被捕入狱后，洪秀全便只身离桂赴粤，“意欲入禀

---

〔1〕《米赫士跋》，罗孝全著，简又文译：《洪秀全革命之真相》，中国史学会主编：《太平天国》(六)，神州国光社1952年版，第827页。

〔2〕晏玛太：《太平军纪事》，中国史学会主编：《太平天国》(六)，神州国光社1952年版，第924页。

〔3〕韩山文：《太平天国起义记》，中国史学会主编：《太平天国》(六)，神州国光社1952年版，第861页。

总督请求释放因信教而入狱之两友"[1]。寄希望于两广总督耆英,足以说明当时洪秀全对清朝官府的态度。关于冯云山出狱的原因,除了其他原因之外,根本原因应在于当局查不出洪、冯有反官府的证据。[2]

笔者认为,还可以补充指出的是,在这段时间内,洪秀全的其他一些诗也可以提供有力的佐证。洪秀全题九仙庙壁诗中自己所定位的"朕在高天作天王,尔等在地为妖怪"。这就是说,洪秀全的自我定位不过是宗教领域、神界的"太平天王大道君王全",还没有产生世俗的太平天国天王的皇权意识。

崔之清主编的《太平天国战争全史》这样说:"洪秀全奠定了拜上帝教的理论基础,1847 年,带着他的三篇拜上帝宗教理论奠基作——《原道救世歌》、《原道醒世训》、《原道觉世训》,第二次赴广西,寻找冯云山。8 月 27 日,洪、冯在大冲重逢。洪秀全带给了信徒新的思想武器,并把捣毁偶像的宗教斗争推向高潮。"[3]笔者认为,这同样说明洪秀全 1847 年的活动正是他宗教活动的高潮。此后的发展,才出现了宗教活动与政治斗争的交织,使人们听到了宗教与政治的合奏。

二、《天父天兄圣旨》所揭示的上帝教异化之开始

王庆成先生在论述 1848 年杨秀清、萧朝贵分别代天父、天兄传言时指出:"自从天父、天兄通过这样的方式讲话被确认后,'拜上帝会'内部的关系也就渐起变化。""杨秀清、萧朝贵入会年份无明确记载。他二人都住在紫荆山区。根据《太平天日》,直到丁未年(1847)底冯云山被拘捕时,洪秀全、冯云山在紫荆山的活动都未见有杨、萧二人参加。洪秀全在冯云山被捕后曾作诗抒怀,流露出怅惘之情和寂寞之感,这从侧面说明,杨秀清、萧

[1] 尹福庭:《关于洪秀全何时开始反清的一点浅见》,北京太平天国史研究会编:《太平天国学刊》第 1 辑,中华书局 1983 年版,第 92 页。

[2] 韩山文:《太平天国起义记》,中国史学会主编:《太平天国》(六),神州国光社 1952 年版,第 861 页。

[3] 崔之清主编:《太平天国战争全史》,南京大学出版社 2002 年版,第 66 页、第 67 页。

朝贵即使在那时已经入会,但同洪秀全并没有密切的关系。"[1]也就是说,在杨秀清与萧朝贵发挥领导作用之前,洪秀全的活动限于传教的宗教活动,这一活动并跌入了低潮。而"天父天兄附体传言的确立,减低了冯云山的重要性,在一定意义上也削弱了洪秀全的发言权,这是一方面。另一方面,天父天兄下凡活动的重要内容之一,是要求会众'认识'洪秀全,意思是要求会众确认洪秀全是'真主',这对于原来是一个宗教团体的'拜上帝会'逐渐政治化到最后发动起义,却起了积极的作用"[2]。

1847年12月以后,冯云山被捕入狱,当地官绅勾结迫害拜上帝教众,形势恶化,杨秀清、萧朝贵先后作天父天兄附身下凡,稳定教众,设法营救冯云山。此后,又进一步秘密做政治斗争的各种准备,而最初的行动就是领导集团的组建。1848年秋,天兄下凡,"天王曰:'天兄,太平时军师是谁乎?'天兄曰:'冯云山、杨秀清、萧朝贵俱是军师也。洪秀全胞弟,日头是尔,月亮是尔妻子。冯云山有三个星出身,杨秀清亦有三个星,萧朝贵有二个星。杨秀清、萧朝贵他二人是双凤朝阳也。即番郭亦有一个军师。'天王曰:'他姓什么?'天兄曰:'姓蔡。'天王曰:'既来中国否?'天兄曰:'目下还在番郭也。'"[3]

杨秀清、萧朝贵成为领导集团成员以后,拜上帝教众的活动立即明显地由宗教转入宗教与政治的斗争,这一转变反映于太平天国文献,记载1847年以前史事的《太平天日》与记载1848年以后史事的《天父天兄圣旨》向人们展现了这两个不同的阶段及其有重大意义的转折。

值得注意的是,李秀成的自述也印证了上述1848年所发生的异化。在很长一段时间内,洪秀全和上帝教是韬光养晦,不露声色的。上帝教不参与土客械斗,不与其他土匪团伙等发生关系,不与官府为敌,因而得以生存和发展。即如李秀成所说:"自教人拜上帝之时,数年未见动静。"只是到了"道光二十七八年之上下,广西贼盗四起,扰乱城镇,各居户多有团练。团练与拜上帝之人两有分别。拜上帝人与拜上帝人一伙,团练与团练一

〔1〕 王庆成编注:《天父天兄圣旨》,辽宁人民出版社1986年版,第131页。
〔2〕 王庆成编注:《天父天兄圣旨》,辽宁人民出版社1986年版,第138页。
〔3〕 王庆成编注:《天父天兄圣旨》,辽宁人民出版社1986年版,第138页。

伙，各争自气，各逞自强，因而逼起”。结果就是拜上帝人“聚集”“起事”[1]。

容闳这样说：“约当洪秀全孜孜不倦地在广州从罗孝全求道的时候，他第一次去应试秀才，没有考中，于是决心全心全意地致力于宣讲基督福音，对象是广东、广西一带的客家人。但这时他只不过是个贩卖《圣经》的本地宣道者，到他成为民众的领袖，公开反抗满洲王朝的时候，他的宗教经历才达到了顶峰。”[2]笔者认为，也正是在这个时候，上帝教开始了从一个宗教运动向宗教政治运动的异化，开始了从宗教救世，到宗教救国、救万国的漫长斗争历程。

有一种观点认为，上帝教从宗教运动向宗教政治运动的异化是更晚的时候发生的。晏玛太转述他人所叙太平天国运动领导人的早期活动，认为：“这大运动的首领们心里只怀抱着一个观念——即是要礼拜上帝一如他们所新学得者。及今，他们眼见大祸当前，更觉得因已经杀死整百整千的官军，清廷必派大兵来剿灭他们。因要得获自身的宗教自由，他们显然要连朝廷政府也反抗了。无论死或不死，他们说：我们必得要保持我们所信以为真的，而且要斩除妖魔。至此，这运动仍然是宗教性质的；而各首领一切的行动均是自卫的；但自此而后，他们即变而为进取攻击的行动了。”[3]这就将这一异化过程推迟至金田起义前后，显然失之于过晚。

关于这一问题的研究还涉及学术界非常关注并颇多争议的另一个话题，即洪秀全的《原道觉世训》的反清宣示及其写作年代问题。这与上帝教的异化是同一问题的两个表现。

史学界一般都认为，《原道觉世训》标志着洪秀全走上反清道路。如茅家琦认为：“差不多就在这个时候，洪秀全完成了他的第三篇哲学论文——《原道觉世训》。这是一个向封建皇帝进攻的号角。”《原道觉世训》称：“阎

〔1〕 罗尔纲：《李秀成自述原稿注》，中华书局 1982 年版，第 85 页。

〔2〕 容闳：《我在美国和中国的生活追忆》，北京太平天国史研究会编：《太平天国史译丛》第 1 辑，中华书局 1981 年版，第 211 页。

〔3〕 晏玛太：《太平军纪事》，中国史学会主编：《太平天国》（六），神州国光社 1952 年版，第 923 页。

罗妖乃是老蛇妖鬼也，最作怪多变，迷惑缠捉凡间人灵魂。天下凡间我们兄弟姊妹所当共击灭之惟恐不速者也。”“溺信各邪神，则变成妖徒鬼卒。”茅先生认为，洪秀全在“阎罗妖”三个字的四周加上方框，在太平天国的印书中是绝无仅有的。这是洪秀全提醒读者：他所称的阎罗妖是有特定含义的。所谓阎罗妖，指的就是清朝皇帝，所谓“阎罗妖之妖徒鬼卒”指的就是清反动王朝的各级贪官污吏，洪秀全号召拜上帝的人起来，共击灭之。

茅先生同时指出：“《原道觉世训》在另一处还公开点名痛斥清朝的皇帝。它说：‘皇上帝乃是帝也。虽世间之主称王足矣。岂容一毫僭越于其间哉？……耶稣尚不得称帝，他是何人，敢腼称帝者乎？只见其妄自尊大，自干永远地狱之灾也。’”因此，“《原道觉世训》就这样从理论上指出斗争的目标”〔1〕。

笔者完全赞同茅先生关于《原道觉世训》反清政治性质的论证。同时就《原道觉世训》的相关问题作两点必要的补正。

其一，《原道觉世训》的写作时间应为 1848 年以后。理由一：《太平天日》叙事自 1837 年至 1847 年底，凡大事不缺漏。洪秀全在此之前撰写的《原道救世歌》、《原道醒世训》在《太平天日》中均有记载，记为 1845 年之事，而全篇未提到《原道觉世训》。

理由二：如前所述，《太平天日》所记直至 1847 年底的洪秀全的活动无一带有政治性质，而《原道觉世训》则是洪秀全反清的开始，《原道觉世训》撰于 1847 年以后应该是逻辑的结论。

理由三：据天兄下凡圣旨，戊申年（1848）十一月中旬，天兄下凡。“天兄基督又谕天王曰：‘洪秀全胞弟，凡天兵天将砍妖魔头，亦要奉天父上主皇上帝命，奉救世主基督命，奉天王大道君王全命。但尔称王，不得称帝，天父是帝也。’天王曰：‘遵天兄命。小弟作黜邪崇正书，亦辨惟天父称帝，天父之外，皆不得僭称帝也。’”〔2〕这里说到的“黜邪崇正书”确实应该是《原道觉世训》〔3〕，洪秀全的三本“原道”书，恰恰只有这一本《原道觉世训》

---

〔1〕 茅家琦：《太平天国兴亡史》，上海人民出版社 1980 年版，第 25 页。
〔2〕 王庆成编注：《天父天兄圣旨》，辽宁人民出版社 1986 年版，第 10 页。
〔3〕 王庆成先生曾在注释中说：“应是指《原道觉世训》。”

宣传“天父之外，皆不得僭称帝”，并首先直接指向清朝皇帝。从文义看，显然，《原道觉世训》在当时尚未刊发，萧朝贵也没有看过，天兄才会如此指示洪秀全。

王庆成曾指出：“戊申年冬天兄和天王的这些谈话，其内容和文字与《原道觉世训》相似，这对确定《原道觉世训》的写作年份也有帮助。”[1]笔者以为，既然《原道觉世训》的内容和文字反映了戊申年冬天兄和天王的谈话，《原道觉世训》的写作年份应该是戊申年，或不应早于戊申年。

其二，阎罗妖非指清朝皇帝。据《宗教词典》，“阎魔王，梵文 Yamarājā 的意译，亦译‘焰魔罗王’、‘焖魔’、‘阎罗王’、‘阎罗’、‘阎王’等。原为古印度神话中管理阴间之王……佛教沿用其说，称为管理地狱的魔王。传说他属下有十八判官，分管十八地狱。……中国民间所传说的阎罗王即来源于此。”[2]洪秀全在《原道觉世训》中第一次引出所谓“阎罗妖”，因为当时“有阎罗妖注生死邪说”。人情贪生怕死，阎罗遂成为民间信仰与迷信之诸神祇中极有影响的一位，可能还是在大部分人群中最具令人生畏的一位。这样，在洪秀全看来，“阎罗妖……最作怪多变，迷惑缠捉凡间人灵魂。天下凡间我们兄弟姊妹所当共击灭之惟恐不速者也”。

由上可见，根据洪秀全的教义，在天上神界是皇上帝与阎罗妖的对立，在地上凡间是太平天国与清政府的对立，即与妖胡的对立。鞑靼妖胡不是阎罗妖，而是阎罗妖的“妖徒鬼卒”。“蛇魔阎罗妖邪鬼也，鞑靼妖胡唯此敬拜，故当以妖人目胡虏也。”[3]“溺信各邪神，则变成妖徒鬼卒。”

[1] 王庆成编注：《天父天兄圣旨》，辽宁人民出版社 1986 年版，第 159 页。
[2] 任继愈主编：《宗教词典》，上海辞书出版社 1981 年版，第 969 页。
[3] 《东王杨秀清西王萧朝贵发布奉天讨胡檄布四方谕》，太平天国历史博物馆编：《太平天国文书汇编》，中华书局 1979 年版，第 105 页。

天京变乱与上帝教信仰的重建

一、天京变乱与信仰危机

1853年3月,太平天国定都天京。5月,派林凤祥、李开芳偏师北伐,又遣胡以晃、赖汉英等率领太平军主力溯江西征。虽然北伐军因悬军深入,后援不继,于1855年全军覆没。但是西征军经过三年的浴血奋战,却开辟了安徽、江西、湖北三省根据地,军事形势胜利发展。1856年5月中旬,石达开亲督主力进至天京外围。6月中旬,燕王秦日纲指挥丞相陈玉成、李秀成等猛攻江南大营,石达开部及天京太平军协同作战,踏破江南大营大小20余个营寨,清军全面崩溃。6月22日,东王杨秀清命令秦日纲督率陈玉成、李秀成等追击向荣、张国梁及其残兵败将。此后,又命北王韦昌辉率军增援江西,命石达开率军增援武昌。正当太平军雄师分途攻战,略定东南半壁指日可期时,太平天国领导集团演出了诸王自相残杀的惨剧。

1851年永安建制,天王洪秀全封东王杨秀清为九千岁,西王萧朝贵、南王冯云山、北王韦昌辉、翼王石达开递减一千岁。杨秀清有节制其他诸王之权,一人之下,万人之上,权势显赫。随着军事形势的胜利发展,尤其是西征军拓地千里,开辟安徽、江西、湖北根据地以及太平军击溃江南大营,杨秀清被胜利冲昏了头脑,“威风张扬,不知自忌”。早在1853年12月,杨秀清借口天王洪秀全宫中琐事处理不当,称“天父下凡”,大发雷霆,要杖责天王，北王韦昌辉及众官告求免杖，这场滑稽剧才收场。[1]

1855年秋，东王杨秀清又有一次类似的演出。东王“……登金舆。至半街，天父下凡。斯时，众官不敢乘马，各徒步恭迎金舆至天朝门，天王出朝门，跪接天父。天王问曰：‘天父劳心下凡来?’天父曰：‘是也。’天父诏曰：‘朕有诏吩咐尔。’舆进。以是众臣扶天王转朝内。众官抬金舆，入至金龙殿前，放下金舆。众官扶天父出金舆，登金龙殿。天父诏曰：‘不用登殿，在舆内即可矣。’天父在舆内诏曰：‘秀全，尔前诏有错，尔知么?’天王跪奏曰：‘小子肚肠嫩，求天父教导。’天父诏曰：‘昔尔在高天，奉事父母甚孝敬。昔尔既知之矣。今朕差尔治天下，以孝道为先。宫内事不必拘执。媳来候母，孝敬之道也。尔诏：天朝严肃地，速来速回，何必如是过执乎? 礼不可忽，孝尤为先。不观第五天条乎? 凡事尔若想不到，宜与尔清弟商酌为可。又如帽顶一事，亦是小事，如此亦可矣，不必过执也”[2]。

杨秀清在挥舞“天父下凡”的棍棒威逼挫辱天王的同时，又滥施淫威，压制首义将领北王韦昌辉、翼王石达开、燕王秦日纲等，以便在他一旦“逼封万岁”时，使他们不敢异动。

一切部署就绪，杨秀清认为时机已到，逼迫天王封他父子万岁。杨秀清“逼封万岁”，激起了天王和首义将领们的不满和愤怒，天王和韦昌辉、石达开等密谋图杨。9月2日，韦昌辉突然从江西前线潜返天京，诛杀杨秀清，进一步扩大屠杀东王部属，顿时，石头城上乌云翻滚，血雨腥风。

当时，石达开正督率太平军在武昌外围鲁家巷等地同胡林翼指挥的湘、楚军作战。天京变乱爆发后，石达开从湖北前线撤退，经兴国、大冶遄返天京[3]。石达开责备韦昌辉屠杀东王都属，韦昌辉又阴谋杀害石达开，石达开连夜缒城出走，家属被韦昌辉全部杀害。石达开在安徽起兵讨韦，韦昌辉进一步威逼天王。天王号召天京军民镇压了韦昌辉，秦日纲同时罹

---

〔1〕《天父下凡诏书》，太平天国历史博物馆：《太平天国印书》，江苏人民出版社1979年版，第469—483页。

〔2〕王庆成编注：《天父天兄圣旨》，辽宁人民出版社1986年版，第122页。

〔3〕胡林翼：《官军分攻合剿大破援贼疏六年八月十五日》，郑敦谨编：《胡文忠公遗集·奏疏》第11卷，同治六年黄鹤楼刻本，第9—10页。

难。接着，天王召石达开回天京总理朝政，但是，如李秀成所说；洪秀全被杨秀清、韦昌辉“弄怕”了，对石达开“信任不专”，又封他的两个哥哥洪仁发、洪仁达为王，监视和“押制”石达开，石达开被逼脱离天京。此后，负气分裂出走，1857 年 10 月，石达开率部脱离安庆，经过建德进入江西，收聚所部，并引诱其他各路太平军“远征”。1858 年 4 月，石达开率领十余万精锐太平军，独树一帜，折入浙江，以后转战浙江、福建、赣南、湘南，攻入广西，经湘鄂边入川黔，远征不归。

天京变乱，对太平天国的危害是极其严重的：

第一，出现了上帝教的信仰危机。按照洪秀全亲自制定的上帝教教义，天父皇上帝的长子是耶稣，次子是洪秀全，天父皇上帝派洪秀全为天王宰治人世，又派另外几个儿子杨秀清、韦昌辉、石达开等诸王下凡，“匡扶天王”。从上帝教义看，天京变乱，是天父皇上帝诸子之间的残酷厮杀。当时太平军官兵中流传着调子低沉颓丧的歌谣：“天父杀灭兄，江山打不通，回转故乡仍旧做长工。”[1]后期主政的洪仁玕痛惜地说：“我天朝初以天父真道，蓄万心如一心，故众弟只知有天父兄，不怕有妖魔鬼。此中奥妙无人知觉。今因人心冷淡，故锐气减半耳。”[2]信仰的动摇，使太平军官兵士气涣散，斗志消沉。

第二，天京变乱后，天王洪秀全从反面汲取教训，兢兢于保住自己的宝座，“专信同姓之重”，以血统关系代替了任人唯贤的用人标准。李秀成说天王第一重用的是他的年龄才十四五岁不懂政事的纨绔儿外甥萧有和，第二重用的是他的无才无德的两个哥哥洪仁发与洪仁达，第三重用的是缺乏斗争经验的族弟洪仁玕，第四重用的才是经受过长期战争考验，忠心于太平天国事业，战功卓著的陈玉成、李秀成。任人唯亲，影响了上下团结，削弱了革命力量。

第三，天京变乱中，东王杨秀清、北王韦昌辉、燕王秦日纲先后被杀，翼

〔1〕 程奖：《中国近代反帝反封建歌谣选》，转引自董蔡时：《太平天国在苏州》，江苏人民出版社 1981 年版，第 31 页。

〔2〕《开朝精忠军师干王洪宝制》，太平天国历史博物馆：《太平天国印书》，江苏人民出版社 1979 年版，第 703 页。

王石达开分裂出走，太平天国的领导力量大为削弱，以后，太平天国再也没有形成这样一个坚强有力的领导集团，相反，继之而来的是洪氏弄权，朝政紊乱。这对太平天国说来，是无法弥补的重大损失。

第四，天京变乱对太平军实力的削弱尤其严重。东王、北王、燕王被杀，株连甚众，特别是东王所部数万被杀，石达开分裂出走，又带走了精锐部队十余万人，军事力量顿时削弱。

李秀成在《自述》中说："那时朝中无将，国内无人，翼王将天朝之兵尽行带去。杨辅清已在福建，韦志俊避逼林泉，林绍章因在湘潭失军，革职闲居，林启容被困于九江，黄文金在湖口有清军制困，张潮爵、陈得才孤守皖省，无兵。陈玉成那时虽旺而官亦小，斯时其在小孤山、花洋镇一带。"李秀成痛心地说：那时"奈无兵可用"，作战经常失利，"真是苦之不尽，流涕不尽"〔1〕。

二、后期信仰的重建

天京变乱造成上帝教的信仰危机。值得注意的是，洪秀全并没有立即在事后就天京变乱、诛杀东王作出必要的解释。这就隐含着韦昌辉奉旨诛杨的真实性。韦昌辉之被诛既可能由于变乱中的"扩大化"和事后的弄权，也不能排除洪秀全杀韦灭口的可能性。本文不打算对这一问题作深入的探讨。

本文的着眼点在于，天京变乱造成上帝教的信仰危机，洪秀全在太平天国后期不得不采取措施，以解决这一危机，重建上帝教信仰。这些措施包括以下几个方面。

第一，对天京变乱作出有利的宗教与政治解释。1858 年，洪秀全在《赐英国全权特使额尔金诏》里对天京变乱作了一个闪烁其词的解释。诏书说："爷遣东王来赎病，眼蒙耳聋口无声。受了无尽的辛苦，战妖损破颈跌横。爷爷预先降圣旨，师由外出苦难清，期至朝观遭陷害，爷爷圣旨总成

〔1〕 罗尔纲：《李秀成自述原稿注》，中华书局 1982 年版，第 157 页、第 171 页。

行。太兄赎罪把命捐，替出世人万万千。东王赎病同哥苦，瘟脱归灵谢爷恩。爷哥草内万不知，欲调真草上高天。爷爷圣旨降无数，略举一二降诏宣。"[1]

根据这一诏书，东王被诛被定性为“遇害”，而这又是上帝的“预先”安排，如同上帝安排之耶稣“捐命”。这绝不是上帝大家庭的内讧残杀。与此相印证的是两年后的一份幼主诏旨，其中说到天京变乱时称：“东王舍命顶天，代世赎病。”这些说法旨在向太平天国军民表明，天京变乱并不意味着上帝教教义的破产。

第二，重建东王府。在太平天国文献中，太平天国前期的东王府被称为九重天府，如天父圣旨云：“其时，韦正、翼王及众朝官……皆在九重天府府厅，候请东王金安。”[2]又如：“荷蒙天王恩降诏旨，到九重天府。”[3]在天京变乱中，东王府遭到严重破坏。

1860 年秋，幼天王颁发诏旨称：“今览辅叔本奏，东王舍命顶天，代世赎病，天大功劳，恳造正九重天廷，以备幼东王莅任袭爵之所。朕旨准，今特诏表们、叔们转饬工部官兴工相度，建造正九重天廷，以慰爷皇圣心。"[4]由诏旨可知，杨秀清的族弟杨辅清上奏天王与幼主，要求重建东王府。幼主准奏，命令“建造正九重天廷”，并作为幼东王莅任袭爵之王府。

第三，颁布洪仁发与洪仁达的《共证福音书》

《共证福音书》的基调是重申和再宣传上帝教的传统教义。例如，天酉异梦、洪秀全的“天命神授”等，有些话是此前文献如《太平天日》中所未载的，如“太平真主是朕的，朕睡得紧都坐得江山，左脚踏银，右脚踏金。”

值得注意的是，《共证福音书》里也出现了一些新的提法。例如，“洪家天子杨家将”、“主是朕做，军师亦是朕做”。

所谓“洪家天子杨家将”，似乎是想说明洪杨的关系，即洪杨的关系是

---

[1] 《赐英国全权特使额尔金诏》，太平天国历史博物馆编：《太平天国文书汇编》，中华书局 1979 年版，第 43 页。

[2] 王庆成编注：《天父天兄圣旨》，辽宁人民出版社 1986 年版，第 118 页。

[3] 王庆成编注：《天父天兄圣旨》，辽宁人民出版社 1986 年版，第 123 页。

[4] 《建造正九重天廷并封李容发为忠二殿下诏》，太平天国历史博物馆编：《太平天国文书汇编》，中华书局 1979 年版，第 67 页。

君臣关系，而且在天酉异梦时已得到上帝的天启。所谓“主是朕做，军师亦是朕做”。似乎是想说明前期体制的破坏、后期体制的重建也早已昭示于天酉异梦，并非教义出了问题。

《共证福音书》的结尾明确道出了重建上帝教信仰的意图：“惟我天王奉天真命，为万郭之真主，主宰太平，创万年之鸿基，实非易也。必先显神迹于前，今时则应验于后，庶可以彰天父之权能，为万世之凭据，永远流传于勿替也。”

第四，恢复洪秀全“异梦”“升天”的神人沟通的宗教功能。

太平天国以上帝教立国，宣称秉承上帝的旨意，揭橥“替天行道”的旗帜。这样，在神人之间，就必须有一个神人沟通的环节，以某种形式体现和实现神人沟通。洪秀全天酉年异梦、升天创造了上帝教神人沟通的特殊形式。

在酝酿起义的金田时期，杨秀清与萧朝贵“发明”的天父天兄下凡又丰富了上帝教神人沟通的形式。值得注意的是，纵观太平天国的历史，这两种形式并存而不并行。说并存，因为这两种形式都是合法的。说不并行，因为在一定时期，只有一种形式在运作。具体说，当天父天兄下凡出现后，洪秀全便不再有“异梦”“升天”活动。洪秀全与天父天兄的交流由杨秀清、萧朝贵的天父天兄下凡所取代。天父天兄神意的传达由杨秀清、萧朝贵的天父天兄下凡直接宣示。从金田时期开始，因有天父天兄下凡，太平天国领导集团藉此而使太平天国军民直接感受天父天兄的存在，天父天兄的“权能”增强着太平天国领导集团的“权能”，是提高和巩固太平天国领导人权威的最重要因素。

天京变乱后，天父天兄下凡这一神人沟通的环节断裂。于是，上帝教神人沟通的另一形式在被搁置近 20 年后又被启用。洪秀全又恢复“异梦”“升天”活动，这些活动的内容以诏旨的形式宣示，这一措施的目的无疑仍然是藉此而使太平天国军民直接感受天父天兄的存在，是太平天国后期信仰重建的一个重要内容。

就目前所知太平天国后期文献而言，洪秀全通过诏旨宣示的“异梦”“升天”活动不下三次，典型者如 1860 年 10 月洪秀全接连颁发的两份诏书，一为《收得城池地土梦兆诏》,一为《打死六兽梦兆诏》。时在太平军攻占苏州之后。

《收得城池地土梦兆诏》记录三次梦兆,一次是洪秀全母亲的梦兆:"二月初七朕妈见,东西南王去诛妖,金龙殿前呼万岁,去打苏州实勤劳。"其余两次是洪秀全本人的梦兆:一是"九月初六早五更,蒙爷降梦兆以成,朕见无数天兵将,进贡圣物宝纵横,在朕面前虔摆列,朕时含笑欢无声。"二是九月"十三早五更,朕见天将天使奏朕收得城池地土,朕命他作多营盘,又大喊这天将曰:天下无弃土,普天大下通是爷哥朕土,通要收复取回"[1]。

《打死六兽梦兆诏》叙洪秀全在梦境中受皇上帝差遣诛杀"四虎二乌狗"共六兽,情节自然离奇。洪秀全说:"今早五更蒙爷恩降梦兆,朕偕二妇人同行一路,见前路有四只黄色虎甚大,企身向住。朕那时见二妇人惊惧,朕心以为若向这路去,恐虎或伤二妇人,于是带二妇人回头,讵知妖虎该灭,四虎赶来,朕用手打,虎忽变人形,未甚分明之时,猝然遽醒。朕思此梦兆关系非小,又欠分明,故求天父上帝、太兄基督再降梦指明。"最后的结果是"朕用手指算明,共打死四虎二乌狗,共六兽。梦兆如此"[2]。

---

〔1〕《收得城池地土梦兆诏》,太平天国历史博物馆编:《太平天国文书汇编》,中华书局1979年版,第50页。

〔2〕《打死六兽梦兆诏》,太平天国历史博物馆编:《太平天国文书汇编》,中华书局1979年版,第50页。

太平天国上帝教教义探讨

一、 上帝论

上帝教的信仰中心是显而易见的,当时民间对此有鲜明的感知。太平天国攻入武汉后,当地文人陈徽言说:“盖进贡与拜上异,拜上则为兵,进贡者依然为民也。”太平天国“胁城中人相从,谓之拜上,盖入彼教必以拜上帝为重也。”〔1〕

基督教神学的上帝论主要论述上帝的存在、位格、本体、属性,包括上帝的创世、救世及三位一体等。本文主要探讨与此相关的太平天国上帝教的皇上帝“一位论”和“神人同形”论。

1. 皇上帝“一位论”

三位一体论是基督教独有的上帝观。《圣经》中并无“三位一体”这一词汇,但《新约》屡次提到耶稣为圣子,与圣父原为一,使徒保罗在祝福用语上也往往将圣父、圣子、圣灵相提并论。如何看待和准确地阐释这三者的关系,是基督教神学的重大课题。

在基督教史上,有过主张神有三个的三神论,早期教会的某些外邦基督徒即主张圣父、圣子、圣灵为三个上帝,因而持三神论。

---

〔1〕 陈徽言:《武昌纪事》,中国史学会主编:《太平天国》(四),神州国光社 1952 年版,第 594 页、第 593 页。

基督教史上还有主张神只有一位的独神一位论，如早期教会中某些犹太基督徒并不认为耶稣是上帝。神学家阿里乌则认为，圣子虽然地位崇高，但也是上帝的造物，所谓圣父“生”子，即指子为受造，受造物与创造主本性悬殊，故而子非上帝。这实质上是主张独神一位论，在正统基督教看来，独神一位论抹杀了基督耶稣的神性。

公元325年的尼西亚公会议信经则承认圣子和圣父本质相同，圣子是从神出来的神，从光出来的光，从真神出来的真神，受生而非受造。公元381年的君士坦丁堡公会议又确立了圣灵与圣父、圣子本质相同的地位。至此，三位一体论的基本框架完成。三神论和独神一位论等都被定为异端。

三位一体论的基本观点是：(1) 圣父不是圣子和圣灵，圣子也不是圣灵，这三者乃是三个有所区分的不同的位格；(2) 圣父是神，圣子是神，圣灵是神；(3) 只有一个神；(4) 就圣父、圣子、圣灵相互间的关系而言，圣子永恒地为圣父所生，圣灵永恒地为圣父(和子)所发。实际上，三位一体论并未能回避神到底是“一”还是“三”的问题，即如何理解神既是“三”又是“一”。“三个位格，一个实体”虽已被普遍接受，但对它的理解仍有或偏重于“三”、或偏重于“一”的问题。在当代，基督教神学内部关于三一论的争论与革新也并未平息。

正如基督教学者所说：“《圣经》中所论及的圣三位一体道理，绝对不是人心所能理解的；因为依据《圣经》，我们承认一位没有分开且不能分开的上帝，所以每一位格是完整的上帝，而有三个实际不同的位格；因此当圣子成了肉身时，只有他成为人，而父或圣灵未成为人，当圣子受苦而死时，只有他受苦而死。这是理性所不能了解的真理，因为按照理性来说，合一废止三位一体，三位一体废止合一。换一句话说，人的理性不是想到一位上帝就是想到三位上帝。理性不能将合一(Unity)与三位一体(Trinity)调和一致，也不能将三位一体与合一调和一致。结果，在此点上的一切错误者不是否认合一，就是否认三位一体。”〔1〕

---

〔1〕 米勒尔著，李天德译：《基督教教义学》，香港路德会文字部1986年版，第99页。

这个基督教神学内部迄今尚未解决的三一论问题，在当时对洪秀全造成困惑应该说是不足为怪的。

洪秀全认为，上帝是独一真神，耶稣是上帝之子，上帝与耶稣是二位而不是一位。《天王诏旨》云："上帝圣讳爷火华，哥名耶稣命自爷。士提反证哥立右，父大过子总无差。若非由上不能害，可知上帝无有他。哥明说上帝独一，哥不敢僭复何讶。哥亦明说神独一，圣神上帝即亚爸。……哥前一人顶起爷，挽爸义怒哥身祭。若是同一祭谁人？以己祭己无此情。哥明认爷遣入世，以己遣己怎分身？齐知世人忘上帝，故哥作羔敬爷亲。爷命哥永为祭主，依洗德班祭真神。"

洪秀全的这一诏书试图从四方面论证上帝与耶稣是二位而非一位。其一，如《马可福音》所说："主耶稣……后来被接到天上，坐在神的右边。"〔1〕《圣经》中写得很清楚，耶稣坐在上帝右边，洪秀全不解的是"况哥坐爷之右手。若是同一将谁坐"〔2〕？上帝与耶稣显然是二位。其二，耶稣亲口说明上帝是独一真神，他自己不是，不能僭越。其三，耶稣以身相祭，如说耶稣就是上帝，岂不成了"以己祭己"。其四，耶稣亲口说是受上帝派遣救世，如说耶稣就是上帝，岂不成了"以己遣己"。

洪秀全在批解《圣经》时就《圣经》中相关叙述一次次强调："右提反明证基督立上帝之右，则上帝是神父，基督是神子，一而二矣，况太兄亦曾自证乎，今何误认基督即上帝乎？""圣神上帝也，既住临太兄其上，又引太兄，何得另有圣神成太兄的身？"〔3〕"保罗亦证基督是上帝之子，非是上帝。""上帝独一，基督是上帝太子，不是上帝。"〔4〕论证基督是上帝之子，不是上帝，几乎成了洪秀全所作批解的主题。

不管西方基督教传教士如何不同意洪秀全的见解并与他作激烈的神

---

〔1〕《圣经·新约·马太福音》第16章，第19节。

〔2〕《天王诏旨》，中国社会科学院近代史研究所等编：《太平天国文献史料集》，中国社会科学出版社1982年版，第5页。

〔3〕《钦定旧前遗诏圣书批解》，金毓黻、田余庆：《太平天国史料》，中华书局1959年版，第83页。

〔4〕《钦定旧前遗诏圣书批解》，金毓黻、田余庆：《太平天国史料》，中华书局1959年版，第87页。

学争论,洪秀全自始至终不改变自己对上帝一位的理解与宣传。

恩格斯曾说:"基督教是犹太教的私生子。"就此而言,太平天国上帝教虽然为基督教所生,却更像基督教的"生父"犹太教。对上帝教和基督教来说,似乎可以说,上帝教是一种特殊的"返祖现象"。

需要补充的是,在三位一体问题上,洪仁玕与洪秀全见解不同。当时与洪仁玕过从甚密的杨格非评判道:"关于基督的本性和三位一体的教义,首领(指洪秀全——笔者注)的观点完全是错误的;干王的观点是恪守《圣经》的;其他各王和广大官兵的观点也不完善。"[1]从《资政新篇》中的相关内容看,洪仁玕也确实试图修正洪秀全关于三位一体问题的认识。洪仁玕说:"上帝是实有,自天地万有而观,及基督降生而论,是实有也。盖上帝为爷,以示包涵万象;基督为子,以示显身,指点圣神上帝之风亦为子,则合父子一脉之至亲(笔者按,本句应断为:基督为子,以示显身指点,圣神上帝之风亦为子,则合父子一脉之至亲),盖子亦是由父身中出也,岂不是一体一脉哉!总之谓为上帝者,能形形,能象象,能天天,能地地,能始终万物,而自无始终,造化庶类,而自无造化,转运四时,而不为时所转,变通万方,而不为方所变。可以名指之曰'自有者',即大主宰之天父上帝,救世主如一也。盖子由父出也,视子如父也。"[2]洪仁玕所谓"子亦是由父身中出也,岂不是一体一脉"正是三位一体的委婉表达。

2. 上帝有形论

"人神同形论"或曰"人神同形同性论",也称"拟人说",或"拟人观"。"人神同形论"认为,人与神不仅具有相同的形象,而且具有相同的性格,使神人格化。

按基督教教义,"神是个灵"[3],不具有人形。如《圣经》所说:"从来没有人看见神,只有在父怀里的独生子将他表明出来。"[4]上帝"住在人不能

---

〔1〕 杨笃信:《中国之叛乱》,罗尔纲、王庆成主编:《太平天国》(九),广西师范大学出版社2004年版,第262页。

〔2〕 洪仁玕:《资政新篇》,太平天国历史博物馆:《太平天国印书》,江苏人民出版社1979年版,第681页。

〔3〕《圣经·新约·约翰福音》第4章,第24节。

〔4〕《圣经·新约·约翰福音》第1章,第18节。

靠近的光里,是人未曾看见,也是不能看见的"[1]。

然而,《圣经·旧约》中好多处,尤其是《创世记》多处出现此类人神同形的记载。如《创世记》第十七章记:"亚伯兰年九十九岁的时候,耶和华向他显现。"第十八章记:"耶和华在幔利橡树那里,向亚伯拉罕显现出来。那时正热,亚伯拉罕坐在帐棚门口,举目观看,见有三个人在对面站着。他一见,就从帐棚门口跑去迎接他们,俯伏在地,说:'我主,我若在你眼前蒙恩,求你不要离开仆人往前去。'"后来,二人转身离开那里,向所多玛去,但亚伯拉罕仍旧站在耶和华面前。亚伯拉罕近前来说:"无论善恶,你都要剿灭吗……耶和华和亚伯拉罕说完话就走了。"[2]

太平天国旨准颁行的《旧遗诏圣书》(太平天国癸好三年所刻)在相应章节中保留了与旧约《圣经》同样的情节。《旧遗诏圣书》《创世传》第十七章:"夫亚伯兰方九十九岁时,皇上帝现亚伯兰。"[3]又,《旧遗诏圣书》《创世传》第十八章:"忽一日正午,亚伯剌罕方坐帐门,于慢哩橡下,有皇上帝出现焉。即仰观,却看三人傍立,一看之从帐门趋迎,伏地曰:'若蒙主恩,请毋经过仆矣。'"[4]

除此之外,太平天国领导人曾多次描述过有形的上帝。如《太平天国起义记》中洪仁玕所述:"披金发,衣皂袍,巍然坐于最高之宝座上。"[5]天兄下凡诏旨称:"天父金须拖在腹,头戴高边帽,身穿黑龙袍,其坐装两手覆在膝。"[6]《太平天日》则称:"天母乃引见天父上主皇上帝,头戴高边帽,身穿黑龙袍,满口金须拖在腹上,像貌最魁梧,身体最高大,坐装最严肃,衣袍最端正,两手覆在膝上。"[7]太平天国后期文献《王长、次兄亲目亲耳共证

---

〔1〕《圣经·新约·提摩太前书》第6章,第16节。

〔2〕《圣经·旧约·创世记》第17章,第18节。

〔3〕《旧遗诏圣书》,太平天国历史博物馆:《太平天国印书》,江苏人民出版社1979年版,第176页。

〔4〕《旧遗诏圣书》,太平天国历史博物馆:《太平天国印书》,江苏人民出版社1979年版,第177页。

〔5〕中国史学会主编:《太平天国》(六),神州国光社1952年版,第841页。

〔6〕王庆成编注:《天父天兄圣旨》,辽宁人民出版社1986年版,第4页。

〔7〕《太平天日》,太平天国历史博物馆:《太平天国印书》,江苏人民出版社1979年版,第40页。

福音书》则称:“朕爷像顶高大,身穿乌龙袍,金须最长拖肚脐。”〔1〕

与基督教相同的是,上帝教并不否认上帝是“灵”,是“纯灵”。早在洪秀全研读《劝世良言》的时候,就应该已经接受了上帝“纯灵”的概念。《劝世良言》中说道:“况且神天上帝乃系纯灵,无所不知,无所不在,无所不能,非君王可比之也。”〔2〕

太平天国印行的麦都思所著《天理要论》,更加充分阐述了“上帝乃灵”的神学思想。该书称:

“先有上帝,后有世人;先有灵,后有物。”“上帝纯灵,与物大异,不在万物之中,不与宇宙相杂,乃全然纯善,无能可度也。”

“天下万物皆被上帝所造,故不得自专。有的顺服为善灵,有的顽逆为恶鬼。然天灵即上帝,无杂于物,又非受造,故独能自专,清洁纯微,极大之灵,主管生民,治理万众也。”

“上帝乃极清之灵,至诚最纯之神。他灵常陷事物之中,未免污染软弱之下,然上帝能超出事物之外,至尊至贵,无分厘欠缺焉。”

“上帝纯一无参,不分不合,故必为灵,与物不同。物若分开,可成数件,数物和合,可为一物。惟上帝永一无二,故上帝乃灵也。”“物可分小增大,极细可分再细,极大可加更大。惟上帝精微不可分。”〔3〕

1854 年,洪秀全旨准颁行《天理要论》的相关章节,这就意味着洪秀全对上述阐述的认同。显然,洪秀全并没有从中读出“纯灵”即为无形的意蕴。因此,也并未影响洪秀全对上帝有形信念的执著与坚持。

按基督教教义,上帝是纯灵,不具有人形。在上帝教教义里,上帝是“纯灵”而有人形。这位有形的上帝,人的性格特征也很明显,最明显的性格特征就是“烈”,且经常“烈怒”。据天兄下凡时天话转达,上帝自己说:“洪秀全是我子,有其父必有其子。我性烈,他性亦烈。但朕性烈在天上,

〔1〕《王长、次兄亲目亲耳共证福音书》,太平天国历史博物馆:《太平天国印书》,江苏人民出版社 1979 年版,第 714 页。

〔2〕梁发:《劝世良言》,《近代史资料》,中华书局 1979 年版,第 39 页。

〔3〕《天理要论》,太平天国历史博物馆:《太平天国印书》,江苏人民出版社 1979 年版,第 497 页。

他性烈现在凡间。”〔1〕另据《天父下凡诏书》载，杨秀清以天父之口吻说：“尔主天王性气太烈，性既似我，量亦要似我也。”〔2〕上帝教的这种“拟人观”在当时的民间也有传闻反映。据当时文人张汝南的记载，杨秀清曾为洪秀全父子的脾气上奏章劝谏，奏章称：“二兄性气太暴，王娘有孕，不宜用靴骤踢；虽是天父性气本暴，二兄性气果像天父，但须学天父有涵养。幼主性气亦像天父，然小时须教导。”〔3〕

关于上帝的人神同形问题，洪秀全与艾约瑟还有过专题的争论，洪秀全为此特地写了《天王手批艾约瑟撰上帝有形为喻无形乃实论》，内称：“上帝最恼是偶像，爷像不准世人望。基督暨朕爷亲生，因在父怀故见上。爷依本像造坦盘，尔们认实亦可谅。前朕亲见爷圣颜，父子兄弟无惝恍。爷哥带朕坐天朝，信实可享福万样。钦此。”〔4〕

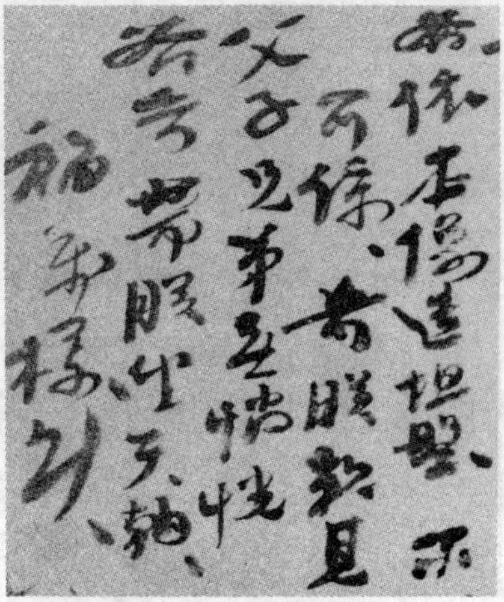

“爷依本像造坦盘……”
《天王手批艾约瑟撰上帝有形为喻无形乃实论》手迹局部〔5〕

〔1〕 王庆成编注：《天父天兄圣旨》，辽宁人民出版社 1986 年版，第 7 页。

〔2〕 《天父下凡诏书》，太平天国历史博物馆：《太平天国印书》，江苏人民出版社 1979 年版，第 471 页。

〔3〕 张汝南：《金陵省难纪略》，中国史学会主编：《太平天国》（四），神州国光社 1952 年版，第 720 页。

〔4〕 《天王手批艾约瑟撰上帝有形为喻无形乃实论》，太平天国历史博物馆编：《太平天国文书汇编》，中华书局 1979 年版，第 235 页。

〔5〕 太平天国历史博物馆编：《太平天国艺术》，江苏人民出版社 1994 年版，第 249 页。

洪秀全的论据主要有这样几点，其一，“因在父怀故见上”，即《圣经》所说：“在父怀里的独生子将他表明出来”，即耶稣将上帝表明为人形。其二，上帝之所以与人的形象相同，正因为“爷依本像造坦盘”，上帝按照自己的形象塑造了人的形象。如《圣经・创世记》所云：“神说：‘我们要照着我们的形象，按着我们的样式造人。’”按一般的理解，这就是上帝有形了。其三，洪秀全本人天酉异梦所亲见：“基督暨朕爷亲生”，“况朕亲上高天，见过天父多少……有凭有据正为多，上天下凡总是一样，耳闻不如目见也。”〔1〕其四，洪秀全认为，人们所以看不见上帝，是因为“上帝最恼是偶像，爷像不准世人望”。普通人是不可能看到神的形象的。还因为上帝怕人们看到上帝之形而制作偶像。他在诏旨中辩称：“自古无人见上帝，虑人作像陷沉沦。神父唯神子能识，哥朕识父有耳闻。”〔2〕

在基督教史上，上帝有形论也曾是很多人包括神职人员同样发生过的“谬误”，如杨格非所说：认为上帝有形，“这是人类的思维因无力理解纯灵的观念而容易陷入的一种错误。有些天主教神父就曾经认为上帝是有肉体的”〔3〕。

1860年，杨格非在苏州亲身感受了太平天国的宗教，他曾就上帝教的上帝写了这样的结语：“他们相信并崇拜天地万物的创造者和保护者——独一的上帝。……他们信奉上帝保佑人类的教义。他们反对宋朝哲学家的泛神论观念，持上帝之位格的教义；他们反对佛教哲学的宿命论，相信并传播全能的上帝主宰一切的教义。在他们看来，上帝不是一个抽象的概念，也不是一位严苛无情的君主，而是一位充满爱心的父亲，他温和地关注着他们的利益，并亲手引导着他们。正是由于笃信这一事实，加上这一事

---

〔1〕《钦定旧前遗诏圣书批解》，金毓黻、田余庆：《太平天国史料》，中华书局1959年版，第90页。

〔2〕《太平天日今日是诏》，太平天国历史博物馆编：《太平天国文书汇编》，中华书局1979年版，第56页。

〔3〕杨笃信：《中国之叛乱》，罗尔纲、王庆成主编：《太平天国》（九），广西师范大学出版社2004年版，第254页。

实的实际重要性，首领才向他的人民宣称至高无上的主是天父。"[1]

伦敦会著名传教士麦都思就上帝教典籍评论说："本书中所表示之人神同形论，十分显著。上帝由天上远来下凡，描写得似俗人一般无异。自吾人观之，自觉其荒谬不能堪。上帝审问犯人以求真象及怒骂官吏之溺职，遂命各杖责一百，凡此皆关于上帝神圣行为之不尊严的表现也。吾人所得之印象，则全局之作用，只为震吓全体党徒而已，然亦可见其主谋者之心思诚卑陋已极矣。至此书之文字，至为俚俗，亦带有土语。"[2]从实际情况看，更合理的说法应该是：洪秀全还不了解基督教神学的发展，上帝教的人神同形论还停留在、或倒退到原始宗教的"拟人观"水平。

二、基督论

基督论是有关基督的教义，是基督教教义的核心，它涉及上帝为何化身成人，在基督里神性和人性的关系，基督的位格和基督的事工在救赎人类中的作用等重大问题，其中最重要的是基督里神性和人性的关系以及基督的位格问题。在基督教史上，对这些问题曾经存在过各种不同的回答，主要有以下三种：

其一，关于基督位格的正统的规范性解释。公元451年卡尔西顿公会议就基督的神人二性和位格作出了规定，这一规定成为后世各派都得接受的关于基督位格的规范性解释。卡尔西顿公会议声明说，基督的神性和人性是同等完整的，他在神性上与圣父本质相同；他在人性上除了没有罪以外，其他方面都与人相同。就神性言，他在万有之先，为父所生；就人性言，他在这末世里，为"神的母亲"童贞女玛利丽所生；这同一位基督、圣子、主和独生的，处于两个性质之中，这二性"不混、不变、不分、不离"，它们不因联合而失去区别，而是保持其特点并汇合于同一个本体（hypostasi）之中；

[1] 杨笃信：《中国之叛乱》，罗尔纲、王庆成主编：《太平天国》（九），广西师范大学出版社2004年版，第254页。

[2] 麦都思：《中国革命军概观》，中国史学会主编：《太平天国》（六），神州国光社1952年版，第916页。

他不可割裂，也不可分为两个位格，而只是独一的同一位圣子和独生子、上帝——逻各斯、主耶稣基督。

其二，基督一性论派（主张基督只有一性的派别）。亚历山大派倾向于把道成肉身的基督完全视为上帝，侧重于基督的神性，降低或否定基督的人性，并用“属性交流”说来强调二性的合一。亚历山大派的代表人物有西里尔等。

其三，安提阿派则认为，基督有完整的二性，其人性与自然的人一样，也有发展、弱点、需要和自由意志。安提阿派承认基督兼具神人二性，重视人性而不重视二性的紧密结合。安提阿派的代表人物有聂斯托利等。安提阿派被亚历山大派指责为双重位格论。

上帝教的基督论与上述三种论述不同。从上帝教上帝一位论和上帝以外别无神的教义出发，洪秀全完全否认耶稣的神性。例如，《永安封五王诏》称：“天父上主皇上帝才是真神，天父上主皇上帝以外，皆非神也。”〔1〕又如，《钦定敬避字样》称：“圣神、真神、天父、神父是上帝也，神子、天子是救世主天兄、天王、幼主也。”〔2〕在洪秀全看来，耶稣只是神子、神的儿子，耶稣与洪秀全一样，都不是神，“天父上主皇上帝以外，皆非神也”。就基督论而言，上帝教的教义完全逸出了基督教神学讨论的范畴，属于洪秀全的“创造”。

与太平天国领导人有很多交往的杨格非对上帝教的基督论有深入的了解。他说：洪秀全“声称基督不能被称作上帝。他不承认三个有所区别的人格都是上帝，认为只有‘天父’才是上帝，基督则完全是另一个人。他仅仅将耶稣看做是人的灵魂与肉体的结合——是一个人。对于耶稣是‘神’性与人性的结合，从而构成‘上帝与我们同在’的一个人格，他全然无知”。杨格非还了解到，洪秀全曾说：“基督和他的灵魂都是在世界之前被创造出来的，唯有‘天父’并非造化，自然而然。所有人的灵魂都是上帝以生以出，各自被指定去实现不同的目的。他们生性都是上帝的儿子，未降

〔1〕太平天国历史博物馆编：《太平天国文书汇编》，中华书局1979年版，第35页。

〔2〕《钦定敬避字样》，太平天国历史博物馆：《太平天国印书》，江苏人民出版社1979年版，第804页。

生之前都是绝对纯洁和快乐的。但是，尽管所有人的灵魂都是上帝造化，因此也都是上帝的儿子，但在时间、伟大和尊贵方面仍然有着重要区别。基督是上帝所生的第一个和最伟大的儿子，远远胜过其他，无论是人还是天使。"[1]

需要补充的是，在基督论问题上，洪仁玕与洪秀全有着不同的见解。当时与洪仁玕过从甚密的杨格非评判道："关于基督的本性和三位一体的教义，首领(指洪秀全——笔者注)的观点完全是错误的；干王的观点是恪守《圣经》的；其他各王和广大官兵的观点也不完善。"[2]据邓元忠《美国人与太平天国》一书提供的资料，洪仁玕曾这样谈论基督的神性："若有人问，既然基督是神并且万能，为何需投胎为人而救人。他应知道，假若救世主未变成人，他只是灵，那么他怎能宣扬他的宗教，建立一模范，钉在十字架上，而流他的血呢？所以他必须要有人形，才可以教人和代人。若世上有罪恶，则必须惩罚之。虽然他无罪，且是神的儿子，但他已代替了人，故不能避免公平的惩罚，这已足见上天的法则是大公无私的。"[3]

从《资政新篇》中的相关内容看，洪仁玕也确实作过修正洪秀全关于基督的神性的曲解。洪仁玕说："上帝是实有，自天地万有而观，及基督降生而论，是实有也。盖上帝为爷，以示包涵万象；基督为子，以示显身，指点圣神上帝之风亦为子(笔者按，前句应断为：基督为子，以示显身指点，圣神上帝之风亦为子)，则合父子一脉之至亲，盖子亦是由父身中出也，岂不是一体一脉哉！总之谓为上帝者，能形形，能象象，能天天，能地地，能始终万物，而自无始终，造化庶类，而自无造化，转运四时，而不为时所转，变通万方，而不为方所变。可以名指之曰'自有者'，即大主宰之天父上帝，救世主如一也。盖子由父出也，视子如父也。"[4]这段话的最后两句，实际上正是

[1] 杨笃信：《中国之叛乱》，罗尔纲、王庆成主编：《太平天国》(九)，广西师范大学出版社2004年版，第265页。又，译文中"人格"似应译为"位格"。

[2] 杨笃信：《中国之叛乱》，罗尔纲、王庆成主编：《太平天国》(九)，广西师范大学出版社2004年版，第262页。

[3] 邓元忠：《美国人与太平天国》，台北华欣文化事业中心1983年版，第108页。

[4] 洪仁玕：《资政新篇》，太平天国历史博物馆：《太平天国印书》，江苏人民出版社1979年版，第681页。

定论基督与上帝共同的神性。

当然，洪仁玕的这一神学观点在当时不可能取代洪秀全的观点，并对上帝教的基督论作出与基督教正统基督论相吻合的修正。

三、圣灵论

基督教神学的圣灵论“主要研究论述三位一体中第三位格的圣灵的学说。圣灵又称上帝的灵，基督教认为它有着独特的功能，可以使人知罪、悔改、成圣，在它感动下，信徒能在各方面表现出基督徒的种种高尚美德。……世界上一切真善美都是来自上帝，通过圣灵的工作而表现出来”[1]。

在基督教历史上，关于圣灵的理解有一个发展过程。4 世纪前教父们比较一致地认为，圣灵是上帝之灵或基督之灵。4 世纪时，伴随着基督论的论争，马其顿派兴起，主张圣灵的地位低于圣父和圣子，圣灵不是神，而只是像天使那样为圣父和圣子服役，是受造的。马其顿派的观点在 381 年的君士坦丁堡公会议上被定为异端。为此在《尼西亚信经》上特别强调：“我信圣灵，赐生命的主，从父出来，与父子同受敬拜，同受尊荣，它曾藉众先知说话。”

此后，东西部教会对圣灵的出处争论仍然十分激烈，5—6 世纪，西部教会未经东部教会同意，擅自将圣灵“从父出来”改为“从父和子出来”，由此双方产生分歧，东部教会不承认这一提法，认为这一提法是双出说，而圣灵只能出自圣父而不出自圣子。为此，787 年在尼西亚召开的第 7 次公会议提出了修改意见，改为圣灵“从父通过子出来”，但这一表述并没有得到西部教会(天主教)的重视，他们认为此说法在本质上与西部教会的提法是一致的。这一分歧甚至成为 1054 年东、西方教会分裂的原因之一。此后宗教改革接受的则是西部教会的表述。

在上帝教的表述中，实际上并没有基督教“三位一体中第三位格的圣

---

〔1〕 段琦等:《基督教学》，当代世界出版社 2000 年版，第 167 页。

灵”,与之相混淆的表述则是引起极大非议的“圣神风”以及与“圣神风”同义的“圣灵”。而这一表述则又是对当时传教士宣教作品中“神风”、“圣神风”的误读与误解。《劝世良言》中有不少关于圣灵的文字。如《劝世良言》在宣讲“领神风之德,复生心灵之善性”时说:“倘若由神风感化而复生者,系生活灵神善德之性。我所云汝该复生之奥义,汝勿以之为出奇之事。即如风随处而吹,汝虽听闻风声响作,尚不知风来自何所,又不知风往于何处而去。所以我论神风复生人心灵之善性,若似风之来往一般,汝虽不能见之来去,汝岂说没有风乎? 凡神风复生心灵之奥妙,亦略如风之来去,不知所之也。”又如:“圣若翰曰:‘爱辈乎,勿信各风,但试其风或由神否,因伪先知辈多已出世间。各风认耶稣基理师督曾于肉而临,即属神,由是尔可识属神之风。各风不认耶稣基理师督曾于肉而临,即弗属神,斯乃敌基理斯督者之风。……吾辈由圣风,识神者听我等,非由圣风者不听我等。以此我等知辨真之神与假之神也。’”〔1〕这样的宣讲文字,似乎很容易造成洪秀全对圣灵的误解。

关于这一点,简又文已有非常精辟的论述。简又文认为:“《劝世良言》中关于圣灵之教义,缺陷尤甚,误导至深,然此全非梁发之责,当归咎于马氏译本之错用‘圣神风’、或‘神风’字样。在无师教授而自读自解的洪氏看来,此‘风’也,即是平常的天象元行的风(无论如何,不能得有宗教上形而上的意义),而且整个名词,又解作‘圣神之风’、或‘神之风’(‘圣神’与‘神’作为名词而非形容词,其风是属于神所有的,而非具有神性神质的)。梁发更解释其作用是被上帝所差遣、所役使、所运行、所赐赋,用以‘感动’,或‘感化’,或‘启开’,或‘暗助’人心者(皆原语),而从未发挥其为神学上‘三位一体’中之第三位。夫既是上帝所具有所施用的工具,用以在世上执行特别使命的,则此被使用之‘物’,其身份与尊严,断断乎不能与使用之者于本质上同为一体,甚至尊卑并列焉,这是很合常情、很合逻辑,尤其很合伦理的观念的。”〔2〕

〔1〕 梁发:《劝世良言》,《近代史资料》,中华书局1979年版,第31页、第103页。
〔2〕 简又文:《太平天国典制通考》,简氏猛进书屋1958年版,第1 702页。

正因为如此,在上帝教教义里,圣神风的角色是由东王杨秀清扮演的。太平天国的赞美词云:“赞美东王,为圣神风,是圣灵赎病救人。”[1]上帝教不认同基督教的三位一体,圣神只有一位即皇上帝,圣子与圣灵与上帝有别,不是神。洪秀全在《圣经》批解中明确申明:“圣神上帝也,既住临太兄其上,又引太兄,何得另有圣神成太兄的身?又另外有一圣神,凑成三位,其中有一圣灵东王也。”[2]

四、上帝家庭

在紫荆山时期,上帝教已经形成上帝家庭的教义,这个上帝家庭包括:天父上帝与天妈;天兄耶稣与天嫂及其众子女;天王及其在天上的夫人“正月宫”及在天上之子女;冯云山、杨秀清、韦昌辉、石达开,以及观音等众兄妹。教义具体含义与内容如下:

(1) 上帝家庭存在于上帝创世之先。洪秀全在《批解》中写道:“太兄暨朕及东王辈,未有天地之先,既蒙天父上帝原配即是天妈肚肠生出。后爷差太兄赎罪,入马利亚胎成人身……那时朕知爷将差朕作主凡间,故朕欲乘势现身下凡作主。后蒙爷命要入母腹下去凡间……后爷命朕由另一位阿妈肚肠而生,以便入世。”[3]按洪秀全的说法,在上帝创世之先,上帝和他的原配已生出耶稣、洪秀全、杨秀清等。后来,耶稣、洪秀全、杨秀清等又经凡间的各位阿妈生出,胎成人身,下到凡间。也就是说,他们在天上是同父同母,在凡间是异父异母。

(2) 天父:上帝教教义中唯一的至上神。亦即基督教所崇拜的上帝。《钦定敬避字样》规定:天父还可写作:爷(此字唯可崇称天父,不得别用)、主(上主皇上帝、救世主、真主、幼主、赎病主、主将、主宰之主可用,余俱以

---

〔1〕《顶天侯秦日纲等颂赞》,太平天国历史博物馆编:《太平天国文书汇编》,中华书局 1979 年版,第 460 页。

〔2〕《钦定旧前遗诏圣书批解》,金毓黻、田余庆:《太平天国史料》,中华书局 1959 年版,第 83 页。

〔3〕《钦定旧前遗诏圣书批解》,金毓黻、田余庆:《太平天国史料》,中华书局 1959 年版,第 89 页。

司字、专字、柱字代)、上(唯尊崇天父可用,余以尚字代)、皇(唯崇称天父可用,不得别用)、帝(唯崇称天父可用,不得别用)、老(唯崇称上帝,余俱以考字、迈字代用)、神(崇称上帝,不准偶像假称,余以辰字代)[1]。在太平天国文书中,天父还写作:天主、天主上帝、上主皇上帝、爷火华、爷爷、爷皇[2]等。

(3) 天母:天父之妻。洪秀全曾多次提及天母。如《太平天日》所云:天酉异梦中,"有天母迎而谓曰:'我子! 尔下凡身秽,待为母洁尔于河,然后可去见尔爷爷。'朕身洁净,天母乃引见天父上主皇上帝"。"其天兄基督或有苦迫,其天母即劝止其天兄,其天母甚慈爱他,洵称娇贵之极焉。"[3]太平天国后期也常出现在圣旨中,如《眼见天日主乾坤诏》云:"老妈太嫂降凡缘。"等等。

(4) 天兄:即耶稣基督,上帝之长子。详见上文之基督论。

(5) 天嫂:天兄之妻。太平天国文献中关于天嫂及其事迹的记载并不太多。主要有:《太平天日》所载:"天父上主皇上帝有时命其天兄基督教主,读字不变。天兄基督发怒,其天嫂劝止其天兄,天嫂甚思量他,可称长嫂当母焉。"[4]

这一情节,又在戊申年"天兄下凡"时得到重述。据《天父天兄圣旨》载:时天兄基督之妻亦下降云:"叔叔,尔认得我么?"天王曰:"是天嫂否?"天嫂曰:"是也。叔叔下凡几十年,还不回朝到几时? 尔妻及尔子时时挂望也。"天王曰:"天嫂放心,为叔做毕爷事,自然早早回朝也。"又载:天王曰:"天嫂,我记得当时升高天时,天兄或有怒我,天嫂即劝止天兄,真真难得这等思量我也。"天嫂曰:"我实是思量叔叔也。叔叔,尔好早早回朝矣,我打

---

〔1〕《钦定敬避字样》,太平天国历史博物馆:《太平天国印书》,江苏人民出版社 1979 年版,第 802 页。

〔2〕《建造正九重天廷并封李容发为忠二殿下诏》,太平天国历史博物馆编:《太平天国文书汇编》,中华书局 1979 年版,第 67 页。

〔3〕《太平天日》,太平天国历史博物馆:《太平天国印书》,江苏人民出版社 1979 年版,第 36 页、第 40 页。

〔4〕《太平天日》,太平天国历史博物馆:《太平天国印书》,江苏人民出版社 1979 年版,第 40 页。

马上天矣。"天王曰:"天嫂放心,为叔自然早早回朝也。"[1]

己酉年十二月,洪秀全再一次提起天嫂。他在天兄下凡时问:"天嫂在高天如何?"天兄答:"亦是时时望尔们上天也。"[2]

另一重要记载见《东王杨秀清答复英人三十一条并质问英人五十条诰谕》。杨秀清以此征询于访问天京的英国使节:"尔各国拜上帝、拜耶稣咁久,有人识得耶稣元配是我们天嫂否?"[3]当然,这个问题不会得到肯定的回答。英国海军麦勒西舰长致书东王答称:"《圣经》并未告诉我们耶稣生活在我们中间时是否娶过一个妻子。他升天以后,是个灵,和上帝是一体。《启示录》第十九章第七节提到'羔羊婚娶',谈及基督信徒与基督的婚姻,是用作比喻。"[4]同样,这样的答复也不会被上帝教所接受。一直到太平天国后期,洪秀全仍然不时地要提起天嫂。如《赐通事官领袖接天义罗孝全诏》问罗孝全及洋人:"西洋同家人暨众圣徒认得尔主、尔神、尔爷、尔妈、尔哥、尔基督、尔先师、尔太嫂来否?"[5]又如,《眼见天日主乾坤诏》称:"天酉朕蒙接上天,上帝新子迹显然,基督亲胞齐可悟,老妈太嫂降凡缘。"[6]

(6) 天兄的子女。据《天父天兄圣旨》载:"天王曰:'天兄今有几子乎?'天兄曰:'朕有三子二女。长子十八岁,次子十五岁,三子十三岁,长女十六岁,幼女十一岁,还未安名也。'"

太平天国后期又肯定了天兄有子女的相关教义,辛酉十一年《天王诏旨》称:"天酉上天亲见爷。人无天父从何出,生哥暨朕共老妈。爷亲教朕读神诗,凭诗认爷今无差。爷又命哥教朕读,天嫂劝哥悠然些。哥生三子

---

〔1〕 王庆成编注:《天父天兄圣旨》,辽宁人民出版社1986年版,第11页。

〔2〕 王庆成编注:《天父天兄圣旨》,辽宁人民出版社1986年版,第28页。

〔3〕《东王杨秀清答复英人三十一条并质问英人五十条诰谕》,太平天国历史博物馆编:《太平天国文书汇编》,中华书局1979年版,第304页。

〔4〕《东王杨秀清答复英人三十一条并质问英人五十条诰谕》,罗尔纲、王庆成主编:《太平天国》(三),广西师范大学出版社2004年版,第36页。《启示录》第十九章第七节提到:"我们要欢喜快乐,将荣耀归给他。因为羔羊婚娶的时候到了,新妇也自己预备好了。"

〔5〕《赐通事官领袖接天义罗孝全诏》,太平天国历史博物馆编:《太平天国文书汇编》,中华书局1979年版,第53页。

〔6〕 洪秀全:《眼见天日主乾坤诏》,太平天国历史博物馆编:《太平天国文书汇编》,中华书局,1979年版,第58页。

并二女，朕有一子爷带他。"[1]在上帝教的教义里，耶稣的子女并未下凡到太平天国。出于太平天国最高统治权的传承问题，洪秀全又将自己在凡间的儿子过继给耶稣。

按照中国人的传统，皇位继承应为长子继承，如国号为上帝天国，则上帝天国的继承人应是上帝长子耶稣，再传应为耶稣的长子，上帝的长孙。如国号为"天父天兄天王太平天国"，则应由洪秀全的长子继承。如果这样还有不顺的话，那最好的办法就是再将洪秀全的长子过继给耶稣。

洪秀全确实是这么做了。洪秀全下诏说："朕立幼主继耶稣，双承哥朕坐天都。幼主一半耶稣主，一半朕子迓天庥。代代幼主上帝子，双承哥朕一统书。"[2]

(7) 洪秀全在天上的妻儿。太平天国的许多文献都提到洪秀全在天上的妻儿，如《太平天日》述及："主正月宫在高天事主甚恭谨，其时正生一子，未曾安名。"洪秀全奉命下凡时对她说："尔且带子同爷爷妈妈哥哥嫂嫂及众小姑同居住，等朕下凡理爷爷事毕，然后升天，同尔享安乐也。"[3]如《天父天兄诏旨》记载："天王曰：'天兄，小弟在狮旺遇难时，见无数天使来救小弟。'天兄曰：'那时不是差兵将救尔，恐尔难矣。'天王曰：'有数妇人焉，是谁乎？'天兄曰：'其中有一是高天尔妻子也。'"又记："天王曰：'小弟记得当时升高天，临下凡时，我曾嘱咐我妻子，然后下凡也。'天兄曰：'今尔妻子现在高天，尔在狮旺遇难时，尔妻子亦来救尔也。'天王曰：'今小弟妻子在高天如何？'天兄曰：'尔妻子同天母共房也。'"[4]

"天王曰：'小弟记得升天时，小弟妻生有一子。'天兄曰：'今尔子现在高天，十二岁矣，未曾安名也。'天王曰：'今小弟子在高天如何？'天兄曰：

---

〔1〕《天王诏旨》，中国社会科学院近代史研究所等编：《太平天国文献史料集》，中国社会科学出版社1982年版，第4页。

〔2〕《赐英国全权特使额尔金诏》，太平天国历史博物馆编：《太平天国文书汇编》，中华书局1979年版，第44页。

〔3〕《太平天日》，太平天国历史博物馆：《太平天国印书》，江苏人民出版社1979年版，第40页。

〔4〕王庆成编注：《天父天兄圣旨》，辽宁人民出版社1986年版，第5页、第8页。

'今尔子在高天,时同天父居住,时同天母居住,时同朕居住。'"[1]

(8) 太平天国领导集团:洪秀全、冯云山、杨秀清、萧朝贵、韦昌辉、石达开,以及宣娇、观音都被列入上帝家庭。

据上帝教教义,洪秀全在上帝家庭中为耶稣之弟,排行第二。洪秀全并据《圣经》证明,他就是《圣经》人物麦基洗德。

麦基洗德(Melchizedeek),《旧约》称其为撒冷王和"至高神的祭司"。当亚伯拉罕(即亚伯兰)打败以拦王基大老玛及其同盟者后返回时,麦基洗德带着饼和酒出来迎接,并为亚伯拉罕祝福,亚伯拉罕将战利品的十分之一给麦基洗德[2]。《新约》称:"这麦基洗德就是撒冷王,又是至高神的祭司,本是长远为祭司的。……他头一个名翻出来就是仁义王,他又是撒冷王,就是平安王的意思。他无父、无母、无族谱、无生之始、无命之终,乃是与神的儿子相似。"[3]除了耶稣,《圣经》中只有这一位麦基洗德是实实在在的"神的儿子",尽管"乃是与神的儿子相似"而已。洪秀全要找到自己即上帝次子的根据,也只有附会"麦基洗德实朕全"[4]。因此,作为"平安王"的麦基洗德就成了"太平王"洪秀全,洪秀全也就此对《圣经》相关内容作了新的演绎:

"此麦基洗德就是朕。朕前在天上,下凡显此实迹,以作今日下凡作主之凭据也。盖天作事必有引,哥前降在犹太国代世赎罪,作今日哥下凡作主大担当引子。朕前下凡犒劳祝福亚伯拉罕,作今日朕下凡作主救人善引子。故爷圣旨有云:有凭有据正为多。"[5]

"至朕在天上,当拉罕时,朕还颇记得,知爷将差太兄由拉罕后裔而生,故朕下救拉罕,祝福拉罕。那时朕知爷将差朕作主凡间,故朕欲乘势现身下凡作主,后蒙爷命要入母腹下去凡间,朕那时知蛇魔阎罗妖须作怪,求爷

---

〔1〕 王庆成编注:《天父天兄圣旨》,辽宁人民出版社 1986 年版,第 9 页。

〔2〕 《圣经·旧约·创世纪》第 14 章,第 17 节、第 18 节。

〔3〕 《圣经·新约·希伯来书》第 7 章,第 1—3 节。

〔4〕 洪秀全:《眼见天日主乾坤诏》,太平天国历史博物馆编:《太平天国文书汇编》,中华书局 1979 年版,第 58 页。

〔5〕 《钦定旧前遗诏圣书批解》,金毓黻、田余庆:《太平天国史料》,中华书局 1959 年版,第 80 页。

眷顾，免被他害。后爷命朕由天上另一位亚妈肚肠而生以便入世，朕还记得朕入这位亚妈之胎，爷做有记号，即是穿太阳，以示身内胎生是太阳也。谁知蛇魔阎罗妖亦知得这妈身胎是朕，上帝特差生入世诛灭这蛇者，故蛇欲吞食之，冀占上帝之业。岂知上帝无所不能，生出之儿，蛇不能害。朕今诚实自证前时麦基洗德是朕，太兄升天后，身穿太阳，这妈生出之儿亦是朕，故今爷哥下凡带朕作主，专诛灭此蛇也。今蛇兽伏诛，天下太平矣，验矣。钦此。"〔1〕

据上帝教教义，冯云山在上帝家庭中排行第三。如《天父天兄圣旨》所载，1850年，萧朝贵以天兄下凡，欲处置谢享礼。最后，洪秀全、冯云山代谢求情，免于一死。此时，天兄曰："谢享礼，晓得跪谢二兄、三兄么？"天王对曰："他既跪谢矣。"〔2〕

据上帝教教义，杨秀清在上帝家庭中排行第四。故韦昌辉等均呼杨秀清"四兄"。如"人人皆知东王系天爷之子，天爹暨爹之同母异父之弟也。天爷以其恢恢大量，降托东王下凡，显示极能，拯救苍生，为尘世黎民俱可升天也。西王之所有部属或品位低于西王之一应官员均须遵从东王之命。服从东王即是服从朕爹，此一切光辉业绩之大本也。佑弟是朕爹儿，亦是东王儿。人人均须服从幼东王，尽力辅佐幼东王治理国事"〔3〕。值得注意的是，幼主诏旨称"佑弟是朕爹儿，亦是东王儿"，于此可见，洪秀全除了过继一子给耶稣，还曾过继一子给杨秀清。

杨秀清以下，上帝家庭中排行第五至第七者则有不同说法。据谢介鹤著《金陵癸甲记事略》载，在上帝家庭中杨（洪）宣娇排行第六，石达开排行第七。《金陵癸甲记事略》云：杨秀清作天父下凡称："宣娇我第六女，秀清

---

〔1〕《钦定旧前遗诏圣书批解》，金毓黻、田余庆：《太平天国史料》，中华书局1959年版，第91页。引文中标点经笔者改动。

〔2〕王庆成编注：《天父天兄圣旨》，辽宁人民出版社1986年版，第45页。

〔3〕《幼主诏旨》，南京大学历史系太平天国史研究室编：《太平天国史新探》，江苏人民出版社1982年版，第342页。又，诏旨称"东王系天爷之子，天爹暨爹之同母异父之弟"，似有误，可能英译文已误。

同胞妹，当易姓杨。"〔1〕又载："耶稣西方之圣人也……乃粤逆强曰天兄。谓耶稣为天父之第一子，天贼为第二子，南贼为第三子，东贼为第四子，北贼为第五子，西贼妇杨(洪)宣娇为第六女，翼贼为第七子。"〔2〕简又文先生则认为："天王早年又与冯云山等五人共结金兰，奉耶稣为长兄，洪居次，冯行三，杨行四，萧行五，韦行六，石行七。"〔3〕揆诸太平天国文献与教义，这两种说法的共同点"石达开行七"没有疑问。所谓"北贼为第五子"、"宣娇为第六女"以及"萧行五"均有误。

上帝家庭中排行第五的应该是杨宣娇。宣娇是太平天国一位特殊人物，被称为洪宣娇、杨宣娇、黄宣娇或王宣娇，王庆成对此有精当的考证："杨宣娇，应该就是西王娘。""杨宣娇并不姓洪，当然不可能是洪秀全的胞妹，李秀成记为天王妹子云云，当是天父天兄以宣娇为女为妹因而宣娇也是秀全之妹的缘故。……有趣的是，杨宣娇本来也不姓杨。《天兄圣旨》记：'杨宣娇肉父黄权政亦拜天父上主皇上帝。'……故洪宣娇、杨宣娇云者，原来的姓名可能是王宣娇。黄(王)宣娇何以改姓杨，现还难以悬测。"〔4〕

因宣娇的关系，上帝家庭中萧朝贵身份特殊，《幼主诏旨》云："天爷降恩收西王为贵婿。"〔5〕太平天国文书中也有称"西王驸马"。《御制千字诏》中称"贵婿娇客"〔6〕，萧朝贵的妻子即排行第五的宣娇。

杨宣娇排行第五可从己酉年十二月天兄圣旨中得到证明。圣旨称："天兄恐西王娘等未能遵正，以享永福，爰降圣旨谕之曰：'尔为朕胞妹，总要炼得好好，替尔天上爷爷、妈妈、哥哥、嫂嫂争面光，又要替尔秀全兄、云

〔1〕 谢介鹤：《金陵癸甲记事略》，中国史学会主编：《太平天国》(四)，神州国光社1952年版，第667页。

〔2〕 谢介鹤：《金陵癸甲记事略》，中国史学会主编：《太平天国》(四)，神州国光社1952年版，第652页。

〔3〕 简又文：《太平天国典制通考》，简氏猛进书屋1958年版，第1 885页。

〔4〕 王庆成编注：《天父天兄圣旨》，辽宁人民出版社1986年版，第171页。

〔5〕《幼主诏旨》，南京大学历史系太平天国史研究室编：《太平天国史新探》，江苏人民出版社1982年版，第342页。

〔6〕《御制千字诏》，太平天国历史博物馆：《太平天国印书》，江苏人民出版社1979年版，第548页。

山兄、秀清兄、韦正等争面光也。"于此可见，秀全、云山、秀清为宣娇之兄，韦正则不称兄，故非宣娇之兄。宣娇行五，韦正行六，应无疑问。

这一圣旨还有一段文字：天兄又谕萧朝贵之父萧玉胜云："萧玉胜，为父母要平心，朝贵是尔子，是朕妹夫，又是秀全妹夫，又是云山、秀清等妹夫。尔切不可轻南重北也。"〔1〕这里也没说萧朝贵是韦昌辉的妹夫。同样可证宣娇行五，韦正行六。

换一个角度，因宣娇行五，在韦昌辉之前，萧朝贵以宣娇夫婿的身份，也不致排韦昌辉之后。简又文所言"萧行五"在这个意义上理解才具有合理性。

韦正的同胞身份也是在天兄圣旨中确认的，天王问天兄基督曰："天兄，韦正在高天与小弟们是同胞否？"天兄曰："他同朕们总是共条肠也。"〔2〕

按照太平天国文献，上帝家庭中还有"众小妹"。如《太平天日》所载："主有时战饿，其天母及众小妹摘高天甘果畀主食，其味甚香。主与妖战，其天母及众小妹亦皆出力助主，故所战无不胜矣。"〔3〕"其高天众小妹亦时或陪主读诗书，琴箫鼓乐，快活无穷。"〔4〕

"众小妹"中有名有姓者只有两位，一是宣娇，一是观音。

洪秀全天酉异梦中只笼统说到"众小妹"，并未提及观音。至戊申年萧朝贵作天兄下凡时才添出观音情节。《天兄圣旨》载："天王曰：'观音是好人否乎？'天兄曰：'他是好人。他今在高天享福，亦不准他下凡矣。'天王曰：'观音在高天享福，天兄称他为何乎？'天兄曰：'我呼他为妹。'天王曰：'我呼他为何乎？'天兄曰：'亦是呼他为妹。'"〔5〕

成书于1856年的张汝南著《金陵省难纪略》也有关于观音的记载，不

〔1〕王庆成编注：《天父天兄圣旨》，辽宁人民出版社1986年版，第28页。

〔2〕王庆成编注：《天父天兄圣旨》，辽宁人民出版社1986年版，第49页。

〔3〕《太平天日》，太平天国历史博物馆：《太平天国印书》，江苏人民出版社1979年版，第39页。

〔4〕《太平天日》，太平天国历史博物馆：《太平天国印书》，江苏人民出版社1979年版，第40页。

〔5〕王庆成编注：《天父天兄圣旨》，辽宁人民出版社1986年版，第7页。

过情节有了变化，这次是洪秀全以此问杨秀清。"我昨上高天，见天父天兄，坐旁一是孔某，一是女子。心疑天堂那得女流，因问天兄。天兄云：'此即凡间所称观世音。'我问'观世音莫非是妖么？'天兄云：'他本是天父之女，在凡间劝人为善，与妖有别，故而许上天堂。'我问：'他是女流，与我如何称呼？'天兄云：'我唤他阿妹，你为我弟，亦当唤他阿妹。'"〔1〕从行文看，这一段文字似乎为张汝南就上述《天兄圣旨》所载文字所作的翻版。不知为何，在以后的文献或记载中，在上帝大家庭中，观音就销声匿迹了。也许，观音在凡间有太多的偶像，这些都在毁除之列，因而只许观音"在高天享福"，就此消失。

顺及，太平天国在破除偶像运动中，碰到了两个特殊对象。一是孔子，一是观音。

孔子与观音有两个共同点，其一，他们在中国社会中都占有特别崇高的地位。孔子是万世师表。观音是大慈大悲普度众生菩萨。对于这样的精神偶像，太平天国的处理原则基本上是两条，第一，他们在凡间的偶像都在毁除之列。这是上帝教教义所规定的。第二，承认观音是好人，承认孔子"功可补过"，允许他们"在高天享福"，但不许下凡。

上帝教在紫荆山发展阶段，其教义中还曾添出所谓"星宿"问题。就是说，这些受上帝差遣下凡的"众兄弟"和天上的星宿有关，都是天上的某一个星或某几个星，是这些星宿降世为人。如称"冯云山有三个星出身，杨秀清亦有三个星，萧朝贵有三个星"。洪秀全也是"三星"〔2〕。除了洪、冯、杨、萧之外，还有不少人自封星宿下凡。如己酉年十二月，天兄因众等未能一心而降凡，"天王曰：天兄，据小弟看，降托一点各星宿，总是奸心帮妖，帮妖便是妖。天兄，尔是天父封尔为天下万郭救世主，又是小弟同胞大哥，要转奏天父老亲爷爷，不准各星宿讲话，总要把稳大权也。"〔3〕这些"各星宿"被定性为"妖宿"，不能跻身于上帝家庭。

---

〔1〕 张汝南：《金陵省难纪略》，中国史学会主编：《太平天国》（四），神州国光社 1952 年版，第 719 页。

〔2〕 王庆成编注：《天父天兄圣旨》，辽宁人民出版社 1986 年版，第 5 页、第 17 页。

〔3〕 王庆成编注：《天父天兄圣旨》，辽宁人民出版社 1986 年版，第 5 页、第 29 页。

上帝教还揉进“自然神崇拜”,将人们对“日”“风云雨雷电光”的敬畏转移到上帝家庭的“众兄弟”身上。如太平天国的赞美诗和颂词称:“恭颂天父、天兄亲命我主降凡救世暨东王、列王辅佐朝纲。其奉命降生,悉本乎天象。天父、天兄主宰乎上,我主天王及列王承命宰治于下。恭维我主天王是日光之照临,万方普察,我东王、列王是风云雨雷电光之敷布,化洽群生。前时凡我臣民,皆未晓颂赞以报鸿恩。”“赞美上帝,为天圣父,是魂爷独一真神。赞美天兄,为救世主,是圣主舍命代人。赞美东王,为圣神风,是圣灵赎病救人。赞美西王,为雨师,是高天贵人。赞美南王,为云师,是高天正人。赞美北王,为雷师,是高天仁人。赞美翼王,为电师,是高天义人。”[1]

上帝教的上帝家庭还有不少太平天国希望“洋兄弟”了解或希望向“洋兄弟”求证的问题,如东王询问英国使节的一系列问题所云:“有人识得耶稣元配是我们天嫂否?”“有人识得耶稣生有几子否?”“有人识得耶稣长子今年几多岁否?”“有人识得耶稣生有几女否?”“有人识得耶稣长女今年几多岁否?”“有人识得上帝现共有几多男孙否?”“有人识得上帝现共有几多女孙否?”[2]

上帝教关于上帝家庭的教义是最引起西方基督教诟病的宗教问题之一。如同其他类似问题一样,洪秀全不了解西方基督教神学的历史与现状,往往拘泥于对《圣经》文字的字面理解。《圣经》中有一段容易引起洪秀全误解的文字,《创世纪》称:“神的儿子们看见人的女子美貌,就随意挑选,娶来为妻。……后来,神的儿子们和人的女子们交合生子,那就是上古英武有名的人。”梁发的《劝世良言》叙述及此:“神之子辈遇见人之女儿为好看,则随意娶之为妻,于其各所悦之间。……盖神之子辈与人之女儿交媾之后,则各女所生之子为大有能之人,即古时大有名声之人也。”[3]太平天

---

〔1〕《顶天侯秦日纲等颂赞》,太平天国历史博物馆编:《太平天国文书汇编》,中华书局1979年版,第460页。

〔2〕《东王杨秀清答复英人三十一条并质问英人五十条诰谕》,太平天国历史博物馆编:《太平天国文书汇编》,中华书局1979年版,第304页。

〔3〕梁发:《劝世良言》,《近代史资料》,中华书局1979年版,第56页。

国旨准颁行《旧遗诏圣书》同样有这一段内容:"却神子等看人类之女艳美,故凡所选者,娶为妻矣。……嗣后神子与人类之女相交后生子,为英雄、古有声名之人。"〔1〕这些内容肯定成为洪秀全形成"上帝家庭"教义的思想材料。

徐如雷在评论洪秀全的上帝家庭教义时说:"洪秀全也是口口声声相信'独一真神'的。……其实,洪秀全已经把独一真神改成为上帝家庭。……他所以这样附会,就是由于他单纯地从字面上来理解《圣经》上的话,不懂得这是一种象征式的宗教语言。基督教认为,上帝是'父'意味着上帝的父性(父亲身份)和人类的父性这种类比关系上有着同一性。……"〔2〕

上帝教的"上帝家庭"是不是违反"独一真神"的多神,本书将在下文有关章节探讨。这里首先应该提出的是,似乎早在太平天国时期,太平天国将领已经能够用同样的逻辑来解释上帝教的"上帝家庭"教义了。

葛必达神父(P. Clavelin)于1853年12月访问天京,他在翌年1月6日函中记载:陈丞相的秘书回答葛必达的问题时申言:"我们还不完全知道我们教里的规则和戒律,我们的首领还没有完全示明他们的全部意旨,也还没有说出最后真言。将来还要陆续印行的书会渐渐使我们明白,消除各种疑问。我们已印的各辑书册里有许多东西,非藉续出书册的解释不能彻底明了。而且这些书册有时是新近才崇信天父的人编的,他们多重词句的铿锵,忽于义理的正确。比方在某一本书里他们说了天父和天兄,为着对仗工稳,就加上天妈和天姊,有些人就认为天母就是天父的妻,天嫂就是天兄的妻。而真正的意义只是在说,在天国里大家都是兄弟和姐妹。"

葛必达神父问陈丞相的秘书:"那么,洪秀全,你相信他真如你们所印的书中所说,是天主的儿子、耶稣的兄弟吗?""不",他回答说,"上帝既然是纯灵,不会和凡人一样,有妻有子。我们只相信,正如上帝亲派其子耶稣到

〔1〕 太平天国历史博物馆:《太平天国印书》,江苏人民出版社1979年版,第165页。
〔2〕 徐如雷:《基督教和上帝教的异同》,南京大学历史系太平天国史研究室编:《太平天国史新探》,江苏人民出版社1982年版,第113页。

人世来救赎众生是一个真的事实，上帝又命洪秀全来根绝地面上的偶像崇拜”[1]。

这位秘书看来对基督教的教义有更准确的了解，而且熟悉基督教神学的某些逻辑思维，对于上帝教教义的一些“谬误”更能作辩解。他之所以对上帝教教义作如此雄辩的辩解，应当说有两种可能性，第一，他的这些观点和阐述的思想是属于洪秀全的，他代表了洪秀全的想法，他能对传教士作如此的陈述，肯定是来自洪秀全的授权。第二，这位秘书的认识和观点完全出于自己的理解，不能代表洪秀全。如果不是洪秀全的授权，就是他滥用了这一授权。

值得注意的是，在太平军将领中，像陈丞相秘书这样的人还不是绝无仅有的。1860 年 11 月，容闳从上海西行访问太平天国，14 日途经丹阳，受到当地太平军秦姓官员的接待并与之交谈。秦姓官员谈论对基督教的观点时说：“天王是耶稣的弟弟，但不能就认为他们是一母同胞，这只是意味着上帝特派他到人世来教导众生；耶稣也同样是受上帝差遣来改造和拯救世界的。”[2]“天王本人已解释过，他没有资格与天父相提并论；对天父的尊敬乃是宗教崇拜，但是对于天王的尊敬只不过是宫廷礼节，正如所有国家的臣僚对君主所表示的尊敬一样。不能把这种行为视为崇拜。”

是不是可以这样说：在教义和宗教语言的理解上，人们所要求上帝教的，也正是上帝教所要求于别人的，人们也不要“单纯地从字面上来理解上帝教书上的话”，要懂得其实“这也是一种象征式的宗教语言”。

五、“救赎”：“赎罪”与“赎病”

基督教的救赎论主要论述耶稣基督救赎世人。救赎论认为，由于人类始祖不听上帝之言，因魔鬼诱惑偷吃禁果犯罪，此罪世代相传，称为原罪，

〔1〕 南京大学历史系太平天国史研究室编：《江浙豫皖太平天国史料选编》，江苏人民出版社 1983 年版，第 472 页。着重号为笔者所加。

〔2〕 容闳：《我在美国和中国的生活追忆》，北京太平天国史研究会编：《太平天国史译丛》第 1 辑，中华书局 1981 年版，第 205 页。着重号为笔者所加。

其代价是死，而且无法自救。上帝乃派遣耶稣基督道成肉身，降世为人，代人受过，救赎人类。基督不惜为人类牺牲，被钉死在十字架上，在完成此使命后复活升天，作人类的中保。

一般来说，救赎论大致可分为客观救赎论和主观救赎论两大类。在基督教历史上，客观救赎论影响最大，而又有赎金说、胜魔说和补偿说之别。其中，补偿说则为西部教会，包括天主教和新教中影响最大的学说。补偿说认为，上帝为了维护其尊严和公义，必须对人类进行惩罚；上帝又不愿看到人类永远受罚，于是派基督降世代人受死，为人类补偿罪孽，拯救人类。〔1〕

上帝教完全接受了基督教的救赎论。上帝教对救赎论的接受表现在上帝教的许多祈祷词中都有"托救世主天兄耶稣赎罪功劳"，如《悔罪奏章》、《朝晚拜上帝》、《灾病求上帝》、生日满月迎亲嫁娶等一切吉事奏章、做灶做屋堆石动土等事奏章、丧事等奏章中俱是。

洪仁玕在所著祈祷文中说：因为人类获罪，"天父上帝欲尽灭之而在慈悲之心有所不忍，欲不灭之而在公义之法归于无有。界此两难之间，不得已割下至尊至贵之太子耶稣基督，由天降地……在世三十三年，招十二门徒，教以天父救世之圣旨，使人悔罪改过，可蒙代赎罪之恩。后来果然被恶人钉死十字架上，流其宝血，受尽千般凌辱，万种凄凉，代普天下万邦弟妹赎罪"〔2〕。这些都是基督教救赎论的表述。

与基督教救赎论不同的是，上帝教在这一教义之外，又增加了杨秀清作为"赎病主"为世人赎病的内容。

上帝教的这一教义产生于1848年，时在平在山。《天情道理书》详细阐发了这一教义，主要内容有如下几点：

其一，因世人仍然叛逆天父上帝，上帝再次对人类进行惩罚，这次惩罚是大降瘟疫。《天情道理书》说："戊申岁三月，天父大开天恩，亲身下凡，出头作主，托东王金口，教导兄弟姊妹，乃龛天下万郭人民。此乃天父义怒，

〔1〕 段琦等：《基督教学》，当代世界出版社2000年版，第166页。

〔2〕《开朝精忠军师干王洪宝制》，太平天国历史博物馆：《太平天国印书》，江苏人民出版社1979年版，第706页。

固已差天王降生为天下万郭真主，救世人之陷溺。世人尚不知敬拜天父，并不知真主所在，仍然叛逆天父，理宜大降瘟疫，病死天下之人。”

其二，天父不忍凡间人民尽遭病死，又大发仁慈，故特差东王下凡，代世人赎之。“东王赎病之时，寝不安枕，食不甘味，不辞劳瘁，艰苦备尝，甚至口哑耳聋，以一己之身赎众人之病，以一身之苦代世人之命，总欲救得天下万郭人民永远得生。”《天情道理书》并特意渲染了东王的一场重病。“迨庚戌四月间，东王一旦忽又口哑耳聋，耳孔出脓，眼内流水，苦楚殆甚”。“其时外人未识皇上帝之圣心，皆私议东王几成病废，以致有不知尊敬东王，反为亵渎东王。及至金田团营，时维十月初一日，天父大显权能，使东王忽然复开金口，耳聪目明，心灵性敏，掌理天国军务，乃龛天下弟妹。”〔1〕

传教士韩山文对此有这样的评论：“有许多患病者借祈祷之力而得痊愈。传言杨秀清有代人求神力治病之奇能。由记录上观之，则秀清似是自愿且祈祷将病者之病传诸其身，赎去其病，藉使其人得愈，其后自己乃求除病。”〔2〕

综合以上两点可知，上帝教关于杨秀清作为“赎病主”为世人赎病的教义也可以归类于客观救赎论。

太平天国宣传这一救赎论，目的很清楚。即如《天情道理书》所云，树立东王的权威。要求太平天国军民懂得“我们兄弟姊妹今日之得救得生得享天福者，皆赖东王赎病之大功劳也。当其时真道兄弟姊妹多被妖人恐吓，若非天父下凡教导作主，恐伊等心无定见，安得不忘却真道，差入鬼路乎？此可见天父下凡之权能凭据也。”〔3〕

1854年，太平天国更向来访之英国使节宣示了上帝教的这一救赎论，声称：“天父下凡圣旨指出：天下万国人民之病，皆是东王所赎；天下万国人民蒙昧，皆是圣神风化醒。今天父指出东王是圣神风，故封东王为劝慰师

〔1〕《天情道理书》，太平天国历史博物馆：《太平天国印书》，江苏人民出版社1979年版，第520页。

〔2〕韩山文：《太平天国起义记》，中国史学会主编：《太平天国》（六），神州国光社1952年版，第866页。

〔3〕《天情道理书》，太平天国历史博物馆：《太平天国印书》，江苏人民出版社1979年版，第520页。

圣神风禾乃师赎病主，使天下人民得知天父鸿恩。"[1]

天京变乱，杨秀清死难。此后，洪秀全仍然在维护这一教义。1858年，洪秀全在《赐英国全权特使额尔金诏》中宣扬："爷遣东王来赎病，眼蒙耳聋口无声。受了无尽的辛苦，战妖损破颈跌横。爷爷预先降圣旨，师由外出苦难清。期至朝观遭陷害，爷爷圣旨总成行。太兄赎罪把命捐，替出世人万万千。东王赎病同哥苦，瘟脱归灵谢爷恩。""上帝又降圣旨曰：九重天上一东王，辅佐江山耐久长。上帝降此二句圣旨，又命朕续尾二句。朕遵爷圣旨续二句云：禾乃师兼赎病主，乃粜世人大担当。"[2]

同年旨准颁行的《醒世文》则宣传："复命东王赎病主，左辅朝纲乃世人……乃师救饥能疗病，乃粜万国得常生……口哑耳聋孔脓出，眼内流泪甚伤情，牵带弟妹归真道，后师特出永垂名。"[3]

直到1861年，洪秀全还在诏旨中重申："人无基督谁赎罪？视哥如父理本当。人无东王谁赎病？瘟脱归灵爷旨彰。灵就是风风劝慰，使风之职是东王。"[4]

由上可见，上帝教的这一教义尽管由杨秀清而生成，但也并未因杨秀清死难而生变，自始至终未作任何更动。

六、天堂：大天堂与小天堂

基督教的天堂是一个纯粹属灵的境地。

天堂也表述为"天国"，如《马太福音》说："我又告诉你们，从东从西，将有许多人来，在天国里与亚伯拉罕、以撒、雅各一同坐席"。[5]

---

[1] 《东王杨秀清答复英人三十一条并质问英人五十条诰谕》，太平天国历史博物馆编：《太平天国文书汇编》，中华书局1979年版，第300页。

[2] 《赐英国全权特使额尔金诏》，太平天国历史博物馆编：《太平天国文书汇编》，中华书局1979年版，第42页。

[3] 《醒世文》，太平天国历史博物馆：《太平天国印书》，江苏人民出版社1979年版，第664页。

[4] 《天王诏旨》，中国社会科学院近代史研究所等编：《太平天国文献史料集》，中国社会科学出版社1982年版，第3页。

[5] 《圣经·新约·马太福音》第8章，第11节。

天堂还表述为“上帝的国”。如《路加福音》说：“你们要看见亚伯拉罕、以撒、雅各和众先知，都在上帝的国里”，“从东、从西、从南、从北，将有人来，在上帝的国里坐席”[1]。

按照《圣经》的说法，“天国”在天上，在来世，在将来。如《马太福音》说，耶稣教门徒祈求天国降临。他说：“我们在天上的父，愿人都尊你的名为圣。愿你的国降临，愿你的旨意行在地上，如同行在天上。”[2]耶稣要求门徒出去宣传“天国近了”[3]，具体是什么时候呢，如耶稣所说，“那日子、那时辰，没有人知道，连天上的使者也不知道。子也不知道，惟独父知道”[4]。

根据《圣经》的说法，“天国”也可以在人心里，在地上。《路加福音》说：有人问上帝的国几时来到，耶稣回答说：“上帝的国来到，不是眼所能见的。人也不得说，‘看哪，在这里’，‘看哪，在那里’；因为上帝的国在你们心里（‘心里’或作‘中间’）。”[5]这个国不是世俗政权与国家，正是在这个意义上，耶稣在彼拉多面前受审时，彼拉多问耶稣：“你是犹太人的王吗”耶稣回答说：“我的国不属这世界；我的国若属这世界，我的臣仆必要争战，使我不至于被交给犹太人；只是我的国不属这世界。”[6]这里的国即是指世俗的政权与国家。

《劝世良言》复制了《圣经》的相关内容，在《劝世良言》中，“天国”、“上帝国”、“天堂”三个名称通用，天国既在天上，也在地上。《劝世良言》称：“天国二字，有两样解法。一样，指天堂永乐之福，系善人肉身死后，其灵魂享受之真福也。一样，指地上凡敬信救世主耶稣众人，聚集拜神天上帝之公会也。”[7]

洪秀全的基督教知识来自《劝世良言》，洪秀全的宗教语言材料来自

---

〔1〕《圣经·新约·路加福音》第13章，第28—29节。
〔2〕《圣经·新约·马太福音》第6章，第9—10节。
〔3〕《圣经·新约·马太福音》第10章，第7节。
〔4〕《圣经·新约·马太福音》第24章，第36节。
〔5〕《圣经·新约·路加福音》第17章，第20—21节。
〔6〕《圣经·新约·约翰福音》第18章，第35—36节。
〔7〕梁发：《劝世良言》，《近代史资料》，中华书局1979年版，第21页。

《劝世良言》,但是,在上帝教异化为宗教政治运动的过程中,洪秀全的神学阐述突破了《劝世良言》的范畴。这种突破主要表现在两个方面。其一,梁发所说的天国的第二种解法是"地上凡敬信救世主耶稣众人,聚集拜神天上帝之公会",即信徒所组织的教会。而洪秀全所要建立的"太平天国",不是这样的"公会",而是拜上帝的"国家"。

其二,洪秀全的宗教思想与神学理论与德国农民战争中的闵采尔的观点相近,而与《劝世良言》阐述的基督教义不同。梁发宣扬信奉上帝,"死后有天堂永福可享"。但劝人生前"遇了艰难"要"忍耐顺受"、"安贫乐业",这就使不满现实的洪秀全难以接受,并曾针锋相对地说:"过于忍耐或谦卑",是"殊不适应于今时"。另外,他还解释"天国"的含义说:"天国是总天上地下而言,天上有天国,地下有天国,天上地下同是神父天国,勿误认单指天上天国";"盖天国来在凡间,今日天父天兄下凡创开天国是也"[1]。可见上帝教所向往的,既是死后到天堂享福,也要解除人们生前的痛苦,"斩邪留正解民悬",这就是他建立太平天国的目的,这也是洪秀全与梁发的不同之处。

法国著名汉学家沙百里(Jean Charbonnier)指出:太平天国"反抗满族人的腐朽统治,首先是受了由人民来打破皇帝的天命这一儒家传统的影响,同时还受了蕴含在《太平经》中的道家关于平均主义社会的理想的影响。他们重新采用了给中国历史划出坐标的农民战争的传统。可以把这场起义与马丁·路德时期使德国四分五裂的基督教农民战争加以比较。与人民的压迫者展开激烈斗争,这同样是《圣经》的传统。"沙百里肯定了太平天国运动反抗清政府压迫的正义性,他同时也强调指出:"但惟有以耶稣十字架为标记的救世的《福音书》,能赋予这种斗争以消除罪孽以便上帝天国降临的精神上的意义;而天国并非这个人世。太平天国还没有达到这一境界。他们想建立一个尘世的王国。"[2]

---

〔1〕《钦定旧前遗诏圣书批解》,金毓黻、田余庆:《太平天国史料》,中华书局1959年版,第81页。

〔2〕沙百里著,耿昇、郑德弟译:《中国基督徒史》,中国社会科学出版社1998年版,第254页。

洪秀全还将上帝教所宣扬的地上天国的幸福与此前基督教所宣扬的天上天国的幸福作了比较，并发展了基督教教义。洪秀全诏旨有这样一段话："普天大下，万国万代臣民，同享爷哥真福，在世升天永活威风无了期。此当前太兄升天命门徒传福音于普天大下人听也。盖福音之传，为今日预先传知众人，凡间得享真福。真福何在？在爷哥恩降凡间带朕作主坐天国，救起万民转天堂，在世享真福，升天得永活。故福音久传于从前，今爷哥下凡带朕作主，天国迩来，现享真福，后得永活。自开辟至今，未有如今日之大福也。生在太平世界，何幸如之！"〔1〕

上述诏旨前两句话是说：生在耶稣命门徒传播福音的那个时代，众人所"享爷哥真福"是"在世升天永活"。后几句话是说：生在洪秀全作主坐天国的"太平之世"，众人则能"现享真福，后得永活"，就是说，不必等到升天，人们活着就能"现享真福"。这是耶稣传教时所没有的，也是自开辟以来所未曾有过的大福。洪秀全的这份诏书说明，与此前基督教仅仅向信徒许诺来世幸福不同，上帝教既许诺来世的幸福，还承诺现世的幸福。

恩格斯在评论德国农民战争时期闵采尔的政治纲领时指出："这个纲领要求立即在地上建立天国，建立早经预言的千载太平之国……闵采尔所了解的天国不是别的，只不过是没有阶级差别，没有私有财产，没有高高在上和社会成员作对的国家政权的一种社会而已。所有当时政权，只要是不依附和不加入革命的，都应推翻，一切工作一切财产都要共同分配，最完全平等必须实行。"〔2〕就此而言，洪秀全的"太平天国"与德国农民战争的"太平之国"恰是异曲同工的"地上天国"。

在基督教史上，"上帝已死"派的创始人和典型代表朋霍费尔(Dietrich Bonhoeffer，1916—1945)曾提出要"重新认识耶稣基督"。他在《狱中书简》中指出，"耶稣并不是号召人去信仰一种新的宗教，而是获得生命"。耶稣并没有号召人们放弃社会责任，消极躲避世上的恶，去被动地接受所谓"廉

〔1〕《天历每四十年一斡旋诏》，太平天国历史博物馆编：《太平天国文书汇编》，中华书局1979年版，第46页。

〔2〕恩格斯：《德国农民战争》，《马克思恩格斯全集》第7卷，人民出版社1959年版，第414页。

价的恩惠”，而是要人们挺身而出，勇于自我牺牲，与世界上的恶开展斗争。朋霍费尔认为，“以往教会把世界一分为二，即分为神圣的和世俗的，并认为前者有更高的价值而忽视了后者，于是陷入自我封闭、与世隔绝的境地”，他“主张教会应带着上帝的印记进入世界”，信徒“应通过自己的努力拯救这个世界”。[1] 这一点也与太平天国上帝教的世俗化诉求相近。

从本意讲，洪秀全主观上要建立一个以上帝教为国教的人间天国，欲使天下人全部皈依上帝教，从这个意义上说，这次运动是一次宗教运动。而人间天国的设计，客观上体现了这次运动的政治性质，洪秀全关于人间天国的设计是对当时世俗经济和政治秩序的否定，这一世俗经济和政治秩序的代表是当时的清王朝的封建统治，这就使太平天国运动成为一场反抗清政府统治的斗争，从这个意义上说，这次运动同时又是一次政治运动。

引人注目的是，洪秀全的人间天国又有“大天下”和“小天下”之异，这两个概念在太平天国文献中可以清楚地看出：大天下是世界，小天下是中国。

大天下就是按照“万方来朝”的传统宗藩关系理念和“普天大下归上主”的上帝教宗教理念来构建对全世界的统治。例如，太平天国立国不久，在永安建立一些重要制度的时候，即体现了“大天下”的观念，《永安封五王诏》称：“今特褒封左辅正军师为东王，管治东方各国；褒封右弼又正军师为西王，管治西方各国；褒封前导副军师为南王，管治南方各国；褒封后护又副军师为北王，管治北方各国；又褒封达胞为翼王，羽翼天朝。以上所封各王，俱受东王节制。”[2]

美国来华专使麦莲在考察太平天国后曾就此报告说：“这个王的集团还自称是世界的统治者。毫无疑问，诸王及其兄弟们几乎全然不知世界上到底有哪些王国和国家，但他们统治全世界的要求却十分明确。天父，至高无上的主，威严而又崇高的统治者，是唯一真正的上帝，是普天之下所有国家的臣民的父亲；而天王，我们的君主，则是世间一切国家的爱和平的真正的统治者。这些，以及其他类似词句，在他们的言谈与文件中屡见不鲜。

---

〔1〕 唐逸：《基督教史》，中国社会科学出版社 1993 年版，第 400 页。

〔2〕《永安封五王诏》，太平天国历史博物馆编：《太平天国文书汇编》，中华书局 1979 年版，第 36 页。

从上述正误参半的前提出发，他们得出结论：正如一切国家都应服从唯一真正的上帝一样，他们也应向天上之王，甚至向洪秀全顶礼膜拜，并进献奇珍异宝作为贡品。"[1]

在未征服世界建立"大天下"之前，太平天国领导人的表现是双重的，在精神上表现为自居"大天下"的君主，正如洪秀全在批解《圣经》时所说："今天父上帝、太兄基督下凡带朕暨幼主作主，万郭(国——引者著)已归上帝，基督带朕暨幼主管理，世世靡暨矣。"[2]在国际交往中，在太平天国并未征服世界的现实环境中，太平天国领导人则经常自处于"小天下"的君主地位。亦正如洪仁玕致英国翻译官函所称："天朝礼制实与外国不同。外国之王虽出街闲游，不嫌自轻，唯以双膝跪为重。我天朝则自列王及各大员，跪为平常，但以轻出为非礼。"[3]直以太平天国与外国相埒。

七、"末世论"："审时"

"末世论""在不同的历史时期拥有不同的载体，因而具有不同的功能与作用。最初，其载体是正宗的宗教，被用来引导信徒忘却现世苦恼而祈盼未来幸福生活和向往彼岸世界，因而具有帮助统治者对民众进行'教化'的功能和维护社会稳定的作用。在传统农业社会，其载体是农民与其他下层群众的反抗组织，具有反对教会腐败和世俗统治的功能和破坏封建统治的积极作用。在当代，其载体是中外邪教组织，具有破坏正常社会秩序的负面功能和危害人民生命财产安全的消极作用。"[4]

世界上不少宗教的教义中含有"末世论"。末世论是伊斯兰信仰的重

---

[1] 《苏斯奎汉那号的南京、芜湖之行》，北京太平天国史研究会编：《太平天国史译丛》第2辑，中华书局1983年版，第46页。

[2] 《钦定旧前遗诏圣书批解》，金毓黻、田余庆：《太平天国史料》，中华书局1959年版，第91页。

[3] 《干王洪仁玕致英国番译官富书》，太平天国历史博物馆编：《太平天国文书汇编》，中华书局1979年版，第318页。

[4] 秦宝琦：《中外"末世论"及其载体功能的演变》，社会问题研究丛书编辑委员会编：《论邪教》，广西人民出版社2001年版，第98页。

要组成部分，是伊斯兰教信仰五大组成部分(信真主、信末日、信天神、信天经、信先知)之一。佛教流行的弥勒救世预言称，五十多亿年后，弥勒佛于华林园中龙华树下成道，开三番法会(龙华三会)，初会九十六亿人得阿罗汉；二会九十四亿人得阿罗汉；三会九十二亿人得阿罗汉，度尽上中下三根之众生。弥勒救世的信仰成为民间宗教救世思想的渊源。

在基督教神学里，"末世论这个名称，是因为它讨论'末后'的事情而来。就是说'现存的世界就要终结了'。……'它们被称为末后的事，乃因有些是关于个别人的末后事，有些是关于人的集体和全世界的最后情况。属于前一类的有死和死后灵魂的情形；属于后一类的有死人复活及活人的改变、最后的审判与世界的大火等。'"〔1〕

基督教的世界末日说认为，现实世界总有一天将最后终结，耶稣基督将再度降临人间，那时，死人将全部复活，活人也有身体变化，所有的活人和死人都将接受上帝的审判，即所谓"末日审判"。通过审判，无罪的人升天堂享永福，有罪的人下地狱受永刑。魔鬼也将被抛入火湖受永刑。

无疑，洪秀全最早就从《劝世良言》和《圣经》中接触了基督教的"末日审判"教义。但洪秀全对这一教义作了自己的理解与解释。上帝教与其所依据的基督教"末日审判"教义既有继承，又有差异，并有一些根本的改造。

1. "末日审判"的含义

如上所说，基督教的末日审判是指耶稣基督将再度降临人间，所有的活人和死人都将接受上帝的审判，无罪之人、有罪之人和魔鬼等都将被判定不同的结局。这里注重的是对罪恶的审判和各色人等的判局。

在上帝教的教义里，没有"末日审判"的字眼，而代之以洪秀全创造的"审时"，有时则表达为"安息期至"。如云："今审时既至，故当崇拜上帝，验矣。钦此。今当禾熟之时，即得救之候，朕是禾王，东王禾乃，禾是比天国良民，禾王、禾乃俱是天国良民之主也，验矣。钦此。"又如："今天地安息期至，爷哥下凡斩邪留正，收麦焚稗，验矣。义人享福在天父之国，验矣。"〔2〕

---

〔1〕 米勒尔著，李天德译：《基督教教义学》，香港路德会文字部1986年再版，第385页。

〔2〕《钦定旧前遗诏圣书批解》，金毓黻、田余庆：《太平天国史料》，中华书局1959年版，第82页。

基督教的世界末日说引导信徒行善祛恶，在道德伦理和行为方面自律。上帝教则不但引导信徒行善祛恶，在道德伦理和行为方面自律，而且要求信徒投入现实的政治运动，在人间建立新天新地。

2.“末日审判”的时间

基督教把“末世”的到来推向遥远的未来，引导信徒行善祛恶，在道德伦理和行为方面自律。

上帝教不是把“末世”推向遥远的未来，而是宣称认为“今审时既至”，已经到了耶稣降临，“爷哥带朕坐山河”，建立“新天新地新世界”的时候。为此，洪秀全曾下诏将太平天国更名为“上帝天国”，不久又改为“天父天兄天王太平天国”。

3.“末日审判”来临的迹象

基督教教义论及世界末日到来的预兆说：“先前的天地已经过去”，“看见一个新天新地”，“又看见圣城新耶路撒冷从上帝那里从天而降”。上帝教则宣称：太平天国就是“新天新地”，“约翰所见是天上大天堂，天上地下一样，新耶路撒冷今天京是。上帝基督下凡带朕暨幼主作主创开天朝天堂。上帝天堂今在人间，验矣”。“在地如在天，约翰所见是天上大天堂，天上地下一样新也路撒冷，今天京是上帝、基督下凡带朕暨幼主作主创开天朝天堂。上帝天堂今在人间，验矣。钦此。”〔1〕

基督教教义论及世界末日的天象说：“那些日子的灾难一过去，日头就变黑了，月亮也不放光，众星要从天上坠落，天势都要震动。”“人子的兆头要显在天上，地上的万族都要哀哭。他们要看见人子有能力，有大荣耀，驾着天上的云降临。”（马太福音）上帝教则宣称：“朕是太阳，降世为人则变暗矣，朕妻太阴，降世为人则不发光矣，天将天兵是星宿，降世为人则自天坠地矣。今爷哥升天，云而来选，民聚集四方，由天边及其涯而来，样样应验矣。”〔2〕又云：“朕是太阳，朕妻太阴，变黑如血，是隐诏降世为人。天将天

---

〔1〕《钦定旧前遗诏圣书批解》，金毓黻、田余庆：《太平天国史料》，中华书局1959年版，第92页。

〔2〕《钦定旧前遗诏圣书批解》，金毓黻、田余庆：《太平天国史料》，中华书局1959年版，第83页。

兵是天星坠地者,隐诏降世诛妖。天去如卷卷,且各山岛移本处,是降诏天地除旧换新,太平一统,舆图换新,世上长宪。自匿窝穴山岩,是隐诏今时蛇兽伏诛,残妖绝灭。今验矣。"

《圣经》中关于世界末日耶稣复临说:"但那日子、那时辰,没有人知道,连天上的使者也不知道,子也不知道,唯独父知道……家主若知道几更天有贼来,就必警醒,不容人挖透房屋,这是你们所知道的。所以,你们也要预备,因为你们想不到的时候,人子就来了。"〔1〕《劝世良言》表述为:"盖于尔等不觉之时,救主即来审判世界矣。""惟及该日该时,无人知之,天上之神使亦不知,独神父知之也。""盖末日将到,如贼在夜上,惟固守救主之真道,常忍耐者,乃得救矣。"〔2〕上帝教则云:"今上帝暨基督至,何圣徒不知欢喜,亦既征验。尔所传之福音,缘何不信此,正太兄预诏朕将来也。如贼不知不觉之时至,验矣。钦此。"〔3〕又云:"今太兄猝然至,不料不知,验矣。"〔4〕"天国迩来今真来,哥至如贼确不诬。"〔5〕应该指出的是,洪秀全将世界末日耶稣复临喻为"哥至如贼",如同《圣经》和《劝世良言》,显然也是强调耶稣复临的时间的不确定性,洪秀全并由此进一步认证耶稣已经复临。

与基督教只有耶稣复临不同,在上帝教教义里则是整个上帝家庭的下凡。就连耶稣之妻也一起降临地上太平天国。如洪秀全说:"神羔之妻就是天嫂,朕上天时见过多少,今天嫂亦下凡呼朕为叔也。""今下凡又有天父、天母、天兄、天嫂。"〔6〕

---

〔1〕《圣经·新约·马太福音》第24章。《圣经》中类似记载还有:"主的日子要像贼来到一样。"(《彼得后书》第3章)"主的日子来到,好像夜间的贼一样。""那日子临到你们像贼一样。"(《帖撒罗尼迦前书》第5章)"我必临到你那里如同贼一样。"(《启示录》第3章)"看哪,我来像贼一样。"(《启示录》第16章)

〔2〕梁发:《劝世良言》,《近代史资料》,中华书局1979年版,第139页。

〔3〕《钦定旧前遗诏圣书批解》,金毓黻、田余庆:《太平天国史料》,中华书局1959年版,第92页。

〔4〕《钦定旧前遗诏圣书批解》,金毓黻、田余庆:《太平天国史料》,中华书局1959年版,第83页。

〔5〕《赐通事官领袖接天义罗孝全诏》,太平天国历史博物馆编:《太平天国文书汇编》,中华书局1979年版,第53页。

〔6〕《钦定旧前遗诏圣书批解》,金毓黻、田余庆:《太平天国史料》,中华书局1959年版,第84页。

基督教教义论及世界末日耶稣的活动说:“故救世主将临时,以神父之大荣威,同其万亿神使,其乃遣各神使以号筒吹之大声,以致集会其特选敬信其福音之人,从四风而来,从天之一边,至其那一边也。其既摆设审台时,通天下万国之人。皆必至救主审台之前,以使各获本身照其所行善恶之报。斯时则有神使展开各善恶之书卷,以令众不敬畏神父之人,可知认自家的恶言恶行,乃使各人之眼必见之。……于是神使辈将出来而分善恶,救善出恶之中,如牧者分绵羊离其山羊也。”又云:“救主之坐,乃似火之焰,其轮似火烧,在于其之前,有万亿神使侍立之。时斯救主即令神使,以神父烈怒之火,烧败全地,而全万物皆被火吞矣。其即以活焰酬罚诸未识神父、未信顺其福音真道之人也。救主已审判完了,人乃乘云下来。其呼神使之声,以神父之号筒,由天降临。始初敬信基督而死之辈,复活为先,而后复活吾等后信遗剩之辈。乃共同被携升于云,迎接救主在空中,则如是吾等与救主偕永远而居。”〔1〕

上帝教则云:“今太兄降临坐其荣位,万国集其殿前,验矣。”〔2〕“今太兄至矣,天朝有天父上帝真神殿,又有太兄基督殿,既刻上帝之名与基督之名也。由天父上帝自天降下之新也露撒冷,今天京是也,验矣。钦此。”“今蛇兽被天亮烧毁,验矣。钦此。”〔3〕

关于基督教的世界末日,《马可福音》说:彼得等暗暗地问耶稣有什么征兆,耶稣说:“你们听见打仗和打仗的风声不要惊慌,这些事是必须有的,只是末期还没有到。民要攻打民,国要攻打国,多处必有地震、饥荒,这是灾难的起头。”〔4〕上帝教则宣称:“太兄恐泄故降隐诏……今爷哥升天云而来。选民聚集四方,由天边及其涯而来,样样应验矣。”〔5〕“今上帝基督下

〔1〕 梁发:《劝世良言》,《近代史资料》,中华书局1979年版,第139页。

〔2〕《钦定旧前遗诏圣书批解》,金毓黻、田余庆:《太平天国史料》,中华书局1959年版,第83页。

〔3〕《钦定旧前遗诏圣书批解》,金毓黻、田余庆:《太平天国史料》,中华书局1959年版,第83页。

〔4〕《圣经·新约·马可福音》第13章,第3节。

〔5〕《钦定旧前遗诏圣书批解》,金毓黻、田余庆:《太平天国史料》,中华书局1959年版,第83页。原引文标点为:“今爷哥升天,云而来选,民聚集四方,由天边及其涯而来。”

凡，再建上帝殿堂在天京天朝矣，普天下合一均求上主矣。”[1]

总之，基督教里基督降临的“末日审判”在上帝教里成了“审时”、“天地安息期”，成了上帝、基督与上帝家庭所有成员一起下凡，将上帝天堂建为人间天国的盛事。正如洪秀全的诏旨所描述：“上帝、基督住人间，天地新；爷哥带朕幼作主，朝廷新；父子公孙同作主，天国新；爷妈哥嫂同下凡，天堂新；太平天日照万方，世界新；天将天兵齐辅佐，爵职新；在地如天圣旨行，山海新；蛇兽伏诛人安妥，臣民新；一统万年万万年，景瑞新；风调雨顺天恩广，万象新。”[2]“末日”、“审时”、“天地安息期”成了上帝教“万象更新”的辉煌时刻。

八、原　罪

在基督教神学中，亚当、夏娃偷吃“禁果”，违背了上帝的意志，“亏欠了上帝的荣耀”，这罪遗传给后世子孙，称为“原罪”。《劝世良言》中说：“奈因初受造之人，不能恒守活灵之志，以致被蛇魔诱惑，干犯天律，遂引万恶入世，诸苦灾艰难亦齐来矣。所以恶风渐入人心，善性致乱，活灵之志亦渐离善矣。故后世之人，不由正气而成胎，乃怀恶欲而受孕。是以人生出世，就有恶根在心，以致行恶则易，守善即难。”[3]

洪秀全是研读了《圣经》和《劝世良言》的，但从太平天国文献看，洪秀全关于悔罪的论述很多，却没有如同《劝世良言》这样的表述。如《太平天日》载洪秀全最初立教活动时说：“此时如梦初觉，乃作感悟悔罪诗，诗曰：‘吾侪罪恶是滔天，幸赖基督代保全。克胜邪魔遵圣诫，钦崇上帝正心田。’”[4]接着，洪秀全便与李敬芳在皇上帝面前悔罪，再劝其家人要在皇

〔1〕《钦定旧前遗诏圣书批解》，金毓黻、田余庆：《太平天国史料》，中华书局 1959 年版，第 86 页。

〔2〕《万象更新诏》，太平天国历史博物馆编：《太平天国文书汇编》，中华书局 1979 年版，第 54 页。

〔3〕梁发：《劝世良言》，《近代史资料》，中华书局 1979 年版，第 3 页。

〔4〕《太平天日》，太平天国历史博物馆：《太平天国印书》，江苏人民出版社 1979 年版，第 43 页。

上帝面前悔罪，又与洪仁玕、冯云山同在皇上帝面前悔罪，并往石角潭浸洗[1]。这里的罪是指不敬皇上帝。又如，太平天国的《天条书》所制《悔罪奏章》云："祈祷天父皇上帝格外恩怜，赦从前无知屡犯天条。"再如，《谕人悔改得救》称："夫获罪于人，在人前认错，而人当释然无憾；而认罪于灵魂之天父上帝，其肯赦必无疑矣。诚以此良知良能本由天授，倘天父无此赦罪之条，而人何得具此恕罪之良能乎？"[2]所有这些文字均未提及原罪问题。据此，还很难确定洪秀全是否接受基督教神学的"原罪"。洪秀全唯一似乎涉及原罪问题的文字在《圣经》批解中。他说："夏娃初信鬼话，致后来子孙受洪雨浸。"[3]

可做定论的是，洪仁玕接受并表达了基督教原罪的教义。洪仁玕的《开朝精忠军师干王洪宝制》在论述"克敌诱惑"时说：世上诱惑不能免，人心诱惑不能无。"实由厥初生民之日，既染私欲为罪根，遂至母胎怀妊之时，亦有诱惑为原因矣。"[4]众所周知，太平天国后期，洪仁玕为上帝教的教义中加注了若干基督教教义，此亦一例。

九、撒旦：阎罗妖、"老蛇妖鬼"与东海龙王

在《圣经》中，撒旦是上帝的仇敌。《创世纪 》记载撒旦在伊甸园作为一条蛇诱惑了夏娃，所以耶稣把撒旦称为最初的蛇。《圣经·启示录》也用大红龙象征撒旦。而在上帝教里，撒旦及其象征蛇和大红龙则变异为阎罗妖与"老蛇妖鬼"。

太平天国癸好三年新刻的《旧遗诏圣书》这样表述："且上主皇上帝所

---

〔1〕《太平天日》，太平天国历史博物馆：《太平天国印书》，江苏人民出版社 1979 年版，第 43 页。

〔2〕《钦定军次实录》，太平天国历史博物馆：《太平天国印书》，江苏人民出版社 1979 年版，第 790 页。

〔3〕《钦定旧前遗诏圣书批解》，金毓黻、田余庆：《太平天国史料》，中华书局 1959 年版，第 79 页。

〔4〕《开朝精忠军师干王宝制》，太平天国历史博物馆：《太平天国印书》，江苏人民出版社 1979 年版，第 702 页。

造之各野兽莫犹于蛇也”,[1]因为蛇诱惑亚当、夏娃偷食禁果。也由于此,洪秀全又称之为“蛇惑”。他在《圣经》批解中说:“夏娃初信鬼话,致后来子孙受洪雨浸。未见死之前,蛇惑逆圣旨未必死还做得神;既见死之后,蛇惑有弟二世还会变生,代代妇人多信鬼话致害命也。”[2]洪秀全对《圣经》所作批解更多这样的内容,如:

“番音亚把顿,即中音阎罗妖也。钦此。”[3]

“大红龙即是亚把顿、阎罗妖也。”[4]

“后蒙爷命要入母腹下去凡间,朕那时知蛇魔阎罗妖须作怪,求爷着顾,免被他害。后爷命朕由天上另一位亚妈肚肠而生以便入世,朕还记得朕入这位亚妈之胎,爷做有记号,即是穿太阳以示身内胎生是太阳也。谁知蛇魔阎罗妖亦知得这妈身胎是朕,上帝特差生入世诛灭这蛇者,故蛇欲吞食之,冀占上帝之业。岂知上帝无所不能,生出之儿,蛇不能害。”[5]

在洪秀全的异梦中,阎罗妖是上帝的对立面,是“四方头红眼睛之妖魔”,洪秀全看见它“总是古古怪怪迷惑人,缠捉人”。还有不少妖魔跟他走。这妖魔是众妖魔之首领,是“妖魔头”,是“凡间人所称阎罗妖”。阎罗妖也很有能耐,“甚作怪多变,有时打倒地,倏变为大蛇矣;又将大蛇打倒,倏又变为别样矣,能变得十七八变,虽狗虱之小亦能变焉”。值得注意的是,这阎罗妖还不能立即收拾掉,“若即收它,许多被他食之灵魂无救矣,况污秽圣所”[6]。这是洪秀全要继续战逐妖魔、拯救世人的使命感的梦幻化。

太平天国文献中有不少诛蛇的记载,如《赐英国全权特使额尔金诏》,

---

〔1〕《旧遗诏圣书》,太平天国历史博物馆:《太平天国印书》,江苏人民出版社 1979 年版,第 161 页。

〔2〕《钦定旧前遗诏圣书批解》,金毓黻、田余庆:《太平天国史料》,中华书局 1959 年版,第 79 页。原引文标点为:“蛇惑有弟二世还会变生代代妇人,多信鬼话致害命也。”

〔3〕《钦定旧前遗诏圣书批解》,金毓黻、田余庆:《太平天国史料》,中华书局 1959 年版,第 91 页。

〔4〕《钦定旧前遗诏圣书批解》,金毓黻、田余庆:《太平天国史料》,中华书局 1959 年版,第 91 页。

〔5〕《钦定旧前遗诏圣书批解》,金毓黻、田余庆:《太平天国史料》,中华书局 1959 年版,第 91 页。

〔6〕《太平天日》,太平天国历史博物馆:《太平天国印书》,江苏人民出版社 1979 年版,第 39 页。

叙述上帝教教义时说："太兄前钉十字架，使留记号无些差，十全大吉就是朕，万样总是排由爷。太兄复苏在三日，三日建殿不是夸。朕乃爷生是三日，建爷哥殿诛魔蛇。癸好三年斩魔蛇，乙荣灭兽赖爷哥，蛇兽伏诛永一统，普天同唱太平歌。"[1]

又如，洪秀全在1860年回忆天酉异梦时又说："天酉朕上天，爷哥带朕诛逐蛇魔……爷哥带朕战逐蛇魔，无数天将天兵扶住朕身。"[2]

顺便指出，不少文章和著述说，洪秀全和太平天国将清政府视为"阎罗妖"。这不符合上帝教教义。在上帝教教义里，在神界是皇上帝与阎罗妖的对立，在凡界则是敬拜皇上帝的太平天国与阎罗妖的"妖徒鬼卒"和"妖人"的对立。这些在太平天国文献里有清楚的叙述。如《救一切天生天养中国人民谕》称："魔鬼者何？就是尔等所拜祭各菩萨偶像也。各菩萨偶像者何？就是蛇魔红眼睛阎罗妖之妖徒鬼卒也。"[3]《奉天讨胡檄布四方谕》："蛇魔、阎罗妖，邪鬼也。鞑靼妖胡惟此敬拜，故当今以妖人目胡虏也。"显然，在上帝教里，阎罗妖的妖徒鬼卒和敬拜阎罗妖的妖人则有各菩萨偶像及"鞑靼妖胡"清王朝等，阎罗妖不是指清王朝。

还要说明的是，在上帝教里，阎罗妖是《圣经》里的蛇魔，甚至也就是中国神话传说中的东海龙王。

据天兄圣旨，戊申年九月，天兄下凡，"天兄基督又谕天王曰：'洪秀全胞弟，星宿说及龙妖，尔还不觉乎？海龙就是妖魔头，凡间所说阎罗妖正是他，东海龙妖也是他，总是他变身，缠捉凡间人灵魂。尔当前升高天，同天兵天将战逐这个四方头红眼睛妖魔头，就是他。尔今就忘记乎？'天王曰：'微天兄说明，小弟几不觉矣。'"[4]《奉天讨胡檄布四方谕》称："蛇魔红眼睛阎罗妖者何？就是上帝当初造天造地时所造生之老蛇。今既变为妖怪，

---

〔1〕《赐英国全权特使额尔金诏》，太平天国历史博物馆编：《太平天国文书汇编》，中华书局1979年版，第44页。

〔2〕《收得城池地土梦兆诏》，太平天国历史博物馆编：《太平天国文书汇编》，中华书局1979年版，第49页。

〔3〕《东王杨秀清西王萧朝贵发布救一切天生天养中国人民谕》，太平天国历史博物馆编：《太平天国文书汇编》，中华书局1979年版，第109页。

〔4〕王庆成编注：《天父天兄圣旨》，辽宁人民出版社1986年版，第138页。

能变得十七八变，东海龙妖亦是他。”[1]

值得注意的是，太平天国定都天京后也使用了龙的图腾。据说，杨秀清与洪秀全曾有这样一段对话。杨秀清问：“二兄谓龙是妖，今造金龙殿，岂不是用妖么?”洪秀全答：“我曾上高天，见天父有金龙殿，故我亦造金龙殿。”杨秀清说：“天父的殿，乃是宝贝龙，今二兄的殿，莫非也是宝贝龙么?”洪秀全答：“然。”杨秀清说：“既是如此，天京城内莫非都是宝贝龙，别无妖龙么?”洪秀全答：“然。”“自是龙目不插箭。”[2]另据《天父天兄圣旨》，1854年，“天父复又劳心下凡，召女师、女丞相曰：……‘以后天朝所画之龙，须要五爪，四爪便是妖蛇。’”[3]这大概就是太平天国的龙与妖龙的区别。

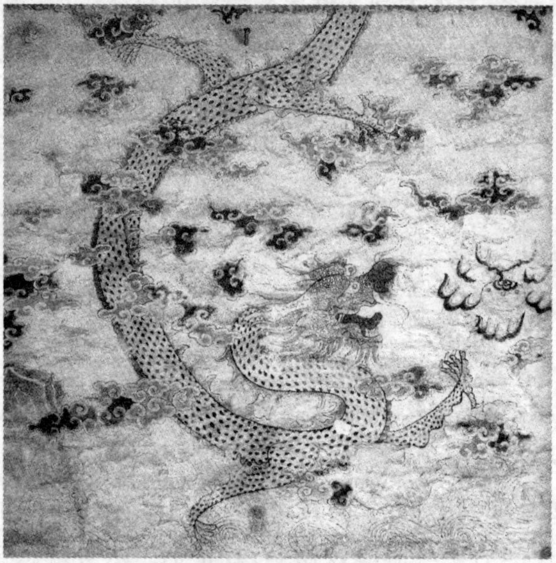

太平天国的龙[4]

[1]《东王杨秀清西王萧朝贵发布救一切天生天养中国人民谕》，太平天国历史博物馆编：《太平天国文书汇编》，中华书局1979年版，第109页。

[2] 张汝南：《金陵省难纪略》，中国史学会主编：《太平天国》(四)，神州国光社1952年版，第720页。

[3] 王庆成编注：《天父天兄圣旨》，辽宁人民出版社1986年版，第7 103页。

[4] 太平天国历史博物馆编：《天国春秋——太平天国历史图录》，文物出版社2002年版，第200页。

十、经典:《旧约》、《新约》、《真约》

史学界一般都同意,上帝教的经典包括《旧约》、《新约》和《真约》。《旧约》、《新约》即太平天国所称《旧遗诏圣书》、《新遗诏圣书》。《真约》何指,史学界有不同的理解。

简又文认为:洪秀全"于《新约》、《旧约》之外,加添太平官书几种,而命名为'真约'"。又说:洪秀全"以其所言所著及所编印之书,与《圣经》具有同等权威而成为《真约》"[1]。

夏春涛认为:"经洪秀全改定后刊行的《圣经》已不再是基督教《圣经》的本来面目。洪秀全将《新约》易名为《前约》,以强调他所得到的神谕更新、更具权威性。《真约》泛指记载天父、天兄圣旨(尤指天父钦命天王下凡作主的神谕)的典籍。1860 至 1862 年,《王长、次兄亲目亲耳共证福音书》、《天父圣旨》、《天兄圣旨》、《太平天日》陆续刊行。这四部书的出版构成洪秀全构建《真约》工作的主要内容。至此,上帝教经典正式问世,计包括《旧约》、《前约》、《真约》三部分,内以《真约》的地位最为尊崇,它是洪秀全修订《圣经》的依据,被喻作荣升天堂的'窄门'。由于上帝教并不以十字架作为自己的宗教标志,所以,上述经典的封面仍沿用传统的龙凤花纹图案。"[2]

还有人认为,《真约》即太平天国天王洪秀全的诏旨,或即包括洪秀全的诏旨及杨秀清、萧朝贵下凡的天父天兄圣旨等在内的文献。

揆诸太平天国文献,上述观点均欠准确。

据太平天国癸好三年旨准颁行文件《诏书盖玺颁行论》,"当今真道书者三,无他,《旧遗诏圣书》、《新遗诏圣书》、《真天命诏书》也。……今将真命诏书一一录明,呈献我主万岁万岁万万岁旨准颁行"[3]。据此,《真约》即《真天命诏书》,亦即"旨准颁行"的"真命诏书"。

---

[1] 简又文:《太平天国典制通考》,简氏猛进书屋 1958 年版,第 1 709 页。
[2] 夏春涛:《从塾师、基督徒到王爷:洪仁玕》,湖北教育出版社 1999 年版,第 130 页。
[3] 黄再兴:《诏书盖玺颁行论》,太平天国历史博物馆:《太平天国印书》,江苏人民出版社 1979 年版,第 464 页。

《汇编天命诏旨书诏》:“天王诏曰:戊申岁三月,天父上主皇上帝下凡,显出无数神迹权能凭据载在诏书。是年九月,天兄救世主耶稣下凡,亦显出无数神迹权能凭据载在诏书。今恐通军大小男女兵将未能熟知天父圣旨命令及熟知天兄圣旨命令,致有误逆天命天令也,故特将诏书寻阅天父天兄圣旨命令最紧关者,汇录镌刻成书,庶使通军熟读记心,免犯天令,方得天父天兄欢心也。后将朕令附尾,亦无非使尔等识法忌法之意。钦此。”[1]引文中第一句是指天父圣旨命令,作为《天命诏旨书》的正文部分。第二句是指天兄圣旨命令,也是《天命诏旨书》的正文部分。“将朕令附尾”是指将天王诏旨作为《天命诏旨书》的“附尾”。如果将“附尾”看作排序问题,即排在最后,则天王诏旨也是《天命诏旨书》的正文。如果将“附尾”看作附录,则《天命诏旨书》的正文应为天父圣旨命令与天兄圣旨命令,天王诏旨仅仅是《天命诏旨书》的附件。

《天命诏旨书》成书于太平天国壬子二年,这说是说,早在 1852 年,《天命诏旨书》即已形成,并已包括天父圣旨命令、天兄圣旨命令和天王圣旨命令。尚需确定的是,天王诏旨是《天命诏旨书》的正文还是附件。笔者认为以后者为妥。

太平天国后期的文件也有相关的表述。辛酉十一年二月的《天王诏旨》称:“今蒙爷哥恩下凡,旧前约外真约添。爷哥圣旨乃真约,齐遵圣旨莫二三。”“爷哥戊申既临世,爷哥降托东西王。循爷哥口罪见贯,爷哥下凡立真约,上天窄门齐寻着。”[2]这件《天王诏旨》说得再清楚不过了:“爷哥圣旨乃真约”、“爷哥下凡立真约”,上帝教的《真约》就是太平天国杨秀清、萧朝贵假天父、天兄下凡所演绎的《天父天兄圣旨》,《真约》不包括洪秀全的圣旨及任何其他文献。

但是,同年颁行的《钦定士阶条例》却又明确说明:“文士子所习之经,须钦遵圣诏,习理《旧约》、《前约》、《真约》诸书。《旧约》即《旧遗诏圣书》,

[1] 太平天国历史博物馆编:《太平天国文书汇编》,中华书局 1979 年版,第 37 页。
[2] 《天王诏旨》,中国社会科学院近代史研究所等编:《太平天国文献史料集》,中国社会科学出版社 1982 年版,第 5 页。

《新约》即《新遗诏圣书》,《真约》即《天命真圣主诏旨书》。"[1]

如此看来,《真约》的概念可能也有一个发展的过程。太平天国前期,《真约》仅含天父圣旨命令与天兄圣旨命令,天王诏旨仅仅是《真约》的"附尾"。太平天国后期,天王诏旨也成为《真约》的组成部分。

在基督教史上,像太平天国上帝教这样对《圣经》经典作出非正统解释的教派绝非绝无仅有,几乎与上帝教同时创立的摩门教就是一例。"摩门教"(Mormons)是美国教会复兴高潮中出现的一个新教派,摩门教创立者约瑟夫·史密斯(Joseph Smith,1805 — 1844)声称,1827 年,他"在纽约曼彻斯特附近发现一卷用古埃及文写成的《摩门经》,系上帝的先知摩门在哥伦布发现美洲前写成的"。根据《摩门经》,"散居世界各地的犹太人将于弥赛亚再次来到之前聚集美洲,上帝将在美国建立新耶路撒冷。摩门教认为《摩门经》与《圣经》同为上帝的话和启示"。史密斯死后,摩门教徒在杨伯翰(Brigham Young,1801—1877)的率领下进入犹他州的盐湖城。20 世纪前 20 年,摩门教约有信徒 50 万人[2]。

由此可见,从基督教史看,洪秀全在《圣经》之外增加所谓《真约》为经典还算不上"创举"。难怪罗孝全说:洪秀全要他到天京来,"并不是要传耶稣基督的福音,使男女归向上帝,而是要我来任职,宣传他的教理,使外国人归向他。我宁可把他们归于摩门教"[3]。

---

[1] 《钦定士阶条例》,太平天国历史博物馆:《太平天国印书》,江苏人民出版社 1979 年版,第 735 页。

[2] 唐逸主编:《基督教史》,中国社会科学出版社 1993 年版,第 366 页。

[3] 汤清:《中国基督教百年史》,香港道声出版社 1987 年版,第 156 页。

太平天国的“天”和“天教”

——兼谈太平天国宗教的正名

如果对太平天国文献作文字的统计，就会发现使用频率最高的一个字是“天”。如果对太平天国的“天”作概念的求索，就会得出这样的结论：太平天国的“天”有着五种不同的含义，是一个“五位一体”的概念。如果从用法和制度等角度考察太平天国文献中的“天教”一词，就很难同意“天教”是太平天国宗教的自称。

一、太平天国的“天”

太平天国文献中的“天”有着五种不同的含义，是一个“五位一体”的概念。

第一，指称基督教和太平天国上帝教的上帝，是一个人格化的神。例如，太平天国曾发布《救一切天生天养中国人民谕》的著名布告，所谓天生天养，洪仁玕曾这样诠释：“万邦人之灵魂、灵性由天父所生……万邦人之肉身，是当初天父甄土以造之，故人死仍归土也，灵魂则升降也。天父养之，故以日月风雨化生谷果鸟兽以供食，使丝麻草木以资衣被……人生在世，又安能一刻忘天父上帝衣食之恩，风光之德，视听之妙乎？”[1]就是说，

〔1〕《钦定英杰归真》，太平天国历史博物馆：《太平天国印书》，江苏人民出版社 1979 年版，第 770 页。

上帝就是天,天就是上帝。其他如天堂(上帝所在之圣殿)、天教(信仰上帝的宗教)、"奉天讨胡"、"顶天扶朝纲"、"天讨"、"天威"、"从天妄说是从番"、"任妖万飞,任妖万变,天要诛他一锅熟"。"皇天(即皇上帝)震怒,令我天兄而舍命代人……上天(即上帝)眷顾,不惜太子而降之凡间"[1]等均是。王庆成先生撰有专文指出:"太平天国以'天'称呼上帝和作为与上帝意义相同的词,是频繁的,一贯的。"[2]

第二,指称与太平天国国家有关之事物。如国名:《钦定敬避字样》称:"太平天国,是天父、天兄、天王开辟之国。"太平天国先后用过的国名有三种即太平天国、上帝天国、天父天兄天王太平天国,也可简称"天国";如君王名号:天王。洪仁玕说:天王者,"盖谓系王于天,所以大一统也。此天王尊号前代无人敢僭者,实天父留以与吾真圣主也"[3]。天王就是太平天国的君王。其他如朝名:天朝(天朝田亩制度、天朝九门御林、"天朝号为太平天国");京名:天京、天都、天城;历法名:天历;省名:天浦省、浙江天省;其他如天四驸马、天东驸马、天西驸马、天兵、天将等均是。正如洪仁玕所说:"今我天王蒙天父、天兄下凡带坐山河,创开天国、天朝,定鼎天京,奉天诛妖,兵皆天兵,将皆天将,官属天官,尽理天事,同顶天父纲常,故自天王以至某天侯皆冠以天字。"[4]

第三,指称与天王有关之事物。如天酉,1837年,农历丁酉年三四月间,洪秀全在应试失利后大病一场,历时40余日,在此期间,发生了一连串的异梦。洪秀全的"异梦"在太平天国运动中占有异常特殊的地位。《钦定敬避字样》规定"天酉"为敬避字样,将天王异梦上天的这一"丁酉"年赋予特别重要的意义。"单是真圣主上天之年称之,以志天恩也。余仍用丁酉

---

〔1〕《真神独一皇上帝》(制艺),太平天国历史博物馆:《太平天国文书汇编》,中华书局1979年版,第317页。

〔2〕王庆成:《太平天国的"天"和上帝》,《太平天国的历史和思想》,中华书局1985年版,第289页。

〔3〕《钦定英杰归真》,太平天国历史博物馆:《太平天国印书》,江苏人民出版社1979年版,第762页。

〔4〕《钦定英杰归真》,太平天国历史博物馆:《太平天国印书》,江苏人民出版社1979年版,第764页。

字样。"又如天试,太平天国前期的考试制度为三级考试制度,即县试、省试和京试。京试每年在天京举行,由天王、东王、北王、翼王等王府分别开科取士,天王府开科取士称为天试,余称东试、北试、翼试等,均于各王之诞辰举行。天京变乱后,东王死难,北王被诛,翼王出走,京试唯余天试一项,天试即为京试。其他如天亶(太平天国钦定敬避字样,颂天王之诚信美德)、天日(如洪秀全诏书所说:"爷哥在天朕真日")、"天霶永约今成行"等均是。

第四,指称"天下"、世界。如天王诏书称:"天下无弃土,普天大下通是爷哥朕土"、"诏颁普天,咸使闻知"、"苦诏普天进窄门"等均是。

第五,太平天国的"天"在一定的语境中也指称与地相对的物质的天。如《醒世文》说:上帝"六日造成天共地,并造山海与人民"。又如东王杨秀清询问访问天京的英国官员:"有人识得天上有几多重天否?""有人识得天上重重天都一样高否?""有人识得天上头顶重天是何样否?"洪秀全诏书有云:"天地安息太平日"、"天上地下有天国、天京、天朝、天堂"。其他如"有父有兄在高天"、"三十三天爷排先"、"天上真神一上帝"、"爷哥在天"、"九重天廷"、"九重天上一东王"、"乃念日头好上天"等均是。

毫无疑问,上述五种含义中,以"天"指称上帝应该是最本源最主要的含义。由上又可见,太平天国的"天"既是客观存在,又是主观的神秘存在,"这种'混沌'状态"正反映了太平天国思想的特点,太平天国的"天"也是"客观认识和主观认识混一的产物"。

二、"天"是否可指称"上帝"

太平天国以"天"指称"上帝",其文化与宗教依据如何?这一问题涉及中国的传统文化,也涉及基督教神学。

张荣明著《权力的谎言——中国传统的政治宗教》指出,至迟在"西周时期,上帝信仰始终主导着人们的思想"。"大概在上帝信仰产生的同时,还产生了'天'的信仰。"至西汉,"以'天'为最高政治信仰体系在西汉中期基本创立"。"董仲舒所创造的'天'不仅是宇宙世界的主宰神和缔造神,而且是社会正义的创造神和仁义道德的化身。"[1]

在中国传统文化中,"天"有多重含义,其中也包括以"天"指称"上帝"。如《书·泰誓上》云:"天佑下民。"《诗·邶风·北门》:"天实为之,谓之何哉!"《礼记》孔颖达疏称:天,"据其在上之体谓之天,天为体称,故《说文》云:'天,颠也。'因其生育之功谓之帝,帝为德称也。……故周礼司服云'王祀昊天上帝'"[2]。就是说,"天"和"帝"是从不同角度对同一事物的称谓。从位置角度看,天在头顶上,故称为"天";从功能即"德"的角度看,天有生育万物之功,故称为"帝"。

冯友兰在《中国哲学史》中说:"在中国文字中,所谓天有五义。曰物质之天,即与地相对之天。曰主宰之天,即所谓皇天上帝,有人格的天。曰运命之天,乃指人生中吾人所无可奈何者,如孟子所谓:'若夫成功则天也'之天是也。曰自然之天,乃指自然之运行,如《荀子·天运篇》所说之天是也。曰义理之天,乃谓宇宙最高之原理,如《中庸》所说'天命之谓性'之天是也。《诗经》、《左传》、《国语》中所谓之天,除物质之天外,似皆指主宰之天。《论语》中孔子所说之天,亦皆主宰之天也。"[3]

吴康《诸子学概要》认为,天之概念,大致为三。其一,有意志的人格化之天(The Personified Heaven);其二,无意志的与变形的天(The Non-Voluntary Transfigured Heaven);其三,非人格的自然的天(The Impersonal and Natural Heaven)。吴氏认为,儒家关于天的概念的演变为三个阶段,最初为有神论的天(Theism);其后衍化为自然神论(Deism)或泛神论(Pantheism)的天;最后又更趋向无神论(Atheism)的天。[4]

由上可见,中国的传统文化很容易导致人们产生这样的结论,即中国古代经典中的"天"就是古代经典中的"上帝"。所谓"主宰之天"、"人格化之天"就是"上帝"。但这一点在基督教史,特别是中国基督教史上,却是一

[1] 张荣明:《权力的谎言——中国传统的政治宗教》第1章,浙江人民出版社2001年版。

[2] 《礼记正义》第25卷,上海古籍出版社1990年版,第479页。

[3] 冯友兰:《中国哲学史》上册,中华书局1961年版,第55页。

[4] 吴康:《诸子学概要》,转引自何世明:《基督教与儒学对谈》,宗教文化出版社1999年版,第32页。

个曾经引起轩然大波的复杂问题。

明末清初来华的传教士“因言语不达，许多宗教名字，颇难取决，天主之名尤为其一。起初译 Deus 为陡斯，译音而不译义，利玛窦起初取用天主二字，嗣后研究中国古籍，知天与上帝之名，为中国古圣贤用以指天地之主宰，于是改变初志，以天及上帝名 Deus 而不用天主二字矣。及读朱熹集注察出朱子之注释，是将古圣贤所解说天与上帝之真旨，改变其意义，以为天是苍苍之天，而上帝并非有天地主宰之义；利子于是又以天主与天、上帝三名并用之矣”〔1〕。利玛窦“从一开始就对中国人的理性的头脑印象深刻，他深信，孔子论述上帝本性的学说在本质上类似于基督教教义；他相信，孔子教导他的信徒不要崇拜可见的天空，而要崇拜看不见的上帝，即天国之主，这一点可以毫无困难地用基督教的术语来加以解释。许多基督教注释家对于中国的宗教作出了相似的评论”〔2〕。

在康熙年间发生的著名的“礼仪之争”中，来华天主教传教士向罗马教廷汇报说：“几乎所有的教士都说，中国的文人们——中国最有影响的阶层，总是认为他们遵循和教导的这一阶层的学说掉入无神论中至少有五百年了。他们全体或几乎全体都认为‘天’和‘上帝’，除了物质上的意义以外，没有任何其他含义，是指看得见的物质的天空，或者至多指天空中的某些天的力量。他们认为这些力量是万物的本原或源泉。因而，就按这样理解，他们去祭拜天地，也拜其他星球、山水。在主要的大城市，如北京、南京，他们就到庙里去祭拜天地。他们在一年中某些特定的日子里到庙里去祭拜天地。尤其在北京，皇帝本人也主持祭天礼。”〔3〕

不管这些天主教传教士对中国人的天的观念的了解是否有失偏颇，他们确实影响了天主教界的看法，在天主教看来，中国文献中的天和中国人所崇拜的天是“物质的”。教宗克莱孟十一世的备忘录称：“我们宣布这些答复：在中国话中无法用欧洲词汇适当地表达‘Deus’的名字。‘天主’一

〔1〕 徐宗泽：《中国天主教传教史概论》，上海书店 1990 年版，第 231 页。

〔2〕 埃里克·J·夏普著，吕大吉等译：《比较宗教学史》，上海人民出版社 1988 年版，第 19 页。

〔3〕 沈保义等编：《中国礼仪之争》，上海古籍出版社 2001 年版，第 21 页。

词，意即天堂之主，应被允许指'Deus'，它已被中国传教士认可，并在信徒中长期得到认可并且使用着。但是另一个'天'字，和'上帝'(至高无上的皇帝)则完全应该加以反对。"[1]显然，基督教界也不同意以"天"指称上帝。

受西方基督教界的影响，中国基督教界同样也不同意以"天"指称上帝。教会人士认为，"中国古代传统文化思想，对天之阐释，乃极主要之论题。不论唐、虞、夏、商、周之上古时代，或先秦诸子时代，亦不论以老庄为首之道家，以墨翟为首之墨家，均常以天为主要论题。至若以孔孟为首的儒家，便更不消说了"。"正因为对天阐释太多，使人对天的认识，形成了众说纷纭，莫衷一是，而莫知所从之局。有谓天是至高无上的主宰；有谓天是天地万物事理的最高原则；有谓天只为自然的现象。在基督教的学者与信徒中，有说儒家思想所言之天，即等于基督教的上帝；又有谓儒家思想所阐释的天，只是哲学思想中的天，与基督教所信全能之上帝无关；更有谓儒家用阴阳的易理去阐释天理，更用来卜作咎、定吉凶，实导引迷信，与基督教所相信的全善、全智与全爱之上帝，相去不知其几千万里。种种说法，不一而足，而彼此之间，不独互有不同，甚至完全相反。"[2]中国基督教界也是不同意以"天"指称上帝的。

作为中国基督教界的少数例外，何世明牧师等人则认为：中国古籍往往以天称上帝，《说文》云"天者，颠也，至高无上也，从一大"。"《礼统》载说：'天之为言镇、神也。理统万物，主宰群生。'"由此可见，古代中国人所信之天，的确与上帝并无差异。而敬天、信天、法天、顺天与祭天，即可以证明中国人乃信神之民族，而所信者更是一神——至高无上之主宰，独一无二之上帝。此乃绝对无可置疑之事。他还说，他就是想"证明古代中国人之上帝，是'亚伯拉罕的上帝、以撒的上帝、雅各的上帝'，但同时也是尧、舜、禹、汤、文、武、孔、孟的上帝，是普天下人包括中华民族在内的上帝，藉以表示我们也是上帝的子民，是以应该归回上帝，因为'上帝是一位'，哪里

〔1〕 沈保义等编：《中国礼仪之争》，上海古籍出版社 2001 年版，第 95 页。
〔2〕 何世明：《基督教与儒学对谈》，宗教文化出版社 1999 年版，第 22 页、第 27 页。

有中外与古今之分？至于说基督教是‘洋教’，而相信基督教便是信仰‘西方人的上帝’的论调，更不是我们所应当接纳的。”[1]有趣的是，何牧师们今日所作的努力，和一个半世纪以前洪秀全等所作过的努力何其相似。

结论是，太平天国上帝教以“天”指称上帝，主要是受了中国传统文化的影响。正因为如此，洪仁玕才会说：“虽敬奉耶稣，却与外洋的天主教、辨正教微有不同，究有孔孟敬天畏天一样道理。”[2]

还应该说一句，如果有朝一日何世明牧师等所作的努力收到成效，我们对太平天国上帝教可能还会有一些新的评价。

三、关于太平天国的“天教”

中国宗教史上使用“天教”一词作为自称的宗教似乎只有在中国的犹太教。古代入居中国的犹太人自称其宗教为一赐乐业教(一赐乐业即希伯来文以色列的异译)，中国古代民间称其为挑筋教。徐宗泽著《中国天主教传教史概论》说：“士人以挑筋名其教，若辈乐而受之者，所以自别于回教也。若辈又自名其教曰：‘古教’，曰‘天教’。”[3]史学界也有学者认为，“天教”是太平天国宗教的自称，应为太平天国宗教正名[4]。太平天国文献在说及太平天国宗教时也确实常常出现真道、真教、天教等字样。

从各种文献资料看，涉及和似乎涉及太平天国宗教的名称大致有如下几种：

(一) 天主教。太平天国上帝教曾被清政府和封建卫道士视为天主教。1854 年 2 月，曾国藩发布《讨粤匪檄》称：“粤匪窃外夷之绪，崇天主之教。”“痛天主教之横行中原。”[5]在封建卫道士看来，基督教就是邪教，“是耶稣

---

〔1〕 何世明：《基督教与儒学对谈》，宗教文化出版社 1999 年版，第 21 页。

〔2〕 洪仁玕供词，王庆成：《太平天国幼天王、干王等未刊供词中的新史料及辨正》，《历史研究》2000 年第 5 期，第 81 页。

〔3〕 徐宗泽：《中国天主教传教史概论》，上海书店 1990 年版，第 24 页。

〔4〕 张英明：《太平天国宗教正名》，《江西师范学院学报》1990 年第 2 期。

〔5〕 曾国藩：《讨粤匪檄》，《曾文正公全集·文集》第 3 卷，传忠书局光绪丙子秋，第 1 页。

诸说，非杨非墨，既属异端，在中国即为邪教”[1]。“耶稣在海外教人为善，海外举为神人可已，在中国则为异端，奉其教者且应诛。”[2]

（二）上帝教。张德坚在《贼情汇纂》中说：“两粤八闽，素多天主教，因地方官缉捕严迫，遂讳其名，改教为会，故有上帝会、添弟会、小刀会诸名目。”“洪逆等结盟之始，曰上帝会，复更名天帝会，亦名添弟会。”张德坚的意思是，因地方官缉捕严迫，上帝教才“改教为会”，称为上帝会。如果真是这样，上帝教就曾是太平天国宗教的自称。[3]

“上帝教”名称的正式使用见于成书于光绪年间之清末京师译学馆的《本朝史讲义》和李滨的《中兴别记》。《本朝史讲义》“为光绪甲辰乙巳间”汪荣宝“教授京师译馆时逐日讲演之作书”。该书称：洪秀全“更与云山摭拾基督教义，自树一帜，谓之‘上帝教’”[4]。《中兴别记》亦成书于光绪乙巳年，书中处处可见“上帝教”字样，如“上帝教匪首洪秀全传教于桂平、武宣交界鹏化山”。“洪杨诸逆，倡上帝教会。”“一时无识之徒，骇其占地之广，稽诛之久，至不能定其为何等寇，谬称之为太平天国。余斥而定之曰：彼倡上帝教以作乱，此即上帝教匪也，又何难定之有哉！”[5]到辛亥革命以后，王钟麒的《太平天国革命史》一书，也称太平天国宗教“刺取基督教义，自树一帜，谓之‘上帝教’”[6]。

（三）太平基督教。英国外交官密迪乐最早提出“太平基督教”的名称。他在《中国人及其叛乱》(1856 年)一书中说：“如果我必须将我个人对于太平基督教的观念发表出来，而征引欧洲的宗派以为例，则可比拟之于‘宣定

〔1〕 张德坚：《贼情汇纂》，中国史学会主编：《太平天国》(三)，神州国光社 1952 年版，第 251 页。

〔2〕 张德坚：《贼情汇纂》，中国史学会主编：《太平天国》(三)，神州国光社 1952 年版，第 263 页。

〔3〕 张德坚：《贼情汇纂》，中国史学会主编：《太平天国》(三)，神州国光社 1952 年版，第 249 页。

〔4〕 汪荣宝：《中国历史教科书・本朝史第三编》，第 64 页，见沈云龙主编：《近代中国史料丛刊》续编，文海出版社 1966 年版，第 94 辑。

〔5〕 李滨：《中兴别记・自叙》，太平天国历史博物馆编：《太平天国资料汇编》，中华书局 1979 年版，第 970 页、第 972 页。

〔6〕 王钟麒：《太平天国革命史》，商务印书馆 1934 年版，第 4 页。

博派'(Swedenborg)的基督教。""太平基督教则亦是改正宗的基督教而却受儒道所变化的。"[1]而到简又文著《太平天国典制通考》其《宗教考》即以"太平基督教"为题,作为太平天国宗教的专称。

(四) 拜上帝教。这一名称使用得最普遍,已经成为约定俗成的太平天国宗教的"专称"和"正式名称",一说到"拜上帝教",几乎没有人不知道这就是太平天国的宗教。但是,正如许多学者所提出的,用"拜上帝教"以名太平天国宗教并不适当,太平天国宗教应称之为"上帝教"。如徐如雷说:"我国史学界有'上帝教'之称,这很合适,因为太平天国的确非常突出'上帝',也不必再称'拜上帝教'。"[2]

(五) "拜上帝会"宗教或"拜上帝会"的宗教。王庆成认为:"'拜上帝会'在金田起义以后已逐渐消失,'拜上帝会'只存在于从冯云山建会到金田起义前后的几年时间内。"这一段时间洪秀全创立的宗教被称为"拜上帝会"宗教。《"拜上帝会"释论》论述了"'拜上帝会'宗教的源头"、"'拜上帝会'宗教要旨"等。[3]

(六) 真教。《太平天国起义记》述及,金田起义期间,"秀全命令其党徒,凡三合会人们,如不舍弃旧习而皈依真教,则不容收纳"[4]。1860 年 12 月的幼主"宗教自由诏旨"也说到"天爷天爹之真教乃天教"[5]。可以说,真教一词的使用频率是最小的。

(七) 真道。太平天国文书言及太平天国宗教所使用的词汇中,使用频率最高的应数"真道"。太平天国前期文献如《诏书盖玺颁行论》云:"宣扬上帝之真道,俾识天父之仁慈……统遐迩亲疏,咸归真道","庶几天父之真道万郭皆同"。后期文献如《钦定英杰归真》云:"所有天情真道,匪特庸庸者流茫然而莫知向往,任是英伟杰出之才,或疑信相参。""向之身归真主

---

〔1〕 简又文:《太平天国典制通考》,简氏猛进书屋 1958 年版,第 1 739 页。

〔2〕 徐如雷:《太平天国的基督教》,《太平天国史学术讨论会论文选集》第一册,中华书局 1981 年 版,第 311 页。

〔3〕 王庆成:《"拜上帝会"释论》,《太平天国的历史和思想》,中华书局 1985 年版,第 51 页。

〔4〕《太平天国起义记》,中国史学会主编:《太平天国》(三),神州国光社 1952 年版,第 249 页、第 873 页。

〔5〕 呤唎著,王维周译:《太平天国革命亲历记》,上海古籍出版社 1985 年版,第 381 页。

者,今更心归真道矣。"[1]

(八) 天教。1860 年 8 月,李秀成对外文告称:"查我久列戎行之士兵素明天教,深知外人与天朝臣民同拜上帝,同敬耶稣,应视如兄弟。"[2]1860 年 11 月,天王诏旨《谕苏省及所属郡县四民诏》云:"各宜遵守条命,信实认真,克守天教。"[3]1860 年 12 月的"宗教自由诏旨"宣布:"天爷天爹之真教乃天教,耶稣教(基督新教)、天主教(罗马正教)均是也。"[4]1861 年 3 月的"天王诏旨"说:"人必有天有日生,齐遵天教习天学。"[5]1861 年的《钦定士阶条例》云:"文艺虽微,实关品学;一字一句之末,要必绝乎邪说淫词,而确切于天教真理,以阐发乎新天新地之大观。"[6]

从上述引文不难看出,第一,天主教、上帝教、太平基督教、拜上帝教和"拜上帝会"宗教等五种名称是太平天国宗教的"他称",太平天国文献在说到自己的宗教时使用的名词是真道、真教和天教。第二,太平天国文献中的真道、真教和天教意即太平天国所崇拜的天父的宗教、教道,实际上就是包括基督新教、天主教和太平天国宗教在内的广义的基督教,而不是太平天国自己对太平天国宗教的"命名"或"自称"。

还应该指出,按照太平天国的制度或实际做法,太平天国的"自称"往往被太平天国尊为"敬避字样",如"太平天国"是对国号的自称,《钦定敬避字样》云:"太平天国,是天父、天兄、天王开辟之国,不得渎以妖社稷、宗庙、百灵等字。""天国"也是自称,《钦定敬避字样》云:"天国,独我天父、天兄、天王、幼主太平天国可称,其余列邦及人地各名均以郭字代。"又如"天京"是对京都的自称,《钦定敬避字样》云:"天京天都,京都天城也,余不准称京

---

〔1〕 均见太平天国历史博物馆:《太平天国印书》,江苏人民出版社 1979 年版。

〔2〕 北京太平天国史研究会编:《太平天国史译丛》第 2 辑,中华书局 1983 年版,第 5 页。

〔3〕 太平天国历史博物馆:《太平天国文书汇编》,中华书局 1979 年版,第 52 页。

〔4〕 呤唎著,王维周译:《太平天国革命亲历记》,上海古籍出版社 1985 年版,第 381 页。

〔5〕 中国社会科学院近代史研究所近代史资料编辑室:《太平天国文献史料集》,中国社会科学出版社 1982 年版,第 3 页。

〔6〕《钦定士阶条例》,太平天国历史博物馆:《太平天国印书》,江苏人民出版社 1979 年版,第 746 页。

称都。"[1]可以这样说，凡是太平天国的自称，均为“钦定敬避字样”。反之，凡非“钦定敬避字样”，即非太平天国之自称。如《钦定敬避字样》中无“太平军”字样，则“太平军”非太平天国之自称。同样，《钦定敬避字样》无“拜上帝教”字样，则“拜上帝教”非太平天国自称。《钦定敬避字样》无“天教”、“真教”、“真道”等字样，“天教”、“真教”、“真道”等也不是太平天国的自称。

据王庆成先生披露的太平天国幼天王、干王等未刊供词中的新史料，洪仁玕在被俘后的一份供词中这样说：洪秀全“后来得了九本书名《劝世良言》，书内说这拜上帝的道理，他天生聪明，从此大彻大悟。那道理就是《书经》内说的，惟皇上帝降衷于民，若有恒生之意。乾吾父也，坤吾母也，故称天父。人都是天生的，耶稣头一个发明天理，故称天兄。虽敬奉耶稣，却与外洋的天主教、辨正教微有不同，究有孔孟敬天畏天一样道理”。[2]洪仁玕的话应该这样解读：在洪仁玕看来，如果说上帝教与基督教有什么不同的话，那就是糅合了儒家思想中“敬天畏天”的“道理”。就其认同感而言，洪仁玕的意思是很清楚的，尽管上帝教含有儒学“敬天畏天”的“道理”，但也只是使上帝教与基督教“微有不同”而已，而不是相反。说到底，上帝教仍然只是基督教的一个异端派别或边缘教派[3]。

---

〔1〕《钦定敬避字样》，太平天国历史博物馆：《太平天国印书》，江苏人民出版社1979年版，第803页。

〔2〕洪仁玕供词，王庆成：《太平天国幼天王、干王等未刊供词中的新史料及辨正》，《历史研究》2000年第5期，第81页。

〔3〕参见王国平：《太平天国上帝教对基督教的认同》，《史林》2001年第3期。

太平天国上帝教对基督教的认同

太平天国宗教在太平天国农民运动和太平天国事业中始终发挥着重大的、有时是正面有时是负面的影响。关于太平天国宗教的性质，由于评说者立场、见解、标准的不同，历来众说纷纭。例如，清政府诬之为邪教，西方传教士或视之为基督教，或视之为虚假的基督教。后世的史学家有称之为太平基督教的，有称之为中国化的农民革命新宗教的。我以为，如果我们还承认太平天国农民运动反抗清王朝的腐朽统治，以及反对列强对中国的侵略的正义性，我们就不应抹黑太平天国宗教，而应予以中肯的评论。本文仅就太平天国上帝教与基督教的认同问题谈一些粗浅的看法，并就教于大家。〔1〕

一、 上帝教对基督教的认同问题

太平天国上帝教对基督教的宗教认同，由于在一段时间内对天主教的误解，从总体上看，一直到太平天国后期才完成。上帝教对基督教的认同过程大体如下。

太平天国上帝教最初并不认同天主教。

可以这样说，太平天国起义之初，在中国的传教士，除了罗孝全(I. J.

〔1〕 本文以基督教指称包括天主教、基督教新教和东正教等在内的基督教各教派，以基督新教指称基督教新教。

Roberts)外,没有一个人和洪秀全有过接触,对洪秀全受基督教的影响而创立的上帝教还是很不了解的,尤其是天主教传教士对太平天国的上帝教更是不甚了了。1852 年 11 月 6 日,担任江西教区主教的法国遣使会传教士田嘉璧(又称田雷思、田垒思、都乐布理斯,L. G. Delaplace)在信中这样说:"假如起义者胜利(目前看来是很可能的),我们或许可以期望我们的圣教的解放;相反,如果满清王朝得胜,我们可以期待的是将目睹对于一切带有结会性质或类似点的东西的可怕的反动。而在中国,对清政府来说,教会则是最刺目最讨厌的结会。"两个多月后,意大利方济各会的一位主教 Rizzolati 在信中列举了太平军毁坏偶像、庙宇的宗教行动,他认为"起义军的首领们是与天主教极不相同的人们"。但他还不能讲清楚"他们属于何种宗教,他们想在中国建立什么样的宗教崇拜"。

太平军进入南京以后,天主教传教士们发现,太平天国的上帝教是排斥天主教的。南京教区主教、意大利教士赵方济(F. X. Maresca)在 1853 年 6 月 8 日的信中讲述了他所了解的情况。3 月 21 日,太平军攻进南京,"几个太平军兵士进入城市礼拜堂,天主教教友们正聚集在那里,吟诵复活节前周的祈祷文。兵士们禁止他们跪着祈祷,命令他们坐着吟诵新的祈祷天父的祷文。教徒们回答,他们是天主教,不知道任何其他宗教。士兵们指出,如果他们拒不服从,三天后就将他们处死"。3 月 25 日,教友们照旧举行拜十字苦像礼。太平军冲进礼拜堂,毁坏十字架,推翻祭台,强迫教友们念太平军带来的祈祷书。教友们仍不服从,被捆绑起来,说要押到西门去处死。实际上这些人并没有被处死。另据赵方济说,当时南京、镇江、扬州三城中共有天主教友 600 多人,其中有 50 人被杀死或烧死,很多人被捆绑和鞭打,大多数人倾家荡产和被囚禁。[1]

从赵方济信中内容看,太平天国上帝教排斥天主教的祈祷书,并且把天主教的十字架等当做偶像来毁坏。这就是上帝教不认同天主教的最主要的原因。"在破坏偶像之狂热中,太平军不肯或不能分辨优劣。他们不

---

〔1〕 Prescott Clarke and JS Gregory, Western Reports on the Taiping, p. 25, p. 31, p. 40. Australian National University Press, Canberra, 1982.

能像罗马教会(天主教)之明白分开'在偶像之前拜上帝'与'拜偶像为上帝'直截为两回事。因之他们不肯称呼天主教教士为'兄弟',并且对待天主教堂内所设之神坛与偶像,一与佛寺之神像或孔子的神位同等。"[1]

当时的英国商人对此颇为了解,1853 年 5 月 7 日,怡和洋行商人的一封信这样说:"现在对于他们是否是新教徒的问题已经毫无疑义了,他们敌视罗马天主教乃至任何僧侣。这会立刻影响法国人对他们的观感的。"[2]

第二,在进一步接触后,上帝教基本认同天主教。

1853 年年底,天主教传教士们却有机会随法国公使布尔布隆(A. de Bourboulon)访问了天京。随行的耶稣会士葛必达(Stanislas Clavelin)与太平天国夏官正丞相黄玉昆争论教义的时候,黄玉昆告诉葛必达,他认为太平天国的上帝教有 80%的部分与天主教相同。葛必达向黄玉昆解释,说天主教的首领是教皇,黄玉昆当即回答:"洪秀全志在消灭一切偶像,首先在中国,然后在邻国,此后,他将到欧洲看望他的兄弟们,即像他自己一样的独一真神的崇拜者,到那个时候,洪秀全将会明白解释他自己是何许人,并解决一切问题。"葛必达在回沪后的一封信中这样写道:"这一新宗教大体上更接近基督教吗? ……确实,基督教的《圣经》(已经翻译者)由广西人重印了。在南京的一个礼拜堂里,十字架和肖像被砸烂,天主教教友受到虐待。但是,如果基督教牧师果真是这新宗教之父,这一宗教所具有的类似伊斯兰教的特点也不会给他们带来荣耀。"[3]天主教传教士们显然已经认识到,太平天国的上帝教与天主教格格不入,而更接近基督新教。

显然,太平天国领导人已经认为他们的教义与天主教的大体相同,但也存在差异,特别是在"偶像崇拜"理解方面与天主教的差异,但是他们不承认那是太平天国的差错,太平天国领导人不屑与洋兄弟争论,相反,他们准备在征服"偶像崇拜"的周边世界后,以胜利者的姿态,到欧洲去处理这

〔1〕 吴士礼:《天京观察记》,《太平天国杂记》。转引自简又文:《太平天国典制通考》(下),简氏猛进书屋,1958 年版,第 1 989 页。

〔2〕 严中平辑译:《怡和书简选》,北京太平天国史研究会编:《太平天国史译丛》第 1 辑,中华书局 1981 年版,第 138 页。

〔3〕 Prescott Clarke and JS Gregory, Western Reports on the Taiping, p. 104, p. 113. Australian National University Press, Canberra, 1982.

一切问题。

第三,太平天国后期,上帝教完全认同天主教。

1860 年 8 月,李秀成率太平军小部队向上海进发,进抵徐家汇后,驻扎徐家汇天主教堂。李秀成在天主堂张贴的布告中宣称:"查我久历戎行之士兵素明天教,深知外人与天朝臣民同拜上帝,同敬耶稣,应视若兄弟(或属兄弟一体),谅我士兵鲜敢侵犯。但恐投营未久之士兵,尚不知此为拜上帝之所,亦不深明外人之宗教与我相同,彼等所讲之道理属同一来源。"〔1〕李秀成另在致英美葡三国领事书中宣称:"深知贵国等一如我等,礼拜天父及天兄耶稣,故而与我等同教同源……"〔2〕这些都明确表明了太平天国上帝教对天主教的完全认同。

时任英国下议院议员的塞克斯(Sykes, William Henry)也在通信中说到类似的情况:"中国的法国侨民,特别是耶稣会会员对太平天军的宗教假说最为敌视。因为太平军看不出罗马天主教教堂中的圣像和佛寺里的神像有什么不同。尽管如此,并没有发生侮辱罗马天主教教堂的事。只有 1860 年 8 月,太平军撤离上海时徐家汇耶稣会教堂内部装修曾受到一些损坏。相反,太平军在攻占宁波时,有一座圣女修道院,其楼窗正好俯瞰城门大道,占领这座楼对太平军相当有利,但他们却没有惊动它。"〔3〕

1860 年 11 月,英国伦敦会传教士杨格非(John Griffith)到天京访问,他在罗孝全(当时在太平天国供职)的帮助下,促成太平天国颁发了一道允许自由传教的诏书〔4〕。这份"幼天王诏旨"称:"天爷天爹之真教乃天教,耶稣教、天主教均是也。"〔5〕这就足以表明,太平天国已完全认同了天主教。

---

〔1〕《忠王李秀成在徐家汇天主堂发贴的布告》,1860 年 8 月 25 日《北华捷报》第 526 期。译文引自北京太平天国史研究会编:《太平天国史译丛》第 2 辑,中华书局 1983 年版,第 5 页。

〔2〕《忠王李秀成致英美葡三国领事书》,1860 年 9 月 1 日《北华捷报》第 527 期。译文引自北京太平天国史研究会编:《太平天国史译丛》第 2 辑,中华书局 1983 年版,第 6 页。

〔3〕塞克斯编著:《太平天国问题通信》,北京太平天国史研究会编:《太平天国史译丛》第 1 辑,中华书局 1981 年版,第 62 页。

〔4〕参见:Prescott Clarke and JS Gregory, Western Reports on the Taiping, p. 274. Australian National University Press, Canberra, 1982.

〔5〕呤唎著,王维周译:《太平天国革命亲历记》,上海古籍出版社 1985 年版,第 381 页。

第四，上帝教始终认同基督新教。

太平天国与基督新教的第一次正式接触是1854年5月与美国传教士的接触。当时，美国专使麦莲(Robert M. McLane)乘坐苏斯奎汉那号(Susquehanna)军舰溯江而上天京，访问太平天国，陪同前往的有北长老会的克陛存牧师(Michael Simpson Culberson)及担任翻译的公理会牧师裨治文(Elijah Coleman Bridgman)。5月22日上午，该舰从吴淞起航，5月27日，麦莲一行抵达南京。30日，克陛存以非官方身份进城拜访太平军将领殿右贰检点胡海隆。克陛存向胡海隆解释了此行的目的，并将一些《创世纪》、《出埃及记》和福音书、《使徒行传》连同在宁波印刷的小册子赠给胡海隆。胡海隆说，他相信“洋兄弟确实是崇拜天父和天兄耶稣的，但不知道天王是耶稣之弟这一事实”〔1〕。

1860年6月，太平军占领苏州。此后，新教传教士曾多次到苏州和天京访问，太平军将领和太平天国领导人对他们的接待也同样表明了对基督新教的认同。例如，美国南浸会的高第丕(T. P. Crawford)、花兰芷(J. L. Holmes)和海雅西(J. B. Hartwell)于6月下旬抵苏州，受到热情友好的接待，他们还在城里向周围的人布道。每当和太平军将领结束会谈时，太平军将领和他们一起做祷告。6月底，英国伦敦会的艾约瑟(Joseph Edkins)、杨格非、麦嘉温(John MacGown)和霍尔(Hall)医生在苏州受到忠王李秀成的接见。李秀成列举了太平天国上帝教教义的要点，并因外国传教士同样信仰上帝表示满意。8月初，英国伦敦会的艾约瑟和杨格非、英国安立甘会的包尔腾(John Shaw Burdon)、英国圣道堂的英约翰(John Innocent)、法国 Societe´des Missions Evangeliques of Paris 的奥斯卡·劳(Oscar Raw)，应洪仁玕的邀请而成行。在苏州会见专程到苏州的洪仁玕，会谈长达三四个小时，尤其深入地讨论了宗教问题。洪仁玕还邀请传教士们到太平天国传教。杨格非另于1860年11月到天京，他还得到太平天国颁发的允许自由传教的诏书。诏书称：太平天国“深恐传教士为乱兵所伤害”，要

〔1〕 Prescott Clarke and JS Gregory, Western Reports on the Taiping, p. 141. Australian National University Press, Canberra, 1982.

求“各王传谕军民人等，对彼等当和爱相待，不得加以危害”。12月间，杨格非离开天京返沪，途经苏州。在苏州，他向太平军将领要求，给他房屋和教堂，使他能在苏州传教。太平军将领表示一切照办，这使杨格非非常高兴。

太平天国上帝教认同基督新教的事例不胜枚举。可以这样说，从洪秀全创立上帝教直到太平天国灭亡，太平天国对基督新教的认同没有丝毫改变。

二、基督教传教士对上帝教的宗教认同问题

第一种意见，肯定上帝教教义基本正确，认同上帝教是基督教。

太平天国定都天京后，离天京不算很远的上海的基督新教传教士们冒着违约和生命的危险，深入内地与太平军接触。行动最早的是美国监理会的戴乐(C. Taylor)。他于1853年6月4日到达镇江，在镇江期间，太平军将士在一日三餐前都要等他一起做祷告，他亲身参加并仔细观察了太平天国的宗教活动。他了解了上帝教的赞美诗，认为这赞美诗简直就是美国浸信会三一颂的翻版。他看到每天早晚，所有的人都聚集在厅内，听官长读《创世纪》的某个段落或天王亲自撰写的宗教文章。镇江之行给戴乐留下了好印象，他把太平军称为“我的长毛朋友”。

从1853年6月到1854年6月的一年中，除戴乐以外，还有克陛存、裨治文和毕唐根(E. C. Bittenger)等三位传教士进入了太平天国统治区，另有慕维廉(William Muirhead)、贾本德(Solomon Carpenter)、罗孝全等三位半途而废。在与太平军官兵的接触和交谈中，他们对太平天国的上帝教产生了深刻的印象。他们的感觉是：太平军官兵在名义上可能是基督徒，而且确确实实是最严格的反对偶像者。他们明确宣称有一位“独一真神”，但对于圣父、圣子、圣灵三位一体的真正含义，以及其他许多教义却一概不知。他们有全部《圣经》包括旧约、新约，并正出版众所周知的“郭士立译本”。他们有家庭礼拜仪式、祈祷仪式、一日三餐前的感恩祈祷、星期六守安息日等，还有洗礼仪式。但没有教堂，没有基督教导师和福音传道师。

传教士们特别注意也特别反感的是天王洪秀全自称为天父的次子和

耶稣的弟弟，还有上帝教赞美诗的变化。1854年，上帝教的赞美诗把东王杨秀清作为“圣神风”即圣灵来赞美。裨治文说：“我不知道，也不愿相信他已经或是正在理解这些称号，它们在《圣经》中用于上帝，在此却被凡人僭用。”克陛存则说，太平天国的宗教现实增加了他的忧虑。但是，无论太平军首领们的品性如何，无论他们可能已吸收了什么样的谬误，上帝将利用他们回答他的子民的祈祷，开辟真理在尘世的胜利的道路。……如果这些首领们确实仅仅是骗子，他们已经犯了严重的错误，有什么样的欺骗可以通过鼓励人们读上帝的圣训而获成功的呢？骗子们从来是害怕《圣经》的。当然，克陛存也“不认为传教士们在南京传教的道路已经打通”。

对太平天国的政治，传教士们同样非常关心。裨治文认为，太平天国政府是神权政治的政府，是一种半政治半宗教的混合体。太平天国的“王的集团”自称是世界的统治者，他们几乎全然不知世界上到底有哪些王国和国家，但他们统治全世界的要求却十分明确。传教士们认定：从太平军过去的历程来判断，几乎可以肯定，在上帝的保佑下，太平军几乎注定将占领中国的十八个省，捣毁主要城市，屠戮“鞑虏”，并荡涤清政府的一切痕迹。太平天国领导人把自己看做全世界的统治者，如果他们成为中国的主人，他们毫无疑问地将不承认清政府和英、法、美等国签订的现行的条约。“除非他们迫于压力或不情愿地走下高高在上的地位。”[1]

对太平天国的访问和对太平天国宗教及政治的初步了解，显然使本来对太平天国有兴趣的传教士们加强了某种“责任感”，裨治文和苏斯奎汉那的同行者们认为：“那些目前似乎在指导革命的人们，并不了解外国政府能够给他们带来哪些利益。如果那种盲目与十分自私的狂热继续支配他们，犹如至尊的穆罕默德支配其信徒一般，则较为开放的政策几无指望。西方国家将被迫干预并引导这一革命通向真正的基督教方向。我们相信：那些从事革命的群众将满怀喜悦地欢呼这一干预。”[2]裨治文还表示，对于太

〔1〕 A letter from Rev. E. C. Bridgman, Prescott Clarke and JS Gregory, Western Reports on the Taiping, p. 73. p. 145. p. 153. Australian National University Press, Canberra, 1982.

〔2〕 汝企和译：《美使麦莲致国务卿马赛函及其天京、芜湖之行》，北京太平天国历史研究会编：《太平天国史译丛》第2辑，中华书局1983年版，第43页。

平天国上帝教方面的问题,他愿意"为了纠正与制止这样的愚昧,即使赴汤蹈火也在所不辞"。这种"责任感"和对形势发展的估计还促成了在上海的英国圣书公会和其他差会共同制定的"百万本《圣经》计划"。

上述而外,持论认同上帝教的传教士还有杨格非、丁韪良(字冠西, William Alexander Parsons Martin)、海雅西等。

杨格非这样说:太平天国的"宗教虽有不少的错误,但是其中仍有几个重要点为他们所清楚明了并热诚信守的。而这几点也正是我们的宗教的根基,无此便不成为基督教了"。

英国卫斯理宗传教士觉士(Josiah Cox)说:"作为一名传教士,当我们来到中国的时候,我发现一切都笼罩着午夜黑暗的阴郁。现在乌云被冲破了,虽然我还不知道未来的岁月如何,我欢呼出现的曙光。"

安息日会(The Seventh Day Adventist)在 1853 年的一份年报中说:"把太平起义看成是震动全球并预示天国荣光之日即将到来的伟大运动,这并不是过度的热情。"

1856 年,丁韪良谈到太平天国上帝教时说,它是半基督教,但他又说,太平军是"类似清教徒的军队"、是"有中国本色的基督教团体"、太平天国上帝教是"中国的基督教"等。他还这样说:"或谓他们的基督教是假伪的……然而,基督教在开始时期,其形象几时不是假伪的呢? ……但由黑暗之中,真光渐露,日有进步。今所指为假伪的基督教,又有谁敢其将来不极有助于真正的基督教之发展呢?"丁韪良还认为:"承认他们与我们是同一上帝天父的儿女,是同一基督的学徒,接纳他们投入基督教的兄弟团体,是很容易的过程。"〔1〕

第二种意见,认为上帝教是"半基督教"或"异端"的基督教。

1860 年 6 月,艾约瑟说:"半基督教徒的叛军已经成为近邻了。我们急切地想借个人的接触,探悉他们此时对外国人和基督教的感情和意见。同时,我们也很想告诉他们,在基督教教义上和仪式上,他们与我们不同的地

〔1〕 转引自简又文:《太平天国典制通考》(下),简氏猛进书屋 1958 年版,第 1 938 页、第 2 016 页、第 1 971 页。

方。"艾约瑟把太平天国的上帝教称为"半基督教"。次年3月,他在说到洪秀全的时候又这样说:对于"批评他的错误的任何议论,他总是坚决地但是很和善地予以反驳"。而且,"他和所有批评过他的著作和他的异端的基督教的传教士保持友好关系"。这里,艾约瑟又将太平天国的上帝教称为"异端"的基督教。

第三种意见认为,太平天国上帝教不是基督教。

在这一点上,天主教传教士的持论始终如一,他们从来就不承认太平天国上帝教是基督教。新教传教士也有一些人不认同上帝教。

1860年8月,花兰芷说:"我曾期望他们的教义尽管是粗糙的,也许总会包含一些基督教的原理。可是,我感到遗憾,我发现根本没有什么基督教的原理在内,只是徒具基督教的虚名"。[1] 1861年2月,慕维廉称之为"一种假的基督教"。持这类观点的还有理雅各(James Legge)等。

为了有助于理解上帝教与基督教的认同问题,不妨再考察其他一些人士的意见。

1854年,英国领事馆翻译密迪乐(密迪士、麦多士,Thomas Taylor Meadows)说:"叛军是清教徒式的基督教徒,他们只认知一个上帝,全智、全能、无所不在的造物主天父和耶稣基督救世主,以及三位一体的最后一位圣灵。"[2]

曾经亲身参加太平军的英国人呤唎(A. F. Lindley)则认为,太平天国是"现代亚洲的第一次基督教运动"。[3]

《华尔传》一书的作者、美国学者贾希尔(Holger Cahill)说:"太平军是一派特别的基督教徒。"[4]

后世的宗教史学家对太平天国上帝教是否基督教的看法也不一致。

王治心著《中国宗教思想史纲》说:"洪秀全乃上帝教……上帝教是基

[1] 参见茅家琦:《太平天国对外关系史》,人民出版社1984年版,第275页、第304页、第308页。

[2] Prescott Clarke and JS Gregory, Western Reports on the Taiping, p. 54. Australian National University Press, Canberra, 1982.

[3] 呤唎著,王维周译:《太平天国革命亲历记》,上海古籍出版社1985年版,第692页。

[4] 简又文:《太平天国典制通考》(下),简氏猛进书屋1958年版,第2 015页。

督教。"〔1〕

陈佳荣著《中国基督教史》称:"就根本方面而言,洪秀全所创立的上帝教确实是中国式的基督教无疑。"〔2〕

《中国宗教纵览》称:"拜上帝会虽然在许多方面与传统基督教大异其趣,但毕竟脱胎于基督教",该书把拜上帝会称为"特殊形态的基督教组织"。〔3〕

当然,也有持不同意见的。如法国学者梅朋(Ch. B. maybon)称之为"似是而非的基督教"〔4〕,澳大利亚学者克拉克(Prescott Clarke)认为,太平天国上帝教信仰"既不是中国传统的,也不是基督教的,而是他们自己的……并不是传教士们能接受的那种意义上的基督徒"〔5〕。徐如雷说:"尽管上帝教里有不少基督教语言,这些只能是构成新宗教的传统材料。上帝教还是上帝教,不是基督教。"〔6〕

三、 上帝教在基督教史上的地位:基督教的一个异端派别

考察上述意见,尽管说法歧异,有几点是共同的。第一,谁也没有否认太平天国上帝教具有基督教的形式。第二,谁都承认太平天国上帝教领袖的宗教热情包括对上帝的崇拜、对偶像崇拜的痛恨及扫除偶像的坚决。第三,谁都不否认太平天国上帝教的教义中有不少基督教必然视为错误的成分,这也正是不认同上帝教为基督教的原因所在。

揆诸基督教史,我以为,不能以此不认同上帝教为基督教。

即以传教士们极其注意的"三一论"而言,洪秀全确实有自己的看法。

---

〔1〕 王治心:《中国宗教思想史纲》,中华书局 1933 年版,第 224 页。

〔2〕 陈佳荣:《中国基督教史》,香港学津书局 1988 年版,第 447 页。

〔3〕 周燮藩:《中国宗教纵览》,江苏文艺出版社 1992 年版,第 253 页。

〔4〕 梅朋著,范希衡译:《上海租界当局与太平天国运动》,南京大学历史系太平天国史研究室编:《江浙豫皖太平天国史料选编》,江苏人民出版社 1983 年版,第 394 页。

〔5〕 彼得·克拉克著,曾学白译:《上帝来到广西》,《太平天国史译丛》第 1 辑,中华书局 1981 年版,第 240 页。

〔6〕 徐如雷:《基督教和上帝教的异同》,南京大学历史系太平天国史研究室编:《太平天国史新探》,江苏人民出版社 1982 年版,第 134 页。

他说:"右提反证明基督立上帝之右,则上帝是神父,基督是神子,一而二矣……今何误认基督即上帝乎?""若泥解基督即上帝,则是别有帝矣。"在洪秀全看来,基督不是上帝,圣灵也不是上帝,"圣灵东王也"。洪秀全的上帝论归纳起来就是:上帝是圣神,圣神独一无二,基督是上帝太子,不是上帝,不是圣神,父子怎么是同一个人呢?东王是圣灵即圣神风,是圣神的风,是"劝慰师",不是圣神。[1]

在基督教史上,"三一论"曾经是一个长期争论的神学问题,由此而曾经产生过形形色色的基督教宗派。

远一点说,公元 3 世纪就有所谓"神格唯一论派",主张上帝只有一位[2]。威利斯顿·沃尔克所著《基督教会史》论及这一段历史时引证了德尔图良的评论:"德尔图良在提到这一时代时说:'……信徒的大多数,对三位合一的教义,总感到惊异,其原因是他们的信仰准则是信唯一的真神,因此排斥一切多神信仰。'在他们看来,三位一体的概念即是三神论。"[3]洪秀全似乎就是这样看问题的,他说:"圣神上帝也,即住临太兄(按指基督,洪秀全称基督为自己的长兄,下同)上又引太兄,何得另有圣神成太兄的身?又另外有一圣神,凑成三位?"[4]从基督神学的角度讲,洪秀全的上帝论属于"上帝一位论"。

近一点说,在 16 世纪欧洲宗教改革运动中,产生了"一位论派",又称"反三一论派"。他们认为,上帝不是三位一体而是一位,把耶稣视为一个伟大的圣人但不是神,不是三位一体中的第二位。一位论派遭到天主教会和天主教国家政权的迫害,但是并没有匿迹,到 18 世纪后反而更为增强。1773 年,持一位论观点的英国国教会牧师林赛退出英国国教会,1774 年在

〔1〕 洪秀全:《钦定旧前遗诏圣书批解》,金毓黻、田余庆:《太平天国史料》,中华书局 1959 年版,第 81—91 页。

〔2〕 神格唯一论派又分为两个不同的派别,一派认为耶稣是上帝的嗣子,即所谓能动神格唯一论者。另一派主张基督只是唯一上帝的暂时显现的形态,即所谓模态神格唯一论者。参见威利斯顿·沃尔克:《基督教会史》,中国社会科学出版社 1991 年版,第 48 页。

〔3〕 威利斯顿·沃尔克:《基督教会史》,中国社会科学出版社 1991 年版,第 84 页。

〔4〕 洪秀全:《钦定旧前遗诏圣书批解》,金毓黻、田余庆:《太平天国史料》,中华书局 1959 年版,第 83 页。

伦敦组织了一个一位论派教会。1785年,美国新英格兰最古老的教堂国王礼拜堂也在詹姆斯·弗里曼的领导下成为第一个公开的一位论派教堂,一位论派还得到许多公理宗信徒的同情。值得注意的是,1813年,即太平天国起义前的38年,英国国会已经取消了对否认三位一体论者施加惩罚的条款,承认了一位论派的合法性。[1]

正如简又文先生所说:"我们试观历史上各宗各派的基督教,又何尝无各种不满人意的成分耶?我们确知有居然拜偶像的、有些尚多妻的、有些流为拜经教的……尚有其他种种怪怪奇奇的信念与行为者,不胜枚举了。然则何能独为太平基督教诟病而屏之于基督教门外耶?"[2]简先生将太平天国上帝教称为"太平基督教"。

通过上述考察,笔者认为,太平天国上帝教是基督教的一个异端派别,即持上帝一位论的基督教团体,是中国特殊时代特殊情况下的特殊产物。

19世纪五六十年代,基督教的在华传教事业举步维艰。太平天国上帝教所具有的强烈的特殊的基督教色彩,着实使在中国的"英侨的大多数,特别是耶稣教的牧师们对革命战争都感到同情和兴奋"[3]。既然在他们的祖国,一位论派已取得基督教的合法地位,既然他们渴想在中国进行基督教拓荒,对于中国所兴起的崇拜上帝的宗教团体,不少人就不会在宗教教义方面求全责备。英国和美国的基督教传教士们实际上既对太平天国上帝教的上帝一位论不满,又对太平天国上帝教表现出极大的宽容。联系当时的政治背景,人们已经清楚地看到,1862年以后,一些传教士与太平天国的决裂,不再把太平天国上帝教当做基督教或者基督教的一个派别或基督教的兄弟团体的一员,最重要的原因不在宗教而在政治。

---

〔1〕 威利斯顿·沃尔克:《基督教会史》,中国社会科学出版社1991年版,第560页。
〔2〕 简又文:《太平天国典制通考》(下),简氏猛进书屋1958年版,第1 742页。
〔3〕 梅朋著,范希衡译:《上海租界当局与太平天国运动》,南京大学历史系太平天国史研究室编:《江浙豫皖太平天国史料选编》,江苏人民出版社1983年版,第394页。

太平天国领导人的基督教史观

太平天国领导人的基督教史观是指天王洪秀全、干王洪仁玕、忠王李秀成等人关于上帝教与基督教史的一些观点，涉及中国人拜上帝的历史问题、创世纪与人类始祖问题，以及洪秀全的宗教使命等。太平天国领导人对于基督教史不可能有一个完整的认识体系，他们要在当时的中国传播上帝教，又不可能回避这类问题，就会自觉不自觉地在他们所能达到的认知基础上，对这些问题发表自己的看法。

一、关于中国人拜上帝的历史

基督教最初传入中国，如果从它的异端教派聂斯托利派来华算起，是唐代贞观年间的事。如果从天主教教士孟高维诺来华算起，则是元代的事。到明末清初，基督教在中国的传教又经历了一次兴衰。鸦片战争前后是基督教在华传教新阶段的开端，洪秀全正是在这个时候走近基督教并开始他的宗教活动的。

应当说，在洪秀全宣传拜上帝的那个时代，基督教的确还是一个道地的"洋教"，如果有人说洪秀全的活动是"从番"，确实不足为怪，事实也正如此。面对当时社会视拜上帝为"从番"的攻击，洪秀全要宣传拜上帝，便不得不就此作出解释。

洪秀全在《天条书》里说："又有妄说拜皇上帝是'从番'。不知中国有鉴史可考，自盘古至三代，君民皆敬拜皇上帝。"洪秀全的论点主要有这样

两方面:

其一,儒家经典中关于上帝的叙述证明拜上帝不是“从番”。

洪秀全在其作品中大量引经据典,如《大学》有《诗》云:“殷之未丧师,克配皇上帝。”《诗经》又有“惟此文狂,小心翼翼,昭事皇上帝”。《书经》又有“予畏皇上帝,不敢不正”。《易经》又有“先代以作乐崇德,殷荐之皇上帝乎”等等。由此,洪秀全反诘:“今据说是‘从番’,难道周武敢祗承皇上帝,周文昭事皇上帝,商汤皇上帝是祗,颛顼敬事皇上帝,尽是‘从番’乎?”据此,洪秀全认为,攻击拜上帝为“从番”是虚妄之说,是不懂历史的凡夫俗子愚蠢顽固的表现。“从天妄说是从番,真正凡人蠢且顽。”〔1〕

其二,中国人拜上帝是一个曲折变化的历史过程,有三个阶段。

第一阶段,“当初几千年”,中国人是敬拜上帝的。洪秀全说:“盖拜皇上帝这条大路,考中国番国鉴史,当初几千年中国番国俱是同行这条大路。”〔2〕“当初几千年”具体指哪一个时间段呢?洪秀全说:“历考中国史册,自盘古至三代,君民一体,皆敬拜皇上帝也。坏自少昊时,九黎初信妖魔,祸延三苗效尤,三代时颇杂有邪神及有用人为尸之错,然其时君民一体,皆敬拜皇上帝。仍如故也。”这就是说,“当初几千年”是指从盘古到夏商周三代的时段。洪秀全同时指出,这一阶段中,中国人拜上帝是主流,但也有两个偏差。一是“少昊时,九黎初信妖魔,祸延三苗效尤”。二是夏商周“三代时颇杂有邪神及有用人为尸之错”。

第二阶段,自秦汉至清,中国人背离了拜上帝的“大路”。洪秀全认为,“中国行这条大路,到秦汉以下则差入鬼路”,表现为历代统治者不再拜上帝而拜各种邪神、行各色怪事。洪秀全评点历朝帝王,最受谴责的有秦始皇、汉文帝、汉武帝、汉宣帝、汉明帝、汉桓帝、梁武帝、唐宪宗、宋徽宗等。他说:“至秦政出,遂开神仙怪事之厉阶,祀虞舜,祭大禹,遣入海求神仙,狂悖莫甚焉。”汉文帝的错误在于以“五帝”来取代皇上帝。“皇上帝,独一无

---

〔1〕《天条书》,太平天国历史博物馆:《太平天国印书》,江苏人民出版社 1979 年版,第 27 页、第 33 页。“文狂”指周文王。

〔2〕《天条书》,太平天国历史博物馆:《太平天国印书》,江苏人民出版社 1979 年版,第 27 页。

他也，汉文以为有五，其亦暴悖之甚矣。”汉武帝热衷于“祠灶、祠泰乙、遣方士求神仙”，临终前虽有悔悟之言，说什么“始吾以为有神仙，今乃知皆虚妄也”，终为“秦政之流亚”。“他若汉宣祠后土，遣求金马碧鸡；汉明崇沙门，遣求天竺佛法；汉桓祠老聃；梁武三舍身；唐宪迎佛骨。至宋徽出，又改称皇上帝为昊天金阙玉皇大帝，夫称昊天金阙，犹可说也，乃称玉皇大帝，则诚亵渎皇上帝之甚者也。皇上帝，天下凡间大共之父也，其尊号岂人所得更改哉！宜乎宋徽身被金虏，同其子宋钦俱死漠北焉。”

“总而论之，九黎、秦政作罪魁于前，历汉文、武、宣、明、桓，梁武、唐宪接迹效尤于后。至宋徽又更改皇上帝尊号，自宋徽至今，已历六七百年，则天下多惘然不识皇上帝，悍然不畏皇上帝，一又何怪焉。”〔1〕

这一阶段中，受到洪秀全赏识的人物事迹有：“北朝周武废佛道，毁淫祠，唐狄仁杰奏焚淫祠一千七百余所，韩愈谏迎佛骨，宋胡迪焚毁无数淫祠，明海瑞谏建醮，之数人者不可谓无特识矣。”但洪秀全同时又认为，这些人做得还不够，因为他们仅仅在某些事上有所作为，并不具有扫除偶像，不惑一切“神仙怪事”的拜上帝宗教意识，“究之知其一，莫知其他，明于此，转暗于彼，卒无有高出眼孔彻始彻终而洞悉乎魑魅魍魉之诡秘也”。“第其所毁所焚所谏仅曰淫祠、曰佛、曰建醮，则其所不毁不焚不谏者，仍在不知彼所毁所焚所谏者固当毁当焚当谏，即彼所不毁不焚不谏者又何独非当毁当焚当谏乎？”〔2〕

洪秀全没有攻击明清两代帝王，笔者以为乃缘于太平天国领导人大汉族主义的“民族主义”情感。洪仁玕的《论史》短文可以看做太平天国领导人“民族主义”的阐述。文曰：“粤稽史册，秦汉以来，无有过于光武、洪武之创业者，何也？光武能恢复汉室，洪武能用夏变夷。”显然，太平天国领导人尊崇明太祖朱元璋和明王朝的推翻蒙元统治，恢复汉族统治，因而高度评

〔1〕 洪秀全：《原道觉世训》，太平天国历史博物馆：《太平天国印书》，江苏人民出版社 1979 年版，第 20—21 页。

〔2〕 洪秀全：《原道觉世训》，太平天国历史博物馆：《太平天国印书》，江苏人民出版社 1979 年版，第 21 页。

价:"洪武尊华,超乎三代,尤为春秋大义所必褒,今古人心所必予者也。"[1]正因为如此,尽管明代帝王并没有走"拜上帝这条大道",洪秀全也没有攻击明代帝王。

出于同样的"民族主义"情感,太平天国领导人不遗余力地鞭挞清朝统治者。大进军途中发布的《奉天讨胡檄布四方谕》即为典型的作品,檄文称:"满洲乃忘其根源之丑贱,乘吴三桂之招引,霸占中国,恶极穷凶。""乘中国之无人,盗据中夏。"[2]太平天国号召:"正宜遵中国,攘北狄,以洗二百载之蒙羞;归上帝,扶天王,以复十八省之故土。"[3]由于否认清朝统治中国的合法性,洪秀全不屑在评论中国历代帝王的时候攻击"非法的"清朝统治者。

第三阶段,中国人将重新回到拜上帝"当初这条大路"。这是太平天国文献中篇幅最多的宣传内容之一。洪秀全称:"故今皇上帝哀怜世人,大伸能手,救世人脱魔鬼之手,挽世人回头复行转当初这条大路。……不醒者反说是从番,何其被魔鬼迷蒙本心之甚也。孟轲云'夫道一而已矣',世人有能知道一者乎?便能知中国番国皆当同行当初这条大路矣。"

值得注意的是,对于中国人最初几千年即已拜上帝的说法,太平天国领导人中也有持不同看法的。

忠王李秀成说:"前此基督教只信奉于西国者,今则盛行于中国,此皆由我真圣主首倡之。"在李秀成看来,中国人从来就没有信奉过基督教。要说有,也是从洪秀全开始的。1860 年,李秀成在一份致英国驻华专使额尔金的外交文书中又就此作了发挥,文书称:"本藩久仰贵国信奉天父上帝、天兄耶稣之真道,而真道之传播,已逾一千八百六十年,为此深悉贵国早已洞悉真道之渊源,并在西域广为宣扬。美兮奂兮,靡有加矣!""我等信奉真道,虽有早迟先后之分,然而贵国与我天朝,彼此宗教同一,真道同源。中

---

〔1〕 洪仁玕:《钦定军次实录》,太平天国历史博物馆:《太平天国印书》,江苏人民出版社 1979 年版,第 786 页。

〔2〕《东王杨秀清西王萧朝贵发布奉天讨胡檄布四方谕》,太平天国历史博物馆:《太平天国文书汇编》,中华书局 1979 年版,第 105 页。

〔3〕《开朝精忠军师干王洪宝制》,太平天国历史博物馆:《太平天国印书》,江苏人民出版社 1979 年版,第 700 页。

国与天朝臣民悉已信奉天父天兄之真道，唯本藩每一念及数千年来我国臣民迄未得闻此至高无上之福音，诚感遗憾。往昔因无人宣传福音真道，故而难以领悟其真髓。溯自1853年我真圣主登位为王之第三年起，国内愿为基督徒者日众，万民共同向往唯一真道。而天朝之博学通儒，不久亦相率皈依基督，同属一体。兹者真道之传播，无远勿届，其要旨则深入人心，万民遵守仪式，同拜天父天兄。凡此种种，皆上帝神能之功，非人力所能致也。"〔1〕

从上述引文可以看到，李秀成特别清楚地表明“数千年来我国臣民迄未得闻此至高无上之福音”，这一点和洪秀全、洪仁玕的说法显然大异其趣。可以据此推测，太平天国领导人中还有一些人是持这类看法的。

据左宗棠函称：石达开“狡悍著闻，素得群贼之心，其才智出诸贼上，而观其所为，颇以结人心、求人才为急，不甚傅会邪教俚说，是贼之宗主而我之所畏惧也。"〔2〕再据艾约瑟等五名传教士访问苏州谒见洪仁玕和李秀成后的报告：“翼王石达开（如今他已是四川省会和该省大半地域的主宰）据猜想一直对天京的真圣主远而避之，但是据探明他仍旧与运动相连结……他似乎在某些宗教论点上与真圣主意见各异。"〔3〕石达开自出走远征后，所部确实“对宗教的热情逐渐淡薄”〔4〕。这里所说的歧见很可能就包括了上述问题。我们知道，石达开、李秀成各与洪秀全不睦，有时矛盾十分尖锐，其起因主要在政治方面，与宗教歧见没有多少关系。

二、关于创世纪与人类始祖

基督教史上一个不可回避的问题是上帝“创世纪”的时标定位。对这

〔1〕《忠王李秀成致英国专使额尔金勋爵书》，北京太平天国史研究会编：《太平天国史译丛》第2辑，中华书局1983年版，第11页、第10页。

〔2〕左宗棠：《与王璞山》，杨书霖编：《左文襄公遗集·书牍》第4卷，光绪十六年版，第17页。

〔3〕《艾约瑟等五名传教士赴苏州谒见干王和忠王的报导》，北京太平天国史研究会编：《太平天国史译丛》第2辑，中华书局1983年版，第113页。

〔4〕史式：《太平天国史实考》，重庆出版社1991年版，第282页。

个问题的回答也是多种多样的。例如,犹太祭司和拉比把“世界的创造”作为必须遵行的“神圣的”纪元,按现代基督教的历法计算,“创世纪”似乎发生在公元前 3761 年。也有认为“创世纪”似乎发生在“基督诞生”前 5500 年,而不是 3761 年。再如,爱尔兰大主教詹姆斯·厄谢尔 1654 年出版的关于神造万物的著作认为,上帝创造世界是公元前 4004 年的事。厄谢尔参照了希伯来传说中对《旧约》人物(比如挪亚和亚伯拉罕)年龄的说法,并对《圣经》年表进行浩繁研究,断定神造万物的第一天是公元前 4004 年 10 月 23 日[1]。又如,雅罗斯拉夫斯基在其所著《〈圣经〉是怎样一本书》中说:我们从“创世记”,犹太人的上帝经过亿万年完全游手好闲的生活以后,终于开始创造世界。“‘起初上帝创造天地。’这个‘起初’究竟是指什么时候呢?相信《圣经》的记载的人们,计算世界‘从起初创造天地’到现在七千四百四十五年。”[2]

太平天国领导人并不知道基督教史上关于这一问题的种种回答,也无暇作这样的基督教史研究,但这并不影响他们对此作出某种猜测。洪仁玕这样说:“若谓创天地事,不知几千万年,无所稽据,此言亦是真实。中国史不可考,即纲鉴亦不敢实证。”在洪仁玕看来,上帝创造世界和人类是极其遥远的过去的事,“几千万年”是一个概数,指几千年、上万年或更长的时段。

太平天国领导人更为关心的是“创世纪”后人类,特别是中国人拜上帝的历史,以及与此相关的中国人的起源问题。洪秀全说:中国人“自盘古至三代,君民皆敬拜皇上帝”。洪仁玕则试图提出或解释“盘古何许人也”、“华人何处而来”这两个问题。

洪仁玕说:“孔丘删书,断自唐虞,以其事近于实。而唐虞以上,究何氏始居中国,谓中国为万邦之始,不知所考也,谓中国为分支所入,亦无所稽也。究之必有所考,必有所稽,何古史之不确凿乎?”洪仁玕同时又说:“吾意伏羲前一二代间,必有由川陕而入中土者,故伙食居室嫁娶舟楫网罟冠

〔1〕《推翻灵魂创造论的人:詹姆斯·赫顿》,[英国]《焦点》月刊 4 月号。参见《参考消息》2002 年 4 月 29 日。

〔2〕雅罗斯拉夫斯基:《圣经是怎样一本书》,三联书店 1988 年版,第 13 页、第 361 页。

裳文字始兴。惟那时草木禽兽必畅茂繁殖，盖必加以斧斤焚削，乃能奠厥攸居，故以此等开荒事功忙了一二代，遂忘携其创世宗谱及其来踪，又无记载笔简等件，推其故，惟记忆祖父有言，云最始创之初人名曰亚盘，又后人以为最古，复以古字续之，名曰盘古氏。"〔1〕

洪仁玕的观点可以归纳为：其一，尧、舜之前的中国的历史无法考定；人类起源于中国，还是中国人由别处而来，都无法考定。其二，洪仁玕倾向于认为，传说中的"盘古"就是上帝始创之亚当，盘古（亦即亚当）是古今中外人类之始祖。其三，洪仁玕倾向于认为，中国人来自西方，"由川陕而入中土"，此事发生于"伏羲前一二代间"。从那个时候起，才有了中国的文明史。或许我们可以这样说，洪仁玕持"华人西来说"〔2〕。

"华人西来说"不是洪仁玕的原创，从学术思想渊源看，洪仁玕的想法很可能源于清初钦天监夏官正李祖白的说法。李祖白（？—1665）是天主教教徒，耶稣会士汤若望的学生。清初"历狱"发生后，儒生杨光先撰《辟邪论》等，攻击西洋历法和天主教。耶稣会士利类思等刊布由李祖白署名的《天学传概》，驳斥杨光先的《辟邪论》，褒扬基督教。

《天学传概》主要观点有：(1) 基督教是中国上古所信奉的宗教，该书"引书经九十五言、诗经一百一十言、论语二十六言、中庸二十言、孟子五十九言，而称所引文字'莫非天学之微言法语'"。(2) 中国的始祖伏羲氏是亚当的子孙。《天学传概》说："此中国初人实如德亚之苗裔。"（如德亚为译音，即犹太。）杨光先又作《不得已》驳《天学传概》。杨光先说："谓我伏羲是天主教之子孙，岂非卖君作子，以父事邪教，祖白之头可斩也。""谓中夏之《圣经》贤传是受邪教之法语微言，祖白之罪可胜诛乎？"

方豪先生认为，在当时中国人对世界历史与地理、对犹太史和基督教都很不了解的情况下，李祖白护教"信心甚坚，勇气亦可嘉，但在当时情形，

---

〔1〕《钦定军次实录》，太平天国历史博物馆：《太平天国印书》，江苏人民出版社 1979 年版，第 790 页。

〔2〕伏羲，在古籍中又作伏戏、伏希、庖牺、包牺、宓羲等，《管子》、《荀子》、《庄子》、《商君书》、《战国策》等都曾提及，但均语焉不详。

措词造意，都不能不说有欠考虑"；"祖白的措词实不明智"[1]。

清初"历狱"是有影响的历史事件，留下了不少文字资料，与洪仁玕所处的时代相去不远。洪仁玕饱读经史，对中国的学术和历史有很多的了解。洪仁玕又是皈依了基督教的，他在香港的学习和宗教活动应该使他对世界历史与地理、对犹太史和基督教有很多的了解。这些就使他可能受《天学传概》的影响，并会像李祖白那样，相信中国人的"始祖"伏羲是亚当的子孙。

应该指出的是，洪仁玕之后，受"中华民族西来说"影响的学者也不乏其人。如章太炎《訄书》称："方夏之族，自拉科派利者见石刻，订其出于加尔特亚(chaldea)，东逾葱岭与九黎、三苗战，始自太皞，至禹然后得其志。"这里所说太皞，即指伏羲。章太炎并附会《圣经·旧约》，在述及加尔特亚人时说："然始统一加尔特亚者为萨尔宫一世。当共和纪元以前2960年。……萨尔宫者，神农也，促其音曰石耳。先萨尔宫有福巴夫者，伏羲也。后萨尔宫有尼科黄特者，黄帝也。其教授文字称苍格者，苍颉也。……东来也，横渡昆仑。昆仑者，译音华土也，故建国曰华。""故曰：中国种姓之出于加尔特亚者，此其征也。"[2]又如王国维《读史二十首》，其一云："回首西陲势渺茫，东迁种族几星霜？何当踏破双芒屐，却向昆仑望故乡。"其二云："两条云岭摩天出，九曲黄河绕地回，自是当年游牧地，有人曾号伏羲来。"[3]由此，我们更可以理解洪仁玕持"中华民族西来说"，只是这一学术史链环的一节，并非可怪之事。

三、洪秀全的宗教使命：扫除偶像，建立地上天国

从太平天国文献和洪秀全等人的宣传来看，洪秀全不同于耶稣的宗教使命就是扫除偶像，建立地上天国。

早在洪秀全立教之初，扫除偶像就成为他和拜上帝信众的主要宗教行

〔1〕 方豪：《中国天主教史人物传》(中)，中华书局1988年版，第25页。
〔2〕 章炳麟：《序种姓》，《訄书》，1983年版，第44页、第41—42页。
〔3〕 萧艾编：《王国维诗词笺校》，湖南人民出版社1984年版，第1页。

动。例如,1847 年 8 月,洪秀全第二次进入广西,到了紫荆山,带领包括冯云山在内的少数人,大张旗鼓地掀起了一场捣毁庙宇菩萨的斗争。从象州甘王庙到紫荆山雷庙,以及田心、雷台两水所有的大小神坛偶像,概予破除。

1853 年颁行的《太平救世歌》强调偶像之必当扫除:"往古之时,人性犹明,真源未失,皆知敬拜天父上主皇上帝……降及后代,年岁愈远,根本愈失,渐为妖魔迷害,忽然差入鬼路。泥团塑像,木偶装金,种种邪行,何可悉数!"接着,就分别阐明耶稣与洪秀全的不同使命,耶稣的使命缘于"我天父皇上帝怒世人之狂惑,惜真道之沉沦",因而"特遣太子天兄耶稣降凡救世,受尽辛苦,代世人赎罪,功劳宏大,莫过于此"。洪秀全的使命则缘于"我天父爱世心切,恐世人不能速化,尽归真道,同享真福,复遣我主天王下凡,为真命主,诛灭妖魔,化醒天下,抚绥万邦,同享真福"。"故自金田首倡大义,万众欢腾,诛灭群妖,焚毁妖庙,扫净邪秽,尽返真醇。此数千年以来未有若此巍巍之功德也。"[1]按照太平天国的宣传,耶稣的宗教使命与"功劳"是"救世捐命赎罪",洪秀全的宗教使命与"功德"是"诛灭妖魔,化醒天下"。

由于太平天国在这方面的大力宣传,洪秀全的这一宗教使命和功德,在太平天国官兵中家喻户晓,人人皆知。如 1853 年 11 月间,天主教神父葛必达随法国公使访问天京。太平天国丞相陈承镕的属下在回答葛必达的提问时说:我们"仅仅相信,正如上帝亲遣其子耶稣到人世救赎众生是不争之事实,上帝又亲自授命洪秀全根绝人间的偶像崇拜"。葛必达认为:"普通人,甚至一些官员赋予这一使命与关联以更为非凡、更具特别使命的特征。"[2]太平天国国宗黄玉昆与葛必达争论教义的时候,黄玉昆告诉葛必达,太平天国的宗教有百分之八十的部分与天主教相同。葛必达向黄玉昆

〔1〕《太平救世歌》,太平天国历史博物馆:《太平天国印书》,江苏人民出版社 1979 年版,第 141 页。

〔2〕 A Letter by the French Jesuit Missionary Fr Stanislas Clavelin, Prescott Clarke and JS Gregory, Western Reports on the Taiping, p. 103. Australian National University Press, Canberra, 1982.

解释,说天主教的首领是教皇,黄玉昆当即回答:“洪秀全志在消灭一切偶像,首先在中国,然后在邻国,此后,他将到欧洲看望他的兄弟们,即像他自己一样的独一真神的崇拜者,到那个时候,洪秀全将会明白解释说明他自己是何许人,并了结一切问题。”〔1〕

太平天国将扫除偶像看做天王下凡的使命和洪秀全所建树的“数千年以来未有若此巍巍之功德”,宣传“洪秀全志在消灭一切偶像”,对于我们认识太平天国运动,其意义不可小视。

太平天国定都天京以后,直至太平天国失败之前,不少传教士和外交人员访问过太平天国。这些人也都注意到太平天国上帝教的这一特点和洪秀全宣称的特殊使命。例如:1854 年 5 月访问天京的美国来华专使麦莲等论及太平天国宗教时说:“对于他们宗教教义的特点,至今我们仍了解得很不充分。”但他们认为太平天国的人们是“最严格的反对偶像崇拜的基督徒”〔2〕。1860 年以后访问太平天国的传教士艾约瑟等说:“打倒偶像,建立对真神的崇拜,是太平军的目的。”〔3〕杨格非说:“他们坚决在中国扫除偶像崇拜,用基督教的传布去代替偶像崇拜。”〔4〕慕维廉说:“我们不能不相信,这场革命即使最后不免失败,它已在中国的许多地方致命地打击了偶像崇拜与迷信。……对偶像的敬畏之情再也不会在曾经崇拜偶像的人们心中复活了。”〔5〕对太平天国宗教充满敌意的吴士礼也例外地赞美太平天国的扫除偶像,他认为“我强烈地感到,叛军洗净了他们自己崇拜偶像的罪孽,这是他们宗教中唯一值得赞赏的地方”〔6〕。笔者认为,完全可以下这

---

〔1〕 英文原文见 A Letter by the Jesuit Missionary Fr Stanislas Clavelin, Prescott Clarke JS Gregory, Western Reports on the Taiping, p. 104. Australian National University Press, Canberra, 1982.

〔2〕《苏斯奎汉那号的南京、芜湖之行》,北京太平天国史研究会编:《太平天国史译丛》第 2 辑,中华书局 1983 年版,第 48 页。

〔3〕《艾约瑟等五名传教士赴苏州谒见忠王的经过和观感》,北京太平天国史研究会编:《太平天国史译丛》第 2 辑,中华书局 1983 年版,第 108 页。

〔4〕 呤唎著,王维周译:《太平天国革命亲历记》,上海古籍出版社 1985 年 2 月版,第 382 页。

〔5〕 英文原文见 A Letter from Rev W Muirhead, Prescott Clarke JS Gregory, Western Reports on the Taiping, p. 261. Australian National University Press, Canberra, 1982.

〔6〕《吴士礼中校的叙述》,罗尔纲、王庆成主编:《太平天国》第 10 册,广西师范大学出版社 2004 年版,第 326 页。

样的结论:在全世界扫除偶像是太平天国声称的宗教使命,也是太平天国不同于基督教史上以往的宗教运动的一个重要特征。

建立地上天国是洪秀全所承担的不同于耶稣的又一使命。据基督教教义,耶稣没有在人间建立天国的使命。当耶稣被捕后受审时,罗马驻犹太的行政长官彼拉多问耶稣是不是犹太人的王,耶稣回答说:"我的国不属这世界。"又说:"你说我是王,我为此而生,也为此来到世间,特为给真理作见证。凡属真理的人,就听我的话。"[1]基督教认为,耶稣来到世间不是为了建立世俗的"地上天国",而是属灵的"天国"。洪秀全则不然,他公然揭示建立"地上天国"的世俗目标,早在永安时洪秀全向全军将士许诺,到"小天堂"时,所有参加"打江山"的功勋等臣都将得到封赏[2]。以杨秀清、萧朝贵名义发布的三篇檄文均揭橥"开国"、"屠八旗……安九有"、"作天下万国太平真主"的同样目标。太平天国的这类宣传不胜枚举。

洪秀全从三个方面论证自己所负扫除偶像、建立地上天国的宗教使命。

其一,提出上帝的第四次"大怒":"乃怒世人拜邪神。"

太平天国重要文献《东王杨秀清西王萧朝贵发布奉天诛妖救世安民谕》称:"溯自皇上帝造有天地以来,皇上帝大发威怒屡矣。而世人还未知乎!皇上帝第一次大怒,连降四十日四十夜大雨,洪水横流矣。第二次大怒,皇上帝降凡,救以色列出麦西国矣。第三次大怒,皇上帝遣救世主耶稣降生犹大国替世人赎罪受苦矣。今次又大怒,丁酉岁皇上帝遣天使接天王升天命诛妖,复差天王作主救人。戊申岁皇上帝恩怜世人之陷溺,被妖魔之迷缠,三月上主皇上帝降凡。九月救世主耶稣降凡,显出无数权能,诛尽几多魔鬼,场场大战,妖魔何能斗得天过。且问皇上帝何怒?乃怒世人拜邪神,行邪事,大犯天条者也。"[3]太平天国领导人作这样的宣传,目的正是要说明,洪秀全肩负着与耶稣不同的使命。耶稣降生是皇上帝第三次大

---

〔1〕《圣经·新约·约翰福音》第18章。

〔2〕太平天国历史博物馆:《太平天国文书汇编》,中华书局1979年版,第34页。

〔3〕《东王杨秀清西王萧朝贵发布奉天诛妖救世安民谕》,太平天国历史博物馆:《太平天国文书汇编》,中华书局1979年版,第107页。

怒的结果，耶稣降生的使命是“替世人赎罪受苦”；洪秀全受遣是皇上帝第四次大怒的结果，洪秀全的使命是诛妖除邪神，扫除偶像。

其二，冒名《圣经》人物麦基洗德，冒称麦基洗德下凡。

麦基洗德(Melchizedeek)是《圣经》人物，撒冷王和祭司。《创世纪》说：当亚伯拉罕(即亚伯兰)打败以拦王基大老玛及其同盟者后返回时，麦基洗德带着饼和酒出来迎接，并为亚伯拉罕祝福，亚伯拉罕将战利品的十分之一给麦基洗德。据《希伯来书》，麦基洗德“头一个名翻出来就是仁义王，他又名撒冷王，就是平安王的意思”。“他无父、无母、无族谱、无生之始、无命之终，乃是与神的儿子相似。”[1]麦基洗德身份的特殊性在于，他既“与神的儿子相似”，“又名撒冷王，就是平安王”。神秘的麦基洗德显然引起洪秀全的特别注意，并引发他的特别联想。

太平天国1853年刊行的《旧遗诏圣书·创世传》叙及此事时说：“夫撒冷之王，即是至上帝之祭司麦基洗德带馒与酒而出，且祝之云：愿至上主上帝天地之大主降亚伯兰以福也。”[2]至太平天国后期，这一段文字又改为“夫天朝王，即是上帝之祭主麦基洗德带馒与饼而出，且祝之云愿至上主上帝、天地之大主降亚伯兰以福也”[3]。太平天国后期出版的《钦定前遗诏圣书·圣差保罗寄希伯来人之书》第七章又说：“夫麦基洗德译名，本乃天王，又撒冷之王，即太平王。”[4]洪秀全按自己的需要，因“平安”与“太平”同义，将“平安王”改为“太平王”、“天朝王”，就将麦基洗德装扮成自己的模样，让人相信自己就是那个麦基洗德。太平天国辛酉十一年四月，洪秀全在诏书中公开宣称：“麦基洗德实朕全。”[5]

洪秀全对《圣经》也作了相应的批解，他说：“此麦基洗德就是朕。朕前

---

〔1〕《圣经·旧约·创世纪》第14章。《圣经·新约·希伯来书》第7章。

〔2〕《旧遗诏圣书》，太平天国历史博物馆：《太平天国印书》，江苏人民出版社1979年版，第174页。

〔3〕《旧遗诏圣书》，太平天国历史博物馆：《太平天国印书》，江苏人民出版社1979年版，第174页。

〔4〕罗尔纲：《〈新遗诏圣书〉〈钦定旧前遗诏圣书〉〈钦定旧前遗诏圣书〉跋》，广东太平天国史研究会、广西太平天国史研究会编：《太平天国史论文集》(续集)，广西人民出版社1989年版。

〔5〕洪秀全：《眼见天日主乾坤诏》，太平天国历史博物馆：《太平天国文书汇编》，中华书局1979年版，第58页。

在天上，下凡显此实迹，以作今日下凡作主之凭据也。盖天作事必有引，爷前下凡救以色列出麦西国，作今日爷下凡作主开天国引子。哥前降生犹太国代世赎罪，作今日哥下凡作主大担当引子。朕前下凡犒劳祝福亚伯拉罕，作今日朕下凡作主救人善引子。故爷圣旨有云：有凭有据正为多。"[1]洪秀全在这里强调，他从前曾下凡犒劳祝福亚伯拉罕，即预兆了他今日下凡作主，建立和统治世俗的天国。

其三，宣称"审时既至"，建立"地上王国"。

基督教的世界末日说认为，现实世界总有终结之日，那时，耶稣基督将再度降临人间，那时，死人将全部复活，活人也有身体变化，所有的人都将接受上帝的审判，即所谓"末日审判"。通过审判，无罪的人升天堂享永福，有罪的人下地狱受永刑。魔鬼也将被抛入火湖受永刑。基督教把"末世"的到来推向遥远的未来，引导信徒行善祛恶，在道德伦理和行为方面自律。

在洪秀全这里，一切大吉大利，没有"世界末日"的说法，基督教的"末日审判"，在上帝教里另有表达。基督教说"末日审判"，上帝教只是抽象地说："审时既至"[2]，并没有对审判的具体描述；基督教说，"末日审判"时基督将再度降临，上帝教说"天国迩来今真来，哥至如贼确不诬"；[3]基督教义论及世界末日到来的预兆时说："先前的天地已经过去"，"看见一个新天新地"。"又看见圣城新耶路撒冷从上帝那里从天而降"。上帝教则宣称：太平天国就是"新天新地"，"约翰所见，是天上大天堂。天上地下一样，新耶路撒冷今天京是。上帝基督下凡，带朕暨幼主作主创开天朝天堂。上帝天堂尽在人间，验矣"。

显然，上帝教并不重视基督教的"末日审判"对人的审判和处置，而是着重于建立"地上天国"，即"上帝基督下凡，带朕暨幼主作主"，建立以天京为新耶路撒冷的"天父天兄天王太平天国"。

上述太平天国领导人的基督教史观显然与正统基督教的基督教史观

---

〔1〕 金毓黻、田余庆：《太平天国史料》，中华书局1959年版，第80页。

〔2〕 金毓黻、田余庆：《太平天国史料》，中华书局1959年版，第92页。

〔3〕《赐通事官领袖接天义罗孝全诏》，太平天国历史博物馆：《太平天国文书汇编》，中华书局1979年版，第53页。

不相符合，究其原因，或出于对基督教史的无知和猜测，或出于对基督教史的误解，或出于对基督教史的“修正”，从主观上说，其出发点只有一个，就是使上帝教与基督教史的阐述和解释适合于他们所领导的太平天国宗教与政治运动的需要。

关于太平天国宗教的几点看法

近年来,太平天国史的研究相对以往而言是比较沉寂的。最近这一段时间,由于宗教问题,特别是邪教问题引起人们的关注,太平天国宗教也不期然地引发了一些不同的议论。本文仅就太平天国的上帝教是否卡尔特、太平天国上帝教是否邪教、太平天国上帝教是否基督教谈三点看法,并就教于方家。

一、太平天国上帝教是否卡尔特

有的宗教史学者认为,太平天国上帝教是卡尔特。

"卡尔特是对英语 Cult 的音译。意译有的译为膜拜教团,有的译为迷信团体。后一译法容易使人感到它不属于宗教的范畴而属于迷信的范畴。而卡尔特(膜拜教团)却是属于宗教的范畴,是独立的宗教组织的最简单和最原初的形态。"卡尔特和教派有一定的发展上的联系。"教派(Sect),这里指的教派是指宗教组织的特殊形态,而不是普通意义上的同一宗教或不同宗教的派别。从理论上讲,教派应是由卡尔特发展而来,但实际上的宗教,除少数外,大多数是从比它更高级的各宗教组织形态中产生或分裂出来的。"〔1〕

陈麟书等主编的《宗教社会学通论》这样总结卡尔特的特点:"这种形态

---

〔1〕 陈麟书等主编:《宗教社会学通论》,四川大学出版社 1992 年版,第 97 页。另据科塞等著《社会学导论》(南开大学出版社 1990 年中文版,第 504 页),卡尔特—教会连续体,是宗教社会学中最为流行的一种宗教分类法和分类体系。……在西方宗教社会学中,习惯的称呼不是这一名称,而是"教会—教派连续体"。有些西方学者还认为,这一连续体的最高点为"国教"。

的宗教组织有这样几个特点:(1) 规模很小,常为几十至数百人;(2) 一般都是由一个自称受到神的启示并具有超凡魅力的卡里斯玛[1]式的领袖和自发崇拜他或她的信徒组成,团体内没有正式的组织结构和专门的神职人员;(3) 成员间关系松散且参加或退出也较随便,团体的生存全靠卡里斯玛式的领袖的魅力和信徒在信仰上的忠诚来维持;(4) 如果没有向高一级的宗教组织——教派发展,便很容易瓦解,大多数卡尔特都会在其作为创立人的领袖死后而烟消云散,故是短命的。"[2]

此外,根据罗纳德·L·约翰斯通所著《社会中的宗教》的有关论述,卡尔特的特征还应该补充两点,即(5)"膜拜教团趋向于处于社会中占统治地位的宗教体系的主流之外。虽然通常在意识形态和名词用语上会出现某些交叉,但膜拜教团却故意把自己与统治地位的宗教群体对立起来。"(6)"膜拜教团也有其强烈的个人所强调的东西,如强调心灵的平静及个人与超自然的东西的和谐,同时则表现出相对较少地关心社会的变迁。膜拜教团一般以城市为中心,这一方面是因为他们传统上并未吸引许许多多的人,因此需要从许多人那里选择少数成员;另一方面是因为膜拜教团倾向于吸引那些幻想破灭了的人,这些人正在寻求有意义的归宿以与他们的烦恼相抗衡——而这些人也许更容易在城市环境中找到。"[3]

如果说上帝教是卡尔特,它就应该具有上述主要特点,事实则不然。

(1) 上帝教不是卡尔特那种"小规模"的组织,这是众所周知的。(2) 上帝教确实是"由一个自称受到神的启示并具有超凡魅力的卡里斯玛式的领袖和自发崇拜他或她的信徒组成",但却是一个政权和神权合一的组织严密的团体。(3) 上帝教的生存和维持主要取决于对上帝的信仰的忠诚,也需要洪秀全的"卡里斯玛式的领袖的魅力",但不存在"成员间关系松散且参加或退出也较随便"的问题。(4) 上帝教是发展成熟的宗教组织,不存在"向高一级的宗教组织——教派发展"的问题。(5) 从世界范围看,基督

[1] Charisma,(迷信者所说的领袖人物的)超凡魅力,神授能力;(众望所归的做领导的)特殊本领(品质)。(见《现代英汉综合大词典》)。指具有超人魅力和"灵能"的人物。

[2] 陈麟书等主编:《宗教社会学通论》,四川大学出版社 1992 年版,第 97 页。

[3] 罗纳德·L·约翰斯通:《社会中的宗教》,四川人民出版社 1991 年版,第 142 页。

教是“社会中占统治地位的宗教体系”之一员，上帝教认为自己是基督教，从这个意义上说，并不是“趋向于处于社会中占统治地位的宗教体系的主流之外。……故意把自己与统治地位的宗教群体对立起来”。(6) 卡尔特“有其强烈的个人所强调的东西，如强调心灵的平静及个人与超自然的东西的和谐，同时则表现出相对较少地关心社会的变迁”。在这一点上，上帝教则大异其趣。上帝教不是要超然世外，而是要用暴力推翻那个公义颠倒的社会，在人间建立神权和政权合一的太平天国。这些都是最清楚不过的了。结论也是清楚的：上帝教不是卡尔特。对于了解和研究过太平天国历史的人来说，以上这些比较甚至是多余的。

二、 太平天国上帝教是否“邪教”

什么是邪教？从宗教学的角度说，相对居于统治地位的“宗教”而言，其他宗教可能被视为异教甚至邪教。相对某宗教而言，它的异端也可能被斥为邪教。相对正统宗教而言，邪教是邪恶的宗教组织和宗教势力。

笔者以为，邪教之所以为邪教，必须同时具备两个最本质的特征，一是从宗教的角度看，相对正统宗教而言，邪教是“左道旁门”。其最典型的特征是神化活人，“立现实中教主‘人’为崇拜的唯一神”。二是从社会的角度看，邪教危害社会，危害人类。总而言之，邪教是邪恶的宗教和社会势力。

太平天国上帝教是不是邪教？

从宗教的角度看，“纵观宗教史，任何一种传统宗教都曾经因教义理解上分歧形成过许多不同的派别。……所谓异端教派，实际上是围绕教义理解不同的教派之争。与邪教不同，它们并不否认自己崇拜的主体神，所有基督教的异端教派都承认耶稣是基督，是救世主，是唯一崇拜的真神”。“而邪教却另起炉灶，立现实中教主‘人’为崇拜的唯一神。很明显，在崇拜主体上，异端教派与邪教有着本质区别。”〔1〕

---

〔1〕 陆纯本：《对邪教认定中涉及的几个问题的探讨与浅析》，社会问题研究丛书编辑委员会编：《论邪教》，广西人民出版社 2001 年版，第 13 页。

太平天国上帝教的教主是洪秀全，但洪秀全并没有将自己立为上帝教崇拜的神，更没有将自己立为上帝教唯一崇拜的真神。太平天国上帝教唯一崇拜的真神是谁？天王洪秀全的诏旨和太平天国的文献说得很清楚。例如，《永安封五王诏》称："天父上主皇上帝才是真神，天父上主皇上帝以外，皆非神也。"[1]《原道救世歌》称："开辟真神唯上帝，无分贵贱拜宜虔。"[2]上帝教《十款天条》称："第一天条崇拜皇上帝。……第二天条不好拜邪神(皇上帝曰：'除我外，不可有别神也。')"[3]《太平救世歌》称："且夫天地万物既为天父所造成，则天父为独一真神，尊无二上。"《改太平天国为上帝天国诏》称："朕今诏明：天上地下人间，天父上帝独尊，此开辟来最大之纲常。"[4]《钦定敬避字样》称："圣神、真神、天父、神父是上帝也，神子、天子是救世主天兄、天王、幼主也。"[5]这样的文字不胜枚举。在这一点上，太平天国将士也不存在任何疑问。据容闳说，他在访问丹阳时，太平军秦姓将领就曾这样对他说："天王本人已解释过，他没有资格与天父相提并论；对天父的尊敬乃是宗教崇拜，但是对于天王的尊敬只不过是宫廷礼节，正如所有国家的臣僚对君主所表示的尊敬一样。不能把这种行为视为崇拜。"[6]

显然，就崇拜主体而言，太平天国上帝教是基督教的一个异端团体，它与那些"立现实中教主'人'为崇拜的唯一神"的邪教有着本质的区别。

太平天国时期，太平天国上帝教曾被清政府和封建卫道士视为天主教。1854 年 2 月，曾国藩发布《讨粤匪檄》称："粤匪窃外夷之绪，崇天主之教。""痛天主教之横行中原。"[7]在封建卫道士看来，基督教就是邪教。

---

〔1〕 太平天国历史博物馆：《太平天国文书汇编》，中华书局 1979 年版，第 35 页。

〔2〕 太平天国历史博物馆：《太平天国印书》，江苏人民出版社 1979 年版，第 10 页。

〔3〕《原道救世歌》，太平天国历史博物馆：《太平天国印书》，江苏人民出版社 1979 年版，第 31 页。

〔4〕 太平天国历史博物馆：《太平天国文书汇编》，中华书局 1979 年版，第 55 页。

〔5〕《钦定敬避字样》，太平天国历史博物馆：《太平天国印书》，江苏人民出版社 1979 年版，第 804 页。

〔6〕 容闳：《西学东渐记》，译文见北京太平天国史研究会编：《太平天国史译丛》第 1 辑，中华书局 1981 年版，第 205 页。

〔7〕 曾国藩：《讨粤匪檄》，李瀚章编：《曾文正公全集 · 文集》第 3 卷，光绪丙子传忠书局版，第 1 页。

"是耶稣诸说,非杨非墨,既属异端,在中国即为邪教。"〔1〕"耶稣在海外教人为善,海外举为神人可矣,在中国则为异端,奉其教且应诛。"〔2〕显然,封建卫道士们把太平天国上帝教视为邪教的这些逻辑和结论都是站不住脚的。

从社会的角度看,太平天国农民运动的实质是反对反动清政府的政治压迫和经济剥削,并且在晚清这一特定的历史时期,还曾沉重打击了在中国的外国侵略势力。太平天国农民运动的正义性应该是无可置疑的,无须赘述,决不能视之为危害社会、危害人类。也正因为如此,中国民主革命的先驱者孙中山先生才会以"洪秀全第二"自命,也正因为如此。太平天国农民运动才会得到马克思主义史学家和中国共产党人的高度评价。

无论从宗教的角度还是从社会的角度看,太平天国上帝教都不是邪教。

三、 太平天国上帝教是否基督教

太平天国时期在华活动的基督教传教士对这个问题有不同的回答。

有人认为,太平天国上帝教是基督教,如杨格非(John Griffith)这样说:太平天国的"宗教虽有不少的错误,但是其中仍有几个重要点为他们所清楚明了并热诚信守的。而这几点也正是我们的宗教的根基,无此便不成为基督教了"。

丁韪良(字冠西,William Alexander Parsons Martin)谈到太平天国上帝教时说,太平军是"类似清教徒的军队"、是"有中国本色的基督教团体"、太平天国上帝教是"中国的基督教"等等。他还这样说:"或谓他们的基督教是假伪的……然而,基督教在开始时期,其形象几时不是假伪的呢?……但由黑暗之中,真光渐露,日有进步。今所指为假伪的基督教,又有谁敢其将来不极有助于真正的基督教之发展呢?"丁韪良还认为:"承认

〔1〕 中国史学会主编:《太平天国》(三),神州国光社1952年版,第251页。
〔2〕 中国史学会主编:《太平天国》(三),神州国光社1952年版,第262页。

他们与我们是同一上帝天父的儿女，是同一基督的学徒，接纳他们投入基督教的兄弟团体，是很容易的过程。”〔1〕

有人认为，上帝教是“半基督教”或“异端”的基督教。

1860 年 6 月，艾约瑟(Joseph Edkins)说：“半基督教徒的叛军已经成为近邻了。我们急切地想借个人的接触，探悉他们此时对外国人和基督教的感情和意见。同时，我们也很想告诉他们，在基督教教义上和仪式上，他们与我们不同的地方。”艾约瑟把太平天国的上帝教称为“半基督教”。

有人认为，太平天国上帝教是假的基督教。如 1860 年 8 月，花兰芷(J. L. Holmes)说：“我曾期望他们的教义尽管是粗糙的，也许总会包含一些基督教的原理。可是，我感到遗憾，我发现根本没有什么基督教的原理在内，只是徒具基督教的虚名。”〔2〕1861 年 2 月，慕维廉(William Muirhead)称之为“一种假的基督教”。持这类观点的还有理雅各(James Legge)等。

有人认为，上帝教是“异端”的基督教。如 1861 年 3 月，艾约瑟在说到洪秀全的时候又这样说：对于“批评他的错误的任何议论，他总是坚决地但是很和善地予以反驳”。而且，“他和所有批评过他的著作和他的异端的基督教的传教士保持友好关系”。这里，艾约瑟又将太平天国的上帝教称为“异端”的基督教。

尽管说法歧异，有几点是共同的，第一，谁也没有否认太平天国上帝教具有基督教的形式。第二，谁都承认太平天国上帝教领袖的宗教热情，包括对上帝的崇拜、对偶像崇拜的痛恨及扫除偶像的坚决。第三，谁都不否认太平天国上帝教的教义中有不少被基督教必然视为错误的成分。这也正是不认同上帝教为基督教的原因所在。

揆诸基督教史，我以为，不能以此不认同上帝教为基督教。即以传教士们极其注意的“三一论”而言，关于基督教的崇拜主体，洪秀全的上帝论归纳起来就是：上帝是圣神，圣神独一无二，基督是上帝的太子，不是上帝，

〔1〕 转引自简又文：《太平天国典制通考》(下)，简氏猛进书屋 1958 年版，第 1 938 页、第 2 016 页、第 1 971 页。

〔2〕 参见茅家琦：《太平天国对外关系史》，人民出版社 1984 年版，第 275 页、第 304 页、第 308 页。

不是圣神。圣灵即圣神风，是圣神的风，也不是圣神[1]。从基督神学的角度讲，洪秀全的上帝论属于“上帝一位论”[2]。洪秀全的上帝论和公元3世纪的所谓“神格唯一论派”相近，“在他们看来，三位一体的概念即是三神论。”洪秀全的上帝论与16世纪欧洲宗教改革运动中产生的“一位论派”更为相似。他们认为，上帝不是三位一体而是一位，把耶稣视为一个伟大的圣人但不是神，不是三位一体中的第二位[3]。

后世史学家中有些人不认为太平天国上帝教是基督教，如梅朋称之为“似是而非的基督教”[4]，克拉克认为，太平天国上帝教信仰“既不是中国传统的，也不是基督教的，而是他们自己的……并不是传教士们能接受的那种意义上的基督徒”[5]。徐如雷说：“尽管上帝教里有不少基督教语言，这些只能是构成新宗教的传统材料。上帝教还是上帝教，不是基督教。”[6]

也有不少人认为，太平天国上帝教是基督教，如王治心说：“洪秀全乃上帝教……上帝教是基督教。”[7]陈佳荣著《中国基督教史》称：“就根本方面而言，洪秀全所创立的上帝教确实是中国式的基督教无疑。”[8]《中国宗教纵览》称：“拜上帝会虽然在许多方面与传统基督教大异其趣，但毕竟脱胎于基督教。”该书把拜上帝会称为“特殊形态的基督教组织”[9]。

简又文先生这样说：“我们试观历史上各宗各派的基督教，又何尝无各种不满人意的成分耶？我们确知有居然拜偶像的，有些尚多妻的，有些流

---

〔1〕 洪秀全《钦定旧前遗诏圣书批解》，《太平天国史料》，中华书局1959年版，第81—91页。在太平天国，东王是圣神风，“劝慰师”。

〔2〕 威利斯顿·沃尔克：《基督教会史》，中国社会科学出版社1991年版，第84页。

〔3〕 威利斯顿·沃尔克：《基督教会史》，中国社会科学出版社1991年版，第560页。

〔4〕 梅朋著，范希衡译：《上海租界当局与太平天国运动》，《江浙豫皖太平天国史料选编》，江苏人民出版社1983年版，第394页。

〔5〕 彼得·克拉克著，曾学白译：《上帝来到广西》，《太平天国史译丛》第1辑，中华书局1981年版，第240页。

〔6〕 徐如雷：《基督教和上帝教的异同》，南京大学历史系太平天国史研究室编：《太平天国史新探》，江苏人民出版社1982年版，第134页。

〔7〕 王治心：《中国宗教思想史纲》，中华书局1933年版，第224页。

〔8〕 陈佳荣：《中国基督教史》，香港学津书局1988年版，第447页。

〔9〕 周燮藩：《中国宗教纵览》，江苏文艺出版社1992年版，第253页。

为拜经教的……尚有其他种种怪怪奇奇的信念与行为者，不胜枚举了。然则何能独为太平基督教诟病而屏之于基督教门外耶?”[1]简先生将太平天国上帝教称为“太平基督教”。

笔者认为，太平天国上帝教是基督教的一个异端派别，即持上帝一位论的基督教团体，是中国特殊时代特殊情况下的特殊产物。关于这一看法，笔者已另有专文论及，兹不赘述。

〔1〕 简又文:《太平天国典制通考》,简氏猛进书屋1958年版,第1 742页。

宗教与政治：太平天国运动性质探讨

太平天国运动是中国近代一次影响深远的重大历史事件。由于它所处时代社会转型的急剧性和复杂性，太平天国自然会体现所处时代的外在风貌及内含特质，必然会引发史学家、政治家、宗教家们对太平天国的特质的各种各样的论述。太平天国被称为太平天国运动、太平天国起义、太平天国农民起义、太平天国农民战争、太平天国农民革命、太平天国农民革命战争，等等。所有这些定性都是一种政治的定性。从政治、政治史、军事史的角度研究太平天国是太平天国研究的主流领域，是人们正确认识和评价太平天国的最重要的视角。

众所周知，太平天国的宗教上帝教对太平天国影响至巨，太平天国的风暴正是起于上帝教的“青蘋之末”，太平天国为上帝教所孕育，因上帝教的宗教力量而兴盛，上帝教对太平天国的败亡也难脱干系，所谓“成也萧何，败也萧何”，正是上帝教与太平天国兴亡的写照。

在某种意义上说，太平天国运动的诸多要素中，在当时最刺激中国社会观感和神经的要素之一就是上帝教。这种刺激也同样出现在当时在华传教士之中。

社会上层之如此观感可见于曾国藩的《讨粤匪檄》。檄文称：“粤匪窃外夷之绪，崇天主之教。”“痛天主教之横行中原。”[1]后人也注意到《讨粤匪檄》将反对太平天国诉诸宗教的特点。

---

〔1〕 曾国藩：《讨粤匪檄》，《曾文正公全集·文集》第3卷，传忠书局光绪丙子秋，第1页。

辛亥革命时期,杨笃生这样认为:“洪杨剽窃天主教之绪余,天父天兄,称名诞幻,与湖南士闻所承用之学说,格不相入,故湘粤之哄,虽谓带宗教之性质可也。”[1]章炳麟也认为:“洪氏以夏人挞建夷,不修德政,而暴戮是闻,又横张神教,以轶干之。曾国藩、左宗棠之起,其始不过保卫乡里,非敢赞清也。……故檄文不称讨叛,独以异教慭礼数之。”[2]

到了当代,冯友兰则更为明确地指出:“曾国藩和太平天国的斗争,是中西两种文化、两种宗教的斗争,即有西方宗教斗争中所谓‘圣战’的意义。这是曾国藩和太平天国斗争的历史意义。”[3]

民众之如此观感可见于南昌教案期间百姓之言语:“长毛都是奉天主教的”,法国传教士进城,“必定要在城内及近城地方传教,譬如勾引长毛进来,我们身家性命不都休了”[4]。这一现象甚至见于清军军营,1860 年 12 月,美国监理会两名传教士在杭州向清兵赠送宗教书籍,遭到对方拒绝。他们获悉,“因书内印有耶和华与耶稣字样,清廷已宣布其为贼党词汇故禁之”[5]。在当时,上帝教已经成为太平天国的符号,也几乎成了基督教的代名词。

梁启超在谈到“国民心理”对太平天国宗教的反应时这样说:“洪秀全之失败,原因虽多,最重要的就是他拿那种‘四不像的天主教’做招牌,因为这是和国民心理最相反的。”[6]

早在太平天国时期,一些西方传教士就已充分注意到上帝教对太平天国的影响。他们甚至认为,太平天国不是一个纯粹的政治运动,它同时还是一个宗教性质的运动。

韩山文(Theodore Hamberg,又作咸北,瑞典传教士)在所著《太平天国

---

〔1〕 杨笃生:《新湖南》。《辛亥革命前十年时论选集》卷一(下),三联书店 1960 年版,第 619 页。

〔2〕 转引自萧一山:《清代通史》,中华书局 1986 年版,第 774 页。

〔3〕 冯友兰:《中国哲学史新编》(第六册),人民出版社 1989 年版,第 75 页。

〔4〕《密访问答》,宝鋆等辑:《筹办夷务始末》(同治朝)第 12 卷,中华书局 2008 年版,第 547 页。

〔5〕 邓元忠:《美国人与太平天国》,台北华欣文化事业中心 1983 年版,第 128 页。

〔6〕《梁启超论清学史二种》,复旦大学出版社 1985 年版,第 112 页。

起义记》序言中说:"此时中国内之变动既为一般人所注意,则此册之发表或亦不为多事。著者原意不在详述此事之内容,亦不拟将众所共知之述词,纂辑成书。关于此端宗教政治之运动,著者欲表现其心地及原因,故仅就个人所知得自信而有据之来源者,由其发生之先,叙至于其举兵于广西之经过耳。"[1]韩山文最早提出太平天国是一场"宗教政治之运动"。

艾约瑟(Joseph Edkins,1823—1905,伦敦会牧师)等说:"太平天国的领导者们不是政治家。他们建立了某种制度,他们怀抱着对伟大的宗教真理强烈的信念,他们开始了一场对他们来说过于重大的政治伟业……沉湎于重新创建中国的幻想。"[2]"在这一重大的革命运动中宗教因素显然有极大的关系。若是认为这一运动纯粹属于政治性质,而将宗教置于从属地位,那就大错特错。实际上绝不是这回事,恰恰相反,宗教是政治的基础,是政治生命赖以持续的泉源。打倒偶像,建立对真神的崇拜,是太平军的目的;和驱除满人与征服全国一样,他们同样地全心全意求其实现。"[3]

1861 年来华、在苏浙一带传教的英国安立甘会教士慕雅德(Arthur Evans Moule,)认为:太平天国"是两个运动的混合物——宗教改革与反抗官府压迫的政治斗争——而这可能破坏了太平天国事业"。他在书中还引用了一个愤怒的中国人在 1853 年的时候对(英国专使)文翰说的话:"他们是强盗和基督徒;他们是基督徒和强盗。"[4]

与韩山文、艾约瑟等持类似观点的还有许多学者,如:

麦沾恩(G. H. McNeur)认为:"洪秀全同一个名叫冯云山的友人受了梁发的书的感动,兴起打倒偶像的战争,组织了一个上帝会。"[5]

史式徽(J. de. ca. Serviere)认为:"太平军进入南京后,颁发了许多公

---

〔1〕 韩山文:《太平天国起义记》,中国史学会主编:《太平天国》(六),神州国光社 1952 年版,第 833 页。

〔2〕 Narrative of a visit to Nanking by Rev. Joseph Edkins, Prescott Clarke and JS Gregory, Western Reports on the Taiping, p. 294. Australian National University Press, Canberra, 1982.

〔3〕《艾约瑟等五名传教士赴苏州谒见忠王的经过和观感》,北京太平天国史研究会编:《太平天国史译丛》第 2 辑,中华书局 1983 年版,第 108 页。

〔4〕 Arthur E. Moule, The Glorious Land, London: Church Missionary Society, 1891, p. 23.

〔5〕 麦沾恩:《中华最早的布道者梁发》,《近代史资料》,中华书局 1979 年版,第 190 页。

告,重申他们的双重目标:建立汉族皇朝,把中国还给中国人;输入一种新的宗教。"[1]

赖德烈(Kenneth Scott Latourette)所著《基督教在华传教史》认为,太平天国运动之缘起非止一端,而"传教士及其助手所编著及传布的书籍,给予他们以最始初的冲动。苟无此,则所给予这大革命之催迫力量——宗教的坚固信仰,断不致产生。在整个事件中,西方的基督教于不知不觉及无意间协助鼓动了革命的力量,而为自己的能力所不能管制的"。简又文认为,赖德烈的观点,"可算是审定基督教对于太平天国始初的贡献与责任之公允的论断。无论如何,太平天国的革命运动之最初的种子,是由基督教而来的,以故其整个革命运动的性质与意义,在要素上也是宗教的"[2]。

王治心认为:"太平天国的革命,不单是单纯政治民族问题,也是及到了宗教与社会革命。"[3]

牟安世认为:"太平天国不仅仅是一个宗教运动,而是一个穿着宗教外衣的农民革命运动。"[4]

上述这些将太平天国运动视为宗教运动的观点未必能得到大家的赞同。但是,在后来的研究中,从总体上看,太平天国运动的宗教成分对其性质的影响可能被低估了。正如太平天国运动的政治成分充分赋予这一运动的政治运动性质,太平天国运动的宗教成分同样充分赋予这一运动的宗教运动性质。从中国基督教史的角度看,"太平天国虽轰烈一时,但它给中外基督徒留下了深刻的反思。对这方面的研究,也将成为基督教第四次传入中国的一个重要部分"[5]。

太平天国宗教的研究一直是太平天国研究中的一个重要领域,并已取得丰硕的成果。这方面的重要论文有:范阳:《关于太平天国宗教世界观的特殊性格》,《光明日报》1981 年 5 月 11 日;范阳:《试论太平天国宗教哲学

[1] 史式徽:《江南传教史》第 1 卷,上海译文出版社 1983 年版,第 267 页。

[2] 简又文:《太平天国典制通考》,简氏猛进书屋 1958 年版,第 1 594 页。

[3] 王治心:《中国基督教史纲》,上海世纪出版集团 2007 年版,第 139 页。

[4] 牟安世:《论太平天国运动能否称为革命和农民革命》,广西太平天国史研究会、广东太平天国史研究会编:《太平天国史论文集》,广西人民出版社、广东人民出版社 1983 年版,第 184 页。

[5] 段琦等:《基督教学》,当代世界出版社 2000 年版,第 92 页。

的两重性》,《南宁师院学报》1981 年第 2 期;段本洛:《"拜上帝会"与太平天国的兴亡》,《江苏师院学报》1980 年第 4 期;茅家琦:《洪秀全与"拜上帝会"》,《中华文史论丛》1980 年第 1 期;沈渭滨:《洪秀全创立"上帝教"质疑》,《北方论丛》1980 年第 4 期;徐如雷:《读〈钦定旧前遗诏圣书批解〉》,北京太平天国历史研究会编:《太平天国学刊》第 1 辑,中华书局 1983 年版;徐如雷:《基督教和上帝教的异同》,南京大学历史系太平天国史研究室编《太平天国史新探》,江苏人民出版社 1982 年版;罗尔纲:《〈新遗诏圣书〉〈钦定旧遗诏圣书〉〈钦定前遗诏圣书〉跋》,《太平天国史论文集》(续集),广东人民出版社、广西人民出版社 1989 年版;吴义雄:《关于梁发与洪秀全思想关系的几个问题》,《太平天国与中西文化》,广东人民出版社 2003 年版;等等。

对太平天国上帝教作系统研究的成果主要有:简又文著《太平天国典制通考》,夏春涛著《太平天国宗教》、《天国的陨落——太平天国宗教再研究》等。

"在近代宗教学中,对于宗教的研究有三种方法和倾向最有影响,一是宗教人类学和宗教历史学,二是宗教心理学,三是宗教社会学。它们对宗教的本质和基本特性问题的看法各有侧重,在此基础上对宗教提出了不同的界说。宗教人类学和宗教历史学的学者们一般侧重于以宗教信仰的对象(神和神性物)为中心来规定宗教的本质和定义;宗教心理学者则一般着眼于宗教信仰者个人内心世界对神或神性物的主观感受和内在体验;宗教社会学者往往以社会为中心来看待宗教,把宗教对于社会生活的影响和作用视为宗教的核心和基础。大体上可以这样说,在把握和规定宗教的本质问题上,第一种是以宗教信仰的对象(神)为中心,第二种是以宗教信仰的主体(个人)为中心,第三种则是以宗教信仰的环境(社会)为中心。"〔1〕笔者以为,就太平天国宗教研究而言,当我们研究太平天国上帝教的信仰对象、研究太平天国军民从教的心理原因、研究上帝教所以能产生和发展的社会环境等问题时,上述三种方法都会有一定程度的借鉴意义。

〔1〕 吕大吉主编:《宗教学通论》,中国社会科学出版社 1989 年版,第 47 页。

相对太平天国研究的其他领域而言,太平天国宗教研究还是薄弱的。而太平天国与历次农民运动的不同之处,正在于太平天国将它在运动之初所揭橥的宗教理论与宗教理想作为自己始终不渝的目标,而不仅仅作为发动运动的手段。

从宗教与政治的角度解读太平天国的文献与诠释太平天国运动的性质,笔者认为,太平天国运动是宗教运动与政治运动的结合,作为宗教运动,它是以太平天国政权作为载体,以军事行动为手段,以上帝教征服中国与世界为目的的"十字军征服";作为政治运动,它是以"拜上帝"为旗帜,以驱逐"鞑妖"为号召,以政教合一的政治、经济、文化制度为架构的"地上天国"。在这个意义上可以说,太平天国是宗教政治运动,是宗教运动与政治运动相表里的运动,它既是一场披着宗教外衣的政治运动,又是一场依附政治斗争的宗教运动,太平天国运动所要建立的"地上天国"则是两重性质的一个体现,太平天国也正是这样的"地上天国"。

胡林翼与湘军研究

HULINYIYUXIANGJUNYANJIU

胡林翼在湖北的筹饷活动及其影响

胡林翼于1855年3月至1861年8月任湖北巡抚。在担任巡抚的七年中,胡林翼采取种种措施,把湖北经营成为清方在长江中游继湖南之后的又一个重要基地,竭湖北之力与曾国藩通力合作,指挥湘、楚军攻陷太平天国在长江中游的军事重镇武汉、九江、安庆,是镇压太平天国的元凶巨魁。本文仅就胡林翼在湖北的筹饷活动及其影响作粗浅的探讨,请大家教正。

一、 胡林翼在湖北的筹饷活动

太平天国起义后,清政府财政枯竭,地方所需军饷,只能"以空文指拨,久之,空无所指。诸将帅亦知其无益,乃各自为计",罗掘搜括。

在正常情况下,湖北财政收入以钱粮和盐课为大宗。盐课一项,"淮引正课不逾三十万"〔1〕。钱粮一项,"岁不满百万"。与其他省份比较,"江西、江苏、浙江、山西、河南等省额赋则三倍五倍于湖北"。百余年来,湖北每年"须请拨部款三十万以养荆州及各营官兵"〔2〕。可见,湖北论用兵为要地,论筹饷则为瘠区。"大约本省之力,不过养勇七八千人。"〔3〕胡林翼

〔1〕 王闿运:《湘军志·筹饷篇第十六》,岳麓书社1983年版,第166页。

〔2〕 胡林翼:《致陈秋门给谏》,郑敦谨编:《胡文忠公遗集·抚鄂书牍》第60卷,同治六年黄鹤楼刻本,第5页。

〔3〕 胡林翼:《致郑小珊少卿》,郑敦谨编:《胡文忠公遗集·抚鄂书牍》第59卷,同治六年黄鹤楼刻本,第11页。

要豢养数万湘、楚军，唯有千方百计掊克聚敛。从他所采取的措施看，钱粮、捐输、盐课与厘金，以及他省协饷为主要饷源，此外另有层出不穷的敛财手段。

1. 钱粮。湖北六十余州县，其中有漕州县三十三。据《熙朝政纪》，全省钱粮额征银一百余万两。其中，额征北漕正耗米（解运京仓）十五万石有奇，南米（解支本省旗、绿营饷）十三万七千石有奇，以当时部定价值计，共约折银三十七万余两。湖北钱粮征收流弊已久，“自道光年间，岁征不及一半”，如道光二十一年，实征五十二万余两。道光二十二年，实征六十四万余两。道光二十五年，实征七十四万余两。道光二十九年，实征三十三万余两[1]。钱粮既被胡林翼移充军饷，额征不足就严重妨碍筹饷扩军，因此，胡林翼在攻陷武汉、控制湖北全境后，便“实力整顿”钱粮，重点放在清厘漕务积弊。

湖北漕务之弊，交纳本色者，每石浮收米自五六斗至三石不等。交纳折色者，每石勒收钱自五六千至十八九千文不等。又有耗米、水脚等款，由单、券票、样米、号钱等费。其他冗费则有各级衙门之“漕规”、各级衙门书吏之房费，以及南米杂费等。浮勒之重、冗费之繁，无不由粮户负担。结果，“民力既不能堪”，“国家维正之供往往征不足数”，徒填胥役、刁绅、劣监之欲壑。

1857年秋冬，胡林翼奏准清厘漕弊，其主要措施有：(1) 所有各级衙门之漕规及书吏房费等概行革除。(2) 所有由单、券票、样米、号钱等费概行禁革。(3) 减定漕章，按向年浮勒之数减半至减过半不等，一律改征折色，“明定折价”。减定之数，不许更改。有“抗违阻挠情事”则“执法绳之”。这样，中饱之蠹和不法大户较难舞弊，“于小户则实惠甚多”。清厘漕弊客观上不同程度地减轻了中小地主、自耕农、半自耕农的田赋负担，阶级矛盾得到一定程度的缓和。据胡林翼说：“民情极为欢悦，完纳俱形踊跃。”清厘漕弊结果，漕粮一项，实得银四十万余两[2]，高于额征数，全省钱粮征收情况

〔1〕 王庆云：《熙朝政纪》第4卷，光绪壬寅上海书局版，第24页。

〔2〕 胡林翼：《奏陈漕务章程办有成效疏》，郑敦谨编：《胡文忠公遗集·奏疏》第30卷，同治六年黄鹤楼刻本，第8页。

随之好转,如“八年钱粮,实力整顿,合计通省额征,于奏销限内,所欠不及一分,实近三十年所未有”[1]。这样,湖北每年钱粮收入,“除本省廉俸,旗、绿营饷”支出外,可“余五六十万两”[2],成为湖北军饷的一个比较稳定的来源。

2. 捐输。清代捐输,“创于康熙,备于雍、乾”,嘉庆、道光因袭旧章。咸丰元年,清政府增开“筹饷事例”,收捐输银充饷。开捐时条款,按道光七年的“酌增常例”减一成核算。1852 年改为减二成以广招徕,1854 年,再改为减四成,“捐事移归京铜局”,故称“京铜局捐”[3],或“京捐”。至于地方各省,捐输章程各异,减成数一般不能比京捐优惠,以免影响京饷收入。

胡林翼于 1855 年 5 月开始,“分遣委员绅士极力劝捐”,从这时起到 1856 年底前后,一直“按‘筹饷事例’职官酌减二成,职衔封典递减二成(即减四成)核予职官、职衔”[4]。

1857 年春,胡林翼奏请“照户部通行捐案减二成及递减四成核算”。即捐实职等减二成,捐升衔加级等减六成。

1860 年秋和 1861 年初,胡林翼先后两次奏请“捐实职虚衔照筹饷例统减四成核算,升衔加级各项向减四成者准再递减二成(即减六成)”。户部议复:“捐项减四成六成系捐铜局(即京铜局)章程,若援照办理,有妨京捐。”只同意湖北捐实职虚衔由减二成改减三成,升衔加级各项由减四成改为五成[5]。1861 年 8 月胡林翼执意再奏,不久死去。据左宗棠 1862 年奏称:“前湖北巡抚胡林翼当鄂支绌之时,有减成收捐之请,先经部臣奏驳,上

---

〔1〕 胡林翼:《敬陈湖北兵饷情形并举贤自代疏》,郑敦谨编:《胡文忠公遗集·奏疏》第 33 卷,同治六年黄鹤楼刻本,第 16 页。

〔2〕 胡林翼:《请仍减成收捐以救饥军疏》,郑敦谨编:《胡文忠公遗集·奏疏》第 40 卷,同治六年黄鹤楼刻本,第 14 页。

〔3〕 许大龄:《清代捐纳制度》,第 13 页、第 78 页、第 103 页。见沈云龙主编:《近代中国史料丛刊》续编,文海出版社 1966 年版,第 40 辑。

〔4〕 胡林翼:《设局收捐米石筹济兵食民食疏》,郑敦谨编:《胡文忠公遗集·奏疏》第 12 卷,同治六年黄鹤楼刻本,第 8 页。

〔5〕 胡林翼:《请仍减成收捐以救饥军疏》,郑敦谨编:《胡文忠公遗集·奏疏》第 40 卷,同治六年黄鹤楼刻本,第 2 页。

年九月始奉旨允行，鄂省大局，借以支持。”[1]可知胡林翼奏请减四成六成收捐直到1861年10月才获准施行。实际上，1860年8月以后，他曾“复行奏明试办”，“派员四出劝谕”，并“业已稍有成效。”而据胡林翼私函透露，则早在1860年6—7月以前，湖北捐输已“照铜捐(即京铜局捐)办理”[2]。减四成六成收捐。

除了减成收捐，胡林翼还奏准变通户部所颁牙帖捐输则例，广收牙帖捐输。牙帖捐输是勒索牙行的一项措施。清代定例：(1) 各埠设立牙行均有限额，故牙行也称“额牙”，额牙在户部备案，按则完税。(2) 额牙所持牙帖在指定地点有效，不准移往他埠。(3) 生监人等不准承充牙行。户部牙帖捐输则例规定：“各市镇原有旧帖之商一律……交纳捐输换帖。”并规定了一系列细则。胡林翼认为，照定例及部颁牙帖捐输则例，从当时湖北情况看，不利于收捐。胡林翼奏请变通办理：(1) 取消各埠设立牙行的限额，增设牙行即可增收牙帖捐输。(2) 因战事等种种原因，额牙多迁徙他埠，如仍不准迁埠，牙行减少即不利于收取牙帖捐输，应准额牙移埠并捐输换帖。(3) 生监人等已有不少承充牙行，不宜再禁，以广捐输。(4) 部议牙行照筹饷例及常例减半交纳捐输换帖，捐额太高，牙行裹足，应分别原帖原埠、原帖移埠、原帖改业、遗失补帖等不同情况酌减为十分之一到三分之一不等，捐输换帖。[3] 目的全在鼓励增设牙行，鼓励捐输换帖。

减成收捐和变通牙帖捐输则例等有利于刺激捐输。据有关资料统计，1855年到1858年，湖北收取捐输银九十八万两，1859年为三十一万九千四百两。1860年为九万六千两。1861年仅“施南一府办捐可逾八万”，唯全省办捐之数不详。据上述数字累计，自1855年至1861年，共收取捐输银约一百四十七万余两，平均每年约二十余万两。

---

〔1〕 左宗棠：《请援照湖北米捐减成章程收捐以济军食折》，杨书霖编：《左文襄公全集·奏稿》第2卷，光绪十六年刻本，第36页。

〔2〕 胡林翼：《复武昌县钱颖澜》，郑敦谨编：《胡文忠公遗集·抚鄂书牍》第75卷，同治六年黄鹤楼刻本，第6页。

〔3〕 胡林翼：《密陈南岸贼情并筹议现在情形疏》，郑敦谨编：《胡文忠公遗集·奏疏》第8卷，同治六年黄鹤楼刻本，第14页。

3. 盐课与厘金。据《湖北通志》载，湖北自光绪十年始对盐斤抽厘[1]，胡林翼说及“盐厘”，也是“向来盐、厘二宗”[2]。可知当时并无“盐厘”收入，盐课及厘金两项中均不包括盐厘。湖北系淮南引地(唯施南府等部分地区例食川盐)，淮盐由仪征溯江入楚，太平军占领长江下游地区后，淮盐运道梗阻，湖北盐课随之而起变化。

一是借销川盐取课。1853 年，署理湖广总督张亮基奏准借销川盐，川盐盐课成为湖北盐课收入的主要来源。当时，仅在宜昌设课盐局，起初课额为每斤十五文，旋减为每斤五文，向买户名下征收。1854 年，又改为每斤课银一厘五毫。每月盐课所得约银二万两左右。1855 年，胡林翼就任湖北巡抚，更立新制：宜昌仍设课盐局，改为取课于盐商。另在沙市增设课盐局，取课于买户。“荆宜二局于一买一卖中，其抽提盐课每斤按七文，合银三厘五毫。”[3]川盐斤课七文，遂为湖北定制。

二是准私盐行销，设局取课。私盐向为清政府所严禁。为了增加盐课收入，胡林翼及湖广总督官文却准许私盐在湖北行销并设局取课。当时湖北私盐有五种：“曰脚私，系江船夹带浸灌蕲、黄。曰粤私，由湖南郴、桂而北。曰川私，自四川夔、巫而东。曰潞私，入襄、郧、随、枣一带。曰票私，入安、麻、孝、应等处。”私盐课额较轻，陆路私盐每斤课钱二文，水路私盐每斤课钱四文。

湖北盐课收入，私盐一项，以 1856 年为例，五个月共得“十五万余串”[4]。平均每月约三万串，每年约三十余万串，合银十五万两左右。川引一项，据胡林翼说：荆、宜二局盐课济军“以月供十二万串为衡”。并说：“两局合力办此，实为处其有余。”[5]据此，川盐盐课收入每年约在七八十万两以上。《湘军志》称湖北川盐盐课“岁益银百余万”，似乎有夸张之嫌。但以私盐和川引之盐课合计，湖北盐课每年百余万两是可信的。如胡林翼

〔1〕 张仲炘：《湖北通志》第 51 卷，商务印书馆影印本 1934 年版，第 1 409 页。

〔2〕 胡林翼：《复老河厘局黄虚舟》，郑敦谨编：《胡文忠公遗集·抚鄂书牍》第 77 卷，同治六年黄鹤楼刻本，第 4 页。

〔3〕 张仲炘：《湖北通志》第 51 卷，商务印书馆影印本 1934 年版，第 1 402 页。

〔4〕 张仲炘：《湖北通志》第 51 卷，商务印书馆影印本 1934 年版，第 1 404 页。

〔5〕 胡林翼：《札荆州道严》，阎敬铭编：《胡文忠公遗集》第 9 卷，同治五年重刊本，第 6 页。

所说:"本省饷项以盐课为大宗。"

湖北饷项的另一大宗是厘金。1855 年 11 月,胡林翼奏准仿照扬州仙女庙厘金章程,在湖北各地设立局卡,征厘助饷,厘金总局则迟至 1857 年才设立于武昌〔1〕。

关于湖北厘金税率,《中国厘金史》称:"初定章为值百抽二,以后有无增减,已不可考。"其实不然,据胡林翼奏称:湖北厘税,1855 年"试办之初……约计货物可售制钱一千者,酌定抽厘金十二文"。"零星货物又行户发卖者……就铺面之大小,销货之多寡,每月分别酌提厘金钱三四十千、一二十千文不等,通计亦以制钱一千文抽钱十二文为准。"鄂省各处"均照每千抽厘十二文先后举行"〔2〕。到 1860 年 6 月,又于"厘金加二文"。可见,湖北厘金税率,自 1855 年底至 1860 年夏为千分之十二,此后为千分之十四。

湖北厘金收入,据官文后来在同治年间奏称:"湖北自举办厘金以来,每年抽收实数约在一百三四十万两。"《湖北通志》列有"鄂省厘金裁改统捐各局卡简明表",虽专就光绪三十一年裁改之局卡列表,以前裁并及添设者不录,但还能反映以前的一些情况。根据表中设于咸丰年间的有关各局"原抽额数"统计,湖北每年厘金总抽额数为银二十万一千八百两、钱二百五十万五千八百串,以钱二千文折银一两计,共约为银一百四十五万余两,与官文所奏近似。由此可见,湖北厘金每年收入约为银一百三四十万两。

胡林翼曾说:"向来盐、厘二宗,每月可得二十四万或二十七八万"串,约合银十二万至十四万两,一年所得不超过一百七十万两。前已述及,盐课一项,每年约得百余万两;厘金一项,每年约为一百三四十万两,盐、厘二宗,每年应为二百三四十万两。胡林翼所说显然是大大缩小了的数字。这是胡林翼的惯用手法,他往往故意缩小筹措所入,目的是"少言之,以期待外饷,免部诘耳"〔3〕。

---

〔1〕 胡林翼:《遵旨查复沙市厘金情形疏》,郑敦谨编:《胡文忠公遗集·奏疏》第 24 卷,同治六年黄鹤楼刻本,第 5 页。

〔2〕 胡林翼:《遵旨查复沙市厘金情形疏》,郑敦谨编:《胡文忠公遗集·奏疏》第 24 卷,同治六年黄鹤楼刻本,第 5 页。

〔3〕 胡林翼:《致胡莲舫王孝凤》,郑敦谨编:《胡文忠公遗集·抚鄂书牍》第 59 卷,同治六年黄鹤楼刻本,第 6 页。

关于湖北的盐课和厘金，尚应作一重要补充，据汪士铎说：1860年春，胡林翼的门生和幕僚蒋照“请于盐、厘斤(疑应为均)加二钱(制钱二文)，遂不劳而获钱百余万缗”[1]，约合银五十余万两。胡林翼在1860年5月也这样说：“厘金加二文，盐课买、卖各加一文(此即蒋照所请盐、厘均加二钱)……即行定计，约计亦不过一年筹得二十余日之饷。”[2]当时湖北月饷为四十余万两，二十余日之饷约为三十余万两。两说出入较大。实际情况是，盐课原斤课七文，加二文则是增加约百分之三十，约增收三十余万两。厘金原千取十二，加二文则增加百分之十七，约增收二十余万两。盐、厘两项共增收约五十余万两。汪士铎之说较为切实，胡林翼之说又是故意“少言之”。

4. 协饷。胡林翼除了在本省搜刮，也向清廷和其他省份伸手。据胡林翼奏疏，湖北历年所得协饷可考者共约一百二十余万两，每年平均约二十余万两。如下表[3]：

年份	数额	所据资料
1855	九万	“剋下湖南所解钱银并江西之二万两，合计水陆仅分敷二月之饷。”(第1卷，第12页)“当时月需饷银四万五千两。”(第1卷，第11页)据此合计约为九万两。
1856	七十五万两	“山、陕两省虽月有所解，为数仅止三万，而川省所解，核以两月三万。”(第11卷，第19页)据此，三省月协鄂饷约七万五千两，正月至十月共协饷七十五万两。
1857	不详	
1858	三十万两以外	咸丰九年八月函称：“去年仅得协饷三十万两以外，本年仅得协饷十万两以内。”(第65卷，第21页)
1859	十万两以内	
1860		咸丰十年正月以来，“五月之久仅准陕西……解到饷银二万。”(第37卷，第6页)

除了上述经常性的主要措施外，尚有其他种种手段。

其一，利用银钱比价的变化，变相压低军饷。湘、楚军兵饷例以银计，

---

〔1〕 汪士铎：《汪梅村先生集》第11卷，光绪七年刊本，第1页。

〔2〕 胡林翼：《致司道粮台诸公》，郑敦谨编：《胡文忠公遗集·抚鄂书牍》第74卷，同治六年黄鹤楼刻本，第23页。

〔3〕 本文表中凡未注明所引书均为郑敦谨编：《胡文忠公遗集》。

银、钱比价的变化,给胡林翼发饷以可乘之机。如1857年11月,“按照市价,每正银一两折收钱二千四百文”。胡林翼发饷搭放钱文,“时给军以钱二缗当银一两”。实际上是以二千文发二千四百文之饷。到1858年6月前后,“钱价日昂,每银一两市价仅换一千四百有零”。如仍照旧以钱二缗当银一两搭放,每两兵饷多支六百文。蒋照提出:“前敌各营月放制钱已久者,咸宜于拊循之中微示限制”,湘军水陆师及都兴阿马队仍部分搭放制钱,控制在八万缗左右。“此外后路各营一律发银。”胡林翼采纳实行。当时湖北月饷银三十余万两,只有四万两照八万缗钱文发放,所占比例极小,结果,“岁赢不啻十八九万两”〔1〕。1858年,胡林翼又决定湘军等前敌各营也一律“照市价”搭放制钱,引起湘军将领不满,李续宜抱怨“湘军钱章全改,虽为饷艰起见,到底非厚道之举……愿鄂省不负湘军!”〔2〕但还是被胡林翼说服施行。

其二,铸钱。1857年,胡林翼饬布政使委员收集各处存剩铜、铅等运解武昌宝武局鼓铸,“七月开铸起至十二月止,计铸钱三十卯三万五千串文”。“八年二月起至六月止,又计铸钱二十六卯一万九千串文。”解交司库和“粮台总局”〔3〕。1859年,胡林翼又翻出新花样,决定官为经理,购铜铸钱。他说:“设局于武汉之市,大约千钱可得十余斤之铜器,加白铅二成”鼓铸,铸成雍正、康熙钱式,得千数十钱为大利,得千钱为中利,得九百八九十钱亦有利可图。据次年春胡林翼致盐法道顾文彬(字子山)函称:“户部近二年谬处甚多,少奏少咨为是……如铸钱之案,尊处可详来,弟必不准咨复,异日有事,弟执其咎也。”〔4〕看来,购铜铸钱是瞒着户部的,购铜、铸钱,获利具体数字和其他细节不详。

其三,勒罚。进行政治性的敲榨勒索。诸如:1854年10月,胡林翼在崇通一带“亲按通擒款贼者于军,谕纳银二百有奇、米三千石,解九江军营

〔1〕 汪士铎:《汪梅村先生集》第11卷,光绪七年刊本,第1页。

〔2〕 胡林翼:《致李希庵》,郑敦谨编:《胡文忠公遗集·抚鄂书牍》第65卷,同治六年黄鹤楼刻本,第21页。

〔3〕 张仲炘:《湖北通志》第52卷,商务印书馆影印本1934年版,第1420页。

〔4〕 胡林翼:《致顾子山观察》,郑敦谨编:《胡文忠公遗集·抚鄂书牍》第71卷,同治六年黄鹤楼刻本,第3页。

赎罪”。1856 年初，胡林翼对兴国州民人“派饷”，使赎“从贼”之罪。1859 年，蔡某因“被人控为通贼，勒捐十万”。1861 年，荆门州“勒罚陈姓四万两”，胡林翼并下令“押追”。实际勒罚事例当不止这些。

其四，压价动用丰备仓积谷。1857 年，湖北“捐建丰备仓”，以备荒欠饥馑。1860 年，湘、楚军兵饷大绌，胡林翼借口“优养士卒”动用积谷。结算时既不照捐价（高于市价），又不照市价，每石比市价“再低十文、十五文”，提谷碾米运往前敌[1]。

其五，官运官销川盐，获利充饷。当时清政府盐法有票、引两种，“引商捆盐有定额，行盐有定地，永远承为世业”。票商制则不同，无论何人均可纳税领票运盐，“额、地全无一定，来去听其自便”[2]。虽有票、引之异，但都是商运商销。胡林翼就任湖北巡抚后，奏请“官运官销”川盐。即按湖北每月销盐九百引计，除商运商销七百引外，官运官销二百引，或以所运之盐销售，盐利充饷，或以所运之盐易米，以充军粮[3]。此议是否获准，是否施行，尚难考定。

胡林翼还曾考虑通过间架税、户捐、田捐等名目进行搜括，因种种原因未能施行。

顺便提一下，1853 年，清政府下令通行官票、宝钞、大钱，运用通货膨胀手段加紧搜刮。有些材料说，湖北于咸丰四年闰七月开始推行[4]。但据胡林翼称：“鄂向未用大钱、钞票、官票，自上及下，无不以实银出入也。”[5]胡林翼认为：“嘉庆、道光以后，度支渐绌，驯至近年，支绌更甚。其弊由于钱漕、盐课、关政不得其理。”不须以“大钱、钞票为事”。并说：“近人日议生财之法，不知本原，愈议论而愈纷，愈更张而愈坏，锢蔽于卑琐之计。”显然，

---

〔1〕 胡林翼：《致司道及粮台米局》，郑敦谨编：《胡文忠公遗集·抚鄂书牍》第 79 卷，同治六年黄鹤楼刻本，第 3 页。

〔2〕 刘锦藻：《清朝续文献通考》第 36 卷，上海商务印书馆 1955 年版。

〔3〕 胡林翼：《奏陈楚省盐法乞酌拨引张疏》，郑敦谨编：《胡文忠公遗集·奏疏》第 16 卷，同治六年黄鹤楼刻本，第 12 页。

〔4〕 参见北京太平天国史研究会编：《太平天国学刊》第 1 辑，中华书局 1983 年版，第 348 页。

〔5〕 胡林翼：《复梁海楼侍郎》，郑敦谨编：《胡文忠公遗集·抚鄂书牍》第 80 卷，同治六年黄鹤楼刻本，第 15 页。

胡林翼反对采取通货膨胀手段，湖北并未推行大钱、钞票、官票，胡林翼的主要筹饷措施，也正是对钱漕、盐课、厘金的整理。

根据上面的考察，湖北钱粮充饷每年约为银五六十万两，捐输收入平均每年约为银二十余万两，盐课与厘金每年约为银二百三四十万两，即此数项，湖北平均每年自筹已达三百二十余万两左右。胡林翼说："无论如何刻薄残忍，敲骨打髓，每年不过三百万两有余。"[1]这是一个稍微缩小了的数字。以钱粮等项与铸钱、勒罚等其他收入合计，再加上每年平均约为二十余万两的外省协饷，湖北平均每年饷项收入当将近银四百万两或更多。

据《胡文忠公遗集》作不完全统计，胡林翼历年饷项收支情况为：1855年至1856年，每年支出需银一百万两左右，当时武汉等地在太平军控制下，湖北本省所出无多，主要依靠外省协饷；1857年至1859年，每年支出约需三四百万两，主要靠胡林翼在本省自筹，基本上能够维持平衡，或稍为有余，如胡林翼所说："七、八、九年"是"饷足之时"[2]。1860年以后，年需约五百万两，饷项支绌。

二、胡林翼筹饷活动的影响

胡林翼在湖北的筹饷活动，产生了极为重要的作用和影响。

第一，湖北的军事力量空前增强，成为镇压太平天国的一个重要基地。胡林翼就任湖北巡抚时，无论从饷力看还是从兵力看，如胡林翼所说："贫国弱国，惟楚兼之。"由于胡林翼的掊克聚敛，这种情况发生了巨大的变化。就兵饷而言，胡林翼以湖北一省之力平均每年约筹饷银四百万两。为当时各省所罕见。湖南与湖北财力相埒，每年筹饷仅约"二百万两内外"[3]。显然，湖北饷力已远较他省雄厚。就兵力而言，由于饷力雄厚，胡林翼豢养

[1] 胡林翼：《致李希庵》，郑敦谨编：《胡文忠公遗集·抚鄂书牍》第65卷，同治六年黄鹤楼刻本，第20页。

[2] 胡林翼：《致严方伯》，郑敦谨编：《胡文忠公遗集·抚鄂书牍》第75卷，同治六年黄鹤楼刻本，第8页。

[3] 骆秉章：《历陈湖南筹饷情形折》，《骆文忠公奏议·湘中稿》第12卷，光绪四年刻本，第17页。

的湘、楚军不断扩充。据《胡文忠公遗集》所作的不完全统计，湖北湘、楚军历年兵力：1855 年春为六千左右，年底为一万七千，1856 年秋为二万余，1857 年夏为三万余，9 月为四万余，1858 年至 1859 年均为五万余，1860 年至 1861 年达六万左右。

胡林翼和曾国藩联兵作战，湘、楚军成为清军中最凶悍的一支武装力量。清政府镇压太平天国，当时主要依靠三支军事力量：一是长江中游的湘、楚军，一是长江下游的江南大营，一是皖北的胜保所部及袁甲三、翁同书等部。按照胡林翼的评论，"论军旅，则皖中无一矢之遗"。胜保"每战必败"，应"呼此公为败保"。江南大营则"将骄兵惰，终日酣嬉……淫心荡志，极乐忘疲，以致兵气不扬"。胡林翼的上述评论基本符合事实。至于湘、楚军，胡林翼自诩："浔、皖、金陵，将唯我楚军是赖！""天下兵将，只靠吾楚耳！"〔1〕当时安徽巡抚翁同书也奏称："近来可用之兵，莫如楚师。"〔2〕这些都说明湘、楚军比其他各部清军更为凶恶。

胡林翼筹措了巨额军饷，湘、楚军得到极大扩充，湖北的军事力量空前增强。胡林翼因此受到同伙的大肆吹捧。汪士铎说：胡林翼"经画危疆，转贫弱为富强"〔3〕。王闿运说：湖北"兵与饷强天下"。曾国藩说：胡林翼"将天下第一破烂之鄂，变成天下第一富强之省"〔4〕。在我们看来，所有这些谀词，只是说明胡林翼已经把湖北经营成为镇压太平天国的重要基地。

第二，曾国藩湘系集团得到空前发展。

1855 年初，胡林翼署理湖北巡抚，清廷责以南岸军事、规复武昌。当时，胡林翼"不特无兵无饷，亦且无官无幕"，"坐困于金口、洪山一带"。6 月，曾国藩以湘军外江水师归隶于胡林翼。8 月，又派湘军陆师罗泽南、李续宾部援鄂。胡林翼依靠湘军水陆师攻陷武汉，补授湖北巡抚。胡林翼感激涕零地说："林翼自问，五、六年所处之境，为军兴以来未有之奇。然自得

〔1〕 胡林翼：《致李希庵方伯》，胡凤丹重编：《胡文忠公遗集·抚鄂书牍》第 71 卷，光绪戊子著易堂版，第 9 页。

〔2〕 赵尔巽：《清史稿》第 427 卷，中华书局 1977 年版，第 12 263 页。

〔3〕 汪士铎：《汪梅村先生集》第 7 卷，光绪七年刊本，第 15 页。

〔4〕 曾国藩：《复胡宫保》，李瀚章编：《曾文正公全集·书札》第 10 卷，光绪丙子传忠书局版，第 33 页。

迪庵(李续宾字迪庵)而兵乃强,得厚庵(杨岳斌字厚庵)而水道以通。"他后来又写信给曾国藩,说自己是"皮匠小店……本钱出于老板"。正因为如此,胡林翼才"行意欲倚国藩",与曾国藩通力合作。

胡林翼在湖北筹措巨额军饷,曾国藩湘军得以维系和扩充。

其一,胡林翼所统在鄂湘军水陆师大大扩充,1855 年,胡林翼奉命以湖北巡抚兼领水师,当时湘军外江水师仅三千人,船二百左右。到 1856 年底,就扩充至七千余人,"战舰、辎重八九百号,大小炮位二千尊",其中新配备洋炮九百尊,超过湘军成军时水师的规模。胡林翼得以吹嘘:"水师一军,建议于江忠源,创造于曾国藩,而整理扩充至近年而始大。""江汉之师,如雷如霆。军声不为不盛。"[1]隐然自许为湘军水师发展史上的第三个里程碑。湘军陆师(罗泽南部)到鄂之初仅五千人,到 1860 年以后,扩充至二万人左右,也远远超出湘军成军时陆师的规模。在鄂湘军历年扩充情况见下表。

年	月	水师	陆师	合计	资料
1855	4	三千			李孟群等"招集水勇千余,于三月中旬陆续赶至金口"(第 1 卷,第 3 页)。"湖南益发船百余至金口,彭玉麟募军实之,合旧水军为三千人。"(《湘军志·水师篇》)
	6	六千五百余			"六月,杨载福自岳州募船、军,合先屯为十营。"(《湘军志·水师篇》)"船共计大小三百三十余只,弁勇六千五百余名。"(第 12 卷,第 11 页)
	9	四千九百余	七千	约一万二千	经裁汰,水师"计存船二百五十余只,弁勇四千九百余名。"(第 12 卷,第 11 页)"奏调罗泽南一军,令更增二千人。"(《湘军志·湖北篇》)

〔1〕 胡林翼:《起复水师统将以一事权并密陈进剿机宜疏》,郑敦谨编:《胡文忠公遗集·奏疏》第 21 卷,同治六年黄鹤楼刻本,第 1 页。

续表

年	月	水师	陆师	合计	资料
1856	3		八千	约一万三千	罗、李所统勇丁不过五千人，到鄂以来，与臣密商，添益三千人。(第7卷，第8页)
	4		四千	约九千	分兵回援江西，"共四千一百名，交曾国华统带"(第9卷，第1页)。
	12	七千七百余	七千	约一万四千余	鲍超赴长沙募三千人改统陆师(《中兴名臣事略》第2卷，第12页)。"四五六七等月在南添募水勇二千八百余名。"(第12卷，第11页)
1857	5		九千		"李续宾本管六千人。"(第16卷，第16页)合鲍超部共约九千人。
	9		约一万一千余	约一万九千	唐训方"进驻张家……帅二千人"自成一军(《中兴名臣事略》第2卷，第25页)。合李、鲍部共约一万一千余。
1858			约一万五千左右	约二万三千	"道员李续宜另募湘军数千人。"(第27卷，第5页)唐训方帅三千人(《中兴名臣事略》第2卷，第25页)。
1859			一万八千余	约二万五千余	"立蒋凝学为大将"统四千余人(《湘军志·湖北篇》)。李续宜部"金国琛将八千人"(《中兴名臣事略》第2卷，第25页)。合唐、鲍两军共一万八千余。
1860—1861			二万左右	二万七千左右	鲍超部改隶曾国藩，曾国荃部改隶胡林翼，以一万人围城(第83卷，第14页)。李续宜"统万人屯青草塥"(《中兴名臣事略》第2卷，第24页)。

其二，曾国藩所统湘军(这里指在鄂湘军以外的曾国藩湘军)从湖北得到大量军饷接济。　曾国藩湘军饷需浩繁。但他长期来"无地方督抚之命，无尺寸筹饷之区"，军行所至，仰食于人。如王闿运所说："湘军兴而其饷最绌。"〔1〕

〔1〕 王闿运：《湘军志·川陕篇第十三》，岳麓书社1983年版，第134页。

胡林翼在湖北筹措巨额军饷，除了豢养在鄂湘军，又大量拨饷接济曾国藩所统湘军。1856 年至 1857 年，曾国华、刘腾鸿部湘军陆师在江西瑞州、吉安等地"饷乏兵饥"、"饷项支绌"，胡林翼迭次接济军饷共银九万九千两、钱五千串。1857 年，江西鄱阳湖湘军"内湖水师饷匮"〔1〕，胡林翼迭次解济军饷共黄金一百两(照例抵银一千六百两)、银四万六千两、钱三万三千五百串〔2〕。1858 年至 1859 年，曾国藩起复视师，用兵闽、浙、皖三省，"军食不支"，胡林翼迭次接济军饷共银六十万两。历年累计，自 1856 年春至 1859 年底，胡林翼共接济曾国藩所统湘军银七十四万六千六百两、钱三万八千五百串。

胡林翼的接济在曾国藩军饷中占有相当的比重。如 1858 年至 1859 年，曾国藩月需饷银十二万两〔3〕，胡林翼平均每月接济三万七千五百两，曾国藩军饷的三分之一依赖于湖北。在陕西、山西、四川等省协饷经常缓解、湖南协饷有时停解的危窘情况下，胡林翼的大量接济显得尤为及时和重要。可以这样说，在这种情况下，由于胡林翼的大量接济，曾国藩所统湘军才得免饥溃之虞。

从以上考察可以看出，湘军"军实之所由充，始于湖北"。恰如曾国藩所说，湘军"水陆数万人，皆仗胡公以生以成"〔4〕。胡林翼实际上已经成为湘军的第二巨魁。

胡林翼竭湖北之饷力维持和扩充湘、楚军，使曾国藩集团的实力空前膨胀。1855 年以前，曾国藩集团的军事实力仅限于湘军一支(万七千人)。1855 年以后，在鄂湘军水陆师经历年扩充至二万七千人左右，合曾国藩所统万余人，共约四万人。换一个角度看，胡林翼所统湘、楚军五六万人合曾

〔1〕 胡林翼:《各路官军剿办皖贼获胜疏》，郑敦谨编:《胡文忠公遗集·奏疏》第 18 卷，同治六年黄鹤楼刻本，第 7 页。

〔2〕 胡林翼:《遵旨筹议水师迅速东征疏》，郑敦谨编:《胡文忠公遗集·奏疏》第 24 卷，同治六年黄鹤楼刻本，第 23 页。

〔3〕 胡林翼:《楚师迎剿槎水畈援贼大胜疏》，郑敦谨编:《胡文忠公遗集·奏疏》第 35 卷，同治六年黄鹤楼刻本，第 11 页。

〔4〕 曾国藩:《致沅圃九弟》，李瀚章编:《曾文正公全集·家书》第 6 卷，光绪丙子传忠书局版，第 13 页。

国藩所统万余人，则湘、楚军共达七万人左右。胡林翼担任湖北巡抚的七年(1855—1861)，曾国藩集团以湘、楚军为军事实力基础，以曾胡合作为基石，因此，把这一时期的曾国藩集团称为曾胡集团更为恰当。这一时期，曾国藩集团所拥有的军事实力增长了三四倍，翻了两番，这是曾国藩集团得到空前发展的一个重要标志。

第三，战争双方的力量对比发生了有利于清方的变化。

从上面的考察不难看出，清朝方面在长江中游的经济力量(饷力)和军事力量已不断加强。与之相反，太平天国却随着占领地区的日益缩小而不断削弱。张德坚在1855年说，太平军“以安徽、湖北、江西为大供给所”。太平军占领武汉期间，曾多次从湖北等地往天京解运粮饷。如水营左三军船一千三百条“赴江西南昌、湖北武昌一带收贡收粮，解归天京”。太平军将领张子朋从湖北黄陂、孝感、德安等处解回天京粮米二万三千石。当时，“千里江面，帆樯如织，无一非掳粮之船，无一非接济江宁之船”。然而，从1856年底太平军失守武汉、退出湖北以后，这一大好形势不复存在，敌我双方的力量对比发生了不利于太平天国的严重变化，太平军在西线的战斗更加艰苦。

胡林翼曾说：“饷者，向也，兵心之向背系之。”“兵事之强弱，视饷之丰歉为转移。”正是出于这样的认识，胡林翼才呕心沥血、千方百计地罗掘搜刮。在筹措镇压太平天国的军饷这一方面，胡林翼也的确是一个老手。胡林翼的筹饷活动在当时产生了重大的影响：湖北的军事力量因此而大大增强，曾国藩集团赖此而空前发展，这些又直接导致了不利于太平天国的力量对比的变化。胡林翼的筹饷活动，显然是长江中游战局中一个不可忽视的重要因素。按照辩证唯物主义观点，“战争的胜负，主要地决定于作战双方的军事、政治、经济、自然诸条件”，“战争是力量的竞赛，但力量在战争过程中变化其形态”，战争的敌我“两方面都应该看成研究的对象”。在这个意义上说，研究太平天国的历史特别是太平天国的西线战事，对胡林翼的筹饷活动及其影响的考察无疑是必要的。

胡林翼经营湖北的军事措施及其影响

胡林翼任湖北巡抚的七年，正是太平天国和清王朝在长江中游的战事最为激烈的时期。在此期间，胡林翼采取种种措施，把湖北经营成为清方在长江中游的一个重要军事基地，并竭湖北之力，和曾国藩通力合作，指挥湘、楚军攻陷太平天国在长江中游的军事重镇武汉、九江、安庆，成为镇压太平天国的巨魁。本文仅就胡林翼经营湖北的军事措施及其影响作粗浅的探讨，请大家教正。

胡林翼经营湖北的军事措施，主要包括裁汰绿营额兵和前募勇营，扩编在鄂湘军水陆师，重建楚军，加强湖北边境地区特别是鄂皖交界地区的防御。

一、 裁汰绿营额兵和前募勇营

胡林翼就任湖北巡抚前后，湖北清军主要包括绿营额兵、从“川、楚、河南”三省招募的勇营以及八旗马队。其中，“得力尤在马队”〔1〕，唯兵力不厚，仅有千余。绿营本是湖北清军的主力，但据曾国藩于咸丰五年奏称，湖北督抚两标之兵，三年中“复败大溃者五次，其中小溃小败不计胜数”〔2〕。

〔1〕 胡林翼：《敬陈湖北兵政吏治疏》，郑敦谨编：《胡文忠公遗集·奏疏》第10卷，同治六年黄鹤楼刻本，第4页。

〔2〕 曾国藩：《湖北兵勇不可复用折》，李瀚章编：《曾文正公全集·奏稿》第5卷，光绪丙子传忠书局版，第41页。

根本不是太平军的对手。胡林翼也说，湖北绿营兵丁"懦怯若性"，"闻风先逃，恬不为怪"[1]。至于"湖北前所招募之勇营皆川、楚、河南勇目之黠桀者，纠合无赖，随营投效，冒领口粮，交绥即溃"[2]。湖北兵勇的腐败，促使胡林翼大加裁汰。据胡林翼奏报，攻陷武汉前，绿营及原募勇营主要集中在北岸战场，"北岸马步兵勇将及三万"。"克服武汉后，拨都兴阿马队千余，孔广顺、王国才、石清吉、方映川等部兵勇四千余直低小池口、黄梅等处"，"其余兵勇全行遣撤"[3]。所余兵力亦不再作为湖北清军的主力。

二、扩编在鄂湘军水陆师

湘军水师彭玉麟等部、陆师罗泽南部先后于咸丰五年正月和八月到湖北。胡林翼一方面大规模裁汰湖北兵勇，一方面以彭玉麟部和罗泽南部为基础，完全按照湘军章程，大力扩编在鄂湘军水、陆师。

太平军进入长江水域后，组建了一支拥有万余船只的强大水师，掌握了长江中游制水权，清军旧设水师悉数以尽。一些具有战略眼光的反动分子对此严重关切。江忠源在咸丰三年奏称："贼得水陆依护以牵制兵力……必筹肃清江面之法"，请置战舰练水师[4]。曾国藩也提出："东南形势多阻水，欲剿贼非水师不可。"[5]胡林翼则反反复复强调："天下兵事，北以骑兵为要，南以舟师为要。"[6]"今日讨贼之略，必先注意江面。"[7]胡视水师为"兵政之要"、"讨贼之略"，提出要"以水道为纲"。显然，胡已把水师作战提到了战略

〔1〕 胡林翼：《特参提督违例需索请旨严行查究疏》，郑敦谨编：《胡文忠公遗集·奏疏》第2卷，同治六年黄鹤楼刻本，第7页。

〔2〕 胡林翼：《敬陈湖北兵政吏治疏》，郑敦谨编：《胡文忠公遗集·奏疏》第14卷，同治六年黄鹤楼刻本，第1页。

〔3〕 胡林翼：《奏陈皖贼倾巢上窜扰及蕲水疏》，郑敦谨编：《胡文忠公遗集·奏疏》第19卷，同治六年黄鹤楼刻本，第13页。

〔4〕 郭嵩焘：《请置战舰练水师疏(代)》，王先谦编：《郭侍郎奏疏》第1卷，光绪壬辰本，第1页。

〔5〕 朱孔彰：《中兴名臣事略》第1卷，光绪癸卯上海宏文阁藏版，第2页。

〔6〕 胡林翼：《奏陈收复大冶兴国等州县水师迭次大胜江面肃清疏》，郑敦谨编：《胡文忠公遗集·奏疏》第14卷，同治六年黄鹤楼刻本，第10页。

〔7〕 胡林翼：《奏陈九江小池口兵将暂难抽拨疏》，郑敦谨编：《胡文忠公遗集·奏疏》第16卷，同治六年黄鹤楼刻本，第10页。

高度。正因为如此,湘军水师在胡林翼手上得到了极大的扩充。

咸丰五年五月,胡林翼以湖北巡抚兼统湘军外江水师,时湘军外江水师仅有弁勇三千人,舰船二百余。胡林翼在此基础上极力扩充,咸丰五年六月,即扩充弁勇至六千五百余名、船大小三百三十余号。旋经筛汰,存船二百五十余号、弁勇四千九百余名[1]。咸丰六年十二月,胡林翼“复大治战船,增军至七千人”[2]。战舰、辎重八九百号,大小炮位二千尊。其中新配洋炮九百尊。这样,外江水师的规模即远远超过湘军水师成军时的规模。胡林翼吹嘘:“水师一军,建议于江忠源,创造于曾国藩,而整理扩充至近年而始大。”[3]隐然自诩为湘军水师发展史上的又一里程碑。

胡林翼对湘军陆师的重视并不亚于水师。咸丰五年八月奓山溃败后,胡林翼奏调湘军罗泽南部(时在江西)援鄂。罗泽南、李续宾率部到湖北时,“所统勇丁不过五千人”,至迟到咸丰六年三月,已由胡林翼添益三千余人,数至八千余[4]。咸丰六年三月,罗泽南攻武昌被太平军击毙,所部由李续宾接统。四月初,李续宾分军四千一百人交曾国华统带回援江西,李续宾部减员至四千五百人[5]。胡林翼又提拔湘军水师将领鲍超改统陆师,募三千人,号霆军[6]。咸丰六年湘军陆师为七千五百人左右。咸丰七年,李续宾部扩充至六千人[7],合鲍超部共九千左右。另外,湘军将领唐训方由襄阳至蕲州设防,领两千人自为一军[8]。咸丰七年湘军陆师共约一万一千余人。咸丰八

〔1〕 胡林翼:《襄阳剿匪续获大胜疏》,郑敦谨编:《胡文忠公遗集·奏疏》第12卷,同治六年黄鹤楼刻本,第11页。

〔2〕 王闿运:《湘军志·水师篇第六》,岳麓书社1983年版,第79页。

〔3〕 胡林翼:《起复水师统将以一事权并密陈进剿机宜疏》,郑敦谨编:《胡文忠公遗集·奏疏》第21卷,同治六年黄鹤楼刻本,第1页。

〔4〕 胡林翼:《陈奏水陆官兵连日获胜疏》,郑敦谨编:《胡文忠公遗集·奏疏》第7卷,同治六年黄鹤楼刻本,第18页。

〔5〕 胡林翼:《分兵应援疏》,郑敦谨编:《胡文忠公遗集·奏疏》第9卷,同治六年黄鹤楼刻本,第1页。

〔6〕 胡林翼:《襄阳剿匪续获大胜疏》,郑敦谨编:《胡文忠公遗集·奏疏》第12卷,同治六年黄鹤楼刻本,第11页。

〔7〕 胡林翼:《官军进剿江皖并击退小池口城贼连获大胜疏》,郑敦谨编:《胡文忠公遗集·奏疏》第16卷,同治六年黄鹤楼刻本,第10页。

〔8〕 唐训方:《从征图记》,“蕲东设险”,同治五年刊本。朱孔彰:《中兴名臣事略》第2卷,光绪癸卯上海宏文阁藏版,第25页。

年，胡林翼又令“李续宜另募湘军数千人”[1]，合李续宾部等共约一万五千左右。咸丰八年秋，李续宾兵败三河，此后李续宜收编部分溃卒并行另募，所部不下万人，合唐、鲍部共约一万四千人。胡林翼又立蒋凝学为大将，统四千七百余人[2]。咸丰九年，在鄂湘军陆师共约一万八九千人。咸丰十年初，太湖、潜山战役后，李续宜统万人，鲍超等近万人改隶曾国藩，曾国藩以曾国荃一军改隶胡林翼，不久增募至万人。咸丰十年以后在鄂湘军陆师约二万人。在鄂湘军水陆师合计，调援湖北之初为八千人左右，至咸丰十年和咸丰十一年，约为二万七千人上下，扩充的速度是相当快的。

三、重建楚军

咸丰九年四五月间，胡林翼又着手改订《楚军章程》，“专招湖北勇丁之堪战者另成一军”[3]，成为湘、楚军中别具特色的一个组成部分。胡林翼认为《楚军章程》有“许多行不去之处”，如长夫太少，弁勇和长夫薪饷太低等，不足以“招徕猛士”。于是在《楚军章程》的基础上，参照湘军制度，制定《鄂军章程》。《鄂军章程》与《楚军章程》的主要区别在于前者弁勇、长夫薪饷较高，“重禄优饩”以“招徕猛士”[4]。

胡林翼重建楚军，是以湖北籍将领余际昌等部为基干，又“以新定《鄂军章程》于蕲州大同乡募千人……于麻城、黄安募千人，于襄、郧募千五百人”[5]，其后仍有增募。鄂军之可考者有昌字七营(三千三百人)[6]、智

〔1〕 胡林翼：《奏陈皖匪上犯官军扫平贼垒并收复英山县城疏》，郑敦谨编：《胡文忠公遗集·奏疏》第27卷，同治六年黄鹤楼刻本，第5页。

〔2〕 胡林翼：《致曾涤帅》，郑敦谨编：《胡文忠公遗集·抚鄂书牍》第60卷，同治六年黄鹤楼刻本，第1页。

〔3〕 胡林翼：《札副训营》，阎敬铭编：《胡文忠公遗集·批牍》第10卷，第8页。

〔4〕 胡林翼：《致厉伯符观察》，郑敦谨编：《胡文忠公遗集·抚鄂书牍》第63卷，同治六年黄鹤楼刻本，第27页。

〔5〕 胡林翼：《致官揆帅》，郑敦谨编：《胡文忠公遗集·抚鄂书牍》第63卷，同治六年黄鹤楼刻本，第25页。

〔6〕 胡林翼：《与伍茨荪》，郑敦谨编：《胡文忠公遗集·抚鄂书牍》第72卷，同治六年黄鹤楼刻本，第8页。

营、礼字五营,英字、恭字各营[1]和建威营等[2]。据此估计,已不下八九千人,成为湘、楚军中一支可观的武力。"新招鄂军"勇丁专招湖北人,营哨官又多用湘军将领,制度仿湘军,这些都表明胡林翼的"新招鄂军"是湘军在湖北的翻版。

胡林翼所以着意重建楚军,原因是多方面的。第一,虽然他口口声声说:"湘南勇力战于湖北已数年……何敢于今日加以菲薄"[3],实际上,他已感到:"湘军起义,撑持数年,近则将有暮气相乘矣。"[4]胡林翼的门生和幕僚汪士铎也说:"咸丰以来,战皆楚勇(指湘军——引者注)……然亦稍稍物故矣。"[5]由此可见,胡林翼是觉察到湘军的"暮气"和"稍稍物故",想曲突徙薪,另筹反革命劲旅。第二,湘军是曾国藩集团私有的军阀部队,只是因为胡林翼和曾国藩的特殊关系,曾国藩才肯分军隶于湖北,在鄂湘军终究要归隶曾国藩。咸丰六年春,曾国藩困于南昌,就曾屡调在鄂湘军回援江西。曾国藩父曾麟书甚至派曾国藩弟曾国华到湖北向胡林翼要兵。当时湖北战事正酣,胡林翼也不得不将李续宾所部分半回援。胡林翼后来很有感触地说:"南人不能久于北省,况弟去后〔湖北〕又谁依乎?"有鉴于此,胡林翼早就酝酿重建楚军。咸丰八年秋以前,湘军将领唐训方等要求添募勇丁,胡林翼以饷项支绌不准,但同时又规定:"如湖北本省另有人才,则当另添。"并打算将"召募一切,均交会亭(余际昌),望为湖北一员大将也"[6]。咸丰九年初,石达开部太平军进攻湘南,湖南大震。在鄂湘军顿生"反顾之忧"。胡林翼正是在这个时候组建鄂军的。不久,"湘营回援湖南,遂以新营番上前路"[7]。由此可见,胡林翼重建楚军,既是出于长远考

---

〔1〕 汪士铎:《湖北荆门直隶州知州蒋君传》,《汪梅村先生集》第11卷,第1页。

〔2〕 胡林翼:《复安襄郧荆道毛骥云》,郑敦谨编:《胡文忠公遗集·抚鄂书牍》第69卷,同治六年黄鹤楼刻本,第18页。

〔3〕 胡林翼:《札副训营》,阎敬铭编:《胡文忠公遗集·批牍》第10卷,同治五年重刊本,第8页。

〔4〕 胡林翼:《致湘乡杨若泉朱铁桥》,郑敦谨编:《胡文忠公遗集·抚鄂书牍》第63卷,同治六年黄鹤楼刻本,第11页。

〔5〕 缪荃孙:《汪士铎传》,《续碑传集·儒林传稿》第74卷。

〔6〕 胡林翼:《致篁村侄》,陶风楼藏:《咸同名贤手札·胡林翼手札》。

〔7〕 汪士铎:《湖北荆门直隶州知州蒋君传》,《汪梅村先生集》第11卷,第1页。

虑，为湖北“自强之计”，又为湘军回援湖南，湖北空虚的危急形势所触发。第三，胡林翼认为，湖北“民情怯懦”，他企图通过组建“湖北本省”的部队，“力矫湖北积弱之习”，“将湖北士民教成敢战之风”[1]，以适应顽抗和镇压太平天国的需要。

四、加强湖北边境地区特别是鄂皖交界地区的防御

咸丰六年底，胡林翼指挥湘、楚军攻陷武汉，此后，又遣军进犯江西、安徽，把战事推到境外。但是，太平军并没有停止对湖北的进攻，陈玉成多次率军从安徽进攻湖北。活动在鄂豫、鄂皖之交的捻军，也对湖北构成威胁。长江南岸，江西、湖南、四川等邻省又不时风鹤传警。对胡林翼来说，湖北的防守确实是个棘手的问题，他说，湖北“与皖交界者五百余里，与豫交界者千二百里，与湘、与豫章交界者又千有余里。试思如此幅员、如此邻会，何处防起?”[2]经过筹划，胡林翼虚鄂西一面，而在鄂北、鄂东、鄂南三面设防，重点放在鄂东与安徽交界地区。

鄂北约从光化至黄安，胡林翼称之为“北防”，主要防御捻军进攻。胡林翼认为，“捻势乌合无纪律”，可“据险以待之”，作“守而不战”之局[3]。守军共五千人左右。

鄂南约从兴国、大冶至恩施等处，分为两段。东段防御太平军从江西进攻。胡林翼说：“江西逆匪未靖，伏莽尚多，亟宜择要设防。”[4]西段防川、湘之警变。鉴于该段形势相对说不很吃紧，“荆、宜与鼎、澧接壤之处”又“防不胜防”，胡林翼的设想是：“大要在严江防以自守。”[5]鄂南也是守

〔1〕 胡林翼：《与余会亭》，郑敦谨编：《胡文忠公遗集・抚鄂书牍》第63卷，同治六年黄鹤楼刻本，第29页。

〔2〕 胡林翼：《复李香雪太守》，郑敦谨编：《胡文忠公遗集・抚鄂书牍》第63卷，同治六年黄鹤楼刻本，第3页。

〔3〕 胡林翼：《致严渭春方伯》，郑敦谨编：《胡文忠公遗集・抚鄂书牍》第77卷，同治六年黄鹤楼刻本，第5页。

〔4〕 胡林翼：《札营务处》，阎敬铭编：《胡文忠公遗集・批牍》第8卷，第12页。

〔5〕 胡林翼：《复荆宜施道严渭春》，郑敦谨编：《胡文忠公遗集・抚鄂书牍》第63卷，同治六年黄鹤楼刻本，第14页。

而不战之局。

鄂东约从麻城至广济，包括麻成、罗田、蕲水、蕲州、黄梅、广济诸州县。咸丰七年初，湘、楚军进围九江，攻小池口，三月，陈玉成率军自桐城、英山进攻湖北，先后与湘、楚军激战于鄂东蕲州、黄梅、广济、蕲水等地，八月初失利回军。陈玉成这次军事行动的意图是攻鄂救浔保皖，胡林翼对此很清楚。此后，胡林翼即派湘军将领唐训方进驻蕲州设防。唐训方说：陈玉成“图犯鄂”，“则此处为贼所必争”[1]。唐训方此说应该是反映了胡林翼的看法的，胡林翼所以把鄂皖交界地区作为设防重点，显然是针对陈玉成攻鄂救浔保皖的战略战术。

胡林翼以守边和守城相结合，在鄂皖交界地区构筑了纵深防御体系。

所谓守边，就是在鄂皖交界地区各处山险建碉筑堡设防。从咸丰七年秋开始，胡林翼就在“蕲州、蕲水、罗田、麻城等处谕士民捐修碉卡工程”[2]。据《从征图记》载，唐训方于“咸丰七年秋奉胡文忠公檄，凡界英山、太湖、宿松等邑诸险隘，亲按其地，详审形势，设卡八编……其总关则设于张家塝，以将山居其前额，曰将军第一关”[3]。

咸丰十年，湘、楚军占领了安徽西部地区，胡林翼又把防御前沿向东推移，在安徽“英山、霍山、潜山等处因山设险，修筑碉卡，山势袤斜三百里……一律成功”[4]。皖楚交界袤斜五百里，修建碉卡数百处[5]。平时由团练巡防驻守。

所谓守城，就是据守有城池可凭的重镇要隘。从理论上讲，胡林翼视守城更重于守边。他认为“守城专一而功大”，“守边纷歧而功小”，“城不失

---

〔1〕 唐训方：《从征图记》，“蕲东设险”，同治六年西山草堂刊本。

〔2〕 胡林翼：《致江抚毓又坪》，郑敦谨编：《胡文忠公遗集·抚鄂书牍》第73卷，同治六年黄鹤楼刻本，第4页。

〔3〕 唐训方：《从征图记》，“蕲东设险”，同治六年西山草堂刊本。

〔4〕 胡林翼：《陈报江北楚军启程日期疏》，郑敦谨编：《胡文忠公遗集·奏疏》第38卷，同治六年黄鹤楼刻本，第21页。

〔5〕 胡林翼：《请缓提漕折银两暂资济军接济疏》，郑敦谨编：《胡文忠公遗集·奏疏》第39卷，同治六年黄鹤楼刻本，第24页。

则贼固易破"[1]。胡林翼酌定《守御章程》,札饬各属"添练乡兵讲求城守",并严令"如贼到,限婴要城固守百日,百日之外无援,督抚、统兵官执其咎;百日之内不守,或以带勇迎剿为词致城池失守者,州县任其罪"。

按照胡林翼的规划,鄂东一带"广济、罗田、蕲水无城,应守边界碉卡;蕲州城临江岸,应守边地张家塝一带",黄梅、麻城等均应守城[2]。守边、守城平时均以团练为主,并以成大吉、梁作揖、舒保等部湘、楚军分驻罗田松子关、麻城、黄州下巴河等处,以备策应。

经胡林翼规划经营,鄂皖交界地区防御以安徽西部霍山、英山、潜山的山险碉卡为第一层门户,以湖北麻城、罗田、蕲水、蕲州等县的山险碉卡为第二层门户,成为一个守边与守城相结合、团练与湘、楚军相配合的纵深防御体系。胡林翼视此为得意之作,自称经营多年,"心力颇瘁","擘画精详","庶后之忧边者有所考鉴焉"[3]。

五、胡林翼经营湖北军事措施的影响

胡林翼经营湖北所采取的上述种种措施,在当时产生了重大影响。

第一,湘军水陆师经过历年扩充,兵力一直占湖北清军总兵力的一半左右,其战斗力又远非其他各部可比。显然,在鄂湘军已成为湖北清军的主力,湖北的安危已经取决于湘军的去留,也就是取决于胡林翼的去留。如曾国藩所说:胡林翼"羽翼既成,亦非他人所能牵制"[4]。李续宜说:"鄂中当道(指官文等人)……无事不肯顺从,唯不愿其出楚境也。"[5]很清楚,胡林翼大力扩编在鄂湘军,并以此为后盾,巩固了自己在鄂地位,保证了曾

〔1〕 胡林翼:《复严方伯》,郑敦谨编:《胡文忠公遗集·抚鄂书牍》第75卷,同治六年黄鹤楼刻本,第7页。

〔2〕 胡林翼:《札各府州县》,阎敬铭编:《胡文忠公遗集·批牍》第10卷,第28页。

〔3〕 胡林翼:《谕粮道唐》,阎敬铭编:《胡文忠公遗集·批牍》第9卷,第10页。胡林翼:《复孙树人司马》,郑敦谨编:《胡文忠公遗集·抚鄂书牍》第78卷,同治六年黄鹤楼刻本,第8页。

〔4〕 曾国藩:《与左季高》,李瀚章编:《曾文正公全集·书札》第6卷,光绪丙子传忠书局版,第35页。

〔5〕 李续宜:《致曾国藩》,陶风楼藏:《咸同名贤手札》,沈云龙主编:《近代中国史料丛刊》正编,文海出版社1966年版,第13辑,第112页。

国藩湘系集团对湖北的控制。

第二,湖北的军事力量空前增强,成为镇压太平军的重要力量。就兵力而言,胡林翼豢养的湘、楚军不断扩充至六万人左右,成为清军中最凶悍的一支反革命武装力量。清政府镇压太平天国,当时主要依靠三支军事力量,一是长江中游的湘楚军,一是长江下游的江南大营,一是皖北的胜保以及袁甲三、翁同书等部。按照胡林翼的评论:"论军旅,则皖中无一矢之遗。"[1]袁甲三手无重兵,株守临淮,"军事最苦"[2]。翁同书"仁而不武",以"弱兵饥卒""蛰伏"寿州[3]。胜保则"每战必败",实为"败保"[4]。至于江南大营,"将骄兵惰,终日酣嬉……以致兵气不扬"[5];胡林翼对皖北清军和江南大营的评价基本符合事实。至于湘、楚军,胡林翼一再自诩:"浔、皖、金陵,将唯我楚军是赖!"[6]"天下兵将,只靠吾楚耳!"[7]当时的安徽巡抚翁同书也奏称:"近来可用之兵,莫如楚师。"[8]这些都表明了湘、楚军在镇压太平天国中特别重要的作用。

湖北的军事力量同时也由于防御的加强而增强。由于边境防御,尤其是鄂皖交界地区防御体系的构筑,一方面,使胡林翼能够依恃山险地利、碉卡工事和团练武装而相对减少用于防守的兵力,得以把湘、楚军主力倾巢投入安徽战场;另一方面,又给太平军进攻湖北增加了困难。从太平军于咸丰六年底退出湖北以后,陈玉成多次反攻,除咸丰十一年正月底曾经袭破霍山闯入湖北腹地,此外各役,均受阻不能深入。

第三,使曾国藩集团的军事实力空前膨胀。咸丰四年曾国藩集团开始

---

〔1〕 胡林翼:《致周寿珊司马》,阎敬铭编:《胡文忠公遗集·批牍》第7卷,第19页。

〔2〕 胡林翼:《致云贵总督张石卿》,郑敦谨编:《胡文忠公遗集·抚鄂书牍》第60卷,同治六年黄鹤楼刻本,第9页。

〔3〕 胡林翼:《致钱萍矼典试》,郑敦谨编:《胡文忠公遗集·抚鄂书牍》第65卷,同治六年黄鹤楼刻本,第14页。

〔4〕 胡林翼:《致曾涤生星使》,郑敦谨编:《胡文忠公遗集·抚鄂书牍》第65卷,同治六年黄鹤楼刻本,第12页。

〔5〕 胡林翼:《札各营官》,阎敬铭编:《胡文忠公遗集·批牍》第10卷,第34页。

〔6〕 胡林翼:《札荆州道》,阎敬铭编:《胡文忠公遗集·批牍》第9卷,第6页。

〔7〕 胡林翼:《致李希庵方伯》,胡凤丹重编:《胡文忠公遗集·抚鄂书牍》第71卷,光绪戊子著易堂版,第9页。

〔8〕 赵尔巽:《清史稿》第427卷,中华书局1977年版,第12 263页。

形成，兵力一万七千人。咸丰五年以后，在鄂湘军水陆师经历年扩充已至二万七千人左右，合曾国藩所统万余人，共约四万人。从另一个角度看，胡林翼所统湘军、楚军五六万人合曾国藩所统湘军万余人，则曾、胡所统湘、楚军共达六七万人。在胡林翼担任湖北巡抚的七年中，兵力增长了三四倍，这是曾国藩集团空前发展的一个重要时期。

综上所述，胡林翼担任湖北巡抚期间，采取种种措施加强湖北的反革命军事力量，使太平军在西线节节受挫，武昌、九江、安庆三个沿江军事重镇被湘、楚军相继攻陷，湘楚军进而围攻金陵。不到三年，天京沦陷。有鉴于此，胡林翼经营湖北的军事措施及其反动影响是值得研究的，是不能低估的。

胡林翼的吏治、人才观及实践

胡林翼曾官翰林院编修，贵州安顺、黎平等地知府、贵东道道员，1854年奉调湖北办理军务，旋同曾国藩湘军顽抗太平军，历迁四川按察使，湖北按察使、布政使，1855年4月署理湖北巡抚。胡林翼任湖北巡抚期间，“将天下第一破烂之鄂，变成天下第一富强之省”〔1〕。湖北由此成为湘、楚军进拔九江、安庆的重要基地，胡林翼也成为“身处一州之任而系天下之重”〔2〕的关键人物。本文仅就胡林翼的吏治、人才思想及实践作些探讨。

一

胡林翼认为：“地方安危，系乎吏治。”〔3〕他之所以会作出这一结论，主要有两方面的原因。

第一，基于当时的社会现实。胡林翼出生于官僚地主家庭，他的父亲胡达源是嘉庆己卯年探花，曾任贵州学政，官至少詹府少詹事。岳父陶澍是道光朝名臣，官至两江总督。胡林翼在青年时代便游历金陵、京师、贵州等地，见识较广。入仕后，阅历更深。对于当时清朝吏治的腐败有深切的感受。胡林翼毫不讳言地说：“国家之败，皆由官邪。”对于当时极为敏感的政治问题，他也直言不讳地指出：“近年新宁之事，因李博平籴勒价二千一

〔1〕 曾国藩：《复胡宫保》，《曾文正公全集・书札》第10卷，光绪二年传忠书局版，第33页。

〔2〕 薛福成：《中兴叙略下》，《庸庵全集・庸庵文编》第2卷，光绪上海书局版，第5页。

〔3〕 胡林翼：《核实州县可用人员疏》，《胡文忠公遗集・奏疏》第26卷，同治六年黄鹤楼刻本，第15页。

石，而市价仅止一千六百。又因差役讹诈凌辱雷再浩之妻室，以至民心不服，遂至李沅发倡乱。桂平韦俊因捐监谬挂登仕郎匾额，差役迭次诈赃，因而倡乱……铤而走险，谁为厉阶?”“自来西域、台湾、连州、新宁、桂平等处起事，均因官吏贪鄙。”[1]胡林翼因此一再指出:“吏治之不修”，“兵之所由起也”[2]。“吏治不饬，兵祸乃起。”[3]

第二，法治还是人治，这是中国历代政治家和思想家所关注的重要问题。胡林翼是强调人治的。他举例说:“大清律易遵，而例难尽悉。刑律易悉，而吏部处分律难尽悉。此不过为书吏生财耳，于实政无丝毫之益。”“大抵天下乱则法密，法密则吏操其权，而必乱。”[4]又说:“牧令不得其人，则法不能行。”[5]“有治人不患无治法。”[6]

显然，胡林翼之所以认为吏治决定社会治乱，主要是感触于吏治不饬，兵祸乃起的社会现实，根本思想还是“明主贤臣，得人则治”的人治思想。

封建统治秩序发生危机的根本原因不在于胡林翼所强调的吏治，而在于封建制度建立于其上的封建地主土地所有制。然而，吏治腐败确实是导致阶级矛盾趋于激化和对抗的一个重要因素，“官逼民反”，在这个意义上的确可以说:“地方安危，系乎吏治。”胡林翼这一吏治观的合理性也仅在于此。

二

胡林翼奉人治为圭臬，以吏治为要政，高度重视求才得人。他说:“得

---

〔1〕 胡林翼:《论会匪启黔抚乔》，郑敦谨编:《胡文忠公遗集·宦黔书牍》第 54 卷，同治六年黄鹤楼刻本，第 9 页。

〔2〕 胡林翼:《敬陈湖北吏治兵政疏》，郑敦谨编:《胡文忠公遗集·奏疏》第 14 卷，同治六年黄鹤楼刻本，第 4 页。

〔3〕 胡林翼:《司道禀报剿匪大胜批》，郑敦谨编:《胡文忠公遗集·抚鄂批札》第 84 卷，同治六年黄鹤楼刻本，第 6 页。

〔4〕 胡林翼:《致左季高》，郑敦谨编:《胡文忠公遗集·宦黔书牍》第 57 卷，同治六年黄鹤楼刻本，第 7 页。

〔5〕 胡林翼:《敬陈湖北吏治兵政疏》，郑敦谨编:《胡文忠公遗集·奏疏》第 14 卷，同治六年黄鹤楼刻本，第 4 页。

〔6〕 胡林翼:《复安襄郧荆道毛骥云》，郑敦谨编:《胡文忠公遗集·抚鄂书牍》第 69 卷，同治六年黄鹤楼刻本，第 14 页。

人者昌，失人者亡，以卫灵而不丧国，以武氏而能治天下，其效可睹矣。"[1]又说："为政之要，千条万缕，大纲必在得人。"[2]在贵州任知府时，胡林翼就曾希望能够"得广厦千间，假帑金一二万两，招致英俊"。出任湖北巡抚后，胡林翼果然在武昌设立"储材馆"（后易名为"宝善堂"），延揽人才。郭嵩焘评论说："曾公（即曾国藩）之精于识鉴，胡公之勤于搜求"人才，"皆古大臣所难"[3]。

胡林翼的人才思想，主要有如下数端：

其一，求才着重气节。胡林翼认为："孔子之教，各举所知。周公之训，人无求备。大抵圣贤不可必得，必以志气、节操为主。……有气节，则本根已植，长短高下均无不宜。"[4]"古今成大业之人，必以人才为根本。古今人才之要，必以气骨为根本。"[5]他在这里强调的是封建气节，可以说是胡林翼所立政治标准。

其二，求才须破资历。胡林翼说：求才之道，"在有良心，有血性，有智略。举贡、生监、白丁皆可，不拘资格"。若夫州县员缺，有"人地相宜而格于定例"者，亦应"不拘文法资格"委署。"办事全在用人，用人全在破格。"[6]

其三，求才应不拘一格。胡林翼说，求才得人，"即一技一能亦不可弃。不龟之药，勾践藉以破吴。善穿地洞，李光弼因以陷敌。信陵得侯生，石勒得张宾，苻坚得王景略，皆以一二谋士战胜攻取。然必不拘资格，然后丹书中之斐豹得献其能。亦必宽其文法，然后怒攻主将之邓羌立摧劲敌。伐曹一役，晋文诛颠颉而舍魏仇。自古英雄作用，不拘一格，良以奇才难得，不

---

〔1〕胡林翼：《致严渭春树森观察》，郑敦谨编：《胡文忠公遗集·抚鄂书牍》第59卷，同治六年黄鹤楼刻本，第30页。

〔2〕胡林翼：《札襄阳道》，《胡文忠公遗集·抚鄂批牍》第10卷，同治五年重刊本。

〔3〕《郭嵩焘日记》，湖南人民出版社1981年版，第520页。

〔4〕胡林翼：《致汉阳府刘冰如》，《胡文忠公遗集·抚鄂书读》第60卷，同治六年黄鹤楼刻本，第19页。

〔5〕胡林翼：《致罗方伯》，《胡文忠公遗集·书牍》第4卷，同治五年重刊本，第45页。

〔6〕胡林翼：《致庄蕙生方伯》，郑敦谨编：《胡文忠公遗集·抚鄂书牍》第65卷，同治六年黄鹤楼刻本，第6页。

容不加委曲于其间耳"[1]。"办事之才，取人之法，原无一定，有圣贤一路，有豪侠一路，立贤无方，古人所以不可几及。"[2]关键在于人尽其才。

其四，求才宜"右寒畯而左膏粱"。胡林翼说："畎亩、版筑、鱼盐之中乃有英雄，膏粱子弟决无英雄，以积习未除，不知情伪艰难也。"[3]"大抵用人之法，总须用苦人，心思才力，多出于磨炼，故遇事能知其艰苦曲折，亦能耐事。膏粱纨绔皆下才也。"[4]

其五，寓弭患于求才。胡林翼说："盖驾驭人才，即以消弭隐患，先为布置，使得生养，授以羁勒，范我驱驰，内蠹不生，外侮自息。"[5]又说："古来成事败事之人，必在尘埃草野中，用之则为臣仆，弃之则为盗贼，其间操纵，间不容发。"[6]故"驭世之微权，必取强桀之人预为驾驭，为我用而不为人用……所以消灭天下之英杰而不觉耳"[7]。

胡林翼认为："天之生才，不择地，不限时。"[8]"今使以千里马见畀不能识也，识之而亦不能用，则千里马亦且自悲。求才之道与求马等，苟其人才智不足有为，虽求无济。"[9]"夫人才，随取才者之分量而生，亦随用才者之轻重而至。我之分量穷极，夫天下古今，则必有天下之才应。"[10]

---

〔1〕 胡林翼《复张石卿中丞启》，郑敦谨编：《胡文忠公遗集·宦黔书牍》第55卷，同治六年黄鹤楼刻本，第5—6页。

〔2〕 胡林翼：《复李香雪太守》，郑敦谨编：《胡文忠公遗集·抚鄂书牍》第63卷，同治六年黄鹤楼刻本，第4页。

〔3〕 胡林翼：《致严观察》，郑敦谨编：《胡文忠公遗集·抚鄂书牍》第59卷，同治六年黄鹤楼刻本，第33页。

〔4〕 胡林翼：《致厉观察》，阎敬铭编：《胡文忠公遗集·书牍》第5卷，同治五年重刊本，第7页。

〔5〕 胡林翼：《启吕方伯》，郑敦谨编：《胡文忠公遗集·宦黔书牍》第54卷，同治六年黄鹤楼刻本，第18页。

〔6〕 胡林翼：《致翁学使祖庚》，郑敦谨编：《胡文忠公遗集·宦黔书牍》第54卷，同治六年黄鹤楼刻本，第26页。

〔7〕 胡林翼：《论东路事宜启》，郑敦谨编：《胡文忠公遗集·宦黔书牍》第58卷，同治六年黄鹤楼刻本，第3页。

〔8〕 胡林翼：《致贵州粮道韩南溪观察》，郑敦谨编：《胡文忠公遗集·抚鄂书牍》第82卷，同治六年黄鹤楼刻本，第14页。

〔9〕 胡林翼：《致骆吁门中丞》，阎敬铭编：《胡文忠公遗集·书牍》第4卷，同治五年重刊本，第17页。

〔10〕 胡林翼：《致严渭春观察》，郑敦谨编：《胡文忠公遗集·抚鄂书牍》第59卷，同治六年黄鹤楼刻本，第30页。

在胡林翼任湖北巡抚期间，湖北聚集的可为封建统治效劳的人才之多，为当时各省所罕见。故郭嵩焘说："天下之士，奔走辐辏"，"岳岳文忠，实为之枢机"[1]。这对于胡林翼整饬湖北吏治，无疑起了极大的作用。

三

胡林翼任湖北巡抚之初，湖北"吏治废弛"，"其已被贼扰之三十余州县，吏惰民骄。其未被贼扰之三十余州县，官仇民而民且仇官"。他在奏报中称："臣恐湖北之民揭竿而起者，不必粤匪之再至而将盗弄潢池矣。"[2]胡林翼整饬湖北吏治，主要从三个方面入手。

第一，罢斥贪污庸劣官员，破格擢用"精明练达之员"。

胡林翼说："民乱必由官贪，使早劾黩货之人，岂不贤于十万兵哉?，彼一家之哭，何如一路之哭耶?"[3]他不惜身为怨府，并自嘲说："天下之好劾人者，林翼是也。"[4]从1855年到1859年，胡林翼对贪污庸劣官员"迭次劾参不下数十员"[5]。其中，有的是因为办理厘金营私舞弊；有的是由于抵制和破坏减定漕章的实行；有的是举办团练不力；有的是因为其他劣迹，湖北全省共六十余州县，四五年间，胡林翼劾去州县官员达数十人之多，正如胡林翼所自诩，"鄙人在楚，官吏尚不至十分贪诈"[6]。

在参劾贪污庸劣官员的同时，胡林翼又量才录用，破格提拔"精明练达之员"。

清朝定例，"知县以上官员题补、缺出、升调，兼行听候督、抚酌量具题。此外应行调补之缺，均令该督、抚照例于属员内对品改调"。"至简缺请补，例

---

〔1〕郭嵩焘：《胡母陶夫人付葬志铭》，《养知书屋文集》第24卷，光绪壬辰孟秋月刊本，第6页。

〔2〕胡林翼：《敬陈湖北吏治兵政疏》，《胡文忠公遗集，奏疏》第14卷，第4页。

〔3〕胡林翼：《上皖抚王清苑师》，郑敦谨编：《胡文忠公遗集·宦黔书牍》第53卷，同治六年黄鹤楼刻本，第4页。

〔4〕胡林翼：《致鄂中僚友》，郑敦谨编：《胡文忠公遗集·抚鄂书牍》第59卷，同治六年黄鹤楼刻本，第22页。

〔5〕胡林翼：《指员请补同知知县各缺疏》，《胡文忠公遗集·奏疏》第32卷，第18页。

〔6〕胡林翼：《复伍茨荪》，郑敦谨编：《胡文忠公遗集·抚鄂书牍》第62卷，同治六年黄鹤楼刻本，第28页。

有轮班补用。又何项缺出，似何项人员拟补"，"不容丝毫紊越"。湖北当时情况，由于太平军的沉重打击，不少州县官员或逃或死，员缺虚悬。再因胡林翼迭次参劾，亦需重新委署。当时可以循例候补人员，"或人地未宜，或才力不逮"，胡林翼所物色的"人、地相宜"者，又多"格于定例"，不能循例补缺。胡林翼认为，湖北"碍难照例"办理，并奏准"不拘文法资格拣员调补"[1]。

从1856年起，胡林翼多次"以不合例之员纷纷渎请"破格委署。如邢高魁，湖南慈利县大挑二等举人，拣发知县，"世或讥为卖卜测字之人"[2]。胡林翼则认为邢高魁清廉干练，办理保甲团练尤为得力，是不可多得之才。尽管邢高魁"委署地方与例不符"，仍被胡林翼破例委任代理江夏知县。又如牟嗣龙，江苏武进人，由捐输部选湖北东湖县南沱巡检，因办理盐课、接济军饷出力，以同知直隶州补用。1859年，监利县缺出，胡林翼不顾"尚有奉旨在先之员"，委署牟嗣龙为监利知县。据胡林翼的有关奏疏作不完全统计，被胡林翼破格擢用的，1857年为29人，1859年为14人，1860年为10人。仅此而论，已达50余人，这对于湖北吏治的整饬影响极大。

第二，"痛扫差胥积弊"。

胡林翼认为，湖北"官吏不理民事，一任门丁书差提掇播弄"。差胥为政，办钱漕则浮勒中饱，办狱讼则勒索敲诈，办保团则需索团费，差胥肆毒是湖北吏治的一大痼疾，"居今日而图治，必以痛扫书差积弊为先著"[3]。为此，胡林翼采取了种种措施。

其一，减少差胥舞弊的机会。例如，规定办理钱漕、清丈征册不经书役之手，官有册籍可稽，书役无以挟制。粮户纳赋，自封投柜，不准差胥包征代完。田地买卖，须"赴州县房过割投税"，差胥庇纵舞弊者加等治罪。办理狱讼：饬令地方官及时审案，"一词之呈，不准株连，一案之审，不使留狱"，以免差胥上下其手，敲诈勒索。办理保团：不准"任之书吏"，以免需索团费。这些措施的

---

〔1〕 胡林翼：《奏陈鄂省员缺虚悬请不拘文法资格拣员调补疏》，《胡文忠公遗集·奏疏》第24卷，第9页。

〔2〕 王闿运日记（同治八年正月十二日），《湘绮楼日记》，1927年铅印本。

〔3〕 胡林翼：《复枣阳县贺月樵》，郑敦谨编：《胡文忠公遗集·抚鄂书牍》第61卷，同治六年黄鹤楼刻本，第22页。

用意全在“夺书役之权而还之官”，使差胥“无从施其伎俩”[1]。

其二，从严惩治。胡林翼认为：“湖北差胥疲玩，积弊已深。必取其猛如虎、狠如狼者……剥去爪牙，使无横噬，惩一儆百。”[2]襄阳西乡蠹役张绍荣倚势吓诈，鱼肉乡里，胡林翼饬令地方官将张绍荣勒拿到案，只需验明正身，不必复讯案据，即行正法；又以同样手段处置了荆州差蠹全得升等。胡林翼还派员出访，密查“各属奸胥蠹役等弊”，予以严惩。

第三，引用地方士绅任事。

早在贵州黎平知府任上，胡林翼就说过：官吏之诈伪日深，差胥之滋扰弥甚，不如“用士用民”。在湖北巡抚任上，他又强调说：“自寇乱以来，地方公事，官不能离绅士而有为。”[3]极为重视引用地主士绅任事，除了“遴选妥实正绅”举办团练外，又特别注意任用地主士绅筹措军饷。

湖北征收厘金之初，官为经理，弊端丛生。如署理汉川知县张某经手汉川厘金半年，只报解钱三千八百串，仅占实际征收所得的七分之一，张某供认私吞四千三百余串，实际不止于此。案发后，胡林翼立将张某撤职，随即委派士绅接办，此后半年，报解厘金钱七万余串、银五千七百余两，约为张某报解数之 30 倍。有鉴于此，胡林翼将各属抽厘事务另延公正绅士实心承办，不许州县、丁胥经手，仅在武昌设立总局，委派道、府大员严密查察[4]。此外，如办理州县税契，官为经理则“官得者半，而半入册书私囊”。胡林翼同样“另行委绅”办理[5]。他如办理钱漕，以清丈征册委诸地方士绅，“选派公正绅士，亲身督率，按亩丈量，不经差胥之手”[6]。

胡林翼曾说：“士民中岂无欺我之人？亦岂无偾事之人？然兵将之滑

---

[1] 胡林翼：《札各州县革除钱漕弊政》，《胡文忠公遗集·抚鄂批札》第 85 卷，第 16 页。

[2] 胡林翼：《致松滋县汪省吾》，郑敦谨编：《胡文忠公遗集·抚鄂书牍》第 65 卷，同治六年黄鹤楼刻本，第 22 页。

[3] 胡林翼：《麻城县禀陈各局绅筹办捐输情形批》，《胡文忠公遗集·抚鄂批札》第 86 卷，同治六年黄鹤楼刻本，第 33 页。

[4] 胡林翼：《遵旨查复沙市厘金情形疏》，《胡文忠公遗集·奏疏》第 24 卷，第 8 页。

[5] 胡林翼：《致省中诸公》，郑敦谨编：《胡文忠公遗集·抚鄂书牍》第 73 卷，同治六年黄鹤楼刻本，第 14 页。

[6] 胡林翼：《札各州县革除钱漕弊政》，郑敦谨编：《胡文忠公遗集·抚鄂批札》第 85 卷，第 14 页。

者十之九,士民之朴者十之六。近年官途颇杂,牧令既少真才,佐杂尤多庸妄,其心术见识不堪设想,不如士民之真性未漓,可激以忠义。"[1]胡林翼引用士绅参与和主办官府的一些重要事务,既能更广泛地动员地主阶级各阶层的力量,又借以在一定程度上澄清吏治。

四

胡林翼的吏治观具有一定程度的合理性。胡林翼的人才思想,剔除其封建糟粕,也可以发现不少值得借鉴的合理成分。

对于胡林翼整饬湖北吏治,当时有不少评论。郭嵩焘说:胡林翼在湖北"专意吏事,惩贪恶,任廉能,吏治蒸蒸日上"[2]。他在咸丰皇帝召对时亟称湖北吏治"较优"[3]。曾国藩说:湖北"吏治大改面目,并变风气为第一"[4]。陈鼐也说:"游遍天下,惟鄂中吏治得六分。"[5]近人伍承乔认为,胡林翼"专意吏事,惩贪恶,任廉能,吏治蒸蒸日上"。"胡公开府鄂州,整饬吏治,一时弊绝风清,治行为各省之冠。"[6]由此观之,与更加腐败黑暗的其他各省吏治比较,湖北吏治还算清明。

毋庸讳言,吏治比较清明,在一定程度上减轻了湖北农民身受的政治压迫和经济剥削,有利于湖北农民的休养生息,这是问题的一个方面。另一个方面,如果不是把视野局限在湖北一省,而是从当时全国的阶级斗争形势和政治全局来考察,我们又将看到:胡林翼整饬吏治的活动和其他各项措施一起发生作用,使湖北的封建统治秩序得到恢复和趋于稳定,成为镇压太平天国的重要基地。

---

〔1〕 胡林翼:《复张石卿中丞启》,郑敦谨编:《胡文忠公遗集·宦黔书牍》第55卷,同治六年黄鹤楼刻本,第3页。

〔2〕 郭嵩焘:《胡文忠公行状》,郑敦谨编:《胡文忠公遗集》,同治六年黄鹤楼刻本,卷首。

〔3〕《郭嵩焘日记》,湖南人民出版社1981年版,第202页。

〔4〕 曾国藩:《复胡宫保》,李瀚章编:《曾文正公全集·书札》第12卷,光绪丙子传忠书局版,第28页。

〔5〕 胡林翼:《复严渭春方伯》,郑敦谨编:《胡文忠公遗集·抚鄂书牍》第74卷,同治六年黄鹤楼刻本,第23页。

〔6〕 伍承乔:《胡公林翼政绩》、《舆中谐联》,《清代吏治丛谈》第3卷。沈云龙主编:《近代中国史料丛刊》正编,第2辑,文海出版社有限公司印行1966年版。

论胡林翼与官文的关系及其影响

胡林翼于1855年4月至1861年9月任湖北巡抚,官文于1855年6月由荆州将军调任湖广总督,旋授钦差大臣督办湖北军务,是清政府倚任的旗籍重臣。从1855年到1861年,胡林翼与官文长期共事。这一时期,长江中游是太平军与清军交战的主战场,湖北在当时有特殊重要的战略地位。官、胡关系对当时"东南大局"影响至大,本文就此作些粗浅的探讨,请大家教正。

一、湘系集团劾去杨霈对官、胡关系的潜在影响

1855年4月胡林翼出任湖北巡抚时,官文任荆州将军,杨霈任湖广总督。清政府将长江北岸军事、长江南岸军事和荆州防守事宜分别责成杨霈、胡林翼和官文。

杨霈,字慰农,汉军镶黄旗人。此人昏庸无能,但在朝中交结权贵,奥援甚深。1855年2月,太平军大破杨霈的广济大营。杨霈溃逃汉口,眼看省城武昌已无可守之势,便借口"防贼北窜",转奔德安、随州。并奏调胡林翼从南岸渡江,驻军德安以南的汉川县,屏藩德安、随州。清政府素以京师安全为重,认为"北重于南"是"不易之局"[1]。杨霈声称"防贼北窜"迎合了清政府的意旨,清政府竟不予处分。然而,胡林翼一军北渡,则武昌收复

〔1〕 李瀚章编:《曾文正公全集·年谱》第3卷,光绪丙子传忠书局版,第6页。

无望，南岸军事无转机，湖南不能安枕。这就直接和湘系集团的战略利益严重冲突，湘系集团非劾去杨霈不可。

1855年4月中旬，湖南巡抚骆秉章上《复陈鄂督败退武昌失守情形折》，尖锐指出：杨霈以防贼北窜，保荆州、襄阳为词，以地势论，荆州、襄阳分踞长江、汉水上游，“而武昌、汉阳为之锁钥”，“扼贼北窜，必固荆、襄，必守武汉。此固一定之局。督臣既知北窜为重，何以弃武汉不守，而先顾荆襄?”武汉不守，已使曾国藩一军困于江南，在在可危。如再将胡林翼一军北调，“则长江千里尽委之贼，其将置东南于不顾乎?”杨霈名为防贼北窜，实为师败溃逃，不顾“天下大局”〔1〕。

1855年5月，胡林翼也上奏称：“臣维荆、襄据东南之形胜，而江、汉又为荆、襄之咽喉”，为今之计，不应移军汉川，“惟当急攻武汉，乃可内固荆、襄”〔2〕。与此同时，曾国藩上《湖北兵勇不可复用折》，内称：湖北兵勇屡次大溃，杨霈“广济一败，退之蕲水，又退之汉口，又退之德安、枣阳。万余兵勇或从之以行，或星散无归”，不可复用。“夫古今所以激励军士者，重赏以鼓好胜之心，严刑以诛奔溃之卒”〔3〕，似此奔溃之兵勇、将帅岂可不问?

湘系大吏从湖南、湖北、江西交章参劾杨霈，不能不引起清政府的重视。1855年6月，杨霈被革职，荆州将军官文继任湖广总督。

湘系集团劾去杨霈，充分显示了足以影响东南政局的政治实力和举足轻重的地位，对继任湖广总督的官文，也不啻为杀威棒。1856年底，湘、楚军攻陷武汉后，督、抚均进驻武昌，尽管胡林翼鄙视官文，拒不相见，官文仍虚心下气，一再登门拜访。以官文之地位和政治背景而对胡林翼降心以待，正说明湘系劾去杨霈对官、胡关系产生了潜在的重要影响。

〔1〕 骆秉章：《复陈鄂督败退武昌失守情形折》，《骆文忠公奏议·湘中稿》第3卷，光绪四年刻本，第17—22页。

〔2〕 胡林翼：《添募水陆二军分布南北岸尅期进剿疏》，郑敦谨编：《胡文忠公遗集·奏疏》第1卷，同治六年黄鹤楼刻本，第2页。

〔3〕 曾国藩：《湖北兵勇不可复用折》，李瀚章编：《曾文正公全集·奏稿》第5卷，光绪丙子传忠书局版，第41页。

二、 胡林翼交欢官文的动因

官文出任湖广总督后,清政府命令胡林翼与官文分任长江南、北岸军事,规复武汉。官文畏葸怯战,清政府并非不知道。1855 年 12 月,咸丰皇帝曾严斥官文说:“汝又远驻德安,岂置窜逆于不顾耶? 前屡次谕令,不可择驻无贼之地,若如是行止,避难就易,徒知收已成之功,将何颜以对众将士? 复何颜覥言入奏耶?”[1]官文于军事一无建树,又“颟昧不达政体,事皆决于仆从”,然而作为旗籍大帅和掌握朝政的肃顺的弟子[2],仍然为清政府所倚任。官文总督湖广十余年之久,他所因以成事之胡林翼却始终不能担任湖广总督,其中奥秘,当事人是清楚的。阎敬铭曾一语破的:“本朝不轻以汉大臣专兵柄。……湖北居天下要冲,为精兵良将所萃,朝廷岂肯不以亲信大臣临之?”[3]很清楚,官文实际上是清政府派驻湖广、主持东南军务的“监军”。

当时,曾国藩集团与清政府的关系又恰恰处于一个微妙的危机阶段。

清王朝建立以来,虽然注意笼络汉族地主以扩大其统治基础,但满汉畛域之见从未消除,到咸丰年间仍是如此。1854 年初,曾国藩率领由他一手创建的湘军水陆师共一万七千人,从湖南衡州出师,其势汹汹,朝野瞩目。咸丰皇帝一方面指望曾国藩湘军镇压太平军,效犬马之劳;另一方面又“以国藩一人兼统水陆军,心忧之,诏总督台涌(台涌时任湖广总督——引者)会其师”[4]。曾国藩湘军出师伊始,就引起咸丰皇帝疑忌不安,这对曾国藩集团来说,确实不是好兆头。

1854 年 10 月 14 日,曾国藩驱使湘军攻复武昌,这是清方空前的军事胜利,咸丰皇帝不禁大喜道:“不意曾国藩一书生,乃能建此奇功。”10 月 26

---

〔1〕 王先谦:《十一朝东华录·咸丰朝》第 35 卷,光绪十三年刻本,第 19 页。

〔2〕 费行简:《近代名人小传·官文》,沈云龙主编:《近代中国史料丛刊》正编,第 8 辑,文海出版社 1966 年版,第 108 页。

〔3〕 薛福成:《庸庵全集·庸庵文编》第 4 卷,光绪上海书局版。

〔4〕 王闿运:《湘军志·曾军篇第二》,岳麓书社 1983 年版,第 23 页。

日,命令以曾国藩署理湖北巡抚。某军机大臣向咸丰皇帝进言说:"曾国藩以侍郎在籍,犹匹夫耳。匹夫居闾里一呼,蹶起从之者万余人,恐非国家福也。"咸丰皇帝"默然变色",竟收回成命,著曾国藩毋庸署理湖北巡抚,仅赏他一个兵部侍郎的空衔[1]。值得曾国藩玩味的是,尽管他的政敌陶恩培毫无战功可录,却被清政府简任湖北巡抚。显然,曾国藩以汉人而手握雄兵,已经遭到清政府的深深疑忌。

胡林翼的处境不比曾国藩好多少。如1857年6月,胡林翼未与官文会衔,径自上疏,奏请将房县左营游击文英等人开复原官,清政府在上谕中申斥说:"胡林翼现虽在军营,唯伊本营将弁可由伊具奏,仍应会同总督。况官文有钦差大臣关防,军务、营伍均该督专责。若委之巡抚,殊非朕倚任该督之意也。"[2]事过9年,曾国藩还在家书中耿耿于怀地回忆说:"胡润帅奉朱批不准专衔奏军事,其怄气百倍于弟今日也。"[3]于此可见对曾国藩集团刺激之深。

情势如此,曾国藩集团真是如履薄冰,如临深渊,如果与官文交恶,难免不发生灾难性的后果。虽无前例可援,却有后事可证。

1862年1月(胡林翼死后不久),胡林翼的密友和得力助手严树森担任湖北巡抚,严树森与官文不协,1864年5月,"官文奏劾树森把持兵柄",清政府斥严树森"任意妄为",降为道员[4]。

1866年3月,曾国藩的弟弟曾国荃就任湖北巡抚。不久,上疏严劾官文"贪庸骄蹇"劣迹,一时物议沸腾,京中"八旗颇有恨"曾国荃者。尽管官文劣迹如参,清政府却"优与保全,解总督,仍留大学士、伯爵……召还京,管理刑部,兼正白旗蒙古都统"[5]。曾国藩因曾国荃劾官文吓得胆战心惊,"焦灼弥月",曾国藩在写给儿子曾纪泽的信中说:"沅叔劾官相之事,此间平日相知者如少泉、雨生、眉生皆不以为然,其疏者亦复同辞。闻京师物论

---

〔1〕 薛福成:《庸庵全集·庸庵文续编》卷下,光绪上海书局版。

〔2〕 胡林翼:《武当山窜贼歼除襄郧肃清疏》,郑敦谨编:《胡文忠公遗集·奏疏》第17卷,同治六年黄鹤楼刻本,第12页。

〔3〕 曾国藩:《致沅弟》,《曾国藩全集·家书》,岳麓书社1985年版,第1 282页。

〔4〕 赵尔巽:《清史稿》第427卷,中华书局1977年版,第12 266页。

〔5〕 赵尔巽:《清史稿》第388卷,中华书局1977年版,第11 714页。

亦深责沅叔而共怨官相，八旗颇有恨者（雨生云然）。尔当时何以全不谏阻？顷见邸抄，官相处分当不甚重，而沅叔构怨颇多，将来仕途易逢荆棘矣。"[1]果然，1867年，清政府借口曾国荃防剿捻军"日久无功"，将曾国荃"摘顶，下部议处"[2]。曾国荃不得不引病开缺，滚下了湖北巡抚的交椅。

后事之证也足以说明：胡林翼、曾国藩等"必谄事官文，始得保全首领"[3]。这正是胡林翼交欢官文的根本原因。

胡林翼与官文的关系起初也是紧张的。攻复武汉前，官、胡各顾南、北岸军事，"征兵调饷，每有违言"[4]。"僚属意向，显分彼此，抵牾益甚。"1856年底，湘、楚军攻复武汉，不久，胡林翼、官文先后进驻武昌，督、抚同城。

据王闿运记："官文以将军受任，拘于满汉，论者复为林翼陈杨霈、崇纶故事，林翼叹曰：'师克在和，此何时哉？'既渡江，见总督，下令僚属曰：'督、抚相见，前事冰释。敢再言北岸将吏长短者，以造言论罪。'官文闻之大欢。"[5]

鉴于湘系集团面临之情势，胡林翼曲意交欢官文。薛福成记："文忠（胡林翼谥文忠——引者）素欲参劾者，文恭（官文谥文恭——引者）或荐之，得居要地。府中用财无訾省，不足则提军粮，耗费十余万金。"胡林翼"积不能平"，对阎敬铭说："方今筹粮如此艰难，而彼用如泥沙。进贤退不肖，大臣之责也，而彼动辄乖谬。今若不据实严参，恐误封疆。"阎敬铭却说：官文"以使相而握兵符，又隶旗籍，为朝廷所倚仗。每有大事，可借其言以得所请。……诚于天下事有济，即岁捐十数万金以供给之，未为失计。至其位置一二私人，可容者容之，不可容者则以事去之。彼意气素平，必无迕也。此等共事人，正求之不可必得者，公乃欲去之何耶？"而况"督、抚相劾，无论未必能胜，就使获胜，能保后来者必胜前人耶？"胡林翼听了，击案

〔1〕 曾国藩：《谕纪泽》，《曾国藩全集·家书》，岳麓书社1985年版，第1 321页。
〔2〕 赵尔巽：《清史稿》第413卷，中华书局1977年版，第12 040页。
〔3〕 章炳麟：《驳康有为论革命书》，《訄书》，华夏出版社2002年版，第301页。
〔4〕 赵尔巽：《清史稿》第113卷，中华书局1977年版，第12 040页。
〔5〕 王闿运：《湘军志·湖北篇第三》，岳麓书社1983年版，第35页。

大喜,"由是益与文恭交欢无间言"[1]。胡林翼又以盐厘三千金充总督公费,与官文约为兄弟,官文的宠妾又拜胡母为义母,往来益密。

胡林翼曲意交欢官文,还有两件事很值得注意。

其一,不为李续宾败死三河追究官文的责任。1858 年秋,湘军悍将李续宾部攻入安徽,连陷潜山、太湖、桐城、舒城,兵分力单。李续宾"发书湖北请益师"。当时,胡林翼母死持丧还葬已回益阳。"官文得书笑曰:'李九所向无前,今军威已振,何攻之不克?岂少我哉?'遍示司道,皆以续宾用兵如神,无所用援。"[2]其时,李续宾弟李续宜领四千人驻军黄冈,湘军将领唐训方率三千人在英山一带,尚可兼程往援。官文竟不发一兵一卒增援李续宾。李续宾败死三河,官文负有指挥调度不当的责任。故当时督兵进攻安庆的都兴阿在奏报中称,三河之覆,以官文调援迟缓,并说:"若有胡林翼督办调遣,李续宾亦不至深入失利,请饬胡林翼回湖北督师。"[3]

胡林翼听说李续宾败死三河,急忙从益阳赶回湖北。他非但不追究官文调援迟缓,反而吹捧官文说:"秀帅心地公忠,能顾大局。""秀峰宫保宽仁博大,推诚待人,实能主持东南全局。"官文贻误大局,连都兴阿也不讳言,胡林翼自然也明白,因此又急于表白:"非敢漫为谀词也"[4],其实是欲盖弥彰。

其二,对官文庇佑樊燮控左宗棠一案隐忍不发,密解其狱。1858 年冬,湖南巡抚骆秉章参劾官文奏荐之樊燮和栗襄,语侵官文,官、骆矛盾激化。胡林翼的姻亲左宗棠长期任骆秉章的机要幕僚,主军事与奏稿,是骆秉章的谋主,也就成为官文的眼中钉、肉中刺。

1859 年,樊燮在官文总督衙门递禀,又在都察院呈控,企图陷害左宗棠。官文庇佑樊燮,上疏清政府,召左宗棠对簿武昌,欲加不测之罪[5]。湘系重要人物左宗棠很可能成为官文的阶下囚、刀下鬼。

---

〔1〕 薛福成:《庸庵全集·庸庵文编》第 4 卷,光绪上海书局版。

〔2〕 朱孔彰:《中兴名臣事略》第 2 卷,光绪癸卯上海宏文阁藏版,第 7 页。

〔3〕 王先谦:《十朝东华录·咸丰朝》第 84 卷,第 22 页。

〔4〕 胡林翼:《致鄂中僚友》,郑敦谨编:《胡文忠公遗集·抚鄂书牍》第 59 卷,同治六年黄鹤楼刻本,第 19 页。

〔5〕 骆秉章:《骆公年谱》,同治六年刻本,第 55 页。王闿运:《湘军志》,湖南防守篇第一,岳麓书社 1983 年版,第 14 页。

案发后，胡林翼等又惊又恼，却又敢怒不敢言。他们既要解救左宗棠，又要考虑不致恶化与官文的关系。一方面，由当时在京师的王闿运、郭嵩焘等运动肃顺、潘祖荫搭救左宗棠；另一方面，胡林翼又利用他和官文的私人关系，直接恳求官文网开一面。

胡林翼致官文的密函说："湖南左生季高，性气刚烈矫强，历年与鄂省交涉之事，其失礼处，久在山海包容之中。涤帅所谓宰相肚量，亦深服中堂之德大冠绝中外百僚也。来谕言'湖南之案，并无成见，从公而断，从实而问，无甚牵连处免提，有关紧要者亦不能不指名提取，不能令罪人幸免'一节，读之再四，心以为悲。此案樊与黄等似无好声名，正案不敢与闻。其案外之左生，实系林翼私亲，自幼相处，其近年脾气不好，林翼无如之何。且骆公与林翼不通信已一二年，至去腊乃有私函相往还也。如此案有牵连左生之处，敬求中堂老兄格外垂念，免提左生之名。此系林翼一人私情，并无道理可说，惟有烧香拜佛，一意诚求，必望老兄俯允而已。"〔1〕说左宗棠失礼，是向官文赔不是。诉称与骆秉章久无交往，是表白自己与官、骆矛盾无涉。以老兄称呼，是故示亲密。通篇词气卑下，隐忍之情，溢于字里行间。

胡林翼又写信劝慰左宗棠说："丈善谋湘事，勿以怄气而自损。天下任事之人，未有不遭奇谤、不受横逆者也。但望湘中妥当，使中朝不疑汉人及书生必不可用。"〔2〕

潘祖荫为左宗棠申辩，尚敢对咸丰皇帝说官文奏劾左宗棠是"惑于浮言"，"引绳批根"〔3〕，指责官文利用控案，与樊燮勾结，图谋陷害左宗棠。胡林翼却不敢将此形诸奏牍，直言上陈，而是隐忍不发，密解其狱，其苦衷仍在曲意交欢官文，"使中朝不疑汉人"。

胡林翼等人的多方活动奏效，左宗棠死里逃生，不久以四品京堂襄办曾国藩军务。1859年秋，曾国藩从江西移军图皖，曾到武昌与官文会商军

〔1〕 梅英杰：《胡文忠公年谱》第3卷，己巳三月梅氏抱冰堂刊，第27页。

〔2〕 胡林翼：《致左京卿》，夏先范编：《胡文忠公遗集·书牍》第5卷，同治五年重刊本，第22页。

〔3〕 潘祖荫：《荐保举人左宗棠人才可用疏》，《潘文勤公奏疏》，沈云龙主编：《近代中国史料丛刊》正编，第36辑，文海出版社1966年版，第25页。

务。他在日记中说："吾过湖北晤官某，自审万不能与此人共事，然后知润芝所处之难。"[1]确实，胡林翼曲意交欢官文真是费尽心机。

三、胡林翼交欢官文的作用或影响

曾国藩后来曾经对赵烈文说："官秀峰城府甚深，当胡文忠在时，面子极推让，然有占其地步处，必力争。彼此不过敷衍而已，非诚交也。"[2]又曾对方宗诚说："胡文忠公抚鄂，初亦与官相龃龉，后年余始渐和好。……盖从里子讲求，而不占人面子，久之，在人必谅其心，而在己终不沮其气。"[3]不管是"敷衍"还是"和好"，事实上，除了樊燮控左宗棠案以外，官、胡之间没有发生其他大的摩擦。官文因人成事，坐收成功，晋官加爵，确实"心感文忠之力"，而胡林翼则"益得发舒"[4]，在湖北，实际上已经形成了以胡林翼为主角的官、胡合作的格局，"凡吏治、财政、军事悉听林翼主持，官文画诺而已"[5]。这对曾国藩集团是极为有利的。

第一，有利于加强曾国藩集团对湖北的控制。湖北共有六十余州县，胡林翼以原任州县官员多"贪纵不职"为由，从 1855 年到 1859 年，"迭次参劾不下数十员"[6]，又破格委任他所赏识的所谓"精明练达"之员 50 余人。其中，据曾国藩在日记中所开列的"湖南人官湖北者"名单，如文希范、文南邦、周开锡、周乐、邢高魁等不下 20 人，又都是湘系人物[7]，这些人盘踞了几乎全部湖北州县要津。胡林翼如此大规模地撤换地方官员，安插湘系人物和亲信，并未遭到官文的干涉，由此完全控制了湖北地方大政。

第二，有利于湘军的发展。1855 年在鄂湘军水陆师不过 7 000 人左

---

〔1〕 邵镜人:《同光风云录》，文海出版社 1976 年版，第 13 页。

〔2〕《曾国藩未刊信稿·附录二》，中华书局 1959 年版，第 375 页。

〔3〕 方宗诚:《柏堂师友言行记》第 3 卷，1925 年印本，第 9 页。

〔4〕 薛福成:《庸庵全集·庸庵文编》第 4 卷，光绪上海书局版。

〔5〕 赵尔巽:《清史稿》第 388 卷，中华书局 1977 年版，第 11 714 页。

〔6〕 胡林翼:《指员请补同知知县各缺疏》，郑敦谨编:《胡文忠公遗集·奏疏》第 30 卷，同治六年黄鹤楼刻本，第 18 页。

〔7〕《曾文正公手书日记》，咸丰九年八月廿八日记，宣统元年己酉上海中国图书公司印行。

右。经胡林翼历年扩编，到1860年前后，在鄂湘军发展到27 000人左右，完全由胡林翼掌握和指挥。如前所述，曾国藩湘军成军时虽仅水陆17 000人，竟使咸丰皇帝"心忧之"。胡林翼敢于把在鄂湘军扩编到27 000人[1]，而未招致清政府的疑忌，正是借助于清政府对官文的倚任，又使官文客观上成了胡林翼的一项政治保护伞。

第三，有利于湘军军饷问题的解决。曾国藩从创办湘军到出任两江总督，六年之久，"无地方督抚之命，无尺寸筹饷之区"，湖南是其唯一的饷源基地。曾国藩以空名将客军，饷项支绌，所至之处，仰食于人，艰难竭蹶。如在江西作战，江西"应解营饷军火，启迈(即江西巡抚陈启迈——引者)辄与留难驳斥"。《湘军志》称："湘军兴而其饷最绌。"[2]由于湖北财政全由胡林翼一人把持，官文并不掣肘其间，胡林翼就把湖北变成了曾国藩集团的又一重要饷源基地。胡林翼除了豢养两万余在鄂湘军以外，还大量拨饷接济在江西的曾国藩湘军水师彭玉麟部，陆师曾国华、刘腾鸿、萧启江、张运兰等部。从1856年春到1859年冬，胡林翼接济曾国藩在江西的湘军兵饷不下银七八十万两。在鄂湘军两万余人，每年需军饷又约银一百余万两。所有这些，均由胡林翼在湖北筹措解决，官文从不置喙。湘军军饷问题的解决得力于此。故王闿运说：湘军"军实之所由充，始自湖北"[3]。

第四，有利于湘系集团的政治命运和政治势力的发展。曾国藩的起复即是一例。曾国藩一度遭清政府深忌，1857年3月，因父死循例丁忧回籍，但他亟望能夺情视师，清政府弃置不用。1857年10月，胡林翼以湘军水师统率无人为由，奏请起用曾国藩，竟被清政府批驳[4]。1858年春，翼王石达开部太平军由江西进军浙江，清政府令湖北分兵援浙，胡林翼乘机拉官文会衔上奏说："臣等原与湖南各军相约：以湖南之力清江西，以湖北之力清安徽。"江西、浙江兵事应由曾国藩办理。这就为曾国藩的起用预为地

---

[1] 详见拙撰：《胡林翼经营湖北的军事措施及其影响》，安徽史学1986年第2期。
[2] 王闿运：《湘军志·川陕篇第十三》，岳麓书社1983年版，第134页。
[3] 王闿运：《湘军志·筹饷篇第十六》，岳麓书社1983年版，第165页。
[4] 胡林翼：《起复水师统将以一事权并密陈进剿机宜疏》，郑敦谨编：《胡文忠公遗集·奏疏》第21卷，同治六年黄鹤楼刻本，第1页。

步。1858年6月,胡林翼再次拉官文会衔上奏称:在赣湘军萧启江等部,“多系侍郎臣曾国藩及罗泽南等旧部,久经战阵”,请饬萧启江等部援浙[1]。官文的两次会衔显然是有效的,7月1日,清政府终于命令曾国藩重握兵柄,督率萧启江等部赴援浙江。历史表明,这是清政府与曾国藩之间关系的一个转折点,从此,曾国藩否极泰来,官运日隆。

同样重要的是,胡林翼交欢官文,得以久安于湖北巡抚之位,而湘军将领以布衣跻身督、抚、提、镇者联翩而起,湘系政治势力急剧膨胀。这些固然因清攻府不能不依靠湘军镇压太平天国,但也不能不看到胡林翼交欢官文在缓解清政府疑忌方面所起的重要作用。

薛福成这样说:“凡东南疆吏、将帅之贤否进退,及大局一切布置”,胡林翼以官文的关系而有极大的发言权[2]。的确,胡林翼在世时,湘系集团已经发展成为左右清方“东南大局”的最重要的政治势力。

胡林翼与官文的关系,在某种程度上说,是曾国藩湘系集团与清政府关系的缩影。胡林翼交欢官文,官、胡关系协调,意味着清方东南大局政治局势的稳定和长江中游军事形势的稳定与进展。正是在官、胡合作期间,清方在长江中游转弱为强,胡林翼以湖北为基地,与曾国藩联兵作战,侵江西而陷九江,犯安徽而拔安庆,于是清方取得了长江中游主战场上的决定性军事胜利,从而奠定了清王朝的所谓中兴之业。赵尔巽论曰:官文虽无军政建树,“然林翼非官文之虚己推诚,亦无以成大功”。“官文虽无过人之才,推贤让能,奠安江、汉,与曾国藩、胡林翼和衷规画,竟完戡定之功。”正因为这样,当1864年湘军攻陷天京后(时胡林翼已死三年),清政府“论功行赏”,“诏嘉官文征兵筹饷,推贤让能,接济东征,不分畛域,锡封一等伯爵,号果威……盖褒其能与胡林翼和衷,卒成大功也”[3]。显然,胡林翼与官文的关系对太平天国时期清方的政治和军事影响至大,官、胡关系之所以值得重视和研究,也正在于此。

---

〔1〕 胡林翼:《官军连复黄安麻城越境追剿并移兵防剿太湖等处疏》,郑敦谨编:《胡文忠公遗集・奏疏》第29卷,同治六年黄鹤楼刻本,第8页。

〔2〕 薛福成:《庸庵全集・庸庵文编》第4卷,光绪上海书局版。

〔3〕 赵尔巽:《清史稿》第388卷,中华书局1977年版,第11 715—11 718页。

胡林翼史事考四则

本文仅就胡林翼相关史事作几点考证,以厘清史实,供研究参考。

一、胡林翼、左宗棠在京会试相见不在道光十三年,应为道光十八年

胡林翼与左宗棠均为湘系集团中最重要的角色之一,因与陶澍家族联姻,胡林翼娶陶澍之女陶琇芝(道光十年),左宗棠之女又嫁陶澍之子陶桄(道光二十七年),胡林翼与左宗棠又为姻亲。胡林翼与左宗棠的关系于湘系集团之形成与早期发展影响至巨。如此,胡林翼与左宗棠之相知与交往也成为引人关注的事件。

梅英杰编《胡文忠公年谱》称:"道光十三年正月,公偕夫人自江宁入京。……是岁二月,湘阴左文襄公以会试至京,公一见定交,相得甚欢。每风雨联床,彻夜谈古今大政,论列得失,原始要终。若预知海内将乱者,则相与唏嘘太息,引为深忧。见者咸怪诧不已。"[1]据此,胡林翼与左宗棠定交为道光十三年事。

从有关史料看,胡、左最初相见不在道光十三年,应为道光十八年。

1. 胡林翼于道光十年入赘陶家。道光十二年,胡林翼携妻至江宁,留居一年之久,时陶澍在两江总督任。据胡林翼家书,道光十三年,胡林翼确

〔1〕 梅英杰:《胡文忠公年谱》第1卷,己巳三月梅氏抱冰堂刊,第11页。

曾有自江宁入京之行。一份家书为道光十三年七月初八日自江宁寄往北京的《呈父达源公》,家书称:"江南近日天气亢旱,久久不雨。……男现拟于下月初携内子赴京,俟有定期,当再禀告。岳父大人身体近尚健康,嘱代为问好。"[1]

另一家书为道光十三年九月初五日胡林翼到京后寄往益阳的《致保弟枫弟》,家书称:"兄离宁时,一路稻禾坚挺……来京后,因道途跋涉,颇觉劳顿,拟休憩数日再读书。父亲大人气体甚佳,幸勿记挂。二弟近状如何?望常惠告数行。"[2]

根据这两份家书,胡林翼不是于"道光十三年正月……偕夫人自江宁入京",而是约于道光十三年八月初自江宁启程,并于九月初五日前抵京。

另据《左文襄公年谱》,左宗棠于道光十二冬第一次赴京会试,道光十三年正月抵京。发榜后返湘。不可能在当年秋季与胡林翼在京相识。

2. 据梅英杰编《胡文忠公年谱》,胡林翼于道光十六年正月甲午自江宁启程,二月壬戌至京应礼部试。中式第七十四名进士,殿试二甲第二十九名,朝考入选第九名,改翰林院庶吉士[3]。可知胡林翼于道光十六年正月"偕夫人自江宁入京"会试,并中式进士。

而据罗正钧著《左文襄公年谱》,左宗棠曾于道光十五年第二次赴京会试,但并未参加道光十六年的会试。故胡林翼与左宗棠也不可能在道光十六年相识。

3. 道光十八年,左宗棠第三次赴京会试。"至京,主铁门周扬之华甫家。公(指胡林翼)与游处极欢。"[4]湘阴左氏藏胡林翼丙辰致左宗棠云:"林翼知公在铁门之时,是公一生真知己,公知林翼否耶?"[5]可知胡林翼与左宗棠相知即在道光十八年。这应是胡、左最初相知相交的直接、确切

---

〔1〕 胡林翼:《呈父达源公》,胡遂等整理标点:《胡林翼集》(二),岳麓书社 1999 年版,第 1 027 页。

〔2〕 胡林翼:《致保弟枫弟》,胡遂等整理标点:《胡林翼集》(二),岳麓书社 1999 年版,第 1 028 页。

〔3〕 梅英杰:《胡文忠公年谱》第 1 卷,己巳三月梅氏抱冰堂刊,第 13 页。

〔4〕 梅英杰:《胡文忠公年谱》第 1 卷,己巳三月梅氏抱冰堂刊,第 14 页。

〔5〕 见梅英杰:《胡文忠公年谱》第 1 卷,己巳三月梅氏抱冰堂刊,第 14 页。

的史料证据。

可资辅证的史料还有两份。其一为咸丰二年胡林翼致左宗棠书，内称："林翼之先人，与先生之先贤交最厚，林翼与先生风雨联床，彻夜谈古今大政，前后十余年。"〔1〕由咸丰二年回溯，道光十八年在十余年前，与胡林翼所称"前后十余年"吻合。

其二为左宗棠己卯与郑小珊书，内称："别四十载不得一见。回忆金台聚首，故交如樾乔、华甫、霖生、润芝与先生及不肖数人跌宕风流，未堪覆按。"己卯年为光绪五年。"由己卯上溯戊戌正四十年"，即道光十八年〔2〕。

结论是：胡、左最初相见定交应为道光十八年。

二、胡林翼交卸思南府事应为咸丰元年四月初五日，补授黎平府知府应为咸丰元年六月

道光二十六年六月，胡林翼于陕西捐输案中报捐内阁中书，捐升知府，分发贵州补用。道光二十七年十一月，署理贵州安顺知府。道光二十九年三月卸安顺府事，闰四月，署理贵州镇远知府。道光三十年九月，署理贵州思南知府。咸丰元年(1851)四月，署理黎平知府。六月，补授黎平知府。

关于胡林翼交卸思南府事、补授黎平府知府时间，史家有不同说法。

其一，据夏先范编《胡文忠公(林翼)遗集·首卷年谱》称：胡林翼于咸丰元年"六月卸思南府事，补授黎平府知府"〔3〕。

其二，据梅英杰《胡文忠公年谱》，胡林翼于道光三十年"九月委署思南府知府，十二月补授黎平知府"。咸丰元年"六月辛未，交卸思南府事。定计请咨入京。大府以广西寇棘，亟饬公回本任。以七月庚子抵黎平受印"〔4〕。

证之于胡林翼家书，上述年谱中有关胡林翼交卸思南府事，署理、补授

〔1〕 胡林翼：《致左宗棠》，胡遂等整理标点：《胡林翼集》(二)，岳麓书社1999年版，第75页。
〔2〕 梅英杰：《胡文忠公年谱》第1卷，已巳三月梅氏抱冰堂刊，第14页。
〔3〕 夏先范编：《胡文忠公(林翼)遗集·首卷年谱》，第21页。
〔4〕 梅英杰：《胡文忠公年谱》第1卷，已巳三月梅氏抱冰堂刊，第28页。

黎平府知府的时间均应予以修正。

胡林翼于咸丰元年四月初五日的致其弟家书中说:“兄现已卸思南府事,来署黎平。”[1]据此,史实为:咸丰元年四月初五日,胡林翼卸思南府事,署理黎平知府。咸丰元年六月,补授贵州黎平知府。

三、胡林翼补授贵东道应为胡林翼回援长沙之后,即咸丰四年四月上旬

道光二十九年冬,湖南新宁李沅发起义,戕官据城。贵州黎平与湘粤交界。胡林翼奉命率兵练驰往防堵。道光三十年二月中旬,胡林翼自黄平驻黎平,追逐至广西古宜,以功得旨以道员用[2]。由此至咸丰四年,胡林翼方得补授贵东道。

关于胡林翼补授贵东道时间,史料表明有几种说法。兹按记载胡林翼补授贵东道时间先后罗列如下:

其一,朱孔彰著《中兴名臣事略》卷一第5页《胡文忠公林翼》称:“三年九月,吴公文镕由云贵总督移湖广,奏调公,公方补贵东道,带黔勇三百,行次通城而吴公已战殁黄州”[3]。

其二,夏先范著《胡文忠公年谱》称:“咸丰四年,补授贵东道。正月,舟次龙阳县属之有港……”

其三,赵尔巽撰《清史稿》称:胡林翼于咸丰“四年,擢贵东道。率黔勇千人,行次通城而总督吴文镕战殁黄州”[4]。

以上三说叙述相同,均言胡林翼擢贵东道后率黔勇赴援湖北之初,吴文镕战死黄州之前,即咸丰四年正月十五日之前。按:吴文镕于咸丰四年正月初一日亲督兵勇进驻黄州以北之堵城,正月上旬,曾督兵进攻黄州小

[1] 胡林翼:《四月初五日致鹭弟》,胡遂等整理标点:《胡林翼集》(二),岳麓书社1999年版,第1 056页。

[2] 梅英杰:《胡文忠公年谱》第1卷,己巳三月梅氏抱冰堂刊,第27页。

[3] 朱孔彰:《中兴名臣事略》第1卷,光绪癸卯上海宏文阁藏版,第5页。

[4] 赵尔巽:《清史稿》列传193,中华书局1977年版,第11 927页。

胜。正月十五日，黄州城内太平军出击，伏兵纵火焚烧清军营寨。清军腹背受敌，兵勇溃逃，吴文镕自杀，湖北按察使唐树义率炮船逃往上游之金口。

其四，梅英杰著《胡文忠公年谱》称："己未，行至簰洲，闻吴文节文镕战殁黄州，寇上窜汉口。湖北按察使唐公树义方治水军金口，遂往会师。公见唐军无纪律，亟移船上流。癸亥，唐公军溃，发愤赴水死。公往经纪其丧，买舟遣其子护榇还黔……二月，公补授贵东道。"[1]即胡林翼擢贵东道时为咸丰四年二月，吴文镕战死黄州之后。

其五，汪士铎著《胡文忠公抚鄂记》称："咸丰三年冬，粤逆之乱，以知兵调赴湖北军营。四年春，湖南巡抚（今四川总督）骆公（秉章）奏留湖南军营，赴平江等处剿办贼匪。贼由江西窥湘潭，乃疾驰回援省城。奉旨补贵东道。"[2]按，据胡林翼家书称，"曾帅初二日靖港挫衄，饬林翼自平江回援，初九到省，驻妙高峰。"[3]时为咸丰四年四月上旬。即胡林翼擢贵东道在回援长沙之后，咸丰四年四月上旬。

上述五种记载对于胡林翼补授贵东道时间作了三种判定，一为咸丰四年正月十五日之前；二为咸丰四年二月；三为咸丰四年四月上旬。

证诸其他更具价值的史料，第三种判定似最为可靠。

据咸丰四年二月十五日曾国藩《留黔勇会剿片》："再贵州黎平府知府升用道胡林翼前经督臣吴文镕奏调湖北差遣，该员自带练勇六百名，由黔赴鄂，于正月下旬驰抵金口，适值黄州师溃……不能前进。迭据该员具禀南抚臣暨臣行营请支给口粮军械在案……臣拟先遣陆勇与该员会合援鄂，又值贼匪窜扰岳州、湘阴，道路阻隔，委员仍行折回。臣思岳州一带既被贼扰，自当先攻克岳州，不使南北梗塞，方能全师东下。现拟札饬该员暂驻岳州附近地方，臣迅即东下与该员督勇先行会剿。"[4]由此可知，至咸丰四年

---

〔1〕 梅英杰：《胡文忠公年谱》第2卷，己巳三月梅氏抱冰堂刊，第1页。
〔2〕 汪士铎：《胡文忠公抚鄂记》，岳麓书社1988年版，第2页。
〔3〕 胡林翼家书。转引自梅英杰：《胡文忠公年谱》第2卷，己巳三月梅氏抱冰堂刊，第2页。
〔4〕 曾国藩：《留胡林翼黔勇会剿片》，李瀚章编：《曾文正公全集·奏稿》第2卷，光绪丙子传忠书局版，第37页。

二月十五日，胡林翼仍为“贵州黎平府知府升用道”。

再据《清文宗实录》载：（骆秉章）“又奏：饬委贵州候补道胡林翼在楚南剿贼。批：胡林翼著暂留湖南，俟岳州府收复后，即行饬令速赴湖北，或至武昌，或至台涌军营。”[1]是日为咸丰四年三月辛丑，即咸丰四年三月初二日。这就是说，至咸丰四年二三月，胡林翼仍为“贵州候补道”。

另据《清文宗实录》咸丰四年六月辛卯记：“以贵州贵东道胡林翼为四川按察使。”[2]由此可知，胡林翼补授贵东道时间在咸丰四年六月之前。

综上所述，胡林翼补授贵东道时间不可能如朱孔彰、夏先范、赵尔巽所称在赴援湖北之初，吴文镕战死黄州之前；也不在梅英杰所称咸丰四年二月。胡林翼补授贵东道时间应以汪士铎所称胡林翼回援长沙之后，即咸丰四年四月上旬为妥。

四、 吴文镕战殁黄州时胡林翼行次簰洲而非金口或通城

咸丰四年初，胡林翼奉湖广总督吴文镕奏调赴援湖北，率黔勇入鄂，未至武昌而吴文镕战殁黄州，胡林翼进退失据。此时胡林翼行次何处，史籍所云不一。

一为“通城”。如朱孔彰著《中兴名臣事略》称：“三年九月，吴公文镕由云贵总督移湖广，奏调公，公方补贵东道，带黔勇三百，行次通城而吴公已战殁黄州。”[3]又如《清史稿》称：胡林翼“四年，擢贵东道，率黔勇千人行次通城，而总督吴文镕战殁黄州，遂进援武昌”[4]。

二为簰洲。据梅英杰著《胡文忠公年谱》称：“己未（正月十九日），行至簰洲，闻吴文节文镕战殁黄州，寇上窜汉口。湖北按察使唐公树义方治水军金口，遂往会师。公见唐军无纪律，亟移船上流。癸亥（二十三日），唐公军

---

〔1〕《清文宗实录》第123卷，第122页。

〔2〕《清文宗实录》第134卷，第378页。

〔3〕朱孔彰：《中兴名臣事略》第1卷，光绪癸卯上海宏文阁藏版同文社铸印，第5页。

〔4〕赵尔巽：《清史稿》第406卷，中华书局1977年版，第11 927页。

溃,发愤赴水死。公往经纪其丧,买舟遣其子护榇还黔。"[1]

此外,尚有不确指地名者。如夏先范编《胡文忠公年谱》则无明确地点,"自带黔勇数百人径往湖北。未至,武昌复陷,制军吴公殉难于黄州之斗城"。

史实应该是:吴文镕于咸丰四年正月初一日亲督四千兵勇进驻黄州以北之堵城,湖北按察使唐公树义率炮船护卫,欲攻占黄州。正月上旬,吴文镕曾督兵进攻黄州小胜。正月十五日,黄州城内太平军出击,伏兵纵火焚烧清军营寨。清军腹背受敌,兵勇溃逃,吴文镕自杀,唐树义率炮船逃往上游之金口。正月十九日,胡林翼行至簰洲,闻吴文镕已战死黄州,太平军攻至汉口,唐树义退至金口,遂往金口与唐树义会师。及至金口,"见唐军无纪律,亟移船上流"。二十三日,唐树义兵败投水自尽[2]。胡林翼时在金口附近,进退失据。

可以佐证者为曾国藩奏折称:"该员自带黔勇六百名,由黔赴鄂,正月下旬始抵金口。"[3]当指由簰洲往金口与唐树义会师。

---

〔1〕 梅英杰:《胡文忠公年谱》第2卷,己巳三月梅氏抱冰堂刊,第1页。

〔2〕 朱学勤等纂:《钦定剿平粤匪方略》第79卷,同治十一年排印本,第24页。

〔3〕 曾国藩:《留胡林翼黔勇会剿片》,李瀚章编:《曾文正公全集·奏稿》第2卷,光绪丙子传忠书局版,第37页。

胡林翼小传

胡林翼字贶生，号润之(另作润芝或咏芝)，嘉庆十七年六月初六日生于湖南益阳[1]。父胡达源为嘉庆二十四年探花，官至少詹府少詹事，曾任贵州学政。

二十四年，陶澍以给事中视察川东，取道益阳，就便造访胡家。林翼年方八岁，陶澍极为赏识，以女儿静娟许配林翼[2]。林翼受陶澍及其政绩影响，萌生经世之志。林翼又曾师事贺熙龄、蔡用锡等，博览群书，特别喜好《史记》、《汉书》、《左传》、《资治通鉴》和中外舆图地志，并着力探讨山川扼塞和兵政机要[3]。

道光十一年(1831)，益阳及濒临洞庭湖邻近县份遭受水灾，饥民聚掠，林翼以一介书生谒请官府募捐赈灾，并倡议按编户资财分上、中、下三等，上户不赈，中户减价买米，下户发放赈米，并由各处士绅协同办理团练，维持地方治安[4]。

十五年，林翼乡试中举，随后去金陵陶澍两江总督节署。十六年正月，从金陵前往北京参加会试，中式第七十四名进士，殿试二甲第二十九名，朝

---

〔1〕 胡林翼:《陈请终制疏》，郑敦谨编:《胡文忠公遗集》第30卷，同治六年黄鹤楼刻本，第19页。

〔2〕 梅英杰:《胡文忠公年谱》第1卷，己巳三月梅氏抱冰堂刊，第5页。

〔3〕 梅英杰:《胡文忠公年谱》第1卷，己巳三月梅氏抱冰堂刊，第11页。

〔4〕 梅英杰:《胡文忠公年谱》第1卷，己巳三月梅氏抱冰堂刊，第8页。

考入选第九名，改翰林院庶吉士。

十八年，左宗棠至京师会试，林翼与宗棠一见定交，经常风雨联床，彻夜长谈，探讨古今政事得失。每当预感海内将乱，则唏嘘叹息，忧心忡忡。林翼又称：是时，“金台聚首，故交如樾乔、华甫、霖生、润芝与先生及不肖数人跌宕风流”[1]。四月，散馆授职翰林院编修。十九年十一月，充国史馆协修。二十年三月，充会试同考官。同年秋，充江南乡试副考官，取蒋照、汪士铎等人。因私带举人熊少牧入闱阅卷事发，正考官文庆革职，林翼因失察降一级调用。

二十一年八月，丁父忧回籍守制，自此赋闲五载。陕西巡抚林则徐等曾屡次函催出山。二十六年六月，得门生汪士铎等捐助，由林则徐专折奏办，于陕西捐输案中报捐内阁中书，捐升知府，分发贵州补用。林翼云：“输金为吏者，类皆择其地之善者，以为自肥计。”贵州贫瘠偏僻，所以“独有取于黔者，诚以黔之官吏尚能奉上以礼不以货，以礼则知自重，不以货则知恤民，而治理庶几可冀。”亦可自保清廉。[2]

二十七年十一月，署理贵州安顺知府。在任督捕惩治烧香结会，捐建城乡义学，采访节孝，另就贵州地多插花情形，详细拟定变更章程。

二十九年三月卸安顺府事，闰四月，署理贵州镇远知府。黄平等县数万民众聚集抗粮。林翼以抗粮起于钱粮弊政，着手厘定粮章，将以往勒索等流弊尽行革除。[3]

三十年二月，湖南新宁李沅发起事，逼近黎平。林翼奉命率兵勇自黄平驰往防堵。事竣，云贵总督程矞采、贵州巡抚乔用迁遵旨保举以道员用。咸丰皇帝即位，下诏命各省保举能胜重任官员。云贵总督吴文镕、贵州巡抚乔用迁均举荐林翼。九月，林翼署理贵州思南知府。

咸丰元年(1851)四月，林翼署理黎平知府。六月，补授黎平知府。招

---

〔1〕 罗正钧：《左文襄公年谱》第1卷，光绪丁酉湘阴左氏校刊本，第15页。

〔2〕 胡林翼：《致枫弟敏弟仪弟翼弟》，胡遂等整理标点：《胡林翼集》(二)，岳麓书社1999年版，第1037页。

〔3〕 胡林翼：《陈明黄平事竣并厘定粮章启》，郑敦谨编：《胡文忠公遗集》第56卷，同治六年黄鹤楼刻本，第19页。

募练勇近三百名,号称“黔勇”。黔勇以 7 人为行,15 人为队,45 人为哨,以通晓军事之绅士为头目。勇丁薪饷较绿营薪饷远为优厚[1]。黔勇之训练,仿戚继光法而有变通[2]。同时,大办保甲团练,实施半年,捕获“盗匪”三百余人,办团练一千五百余寨,设卡栅四百五十余座[3]。此外,又着手革除词讼弊端,惩治重利盘剥[4]。

二年八月,太平军攻入湖南,湖南巡抚张亮基奏调林翼赴楚襄办军务,贵州巡抚蒋蔚远以士民失望,事关黔省大局为由奏留林翼。十月,卸黎平知府事,奉委带兵总办镇远、都匀、清江、黄平、凯里等处苗民起事,兼办黄平、瓮安等处抗粮事件。

三年十一月,湖广总督吴文镕奏准调林翼入鄂办理军务。十二月,林翼率所部黔勇赴援湖北,途中增募湖南辰州等地勇丁,众至千人。四年一月,林翼行抵金口附近之簰洲,此时,吴文镕兵败死于黄州堵城,太平军攻克汉阳,进围武昌。林翼进退失据。湖南巡抚骆秉章奏留林翼防剿岳州、平江一带,曾国藩也上密疏推荐,并称:胡林翼之才胜臣十倍[5]。四月上旬,林翼回援长沙,补授贵东道[6]。六月,补授四川按察使,奉命仍留湖南军营。八月,湘军攻陷武昌,林翼调补湖北按察使,十月在崇阳行营接印任事。

湘军进攻九江受阻,林翼奉调率部入赣,会同湘军罗泽南部进攻湖口、梅家洲。五年正月,太平军攻取汉口、汉阳。林翼率部回援武昌,正月十三日,迁湖北布政使。二月十七日,太平军攻克武昌,湖北巡抚陶恩培自尽。

---

〔1〕 胡林翼:《致湖南永绥厅但梓村四则》,郑敦谨编:《胡文忠公遗集》第 58 卷,同治六年黄鹤楼刻本,第 14—15 页。

〔2〕 王发桂奏,见《胡文忠本传》,郑敦谨编:《胡文忠公遗集》,同治六年黄鹤楼刻本。

〔3〕 梅英杰:《胡文忠公年谱》第 1 卷,己巳三月梅氏抱冰堂刊,第 29 页。

〔4〕 胡林翼:《严立规条谕辛亥》,郑敦谨编:《胡文忠公遗集》第 58 卷,同治六年黄鹤楼刻本,第 22—23 页。

〔5〕 曾国藩:《历陈胡林翼忠勤勋绩折》,李瀚章编:《曾文正公全集·奏稿》第 14 卷,光绪丙子传忠书局版,第 35 页。

〔6〕 参见汪士铎:《胡文忠公抚鄂记》,岳麓书社 1988 年版,第 2 页。另参见“考异”。

三月初三日，林翼奉命署理湖北巡抚[1]，负责长江南岸战事[2]，复于六月奉旨以湖北巡抚兼统湘军外江水师。四月，清政府罢免湖广总督杨霈，荆州将军官文继任湖广总督，复于九月奉旨以钦差大臣督办湖北军务。

当时，湖北州县多半为太平军所占领，林翼坐困于金口、洪山一带，官员自两司以至州县佐杂远在北岸数百里外，兵单饷缺，求贷为难，乃至运益阳私家之谷以接济军食[3]。

三月下旬，林翼命王国才部陆师与李孟群部湘军水师进驻汉阳上游长江北岸之沌口，亲率所部陆师及彭玉麟所统湘军水师主力驻扎金口，攻打汉阳、武昌。七月上旬，林翼亲自督军往攻汉阳，调李孟群率水陆数千人移驻金口。八月初二日，太平军击溃李孟群部，攻占金口。林翼被迫退驻奓山。八月初八日，汉阳太平军分路来攻。林翼强令兵勇出击，不料全军哗溃[4]。林翼愤不欲生，上马欲冲入敌阵。马夫见状，挥鞭驱马向空野狂奔。林翼疾驰至江边，遇湘军水师哨官鲍超船只得救[5]。

奓山败后，林翼奏准以杨载福总统湘军外江水师；鲍超赴湖南募勇，改统陆师；并奏调罗泽南部湘军援鄂。罗泽南亦致书曾国藩称：武汉为东南之枢纽，战略地位百倍于九江……“欲制九江之命，必由武汉而下，欲解武汉之围，必由崇阳、通城而入”[6]。曾国藩依罗泽南之见，决定在江西暂持守局，派罗泽南回援攻打武昌，俟武昌得手后，水陆沿江东下，会合江西湘军攻取九江。八月底，罗泽南率所部五千人由义宁出发，取道崇阳、通城援

〔1〕 胡林翼：《恭谢天恩并附陈楚北吏治兵政疏》，郑敦谨编：《胡文忠公遗集》第1卷，同治六年黄鹤楼刻本，第1页。

〔2〕 胡林翼：《添募水陆二军分布南北岸克期进剿疏》，郑敦谨编：《胡文忠公遗集》第1卷，同治六年黄鹤楼刻本，第2页。

〔3〕 曾国藩：《历陈胡林翼忠勤勋绩折》，李瀚章编：《曾文正公全集·奏稿》第14卷，光绪丙子传忠书局版，第32页。

〔4〕 胡林翼：《陈奏分防金口及回剿奓山勇丁先后溃散现在迅派将弁收集整理以期补救疏》，郑敦谨编：《胡文忠公遗集》第3卷，同治六年黄鹤楼刻本，第1—3页。

〔5〕 王闿运：《湘军志·湖北篇第三》，岳麓书社1983年版，第30页。

〔6〕 罗泽南：《与曾节帅论东南战守形势书》，郭嵩焘编：《罗忠节公遗集》第6卷，第39页。见沈云龙主编：《近代中国史料丛刊》正编，文海出版社有限公司印行1966年版，第6辑。

鄂。十月，林翼率军由嘉鱼取道迎至羊楼洞，与罗泽南会师，旋克蒲圻[1]。

十一月十二日，杨载福督率湘军水师收复金口。十五日，林翼与杨载福会师金口，同时，王国才部从沌口移驻新滩，各部在武昌外围集结。林翼以罗泽南驻军武昌城东之洪山为东路，以九溪营陆师屯扎金口为水师犄角当西路，林翼自任中路，进驻武昌城南之李家桥、板桥。湘、楚军围攻武昌，久战不下。罗泽南督战益急，湘、楚军肉薄城下，伤亡枕藉。六年三月二日，武昌守军分路大举出击，并在宾阳门内埋伏精锐万人，城门虚掩。唐训方、蒋益澧、何绍彩等分途接战，罗泽南从洪山挥师出击，太平军佯退，罗泽南拼力紧追，直抵宾阳门，企图夺门而入。此时，宾阳门内太平军蜂拥冲出，火枪击中罗泽南左额。湘军受重创，败回洪山。罗泽南伤重不治而死，所部由李续宾接统。

湘、楚军老师糜饷，毫无进展。清政府下诏斥责："该署抚于三月初间迭次奏报均称旬日之间城池可复……今已迁延数月……徒以空言搪塞，直似无计可施。"并严令"务将城池尅期攻克，若再事迁延，朕必治其老师糜饷之罪"[2]。由于仰攻坚城，死伤惨重，林翼改而拦截武昌守军粮道。六月初四日，湘军水、陆师先陷西岸太平军营垒，再陷武昌县(今鄂城)城及城外西山、雷山营垒，焚毁、夺取太平军战船、辎重船等二百号左右，湘军水师复入梁子湖搜剿太平军船只。武昌守军粮食、军火补给受阻。十月，署理湖北提督杨载福率领湘军水师东下，在蕲州江面击毁自安庆、九江护粮西上的太平军水营船只二百五十余号。湘军水师一度进至田家镇，从此控制武汉江面，断绝武昌、汉阳守军粮路。

林翼又命湘、楚军开挖长壕，将武昌"长围坐困"，自驻五里墩指挥，以李续宾部驻军洪山，在武昌城外三面掘壕，护以土城，其中鲁家港之壕、垒，深、高各二丈，以游击赵克彰等驻守；以游击张寅恭领兵九营扼守青山；以参将张荣贵率兵四营扼守石嘴。武昌守军粮尽援绝。守将韦俊因其兄韦

---

〔1〕 胡林翼：《官军会剿蒲圻克复城池疏》，郑敦谨编：《胡文忠公遗集》第5卷，同治六年黄鹤楼刻本，第1页。

〔2〕 胡林翼：《遵奉谕旨沥陈下情疏》，郑敦谨编：《胡文忠公遗集》第10卷，同治六年黄鹤楼刻本，第1页。

昌辉在天京变乱中被杀，丧失斗志，决定放弃武昌。六年十一月二十二日，武昌城各门洞开，守军夺路溃围。湘、楚军进占武昌。同日，王国才、李孟群等会合官文部杨昌泗等军攻陷汉阳。上谕以林翼补授湖北巡抚，并赏给头品顶戴[1]。

武昌收复前，林翼与官文分任长江南、北岸军事，官员将领间颇多矛盾。官文身为荆州将军，拘于满汉畛域。鉴于杨霈、崇纶不和之前车覆辙，林翼慨叹"师克在和"，下令僚属"督、抚相见，前事冰释，敢再言北岸将吏长短者，以造言论罪！"官文闻之大喜。林翼又以盐厘按每月三千金充官文总督衙门公费，并与官文结为兄弟。由此，湖北军政吏治均为林翼主稿，官文画行[2]，林翼得以兼行督抚之权。

林翼认为："武汉形势壮阔，自古用武之地……控扼长江，唯鄂为要"，必"先据上游"，"以高屋建瓴之势"[3]，沿江东征九江、安庆、金陵，遂殚精竭虑，锐意经营湖北。

林翼尝云："地方安危，系乎吏治。"[4]自咸丰五年至九年，历次参劾贪污庸劣官员达数十人[5]。湖北征收厘金之初，弊端丛生。林翼延请公正绅士承办各地征收厘金事务，不许州县、丁胥经手，仅在武昌设立总局，委派道、府大员严密查察[6]。又奏准清厘漕弊，所有各级衙门之漕规及书吏房费等概行革除。所有由单、券票、样米、号钱等费概行禁革。并减定漕章，按往年浮勒之数减半至减过半不等，一律改征折色，"明定折价"。减定之数，不许更改。有抗违阻挠者严惩不贷。此外，奏准减成收捐；变通户部

---

〔1〕 胡林翼：《奏陈官兵克复武昌并分兵迅取武昌县兴国州大冶县等处事宜疏》，郑敦谨编：《胡文忠公遗集》第12卷，同治六年黄鹤楼刻本，第12—15页。

〔2〕 王闿运：《湘军志·川陕篇第十三》，岳麓书社1983年版，第35页。

〔3〕 胡林翼：《敬陈湖北兵政吏治疏》，郑敦谨编：《胡文忠公遗集》第14卷，同治六年黄鹤楼刻本，第2页。

〔4〕 胡林翼：《核实州县可用人员疏》，郑敦谨编：《胡文忠公遗集》第26卷，同治六年黄鹤楼刻本，第15页。

〔5〕 胡林翼：《指员请补同知知县各缺疏》，郑敦谨编：《胡文忠公遗集》第32卷，同治六年黄鹤楼刻本，第18页。

〔6〕 胡林翼：《遵旨查复沙市厘金情形疏》，郑敦谨编：《胡文忠公遗集》第24卷，同治六年黄鹤楼刻本，第8页。

所颁牙帖捐输则例收捐;借销川盐取课,准私盐行销并设局抽课。林翼掊克聚敛,每年筹措军饷银三四百万两。湘军"军实之所由充,始自湖北"[1]。数年之间,在鄂湘军由最初之八千余人,扩编至二万数千人。林翼又裁汰绿营,按湘军营制改《楚军章程》为《鄂军章程》,以湖北籍将领余际昌、余云龙等部弁勇为基干,专招湖北勇丁组建楚军[2]。经林翼苦心经营培植,咸丰十年至十一年间,在鄂湘、楚军达六万左右。湖北号称天下第一富强之省[3],成为湘军前进基地和"东南大局"枢纽。

六年十一月,林翼命令湘、楚军水陆联兵东下,以记名道安庆知府李续宾率领所部湘军陆师及抚标共约一万人,当长江南岸一路;以江宁将军都兴阿率领所部马队及孔广顺、石清吉、方映川等部兵勇共五千余人,当长江北岸一路;以署理湖北提督杨载福率湘军水师数千人浮江东下。湘、楚军水陆协同作战,不数日,迭陷武昌县、黄州、大冶、蕲州、蕲水、兴国。二十九日,杨载福率湘军水师驶抵九江江面。十二月初九日,李续宾率湘、楚军陆师攻抵九江城下。同日,都兴阿率北岸马步兵勇攻陷黄梅,进至九江对岸小池口外围。湘、楚军水陆马步共约二万余人陈师长江两岸。

自十二月十三日始,湘、楚军环攻九江六昼夜,九江太平军守将林启容率军抗击。激战多日,湘、楚军伤亡日增,锐气渐钝。林翼知九江城并非指日可下,反复筹思,仍取长围坐困之计。七年正月,李续宾部开始挖掘长壕,九江守军曾屡次出击,阻滞挖壕。至闰五月中旬,挖成长壕一道,深二丈,宽三丈五尺,长三十余里。

林翼认为,欲攻取九江必先剿灭江、皖之敌军以阻断增援,命令都兴阿部马步兵勇力攻小池口并伺机进扑安徽,以杨载福水师梭巡江面,拦击由安庆等地上驶接济九江的太平军水师船只,并配合南岸李续宾陆师攻夺湖口、梅家洲。林翼坐镇武昌调度兵、饷。

---

〔1〕 王闿运:《湘军志·筹饷篇第十六》,岳麓书社1983年版,第165页。

〔2〕 胡林翼:《札副训营》,阎敬铭编:《胡文忠公遗集·批牍》第10卷,同治五年重刊本,第8页。

〔3〕 曾国藩:《复胡宫保》,李瀚章编:《曾文正公全集·书札》第10卷,光绪丙子传忠书局版,第33页。

三月十五日，都兴阿督率副都统多隆阿、总兵王国才等部进攻安徽宿松，威胁安庆。四月初，陈玉成率太平军从桐城等地疾趋湖北，分道攻入湖北黄梅、广济、蕲州、蕲水、罗田，意在攻鄂救浔保皖。四月十二日，太平军占领蕲州。五月十二日，攻打黄梅县城。闰五月二十七日，陈玉成部在蕲州望天坂击败李续宾部援军。李续宾部由蕲水、巴河逃抵黄州。

当湘、楚军败退之际，林翼急从武昌赶赴黄州督师，令杨载福以水师炮船节节扼守沿江水路要隘，防堵太平军渡江断九江围师之后路；令九江、小池口、黄梅各军相机分拨马步水师上援；奏调唐协和、王鑫、刘腾鸿等部援鄂。六月下旬，李续宾又亲率湘军三营从九江渡江来援，在童司牌击败陈玉成军。七月，陈玉成军在黄蜡山、黄冈、蕲水等地先后失利，不得已从湖北回师，退守安庆。

鄂东战事甫定，林翼集中湘、楚军主力猛扑九江。八月十五日，攻占小池口。林翼进驻九江营内，就近部署攻守事宜，旋于九月初一日回武昌。九月上旬，李续宾与外江水师统领杨载福、内湖水师统领彭玉麟联兵作战，攻陷湖口、梅家州。内湖水师冲出鄱阳湖，与杨载福部外江水师会合。[1]李续宾部增开长濠，围困九江。以湘军水师十余营驻守北面江岸，控扼长江，断绝太平军水上接济。水陆师昼夜猛攻九江。

八年二月，陈玉成再次用兵鄂东，以救九江。三月，太平军分路猛攻湖北罗田和麻城，击败游击李曙堂部，攻克麻城。林翼急调李续宜、舒保、李续宾、鲍超等部援师，齐往麻城一带防堵。

九江守将贞天侯林启容坚忍善守，城内囤粮将尽，即在城中种麦，坚守待援。三月底，湘军加紧攻城，在东门、南门挖掘地道，以火药轰塌城墙，抢攻缺口时，被守军击退。四月初六日，湘军再次挖掘地道轰城，轰塌东面、东南面城墙一百余丈，守军不及抢堵，李续宾督军冒死冲入，攻陷九江。清政府以林翼调度有方，加太子少保衔。

九江攻战期间，曾国藩因父死在籍守制，林翼曾奏请起用曾国藩，清政

〔1〕胡林翼：《奏陈克复江西湖口县城大概情形疏》，郑敦谨编：《胡文忠公遗集》第20卷，同治六年黄鹤楼刻本，第22页。

府不许。八年五月下旬，清政府应林翼、骆秉章等奏请，命曾国藩督率萧启江等部赴援浙江，追击石达开。林翼闻讯大喜，即与骆秉章商定按月委解军饷。七月十一日，曾国藩行抵九江。同日，林翼母亲在武昌去世。林翼循例扶柩归葬，在籍守制。曾国藩得知林翼丁忧离省，颇为担忧。曾言："水陆数万人，皆仗胡公以生以成，一旦失所依倚，关系甚重。"〔1〕

攻克九江后，李续宾奉旨进援庐州，并于八月十五日攻取太湖。廿一日，再克潜山。九月，续克桐城、舒城。林翼曾四次致书劝诫李续宾切勿攻坚，切勿孤军深入。十月，李续宾败死三河，湘军数千精锐全军覆没。都兴阿与官文均奏请起复林翼视师。

十一月，林翼奉命夺情视师，三十日，抵达武昌，即日在粮台接巡抚印，料理善后。十二月，进驻黄州，整顿溃军，将黄州各营大加裁汰，择其精锐调赴宿松。宿松前敌计有多隆阿马步五千余人，并鲍超、蒋凝学、唐训方等营共二万余，均归江宁将军都兴阿指挥〔2〕；又以李续宜收集李续宾遗部，重新招募整理，得新旧各营兵勇约万余人，驻扎黄州〔3〕。因解饷官员不力，奏调户部主事阎敬铭主持武昌粮台〔4〕。经此整顿部署，三河败后之局势逐渐稳定。林翼以为，战于境外方能保于境内，谋皖所以保鄂，决定以攻为守，三路攻皖，即与官文等商定，以都兴阿统多隆阿、鲍超、蒋凝学等部为一路；以李续宜统唐训方、余际昌等部为一路；奏调曾国藩移兵攻皖，独当一路；如此部署，可望成功〔5〕。

九年二月，石达开部由江西转战湘南，不久占领桂阳、宜章、兴宁、郴州等地，五月初，围攻湘南重镇宝庆。湖南大震，在鄂湘军救乡情切。林翼决

---

〔1〕 曾国藩：《致诸弟》，李瀚章编：《曾文正公全集·家书》第6卷，光绪丙子传忠书局版，第13页。

〔2〕 胡林翼：《遵旨奏复行军进止机宜疏》，郑敦谨编：《胡文忠公遗集》第32卷，同治六年黄鹤楼刻本，第11页。

〔3〕 胡林翼：《致曾涤帅》，郑敦谨编：《胡文忠公遗集》第60卷，同治六年黄鹤楼刻本，第1页。

〔4〕 胡林翼：《致司道戊午》，郑敦谨编：《胡文忠公遗集》第59卷，同治六年黄鹤楼刻本，第23页。

〔5〕 胡林翼：《致都直夫将军》，郑敦谨编：《胡文忠公遗集》第59卷，同治六年黄鹤楼刻本，第27页。

定暂停攻皖，分兵回援湖南。官文、都兴阿、多隆阿、舒保等均持异议，埋怨林翼：湘人以空虚而致贼，鄂人奈何效尤？此时不援皖而唯湘是图，是置湖北安危于不顾。林翼晓以利害，力排众议，抽调湘、楚军大举援湘，委令李续宜暂统宝庆前敌各军，并迭次致函李续宜："虚南路以两粤为贼之去路，则天下之祸尚轻也。""能遏逼使南走粤省，尚是善策。"[1]密令李续宜将石达开军从湖南逼向两粤，不使入川，以保湖北后路。七月，石达开军在宝庆失利，退入广西。

九年八月起，林翼陆续调回援湘各军，并调整部署，与曾国藩定计四路进兵安徽：曾国藩由宿松、石牌以取安庆；多隆阿、鲍超由太湖、潜山以取桐城；李续宜由商城、固始以攻庐州，林翼由英山、霍山以攻舒城。十二月初八日，林翼大营驻扎英山。十年正月底，湘、楚军在小池驿击败陈玉成部，占领太湖、潜山，进逼安庆。

林翼以为："用兵之道，全军旅为上策，得土地次之。"杀敌为上策，破援敌为大功，得城池次之。援敌破，则城敌自穷。然不围城，援敌不来，则无以杀敌。[2]乃定计围点打援，以曾国荃率部进取集贤关、与水师围攻安庆；以多隆阿部进兵桐城、李续宜部驻青草塥为机动部队，掩护安庆围师并待机打援。由此构成安庆、桐城、青草塥一带预置阵地，以逸待劳，与太平军决战安庆。

十年五月初，乘太平军东征苏常之机，湘、楚军加强攻势。杨载福、彭玉麟湘军水师以韦俊降军为前驱，攻陷安庆后路重要据点枞阳，完成对安庆的合围。六月，曾国荃部万人进薄安庆城下，开挖长濠，构筑壕墙，内围守敌，外拒援兵。

七月，陈玉成军从皖南回师，由天京下关渡江，攻向安徽定远等地，与捻军龚得树、孙葵心等部会合后，联兵南下，十月中旬，集结于庐州、桐城一带。十月中下旬，太平军两次与多隆阿部接战，未能获胜。十一月初八日，

---

〔1〕 胡林翼：《致李续宜》，湘乡李氏藏《曾胡手札》，沈云龙主编：《近代中国史料丛刊》正编，第24辑，文海出版社1966年版，第402页、第400页。

〔2〕 胡林翼：《复多都统》、《复左季高京卿》，郑敦谨编：《胡文忠公遗集》，同治六年黄鹤楼刻本，第74卷，第13页；第78卷，第12页。

李续宜部自青草塥出动，与多隆阿部夹击陈玉成军，尽毁太平军营垒。陈玉成军被迫退入桐城，捻军退入庐江，休整待机。

当安庆战场激战之际，英法联军攻抵京津，胜保奉命节制八旗禁军及各路"勤王"之师，并奏准调鲍超霆军北援，归其统带。为不影响安庆战事，并阻止胜保侵夺霆军，林翼与曾国藩设法迁延。至北京条约订立，清政府令曾国藩、胡林翼专注皖事，毋庸北援。

十二月，林翼以安庆久攻不下，自英山移营太湖。十一年正月下旬，为解安庆之围，陈玉成率军西进攻鄂，在霍山击溃余际昌部，突破湘、楚军防线，进取英山，楔入湖北，连下蕲水、黄州，兵锋直指武汉。武昌城内慌乱不可言状，总督官文自率千余马步兵勇扼守省外要隘〔1〕。林翼自责笨人下棋，死不顾家〔2〕，自请议处，并急遣李续宜、成大吉回援。

十一年五月初，李秀成军进入鄂南，占领通城、通山等地，威胁省垣。林翼与曾国藩协商，拟将多隆阿部撤出桐城挂车河阵地，回援武昌。曾国藩不允，而以鲍超援鄂，复命鲍超暂驻宿松待机。

是年一二月间，英国水师提督何伯、参赞巴夏礼等率舰艇在长江中游"巡视"、"调查"开埠通商事宜。时林翼曾往安庆视师，策马登龙山，俯视安庆，如在釜底，喜形于色，以为"贼势虽强，不足平也"。等到奔驰至江滨，"忽见二洋船鼓轮西上，迅如奔马，疾如飙风"，林翼"变色不语，勒马回营，中途呕血，几至坠马"。林翼已患肺病，自此病情更重〔3〕。

五月十二日，林翼亲率数千人自太湖启程回救湖北。六月初三日，返抵武昌，抱病治事〔4〕。七月二十七日，因病势增剧，咳嗽吐血越来越严重，奏请开缺回籍调理，并举荐李续宜为湖北巡抚。上谕"着再赏假两个月，在署安心调理，毋庸开缺。湖北巡抚着李续宜暂行署理"〔5〕。

---

〔1〕 王先谦:《东华录》(咸丰朝)第98卷,光绪二十五年石印本,第13页。

〔2〕 胡林翼:《复左京卿》,郑敦谨编:《胡文忠公遗集》第81卷,同治六年黄鹤楼刻本,第13页。

〔3〕 薛福成:《荩臣忧国》,《庸庵笔记》第1卷,江苏人民出版社1983年版,第16页。

〔4〕 梅英杰:《胡文忠公年谱》第3卷,己巳三月梅氏抱冰堂刊,第44页。

〔5〕 胡林翼:《奏陈病势增剧恳请开缺调理疏》,郑敦谨编:《胡文忠公遗集》第42卷,同治六年黄鹤楼刻本,第19页。

八月初一日，湘、楚军攻陷安庆。曾国藩等推林翼首功，奏称："楚军围攻安庆已逾两年，其谋始于胡林翼一人画图决策。"[1]谕旨加太子太保衔，予骑都尉世职。咸丰十一年八月二十六日，林翼在武昌病逝，享年五十。上谕称："胡林翼秉性忠直，操守廉洁，在军九年，赏罚严明，知人善任，克复武昌及沿江郡县，肃清皖境，并调遣官军攻复江西九江，军威丕振，所向克捷。本年八月克复安庆省城……著追赠总督"[2]，予谥文忠。

著述辑为《胡文忠公遗集》、《胡文忠公全集》、《胡林翼全集》、《胡林翼集》、《曾胡治兵语录》、《曾胡手札》等。

〔1〕 曾国藩：《克复安庆省城片》，李瀚章编：《曾文正公全集·书札》第14卷，光绪丙子传忠书局版，第18页。

〔2〕 梅英杰：《胡文忠公年谱》第3卷，己巳三月梅氏抱冰堂刊，第39页。

附　录

FU LU

一　胡林翼传资料长编

嘉庆十七年(壬申,1812)胡林翼出生

六月初六日酉时公生于益阳十九里长岗村胡家湾。

元武宗时,有曰汉清者自江西泰和县迁湖南宁乡之麦田。六传至思敬,徙益阳十九里泉交河之长岗村,遂为益阳县人。(梅英杰:《胡文忠公年谱》卷一,第3页,梅氏抱冰堂刊,己巳三月。)

民典性笃孝,亲殁,辑《孝经疏义》以志哀慕。是为公之高祖……曾祖讳多吉字襟江,以端正著闻……祖讳显韶,字律臣,县学生,居贫教授。卒祀乡贤……父讳达源,字云阁,翰林院编修,官至詹事府少詹事。(梅英杰:《胡文忠公年谱》卷一,第1页,梅氏抱冰堂刊,己巳三月。)

臣家世力田,耕读相承。臣生之始,臣母操井臼,日治百人食,以即田功。(《陈请终制疏　八年八月初七日》,郑敦谨编《胡文忠公遗集·奏疏》卷三十,第19页。)

嘉庆二十二年(丁丑,1817)林翼6岁

乡贤公授公论语,教之识字学书,亦有法度。(梅英杰:《胡文忠公年谱》卷一,第4—5页,梅氏抱冰堂刊,己巳三月。)

嘉庆二十四年(己卯,1819)林翼8岁

始入塾读书。塾师为胡星堂泽溥……随侍乡贤公益阳志馆,安化陶文毅澍一见惊为伟器,以第七女静娟字之。是年,詹事公以一甲三名进士及第,授翰林院编修。(梅英杰:《胡文忠公年谱》卷一,第5页,梅氏抱冰堂刊,己巳三月。)

嘉庆二十五年(庚辰,1820)林翼 9 岁

从乡贤公读书。九月,随母汤太夫人入京。(梅英杰:《胡文忠公年谱》卷一,第 5 页,梅氏抱冰堂刊,己巳三月。)

九岁,省詹事公京师,即授以儒先性理之书,而公少负才气,不甚措思也。(郭嵩焘:《胡文忠公行状》,郑敦谨编《胡文忠公遗集》卷首。)

及林翼稍长,先宫詹命之学,早夜督责无少暇。盖先宫詹之学,由宋五子,上推孔、孟之旨,而尤严于公私义利之际,始于切近,以致远大。尝谓"为学自蒙养始",故其教人必以朱子小学、《近思录》诸书为先。及林翼受书,则一以是为教。然林翼方稚昧,弗克率后先。(《箴言书院序》,胡遂等整理标点:《胡林翼集》〈二〉,第 1 122 页,岳麓书社 1999 年版。)

道光元年(辛巳,1821)林翼 10 岁

默希先生留京应乡试,授公读。(梅英杰:《胡文忠公年谱》卷一,第 6 页,梅氏抱冰堂刊,己巳三月。)

道光二年(壬午,1822)林翼 11 岁

仍从季父读书。(梅英杰:《胡文忠公年谱》卷一,第 6 页,梅氏抱冰堂刊,己巳三月。)

敬悉大人已安抵家中,无任快慰。此间人士咸以大人学术湛深,文章渊茂,乃仅膺鹗荐,未获鹏抟,深为扼腕。然侄深知大人取青紫如拾芥,暂时蠖屈,又何足介耶?

考试制度创自明祖,其用意所在,姑置不论。唯以一日之短长,定万人之高下,沧海遗珠,势安能免?士之怀才而不售者,岂果文章之劣?非命运之舛,即主试者知才之匪易。风檐寸晷中,殆不知有多少才人因挫折而抑郁,而穷愁,而颓放,或且至于老死而默默无闻。其狡黠者不甘岑寂,则更别出奇途,以求遂其富贵功名之欲望,而天下事遂不堪问。呜呼! 此又岂创者之本意哉?(《呈七叔墨溪公十二月初三日》,胡遂等整理标点:《胡林翼集》〈二〉,第 1 014 页,岳麓书社 1999 年版。)

道光三年(癸未,1823)林翼 12 岁

从文先生舒耀读书。(梅英杰:《胡文忠公年谱》卷一,第 6 页,梅氏抱冰堂刊,己巳三月。)

道光四年(甲申,1824)林翼 13 岁

从贺先生光翽读书。(梅英杰:《胡文忠公年谱》卷一,第 6 页,梅氏抱冰堂刊,己巳三月。)

道光五年(乙酉,1825)林翼 14 岁

从贺先生熙龄读书。(梅英杰:《胡文忠公年谱》卷一,第 6 页,梅氏抱冰堂刊,己巳三月。)

道光六年(丙戌,1826)林翼 15 岁

从蔡先生锦泉读书。(梅英杰:《胡文忠公年谱》卷一,第 6 页,梅氏抱冰堂刊,己巳三月。)

道光七年(丁亥,1827)林翼 16 岁

从吴先生赞读书。(梅英杰:《胡文忠公年谱》卷一,第 7 页,梅氏抱冰堂刊,己巳三月。)

道光八年(戊子,1828)林翼 17 岁

从乡贤公读书。为文操笔立就,旁通曲畅,自达其志。……应乡试,荐卷不售。(梅英杰:《胡文忠公年谱》卷一,第 7 页,梅氏抱冰堂刊,己巳三月。)

道光九年(己丑,1829)林翼 18 岁

居贵阳试院,从郎先生葆辰游。(梅英杰:《胡文忠公年谱》卷一,第 7 页,梅氏抱冰堂刊,己巳三月。)

道光十年(庚寅,1830)林翼 19 岁

随侍乡贤公回里,旋就婚于桃花江陶氏别墅。

詹事公曩与同里蔡先生用锡久旅京师,服其学行。至是,乡贤公遂命公执贽其门读书二十里龙潭口之竹屋子……晨夕观摩,所诣大进。先生教人务为有用之学,不专重文艺,而于兵略、吏治尤所究心。故公师事两年,涵濡渐渍,服膺终身。(梅英杰:《胡文忠公年谱》卷一,第 7 页,梅氏抱冰堂刊,己巳三月。)

男现从祖父大人之命,师事蔡芸藩中书读书,中书学问渊博,道貌尊严。男获侍几席,裨益决非浅鲜。(《呈父达源公九月初三日》,胡遂等整理标点:《胡林翼集》〈二〉,第 1 022 页,岳麓书社 1999 年版。)

道光十一年(辛卯,1831)林翼 20 岁

蔡先生用锡授经陶氏,公仍从受学。五月,沅湘大水,益阳滨湖堤垸尽没,饥民塞途。公恻然闵叹,亟诣县令贾亨晋,请按灾区编户口,劝富民出钱粟以赈。有尼之者。公上书乡贤公,陈其利害,已而散米俵食,全活甚众。(梅英杰:《胡文忠公年谱》卷一,第 8 页,梅氏抱冰堂刊,己巳三月。)

秀才便当以天下为己任,此一腔恻隐之心,越读书越忍不住,况孙素以安民利物为志者。孙处家于一切奢侈之事未尝妄费,此祖父及父母所亲见而深知者。此事商之县公,云于被水各垸饬本地保甲造户口册,分上、中、下三户,上户不管,中户有钱无米者,减价出卖,下户钱米俱无者,给以米。量户口之多寡,有不实者责成保甲。又选本地士绅协同办理,一以镇地方,一以免保甲之欺罔。上中二乡不被水者不与焉。即下乡之未成灾者不与焉。龙阳沅江之流民不与焉。已请官通知邻县,因同被水灾,不能再受外县之流民也。此发赈之大概也。……窃恐饥寒所迫,流民可一变而为乱民。以德安良,以威服暴,不可不察也。……其余店铺行户,自孙一倡,无不踊跃从事,数万金不难立致。以至诚感之,以大义责之,以危言动之,以赏劝诱之,苦口婆心,热肠浩气,壮胆宽肩,人安得不动,安得不从耶?(《上乡贤公书》,梅英杰:《胡文忠公年谱》卷一,第 8 页,梅氏抱冰堂刊,己巳三月。)

秋应乡试报罢……文毅召公赴江宁。(梅英杰:《胡文忠公年谱》卷一,第 8 页,梅氏抱冰堂刊,己巳三月。)

道光十二年(壬辰,1832)林翼 21 岁

春初,外姑贺太夫人还江宁,公偕夫人往送,留居节署,亲见文毅措施,又尝举林公则徐、伊里布公,请密荐为两江总督替人。陶文毅深器之。(梅英杰:《胡文忠公年谱》卷一,第 7 页,梅氏抱冰堂刊,己巳三月。)

前奉禀未久,手谕旋颁。捧读之余,稔大人又升补詹事府右坊右庶子,以原衔充日讲起居注官,至深荣快。母亲肝病稍愈,又足令为子者欣慰。男在江宁纵游山水,精神殊为一变。

岳丈公退之余,辄与男长谈。岳丈胸中本极渊博,加以数十年来宦途阅历,上下古今,融会贯通,每及一事,旁证曲引,判断洞中窍要,于男进益,非浅鲜焉。

男在署中无事时，辄点阅司马《通鉴》，每晨临池一小时，幸能不间断，身体亦颇健。祈勿念。(《呈父达源公　五月二十八日》，胡遂等整理标点:《胡林翼集》〈二〉，第 1 025 页，岳麓书社 1999 年版。)

又:公少负不羁之才，陶文毅以女妻之，常恣意声伎。文毅一日大治筵宴，延公上座，纵谈古今豪杰，微讽之。公由是折节读书。入官后即有康济斯民之愿。(朱孔彰:《中兴名臣事略》卷一，第 7 页，上海宏文阁藏版同文社铸印，光绪癸卯。)

道光十三年(癸巳，1833)林翼 22 岁

吾人生于两仪之间，果何为乎? 兄常冥冥以思，而苦未能得解。然人生决不当随俗浮沉，生无益于当时，死无闻于后世，可断言者也。唯然，吾人当求所以自立，勉为众人所不敢为、不能为之事，上以报国，下以振家，庶不负此昂藏七尺之躯。(《致枫弟　五月十九日》，胡遂等整理标点:《胡林翼集》〈二〉，第 1 027 页，岳麓书社 1999 年版。)

江南近日天气亢旱，久久不雨。……男现拟于下月初携内子赴京，俟有定期，当再禀告。岳父大人身体近尚健康，嘱代为问好。(《呈父达源公　七月初八日》，胡遂等整理标点:《胡林翼集》〈二〉，第 1 027 页，岳麓书社 1999 年版。)

兄离宁时，一路稻禾坚挺……来京后，因道途跋涉，颇觉劳顿，拟休憩数日再读书。父亲大人气体甚佳，幸勿记挂。二弟近状如何? 望常惠告数行。(《致保弟枫弟　九月初五日》，胡遂等整理标点:《胡林翼集》〈二〉，第 1 028 页，岳麓书社 1999 年版。)

兄信刚发，弟书适至。家中大小平安，至为快慰。二弟近日读书，偏重时艺，兄意殊不谓然。兄尝独居私念，秦始皇焚书坑儒，而儒学遭厄。明太祖以八股取士，而儒学再遭厄。始皇之意，人咸知其恶。焚固不能尽焚，坑又未能尽坑。且二世即亡，时间甚暂，其害尤浅。独明祖之八股取士，外托代圣立言之美名，阴为消弭枭雄之毒计，务使毕生精力，尽消磨于咿唔咕哔之中，而未由奋发有为，以为家国尽猷谟之献，此其处心积虑，以图子孙帝王万世之业，诚不失为驾驭天下之道。而戕贼人才，则莫此为甚。怀宗有言:“朕非亡国之君,诸臣皆亡国之臣。”则明祖以私学取士之制,亦且贻其子孙忧。此其制度之必须变革,诚有不容缓者矣。

夫学问之道,当先端趋向,明去取。今之为时艺者,意果何所居哉!简练揣摩,无非借此以为进身之具、干禄之阶,作终南之捷径耳。使世主不由此以取士,则又将遁而之他。彼之心目中,何尝知圣人之微言大义哉!

兄意时艺既为风会所趋,诚不妨一为研究,惟史学为历代圣哲精神之所寄,凡历来政治、军事、财用、民生之情状,无不穷源竟委,详为罗列。诚使人能细细披阅,剖解其优劣。异日经世之谟,即基于此。二弟其勿仅虚掷精神于无用之地,而反置根本之文学于不顾也。(《致保弟枫弟　十月初八日》,胡遂等整理标点:《胡林翼集》〈二〉,第 1 028 页,岳麓书社 1999 年版。)

正月,公偕夫人自江宁入京。……是岁二月,湘阴左文襄公以会试至京,公一见定交,相得甚欢。每风雨联床,彻夜谈古今大政,论列得失,原始要终。若预知海内将乱者,则相与唏嘘太息,引为深忧。见者咸怪诧不已。(梅英杰:《胡文忠公年谱》卷一,第 11 页,梅氏抱冰堂刊,己巳三月。)

道光十四年(甲午,1834)林翼 23 岁

宁乡梅公霖生与詹事公友善,是岁馆内阁协办侍读张君延阀家,教其子伯笏。詹事公因命公来受学。(梅英杰:《胡文忠公年谱》卷一,第 12 页,梅氏抱冰堂刊,己巳三月。)

读手书,知不以兄言为谬,且肯尽力研究史学。闻之快甚。惟读史第一须有判断,第二须有抉择,判断所以定古人之优劣、古事之正否,详察当日之情形,扫去陈腐之议论,而后判断斯不误。抉择所以定史书之价值,盖史书甚多,而皆各就本人之见解以发挥。或失之偏,自所难免。非加抉择,易为人欺。至《史记》一书,有敏锐之眼光,具高超之玄想,文笔又极其变幻,不可捉摸,并足以鼓荡人之志气。彼蓄其郁勃之气,借此一泄,宜乎磅礴广大,非余子所可望尘以及者也。宜细玩之,宜细玩之。(《致保弟　二月十四日》,胡遂等整理标点:《胡林翼集》〈二〉,第 1 030 页,岳麓书社 1999 年版。)

今之风化,每况愈下。朝多谄谀之臣,野有钻营之举。士不悦学,教失其绪。正有贼民兴，丧无日之叹。盖士习为民风之本，文章亦道德之华。世变循生。所以维礼教于不衰，扶廉耻于既敝者，皆赖读书明道之功。文教昌明，则士气蒸蒸日上，风俗所由纯焉。

夫士先器识而后文艺，固不徒以宏博争长。然穷义理之精微，考古今之事变，所为文章，可通政事。使非预养于平时，胡能致用于一朝？弟等强毅有为，幸努力于学，勿为世习所化，而反有以树乡里之先声也。（《致枫弟等　十月初五日》，胡遂等整理标点：《胡林翼集》〈二〉，第 1 031 页，岳麓书社 1999 年版。）

道光十五年（乙未，1835）林翼 24 岁

玉峰先生讣至京，詹事公悲痛欲绝。正月，乃遣公南归祭奠，兼应乡试。四月抵长沙……六月，学使龚公维琳按临长沙，公取入县学。八月，举行恩科，应本省乡试……中式第四十名举人。（梅英杰：《胡文忠公年谱》卷一，第 12 页，梅氏抱冰堂刊，己巳三月。）

此次乡试，恭逢皇太后万寿恩科，男幸中式第四十名举人，房师为零陵县知县蒲圻但公文恭，座师为刑部直隶司郎中固始王公庭兰、翰林院修撰吴县吴公钟骏。叔父墨溪公亦中副车。男自知学力不及，侥幸成名，殊深惭惶。以后益当黾勉读书，以副大人期望之殷。（《道光十五年九月十四日呈父达源公》，胡遂等整理标点：《胡林翼集》〈二〉，第 1 032 页，岳麓书社 1999 年版。）

道光十六年（丙申，1836）林翼 25 岁

正月甲午自江宁启程，二月壬戌至京应礼部试。总裁为内阁学士清苑王公植、工部侍郎山阴吴公杰、协办大学士蒲城王公鼎、东阁大学士吴县潘公世恩。……中式第七十四名进士，殿试二甲第二十九名，朝考入选第九名，改翰林院庶吉士。（梅英杰：《胡文忠公年谱》卷一，第 13 页，梅氏抱冰堂刊，己巳三月。）

道光十七年（丁酉，1837）林翼 26 岁

公独侍母汤太夫人居京。（梅英杰：《胡文忠公年谱》卷一，第 14 页，梅氏抱冰堂刊，己巳三月。）

道光十八年(戊戌,1838)林翼 27 岁

左公宗棠会试至京,主铁门周扬之华甫家。公与游处极欢。(梅英杰:《胡文忠公年谱》卷一,第 14 页,梅氏抱冰堂刊,己巳三月。)

春正自汉口北行……至京,主铁门周华甫扬之家。

别四十载不得一见。回忆金台聚首,故交如樾乔、华甫、霖生、润芝与先生及不肖数人跌宕风流,未堪覆按。(《左宗棠己卯与郑小珊书》,罗正钧:《左文襄公年谱》卷一,湘阴左氏校刊本,光绪丁酉。)

书中以农人胜于鄂抚。此事颇难言。总之,林翼知公在铁门之时,是公一生真知己,公知林翼否耶?(《湘阴左氏藏胡林翼丙辰致左宗棠》,罗正钧:《左文襄公年谱》卷一,湘阴左氏校刊本,光绪丁酉。)

林翼之先人,与先生之先贤交最厚,林翼与先生风雨联床,彻夜谈古今大政,前后十余年。(《致左宗棠　咸丰二年》,胡遂等整理标点:《胡林翼集》〈二〉,第 75 页,岳麓书社 1999 年版。)

四月,……散馆考列一等第八名,授职编修。(梅英杰:《胡文忠公年谱》卷一,第 14 页,梅氏抱冰堂刊,己巳三月。)

道光十九年(己亥,1839)林翼 28 岁

二月大考翰詹,公列二等。……十一月,充国史馆编修。……陶文毅卒于江宁,公仓促出京吊唁,十日而返。(梅英杰:《胡文忠公年谱》卷一,第 14 页,梅氏抱冰堂刊,己巳三月。)

道光二十年(庚子,1840)林翼 29 岁

三月会试,荷蒙天恩派充会试同考官。榜揭晓后,得周镇南、黄梦菊、方奎炯、王沆、崔洲、刘宝楠、孙晋墀、郑芳阑、安镔、魏睦庭、熊灿奎、王衡、崇亮、梁国珍等十四人,文章均有根柢,迥异时流。为国得士,男甚欣喜。大人闻之,想亦欣喜也。(《呈父达源公　四月十五日》,胡遂等整理标点:《胡林翼集》〈二〉,第 1 034 页,岳麓书社 1999 年版。)

六月,命充江南乡试副考官,与正考官户部侍郎满洲文端公文庆偕行。……八月二日抵江宁贡院……及入闱而文庆公病不能兴,公竭三十余昼夜之力,独阅一万四千余卷,得士泾县朱荣实秋园等百十七人,备极劳瘁。以闱卷下江误注上字,致安徽溢额一名,自请处分,因降三级。十二日迎銮于黄新庄,复命即日回京。十二月,以失察正考官文庆携带举人熊少牧入闱阅卷,降一级调用。(梅英杰:《胡文忠公年谱》卷一,第15页,梅氏抱冰堂刊,己巳三月。)

道光二十一年(辛丑,1841)林翼30岁

五月二十五日,詹事公卒。……八月,扶柩自潞河南旋。(梅英杰:《胡文忠公年谱》卷一,第16页,梅氏抱冰堂刊,己巳三月。)

道光二十二年(壬寅,1842)林翼31岁

公奉汤太夫人侨居长沙。(梅英杰:《胡文忠公年谱》卷一,第16页,梅氏抱冰堂刊,己巳三月。)

道光二十三年(癸卯,1843)林翼32岁

先是,陶文毅卒,其子桄方七岁。公与贺先生熙龄谋所以辅翼之,乃聘左公宗棠为之课读,而乡里有欺其孤弱者。二月,公赴小淹就左公区划其家事,贺先生熙龄亦至。……八月,服阕,座师潘文恭公世恩属门人刘宝枬寓书劝公出,公以母老辞。(梅英杰:《胡文忠公年谱》卷一,第17页,梅氏抱冰堂刊,己巳三月。)

道光二十四年(甲辰,1844)林翼33岁

督保翼……诸弟读书紫筠园。(梅英杰:《胡文忠公年谱》卷一,第18页,梅氏抱冰堂刊,己巳三月。)

道光二十五年(乙巳,1845)林翼34岁

赴小淹唁陶文毅夫人之丧,与左公宗棠晤谈十日乃别。

十二月,湘抚致书币请主湘阴仰高书院……而两淮都运使但公明伦岁末遣使赍书促公出山,且力任捐复之费。公意未决。会座师潘公世恩、王公植暨林公则徐、沔阳陆公建瀛皆以书见招。公于是幡然改图,遂却湘阴之聘。(梅英杰:《胡文忠公年谱》卷一,第20页,梅氏抱冰堂刊,己巳三月。)

"陕西抚军闽县林文忠公、安徽抚军王公植、两江制军沔阳陆公建瀛、两淮都转但公明伦及各知交节次寓书"胡林翼,"谓其才堪济世,不宜自甘遐逸"。(夏先范编《胡文忠公年谱》,《胡文忠公遗集》第15页,同治五年十月重刊本。)

道光二十六年(丙午,1846)林翼35岁

二月,与从弟保翼同赴扬州,馆但公明伦署中,以捐事不谐,拟入京仍补中书。……五月己卯,启行入京,主郑公敦谨小珊家。

六月,援陕西捐输例报捐知府,分发贵州。……冬十二月辛未,出京仍取道扬州。(梅英杰:《胡文忠公年谱》卷一,第21页,梅氏抱冰堂刊,己巳三月。)

六月,由陕西捐输案内报捐内阁中书,并捐升知府,分发贵州补用。林文忠公专折奏办也。(夏先范编:《胡文忠公年谱》,《胡文忠公遗集》,第16页,同治五年十月重刊本。)

道光二十七年(丁未,1847)林翼36岁

三月回籍。将入黔,告先人墓,誓不以一钱肥家。四月,携眷起程。堂弟保翼以府经历随行。六月抵省。十一月委署安顺府事。(夏先范编:《胡文忠公年谱》,《胡文忠公遗集》,第16页,同治五年十月重刊本。)

别来诸弟谅皆康健。兄与保翼到省已久,一切幸皆安适。黔本为先严持节地,兄亦曾淹留多时,风俗夙所习闻。天下官方日趋于坏。输金为吏者,类皆择其地之善者,以为自肥计。黔,硗瘠之所,边僻之境也,为人所掉首而不顾者。然兄独有取于黔者,诚以黔之官吏尚能奉上以礼不以货,以礼则知自重,不以货则知恤民,而治理庶几可冀。

兄初为政,遇贫瘠之土,当可以保清白风,而不致负国。当兄之将入黔也,曾躬至先人墓,誓必竭其赤忱,恪恭将事,以报知遇。苟有以一钱肥家者,神明殛之。耿耿此心,度亦为诸弟所鉴及者。惟取之焉廉,则其用之焉亦不得不靳。诸弟幸努力治事,勿谓阿兄已做官,用途不妨阔绰也。(《道光二十七年十月初八日,致枫弟敏弟仪弟翼弟》,胡遂等整理标点:《胡林翼集》〈二〉,第1 037页,岳麓书社1999年版。)

一、贵州知府有自理地方,则词讼案件首当尽心。尽心之道,莫如使蠹役无所藉手。拟放告日当堂收呈,或准或驳,即时批明榜示。已准者具呈时两造均到,即谕令批呈事毕,本日即为讯结,无庸差唤。

一、被告未到,查非显然犯法,不致逃匿之案,即于呈尾批令中证,约邻转饬被告,定于某日某时自行赴质,以免差传。并声明逾限不到,立即差传。原告不到，即行销案。

一、必须差唤之案，分别道里远近，人数多寡，事由难易，限以到案日期。收呈之日，即时出票签差，词讼案件，一票一差。逾限不到，将差分别惩处，仍自立号簿，每日稽查。

一、中证不干紧要，即行删除名姓，仍标明某某不必到案字样，于差票中总求少唤一人，即可保全一家。中证有未尽到而案情已无遁饰，可结即结，不使拖延。至呈词已准者，克期必审，不准和息。

一、差票内拟粘连章程数条，如不准锁链、不准私押人证、多带白役等弊，使乡愚一目了然，则棍蠹之恐喝讹索，庶可少戢。人到，不问何时，立即禀明，不得在外羁押，致滋勒索，且免在城讼师，代为设法。如差人不如限到城，及到城不即禀到者，如何尽法惩差，准被害人鸣锣喊禀，或当堂面禀，即能明察无遗。

一、贵州白役最多，石阡一府最僻最瘠，白役尚数千人，此外各府已可概见。似可约留十余人及数十人，并榜示乡城，载明榜上无名，均非官役。留者签分名次，以次差遣。仍令五人互结，取具连环保状，以免逃匿。其裁汰之散役。不致别滋事端否？有紧要大案须差之时，不致为差役所动摇否？

一、命案之扰害闾阎，其祸尤烈。拟命案到后，即刻查问初供，不分风雨早暮，带仵作、刑书、皂役各一名，轿夫四名，马一匹，路远或被褥及盐菜饭食一肩，近则删去。共不得逾十名，每名自发饭食钱文，家人差役一概不带，一切陋规概行禁除。所带夫役、仵作即随身傍，可免在外滋弊。凶手饬差同乡，约邻证拿送，酌量优赏；自尽及希图拖累之案，酌予惩处，似于地方可免滋扰。惟缉拿凶手，如何而能迅速无误程限，尚须随地审察。

一、盗案与其用捕不如用民。捕利盗之财，则匿之唯恐不深；民恶盗之害，则除之唯恐不尽。然民恨贼而每畏贼，非畏贼也，畏官耳。送贼需费，又不即理，苛求细故，问拟擅杀擅伤制缚诸法。

……

以上各条，皆入仕浅陋之说。总之，勤快耐烦，而民之枉费钱文者必少。或疑如此，则烦难琐碎。不知官果能刻刻以惩蠹爱民为念，则期月之后，狱讼自然少息。烦难琐碎，正以求简便法门耳。愚昧无知，伏乞分条训诲，永为遵守。(《致但明伦十二则》，胡遂等整理标点:《胡林翼集》〈二〉，第5页，岳麓书社1999年版。)

道光二十八年(戊申，1848)林翼37岁

尝言治盗之法，与其用捕，不如用民。故任事一年，前后擒巨盗二百余名，一郡肃然，盗贼衰息。(梅英杰:《胡文忠公年谱》卷一，第22页，梅氏抱冰堂刊，己巳三月。)

在安顺杀盗二百余人，至今城乡百姓为侄立生祠十余处。《己酉七月上季父默希公书》，(梅英杰:《胡文忠公年谱》卷一，第22页，梅氏抱冰堂刊，己巳三月。)

公以为狱讼繁兴，皆由于官不事事，不肖者更与胥吏择肥而噬。则一人投状，十家破产。欲免讼累，非弊绝风清不可。于是日坐堂皇，严定程课，讼牒至立与剖断，榜示通衢。故门无私谒，案无宿牍。又清积案至三百余起。人自以为不冤。

倡立义学十数区，采访节孝八百余人，汇案请旌。安顺二百年有司详报节孝自公始也。(梅英杰:《胡文忠公年谱》卷一，第22—23页，梅氏抱冰堂刊，己巳三月。)

道光二十九年(己酉，1849)林翼38岁

安顺府篆，业已交卸清楚。(《三月初五日，致枫弟》，胡遂等整理标点:《胡林翼集》〈二〉，第1 049页，岳麓书社1999年版。)

镇府昨晚到，今晨接篆。(《闰四月初六日，致枫弟》，胡遂等整理标点:《胡林翼集》〈二〉，第1 050页，岳麓书社1999年版。)

照得近来盗贼繁多，肆行剽劫，善良受害，闾阎不安，实本府一人之过，深以为恨。本府立志除暴，必当杀贼保民。惟是贼踪靡定，兵役巡缉难周，与其拘成法而缓不济急，不如藉民力而先事预防。兹特酌定团练简便章程，官不惜费，事不扰民，逐条开列于左。

一、内盗宜清也。乡村堡寨，周围二三十里，作为一团。一团之中，公举正派绅耆二人，作为团总；公举强干晓事八人，作为头人(苗寨中苗民，亦照此例办理)，董司捕务。其团总、头人及各户姓名，均注明印簿。如一团中有窝户引线，及交结匪类、平日为盗之人，该团长、头人即先捆送到官。送官之后，审系真正盗犯，必当尽法惩治，有死无生，以免报复尔等之患。如或诬攀，尔等送盗之人，一概不究。即使尔等从前胁从为盗，只要此时能将盗匪捆送，本府亦不追究，以免攀累尔等之苦。经此次晓谕之后，如尔等再为包庇隐容，事发，即以窝盗论。

一、外盗宜捕也。凡盗匪入境，本团放信炮一声，各户齐执器械御盗，并先派定人户，于要隘处所，用火器乱石抛打，仍四面协同追赶。其左右前后各四团邻寨闻信后，接放信炮，均各执器械扑救，并派定人户，于要隘处所，用火器乱石抛打，仍四面协同追赶。如保护得宜，尽心竭力，官长于得信后，驰往看验，每团犒牛一只，酒五十斤。如有坐视不救，或无故惊扰，必当严办。

一、赏罚宜明也。……

一、守望宜严也。……

一、私派宜禁也。……

一、私仇宜禁也。……

一、路径宜清也。……

一、防范宜周也。……

以上各条简便易行。今本府不惜数千金之资财力为此举者，只因盗贼之扰害为可恨耳。尔乡村堡寨绅衿民苗中，公正善良者，忍不急为办理，保尔身家，全尔妻子，以体本府一片苦心乎！以民卫民，有备无患，实有厚望焉。(《镇远团练章程谕》，胡遂等整理标点:《胡林翼集》〈二〉，第 1 050 页，岳麓书社 1999 年版。)

通计在任四月，获盗几二百名……八月卸事回省，十月充武乡试监试官。十二月，奉札委带兵严拿革夷等处苗匪……二十九日同委员束装起行。(夏先范编:《胡文忠公年谱》，《胡文忠公遗集》，第 18 页。同治五年十月重刊本。)

三月丙子卸安顺篆，闰四月委署镇远府知府……会知府朱逢辛乞回本任，八月庚寅，公遂交卸还省。十月充武乡试监试官。未几，黄平巨盗抱禾等聚劫云贵，公车事闻，有诏诘责。十二月壬辰，乔公遂檄公督兵往剿。

(梅英杰:《胡文忠公年谱》卷一,第 25 页,梅氏抱冰堂刊,己巳三月。)

弟于革夷、山丙之事,上年闰四月署事,至八月交卸,画图将及百幅,考证察访将盈百人,故于要隘之处,险僻之区,土人所不悉者,弟已尽知之。正月初六日约期而会,分布周匝,实已得其要领,然犹不免窜逸也,犹不免旷日持久也。(《致魏将侯》,胡遂等整理标点:《胡林翼集》〈二〉,第 23 页,岳麓书社 1999 年版。)

道光二十九年十二月晦日,率师讨苗匪,用兵千七百人,营于险要,令其毋擅动,毋挑战。用革夷附近之团练万七千人,环而集之,捣其巢穴,复以计诱之。赖同事文武士民之力,得盗颇多。卑府于二月十七日,又往黎平堵楚匪矣。(《启陈剿盗十三条》,胡遂等整理标点:《胡林翼集》〈二〉,第 107 页,岳麓书社 1999 年版。)

道光三十年(庚戌,1850)林翼 39 岁

正月己亥,抵黄平之岩门司,地方文武官率营兵一千七百余名、屯兵苗兵一万七千人先后至。公分布督率……生擒匪首抱禾等二百九十八名,阵斩顽抗者无算。……计凡一月而事竣。论功得旨留贵州以知府不论繁简,遇缺即补,并赏花翎。

会湖南奸民李沅发作乱,戕官据城。大府以黎平界连湘粤,虑匪窜入,亟命公率兵练驰往防堵。二月庚辰,公自黄平启行,癸未进驻黎平,追逐股匪至广西古宜,驻营堵御,捕斩有差。巡抚上其功,得旨以道员用。(梅英杰:《胡文忠公年谱》卷一,第 26—28 页,梅氏抱冰堂刊,己巳三月。)

弟于二十日到黎平,其时贼扰于外,兵哗于内,言利则勇,赴敌则怯。欲安内乎? 欲攘外乎? 祸患之萌,不仅御侮之难也。幸贼于二十三日窜出,而兵亦渐定。即此可见不教之兵,将有不戢自焚之势,遑问杀敌致果耶? 此时贼去渐远,而兵不能撤,糜国帑而误农功,即楚匪一事,而官民已焦烂不堪,若再言用兵,则兵连祸结,将无了时。(《致魏将侯》,胡遂等整理标点:《胡林翼集》〈二〉,第 22 页,岳麓书社 1999 年版。)

……是时,文宗新即位,诏大臣举司道以下可大任者,云贵总督程矞采、贵州巡抚乔用迁皆以公名应。得旨:迅速来京,送部引见。乔公以边防事亟,奏请缓期。然自是公之官声上彻宸听。凡滇黔大小臣工入见者,文宗辄垂询及之。

九月，委署思南府知府。

十二月，补授黎平府知府。（梅英杰：《胡文忠公年谱》卷一，第26—28页，梅氏抱冰堂刊，己巳三月。）

咸丰元年（辛亥，1851）林翼40岁

六月辛未，交卸思南府事。定计请咨入京。大府以广西寇棘，亟饬公回本任。以七月庚子抵黎平受印。

……公以为欲清内匪，莫如保甲，欲御外寇，莫如团练。乃严订条约，实力举行。

……公又以差役营兵窳惰不堪用，乃自练壮勇百名，效明参将沈希仪、嘉庆时傅鼐因间雕剿之法，分巡游徼。

……行之半年，士民用命，凡获盗三百余人，办团一千五百余寨，设卡栅四百五十余座。每卡派民夫四名至二十名，分班轮守。督委员互相稽核，周而复始。盗首黄浪子等次第翦除。于是，椎结左衽之伦始见天日。（梅英杰：《胡文忠公年谱》卷一，第29页，梅氏抱冰堂刊，己巳三月。）

六月，交卸思南府事，补授黎平府知府。（夏先范编：《胡文忠公年谱》，《胡文忠公遗集》，第21页，同治五年十月重刊本。）

兄现已卸思南府事，来署黎平。（胡遂等整理标点：《四月初五日致鹫弟》，《胡林翼集》〈二〉，第1 056页，岳麓书社1999年版。）

咸丰二年（壬子，1852）林翼41岁

旧练百五十名，酌留四十名，巡缉东、西、北三路各寨各卡，仍派绅士家丁管领巡捕，其支放照旧每月四千文。

一、拨旧练一百十名，新练百六十名，均精悍跳荡之卒，交委员韩超管带。每七人为一行，设行长一人。十五人为一队，设队长一人。棉絮挡牌居前，长矛刀手继之，四十五人为一哨，设哨长一人。散丁每月四千，行长每月五千，队长六千，哨长七千。以其技艺人才之高下，随时升降。黔地高者为山隘，平者为田塍，不能大队，以雁阵为宜。

一、委员韩超所管练勇，分三十余人，专操抬炮、抬枪，另为行队。近日武营陋习，恃火器而不练杀手，遇凶狡冲杀之贼，火器不能之地，即束手待毙，抛弃军械，粤军之挫，半系于此。兵以火器强，亦以火器弱矣。至练勇之数，似不宜多，精而不多，一以当百；多而不精，百不当一。目前之过于靡费，事后之难于安插，更无论矣。

一、靠头为水路第一门户，日前道守巡查，面饬中河设木挡混江龙，用小船排于关口，以便稽查，另造八桨、六桨小船二十只，以便巡哨，且亦可资转运，其水手比守堡夫役加增二十文。现已督办如式。

一、黎平、永从巡哨兵丁，系职分应为之事，然营中旧规，每有差遣，均给盘费，该营公项无出，难于持久，每名拟酌给五分；领兵千、把，酌给一钱；都、守酌给三钱，以示体恤。缓急行止，随时与营员妥商酌办，以期实济。

一、委员月给盘费银二十两，委员家丁三名，每名月给钱三千文。

一、绅士总司者，月给盘费银八两，绅士跟役，每名月给钱二千四百文。

一、绅士所司稍次者，月给银四两。（《兵练支放操练章程》，胡遂等整理标点：《胡林翼集》〈二〉，第41页，岳麓书社1999年版。）

卑府到任以来，所招练勇百人，每月每人四千，若以之冲杀巨寇，尚嫌不足，现须广为招雇。前此尚能勉强自捐，此时亦惟望宪帑接济，伏乞筹度经费，多为颁发，随时接济。云霓在望，日夜以思。卑府两次办理军务，其是否浮冒，是否俭约，必蒙访察。此心如昔，尚乞鉴之。（《致吕佺孙》，胡遂等整理标点：《胡林翼集》〈二〉，第48页，岳麓书社1999年版。）

其时，锦屏之四湾、永从之大年均有匪阑入，公亟合练勇捕逐，斩获有差。自是外寇不入，境内晏然。

州判韩超者五十余，熟精戚继光之书，佐公督练三载。

……当是时，湘粤告警。文宗已命大学士赛尚阿公为钦差大臣出视师，又诏湖广总督程矞采行边驻衡州。公三上书程公，陈兵势，并举衡湘之士七人以备任使，程公不能用，而寇已陷全州……

七月，铜山张公亮基自云南移抚湖南，奏调公襄办军务，报允。而贵州巡抚蒋蔚远以士民失望，关系非轻，事关全省大局入告，乞留公。旋奉谕毋庸调往。

……十月，交卸黎平府篆。……大府遂命公总边防督兵进剿……十一月乙丑，由黎平率练勇二百名启行……（梅英杰：《胡文忠公年谱》卷一，第

34 页,梅氏抱冰堂刊,己巳三月。)

咸丰三年(癸丑,1853)林翼 42 岁

林翼捕盗一月有余,各属报获已逾百人,而逋者尚多,拟再亲往督缉,总局审局,仍设于潕中。黎平二年,搰搰然用力良苦。其地士民醇谨,不刁不诈不淫矣,实为黔中诸郡之冠,但嫌稍弱耳。一年以来,训练武事,颇改旧习。到黔七年,四握郡符。黎平颇尽力,安顺次之,镇远只四月,斯下矣。思南八月最逸,又最有余,无甚新政。德慧术知,视其操心如何耳。(《致左宗棠正月初二日》,胡遂等整理标点:《胡林翼集》〈二〉,第 79 页,岳麓书社 1999 年版。)

顷得手谕,拳拳告语,不啻再三。人非木石,能不感泣! 惟侄自到黔以来,渥蒙赏鉴,何忍不竭力以酬知己! 无如病症日增,下血如注,精力颓败,不能支持。且自到黔以来,直率疏狂,不通世故,不与时谐,谗间之言,成于市虎。如前日锦屏,团长带练追贼于四湾被伤,硬说锦屏被劫,且说锦屏城内徐姓被劫。练勇越境杀贼,硬说练勇行劫。公然形之禀牍,以致大宪疑虑,批饬密查,而省中流言,无日无时不以黎平为谣诼。其离奇惝恍之状,一日千态。大宪虽不为其所惑而不能,即大宪意欲保全,众口难调,大宪其若之何? 看此情形,必不欲使安其位,使大宪疑我,使我负大宪,使大宪无可如何,然后快于心也。语云:"千人所指,无疾而死。"此之谓矣。大府恩眷,岂不知感! 士为知己,即捐糜亦所不惜。虽然,色斯举矣! 后时者败,惟受知之深,则此身不得不私为己有。

来谕拳拳,恩谊良厚,惟立志已决,病状日增,无可如何! 他年身健,尚可报恩。两院前乞据情禀陈口述,倩人代书,不尽依依。(《致周观察》,胡遂等整理标点:《胡林翼集》〈二〉,第 127 页,岳麓书社 1999 年版。)

总之,八年黔中,险阻备尝。握印不满四年,带兵将及三年,犬马之力惫矣。然终以小人目我,又何乐久为此小人哉? 去志已决,万不可回。一切细情,嫌于忿激,不必言之于上,唯求去甚坚,且不逾十一月初旬,此情乞随时代陈。如日后得犯,即亲送平越,并专人送臬宪回省,给咨亦去,不给咨亦去。弟因镇远考试,须移居避之,已舣舟束行李矣。(《致曹兴仁 咸丰三年》,胡遂等整理标点:《胡林翼集》〈二〉,第 124 页,岳麓书社 1999

年版。)

三厅向多壮士,有真实不怕死之人否? 林翼欲纠集二三千人,为勤王之师,然招募难,支给亦难,如实在有人可募,并绅士内有人才可任将者,拟回楚后设法招致,即赴吴、楚剿贼。但"不怕死"三字,言之易而行之实难,非真有胆有良心者不可,仅以客气为之,一败即挫矣。林翼之志如此,未知能如所愿否? (《致但文恭二则》,胡遂等整理标点:《胡林翼集》〈二〉,第 128 页,岳麓书社 1999 年版。)

二月,粤寇弃武昌东下,陷江宁据之,遂迭陷镇江、扬州。湖广总督张公亮基复与湖北巡抚骆秉章合疏调公赴鄂。文宗以公习黔事,调往他省,转恐人地未宜,不允行。

……十一月,请咨入京不许。会御史王发桂疏荐公才识过人,可畀重任。且云闻已由黔送部引见,计时行抵楚疆。若蒙饬留湖北带兵剿贼,可期得力。报允。而湖广总督吴公文镕亦奏调公率黔勇赴援。

十二月庚辰,公率练勇三百人奉汤太夫人自镇远启行,是为公规划东南之始。(梅英杰:《胡文忠公年谱》卷一,第 36—43 页,梅氏抱冰堂刊,己巳三月。)

近因粤匪弃武昌,下金陵,掠江西,往来无定,有类流寇。湖广吴帅奏调兄入鄂办事,帮理军务。兄待旨意一下,即日带领黔勇数百人径往湖北,不再回里。(《咸丰三年十月初七日致枫弟》,胡遂等整理标点:《胡林翼集》〈二〉,第 1 064 页,岳麓书社 1999 年版。)

咸丰四年(甲寅,1854)林翼 43 岁

正月,舟次龙阳县属之酉港,季父默希先生率棐翼冒风雪来视。遣人送汤太夫人暨眷属回益阳里第,而自率黔勇六百人赴援。

己未,行至簰洲,闻吴文节文镕战殁黄州,寇上窜汉口。湖北按察使唐公树义方治水军金口,遂往会师。公见唐军无纪律,亟移船上流。癸亥,唐公军溃,发愤赴水死。公往经纪其丧,买舟遣其子护榇还黔……二月,公补授贵东道。(梅英杰:《胡文忠公年谱》卷二,第 1 页,梅氏抱冰堂刊,己巳三月。)

再贵州黎平府知府升用道胡林翼前经督臣吴文镕奏调湖北差遣,该员自带练勇六百名，由黔赴鄂，于正月下旬驰抵金口，适值黄州师溃，贼船上窜，该员所募黔勇系山民，不习水战，又兼无饷无夫无火药锅帐不能前进。迭据该员具禀南抚臣暨臣行营请支给口粮军械在案，臣与抚臣函商派员解送火药帐棚，拨银二千两往资接济。臣拟先遣陆勇与该员会合援鄂，又值贼匪窜扰岳州、湘阴，道路阻隔，委员仍行折回。臣思岳州一带既被贼扰，自当先攻克岳州，不使南北梗塞，方能全师东下。现拟札饬该员暂驻岳州附近地方，臣迅即东下与该员督勇先行会剿。（曾国藩：《留胡林翼黔勇会剿片　咸丰四年二月十五日》，《曾文正公全集·奏稿》卷二，第37页，传忠书局，光绪丙子。）

（骆秉章）又奏：饬委贵州修补道胡林翼在楚南剿贼。批：胡林翼著暂留湖南，俟岳州府收复后，即行饬令速赴湖北，或至武昌，或至台涌军营。（咸丰四年三月辛丑）（《清文宗实录》卷一二三，第122页。）

曾帅初二日（咸丰四年四月——引者注）靖港挫衄，饬林翼自平江回援，初九到省，驻妙高峰。（胡林翼家书。转引自梅英杰：《胡文忠公年谱》卷二，第3页，梅氏抱冰堂刊，己巳三月。）

（咸丰四年六月辛卯）以贵州贵东道胡林翼为四川按察使。（《清文宗实录》卷一三四，第378页。）

时武昌复陷，公拜四川按察使，仍命留湖南治军。（梅英杰：《胡文忠公年谱》卷二，第3页，梅氏抱冰堂刊，己巳三月。）

再新授四川按察使胡林翼系前督臣吴文镕奏调赴鄂之员，因道途梗阻，经臣国藩及抚臣骆秉章先后奏留湖南委办军务。该臬司胆识绝人，威望夙著，所带黔勇六百余人前在贵州黎平府任内教练有素，屡著战功。本年剿办崇通股匪、安化土匪，又收复常德郡城，所至皆惬民望。现奉谕旨饬该臬司仍留湖南军营办理防剿事务，仰见圣虑周详无微弗至。惟南省现无贼踪，臣等正在出境剿贼，该臬司才大心细，为军中万不可少之员，相应请旨，饬令该臬司管带黔勇，酌拨他路兵勇自成一队，随同臣等东征，于大局必能有济。（曾国藩：《胡林翼罗泽南随同东征片　咸丰四年闰七月初九日》，《曾文正公全集·奏稿》卷三，第38页，传忠书局，光绪丙子。）

咸丰五年(乙卯,1855)林翼 44 岁

臣于二月初十日沌口行营接准督臣前抚臣饬知,正月十三日,内阁奉上谕:“湖北布政使着胡林翼补授。”兼准札饬,以北岸带勇防剿乏员接替,其藩司一缺,另委盐道常恩兼署。当即恭设香案,叩谢天恩。因道途梗塞,尚未专折赍奏。三月二十四日,准督臣咨开,三月初三日,内阁奉上谕:“湖北巡抚着胡林翼署理。”闻命之下,感悚难名。即于武昌营次望阙谢恩,接办巡抚事宜。(《恭谢天恩并附陈楚北吏治兵政疏　三月二十七日》,胡遂等整理标点:《胡林翼集》〈一〉,第 1 页,岳麓书社 1999 年版。)

三月二十四日,臣于武昌营次,接准督臣咨开,三月初三日奉上谕:“此时楚省贼势南北蔓延,几无着手,官文等分办合办,同系一事。大江以北,朕统以责之杨霈;荆州防守事宜,即责成官文布置;南岸攻剿事宜,责成胡林翼妥办。其如何互相援应,迅图肃清之处,该将军等务当熟计兼权,亦不能自分畛域也。”(《添募水陆二军分布南北岸克期进剿疏　三月二十七日》,胡遂等整理标点:《胡林翼集》〈一〉,第 1 页,岳麓书社 1999 年版。)

胡林翼坐困于金口、洪山一带,劳身焦思。不特无兵无饷,亦且无官无幕,自两司以至州县佐杂皆远隔北岸数百里外。一钱一粟皆亲作书函向人求贷,情词深痛,残破之余,十不一应。至发其益阳私家之谷以济军食。(曾国藩:《历陈胡林翼忠勤勋绩折》,《曾文正公全集·奏稿》卷一四,第 32 页,传忠书局,光绪二年。)

(八月)臣思内河宽不数丈,水师炮船,终虞贼焚,不能久泊,且汉阳之攻战方紧,而金口之警报旋来。臣若全军赴援,则北岸皆为贼有;欲分军回救,则两岸皆觉兵单。兼顾无力,焦灼实深。即于初四日由汉阳退二十里驻蔡家岭,以期转扼蔡甸,以待北师。而臣营勇粮已积欠至八九十日不等,屡催饷船未到,支绌万分,因于奓山扼要安营,而各勇嗷嗷待哺。连月以来,不特银钱久停支发,即薪米亦甚艰难。初八日,贼以大股分七八路围扑,臣营各勇竟以无粮不肯出队。臣激以大义,督令出师,强而后可,心终不固。逆匪以数千抄后,大众散走。(《陈奏分防金口及回剿奓山勇丁先后溃散现在迅派将弁收集整理以求补救疏　八月十二日》,胡遂等整理标点:《胡林翼集》〈一〉,第 34 页,岳麓书社 1999 年版。)

八月壬辰，自将四千人渡江，思合水师取汉阳，不能进，屯奓山。戊戌，寇至，林翼督军出。士卒要饷出怨言，强之战，未交绥，噪而大奔。林翼愤甚，索马欲赴敌死。圉人见巡抚意色恶，反旋马四五转，向空野乃鞭之，马驰不能止，临江，乃遇鲍超船。（王闿运：《湘军志》第30页，岳麓书社1983年版。）

惜乎以苦心挑练之勇，一溃于金口，再溃于奓山，十去其三，又从而汰之，今日不能如前之强矣。……近日之乞饷，羽檄交驰，非得已也。能保九月、十月无亏，乃有望。过此更难，他省亦不能给也。（《致郑兰　九月》，胡遂等整理标点：《胡林翼集》〈二〉，第135页，岳麓书社1999年版。）

罗山方伯之师已到，林翼派兵到蒲圻迎战。或言只此三千九百人，不宜先进。然我是主人，尽以难事诿之客兵，非也，且廉耻安在？成败利钝，古之贤者尚不能逆睹，胜当战，败亦当战也。……若此二月之中，藉罗山及塔公之宝勇，以次攻复武汉，则鄂事犹可为。若罗山因饷绌而顿兵，或水师因饷绌而不能进，即进矣，又不能久驻危地，则日久更难为谋；即武乡之兵机，纯阳之点化，亦嫌后时矣。（《致郑兰　九月》，胡遂等整理标点：《胡林翼集》〈二〉，第135页，岳麓书社1999年版。）

咸丰六年（丙辰，1856）林翼45岁

窃臣于八月初七日追剿逆贼石达开，旋即攻城未下，徒伤精锐。因添募陆勇五千，添建水师六营，水师护军四营，为长围坐困之计。……其臣胡林翼五里墩之营，与李续宾洪山之营，继长增高，日加深浚，其鲁家巷之濠垒，高深各二丈余……贼之米粮既断，信息难通，直至十月十五日渐以饥疲……

……臣官文侦知贼势实已穷蹙，咨会臣等水陆克期大举，臣与臣杨载福、李续宾即定水陆合剿之计。于二十二日辰刻，水师则上下夹攻，以六营自上下击，而以杨明万之大战舰为先锋；以七营自下上击，而以周清元之大战舰为先锋，臣杨载福自行督阵指挥。

是日，大风扬沙，波涛汹涌。水师乘风破浪，左右轰击，将贼之拦江铁锁斫毁，其剩存战船逐一烧毁，片帆不存。贼计已穷，贼饥实甚，乃于巳刻洞开各门：一股由塘角扑青山之营，张寅恭率各营御之；一股由花园扑石埔之营，张荣贵率荣字左、右两营御之，周瑞率安勇横抄之；一股由八步街绕出五里墩大营，臣令同知邢高魁与游击叶永泰率训导李景湖、邹汉章、都司杨德武、都司衔金殿安五营御之；一股由长虹桥直扑五里墩大营，臣令守备胡达萼、徐统恩、把总唐飞舞、何庆先、县丞丁锐义五营御之；一股由小龟山扑洪山之右；一股由赛湖堤扑洪山之左；一股由东岳庙扑洪山之前。李续宾以参将周宽世率湘后营、训导蒋泽沄率湘中营、参将朱品隆率湘前营剿右路；以国子监典簿蒋凝学率湘左营、游击何绍彩率正仁营剿左路；以游击胡裕发率湘副左营，随李续宾自带之湘右营剿前路；以参领富新率马队百名，又飞调鲁家巷两营及东南两湖水师以为策应，待其逼近，始突起击之。鏖战约三时之久，士气奋厉，贼始大败狂奔。诸勇乘胜猛追，午时入城，沿街纵杀，火焰腾空，血流遍地，杀毙、溺毙、烧毙约一万余名。……

上谕："胡林翼奏官军克复武昌省城由八百里驰奏一折，此股逆贼，负隅日久，经胡林翼激励将士，前后数十战，无不克捷，遂将该城克复。逆众被歼净尽，办理极为得手，自应立沛恩施，以昭懋赏。胡林翼着补授湖北巡抚，并赏给头品顶戴。"(《奏陈官兵克复武昌并分兵迅取武昌县兴国州大冶县等处事宜疏　六年十一月二十三日》，胡遂等整理标点：《胡林翼集》〈一〉，第 182 页，岳麓书社 1999 年版。)

如分兵遣将下剿，侍力尚能及此。本省之饷，不能筹十分之一，以岁饥民困，被扰太久，且太多也。大约本省之力，不过养勇七八千人，而刻下侍之水陆共二万余人，分剿分防，一时实难尽撤；马队不足二千，允推精劲，月须二万，其余本省兵若勇，尚二万余人。(战则不可恃，而滋事有余，乱萌方卜。)是以仅养八千之力而养五万人，奈何其不饥且困也。

……

武汉为荆襄之咽喉，荆襄为南北之关键。即如近日收复，则京铜京铅，亦可设法挽运。今日天下之大计，以保鄂为要，譬之斗者，一犯手而即扼其吭，则颠仆在即。然则武汉之必应设重镇无疑矣，廷议以为何如?

侍五月以来，疮痏遍身，不啻百孔。八月至今，痢症久延，日夜十余次，苦于口不言病耳。盖义不能言，且不忍言。缕缕奉告。(《致郑敦谨　十一月二十五日》，胡遂等整理标点：《胡林翼集》〈二〉，第 150 页，岳麓书社 1999

年版。)

方南北岸之分军也，督、抚未相见，将吏各有所统，颇构同异。官文以将军受任，拘予满、汉。论者复为林翼陈杨霈、崇纶故事，林翼叹曰："师克在和，此何时哉！"既渡江，见总督，下令僚属曰："督、抚相见，前事冰释，敢再言北岸将吏长短者，以造言论罪！"官文闻之，大欢。林翼又以盐厘月三千金充督府公费，两人约为兄弟，故军、政吏治皆林翼主稿，官文画行。有言巡抚权重者，一无所听，而巡抚亦谨事总督，推美受过。湖北富强基于此。(王闿运：《湘军志》第 35 页，岳麓书社 1983 年版。)

《庸庵文编》载："文忠素欲参劾者，文恭或荐之，得居要地。府中用财无訾省，不足则提军粮，耗费十余万金。"胡林翼"积不能平"，对阎敬铭说："方今筹粮如此艰难，而彼用如泥沙。进贤退不肖，大臣之责也，而彼动辄乖谬。今若不据实纠参，恐误封疆。"阎敬铭说："公误矣。夫本朝二百年中，不轻以汉人专司兵柄。"官文"以使相而握兵符，又隶旗籍，为朝廷所倚仗。每有大事，可借其言以得所请。……诚于天下事有济，即岁捐十数万金以供给之，未为失计。至其位置一二私人，可容者容之，不可容者则以事去之。彼意气素平，必无迕也。此等共事人，正求之不可必得者，公乃欲去之何耶"，况"督抚相劾，无论未必能胜，就使获胜，能保后来者必胜前人耶?"胡林翼听了"击案大喜"，"由是益与文恭交欢无间言"。"文恭有宠妾，拜胡太夫人为义母，两家往来益密。"(薛福成：《书益阳胡文忠公与辽阳官文恭公交欢事》，《庸庵全集·庸庵文编》卷四。)

咸丰七年(丁巳，1857)林翼 46 岁

臣查九江形势，西挹武昌，东引皖口，襟带中流，实吴楚之腰膂。对岸小池口，则九江贼所倚为唇齿者也。布政司衔记名臬司李续宾，率其湘军五千人，兼统臣标之仁字四营、护军四营、凯字一营，于六年十二月初九日陈师九江城下。其城北面临江，西则龙开河，贼以长城深濠围之，又环以炮台三处；南则甘棠湖，中隔新坝，而内外炮台与坝相接。其小东门则为白水湖，洲路则通梅家洲、湖口县。其大东门则通南昌、南康、临瑞之路。李续宾会同提臣杨载福，筹商水陆环攻之策，复曳运舢板于内湖以攻之。

自十二月十三日，更番攻城，阅六日夜不息。我军负薪填濠，城外之桩栅、竹签焚拔殆尽。各军士缘登二十余次，皆为炮石所阻。侦报梅家洲、湖口县贼援大至，因密饬各营，严整壁垒以待，并授以分合进止之略。二十九日二更，援贼抵八里坡。天明则城贼、援贼皆出，一由龙开河绕甘棠湖涸处渡港而来，约三四千人。李续宾令正仁营何绍彩、前仁营朱希广、左仁营黄胜日、右仁营何庆先，按阵以待。伺其渡港逾半，齐力击之。贼大败回窜，逼于港边，凫水而逸。李朝斌率内湖舢板拦坝轰之，毙贼六七百名。一由小东门而出，会合援贼列于八里坡，约六七千人，渐逼营外。李续宾令副左营胡裕发、奇右营赵克彰、护军右营彭友胜、护军前营万绥之击其前，而以湘左营蒋凝学、湘中营蒋泽沄、凯字左营杨得武由甘棠湖尾绕击，以湘后营周宽世、副右营李续焘绕出上八里坡击其尾，副都统衔参领富新率马队，李续宾自率湘右营并督湘前营朱品隆、护军左营刘连升、护军后营张复泰，潜由中路绕至上八里坡之下击其腰。自辰至未，鏖战四时。我军益奋，毙贼二百余名，阵擒伪将军刘松绸、伪旅帅徐天方等六名，老贼张群材等九十余名。其逼蹙淹毙于白水湖、甘棠湖及东门外湖港者，约数百名。夺获抬枪、鸟枪、刀矛、旗帜四百余件，马八匹。讯称逆首伪忠贞侯林启荣，以除日官军度岁，必无准备，因约会湖口援贼四面围扑，不意官军横截致败等语。此水陆环攻九江，并三十日迎剿援贼获胜之实在情形也。

北岸小池口与九江对峙，贼造新城已二年。城外筑垒浚濠，密排炮位。江宁将军臣都兴阿与署提臣杨载福会商，于正月初五日，水陆马步合力攻之。以副将衔参将鲍超之右营、后营，会同巴依尔呼兰之马队攻南门；鲍超之左营、前营，会同翼长多隆阿之马队攻东门；提督孔广顺饬王玉琳、方映川率其步军，营总巴克坦、萨林率其马队攻西门；鲍超独率其亲兵及其中营攻北门；都司石清吉、营总米雅明阿率步队、马队继之，都兴阿率参领喀尔库、都司喻吉三四路策应；水师则由江中轰击，以助声威而牵贼势；鲍超于三塘口先备茅柴，派长矛手六百负柴填濠，四面攻扑，同声并进，直造贼营。踏毁南路及北路土垒各一座、关卡一座、小垒无数。杀贼二千余名，逼水淹毙者无算；生擒伪元勋检点萧逆、伪指挥陈逆并老贼百余名；夺获骡马多匹，大炮十二尊，劈山炮三尊，抬枪、鸟枪八十杆，刀矛旗帜无算。马步乘胜直捣贼城，贼负隅死守，炮石如雨。仰攻逾时，日暮收队。

是役也，将军臣都兴阿督饬攻剿，士均用命，贼垒悉破，贼胆已寒。其鲍超一军，尤称勇敢。后营营官陶忠泰、右营营官陈德懋、前营营官黄庆与统将鲍超均带伤血战，不退一步。其哨官勇目阵亡、带伤二百五十余名。奋勇争先，裹创力战，无敢退却。此外马步各营及环攻九江各营伤亡兵勇，容再查明，分别赏恤。此正月初五日，马步合剿小池口，连破贼垒、贼卡，大获胜仗之实在情形也。

臣思南服之要，惟襄阳、荆州、武昌为最重，次则莫切于浔阳。明初陈友谅据此以扰鄂省，明臣刘基请力争江州，覆其巢穴，而江西、湖北各郡之贼，虽强亦败。盖九江未复，不仅南昌不安，亦湖广、江南之大患。我军即欲援剿皖、江、吴会，而其道无由，躐等而进，可偶试而不可经久。师行而米粮、军火均阻，亦兵家之所忌也。惟查六年八月，石达开败走之后，逆首林启荣知武昌贼势必败，日夜添设守具，聚集米粮，较四年臣等力攻九江时为尤难。小池口新作石城，则又近二年之所增设者也。反复筹思，唯有长堑围困之一策。现已督饬兴工开浚，并先围攻小池口贼城，以期迅速得手外，谨将九江小池口连获大胜缘由，会同督臣官文、将军臣都兴阿、署提臣杨载福，由驿六百里驰奏。

上谕："剿办尚属奋勇，着胡林翼等先破小池口贼匪石城，再图克复九江，毋稍延缓。"(《围攻九江大胜并破小池口贼垒疏　正月二十八日》，胡遂等整理标点：《胡林翼集》〈一〉，第 231 页，岳麓书社 1999 年版。)

再，武汉为东南枢纽，八省咽喉，而江西、安徽、河南，尤为切近。自古用武之地，贼所力争。楚自军兴以来，武昌三陷，汉阳四陷，其大较也。此次大股皖贼分道内犯，用意至狡，筹饷则苦于兵多，调兵则又苦于兵少。下游饷项，积欠五月有余，计数百余万两。偶有接济，仅敷数日之粮。岌岌不支，势难终日。安庆、桐城、六安之贼，弥山遍野，而北岸之前敌可虑。瑞州、临江、吉安之贼，负隅死守，而武昌之后路仍虚。兼以罗田、蕲水、蕲州、黄梅、广济、麻城，路路可通，防不胜防。两岸大军，均驻浔、皖之境，注意东征，并非为湖北设立防兵。贼之间道内犯，实欲摇动东征之师，使我军饷道梗塞，回顾武汉，乃得逞其奸谋也。万一饷竭兵哗，江、皖、豫三省之贼乘虚而入，大局不堪设想。

就现在情形而论,厚集兵力,或可力遏凶锋。所患欠饷日久,军心涣散。水师、马队,当思竭力保全;防兵、守兵,更宜及时招募。盖鄂居天下之中,兵弱则四面受敌,兵强则四路均可策应。熟虑审思,鄂之安危,关系东南数省。无如兵燹之余,加以饥馑,民气凋残,未敢操之过切。兼以贼踪紧逼,商民裹足,盐厘各项,催收不易。合无仰恳皇上天恩,俯念鄂中兵饷实在不敷,皖贼现又大至,都兴阿马队、杨载福水师、李续宾步军,实东南不可少之劲旅。请饬下四川、山西、陕西督抚臣,于每省按月筹拨银五万两,务须如数如期委员解楚,以济饥军,以全大局。(《皖贼上犯官军援剿获胜疏　五月初二日督发》,胡遂等整理标点:《胡林翼集》〈一〉,第 266 页,岳麓书社 1999 年版。)

湖北之官,实心谋饷者实无多人,即有良心好者,或事权不属,或才力不及。弟查闰五月及五月,厘金月可七八万串,盐课月可十余万串,合计一月可二十万串。六月以来,即停减十分之三四矣。(盐不过六万串,厘亦然。)八月之饷必稍亏(七月则四万串、五万串耳),九月以后仍可旺。以旺者补欠,须竭办以谋,或可支撑。(凡人皆想吞此钱,譬如唐僧之肉,人人想吃也。)然每月军饷、火药及一切制造,共需二十三四万两,即月得二十万串,尚亏十三四万两。如秦、晋、蜀月赠三万,尚亏五万。近月,秦、晋、蜀又不应矣。(天下之人皆求之,四川已不应矣。)

本省地丁粮饷,本是一钉一眼,非军饷所能支用。以弟之霸气,日日与督帅、藩台争钱,(如漕事严催严办,下半年可得十余万两。)月可争得二万两,稍不小心,即失之矣。是湖北之饷,较江西、安徽则足,然总不足用也。

骆与左言:昔年供应东征直至田家镇,以为德色,每有夸词。殊不知彼时水陆不过万人,自四年正、二月起,至九十月止,不过一年。此时水陆已四万人,并须年年月月如此,较湖南为难矣。(《致李续宾　七月二十八日》,胡遂等整理标点:《胡林翼集》〈二〉,第 161 页,岳麓书社 1999 年版。)

窃湖北下游官兵八月内克复小池口后,臣官文等,复即咨行水陆各军,乘胜围攻九江,并进规湖口,以联江、楚两军之声势。适接探报,知湖口贼船增至数百号,图援九江。

九月初七日,李续宾、杨载福等,议派陆勇由下游袭攻湖口之背,水师来攻于前，为出其不意之策。密约内湖水师彭玉麟同日大举。李续宾遂调各营，声言搜剿宿、太等县，即于初七日渡江。暗于是夜四更拔营，杨载福亦由水路直下，副都统衔总管巴依尔呼兰等马队，亦由陆路驰骋八里江岸一带。

初八日，水陆各军齐攻湖口县附近之七里冲、三街市、月台山等处。贼卡高垒，水师复上下轰击，昼夜不息，愈逼愈紧，焚夺贼船，不下千余只。

至初九日辰刻，卡垒尽破。李续宾与杨载福等督各勇架梯缘城，并将火箭射入城中。适烧该逆火药局，响声震天，满城皆火。贼众争门窜逃，当将县城克复。其梅家洲伪城，亦同时攻拔。

……臣胡林翼于克复小池口后，暂驻九江营内，将剿守事宜，筹商周妥，旋于九月初一日回省，合并陈明。(《奏陈克复江西湖口县城大概情形疏　九月二十三日督发》，胡遂等整理标点:《胡林翼集》〈一〉，第 330 页，岳麓书社 1999 年版。)

咸丰八年(戊午，1858)林翼 47 岁

唯韦、杨各逆现已偷过北岸，而去年四眼狗各贼屡欲上犯，为都、多、鲍所阻，亦间为唐、丁等所阻。近又避实蹈虚，拟由英山入楚，其势颇炽，又一支万余人(号十万)已围固始五六十日，弟请迪庵兄派三千人前往麻城防剿。十一日贼逼商城，赵国香等已从麻城拔营进驻商城。而十二日唐义渠来禀，十一日蕲州大捷，是夜贼又大股逼近，必由英山窜入蕲水。义渠仅防蕲州一面，恐贼必由蕲水或罗田入境。查湖北北岸地势如圆瓯，然与皖交界者五县，五县之中又歧途百出，若言防守，万万不可恃也。又四眼狗等纠江西抚州、新淦之贼又数万人，仍窥楚疆，大约二月、三月、四月警报迭至，弟实苦一人难以分顾。迪庵先生以一人劳心于九江，而九江之复必在三月之内。务祈老兄速来援应为感。(《致李续宜　二月十六日》，胡遂等整理标点:《胡林翼集》〈二〉，第 173 页，岳麓书社 1999 年版。)

窃查九江郡城，据江湖之形胜，实南服咽喉，而湖广江南之腰膂也。自咸丰三年失陷，首逆林启荣以粤省乱民窃踞已阅六年，迭经官军剿办，恃险坚拒，迄未得手。六年腊初，浙江布政司李续宾从武汉、黄州乘胜追剿。七年春夏，因蕲、黄告警，分援北岸，而九江之围尚缺。八月以后，北岸肃清，湖口克复，臣等遂饬添募劲旅，以长濠六道三面合围，并分水师十余营，驻守北面江岸：逆贼遂援绝路穷。濠沟六层，每道上下宽深均二丈，分营分段，日夜巡视，无一贼能逸于濠外者。随会商福建提督杨载福、按察使衔广东惠潮嘉道彭玉麟，于二月十六日起，不分昼夜，水陆环攻，终为炮石所阻。

据逸贼罗奏凯供称，城中贼势虽蹙，贼粮未尽，所种麦苗，将次收获，逆首林启荣死守待援等语。

三月二十五日，东门地道轰塌城数丈。二十九日，南门地道轰塌城十余丈。两次均被该逆以大桶火药抛掷，士卒多伤，未得登城。逆匪旋将缺口磊塞。

四月初六日，迤东而南地道工竣。李续宾复会商杨载福、彭玉麟，陆师攻东南西三面，水师攻北门临江一带，约于初七日寅刻发火。……及期火发，顷刻砖石飞腾，山岳震撼，轰塌迤东并东南城垣一百余丈，李续宾饬王揆一……乘势抢城，腾越而上。……九江府城即于初七日卯刻克复。

上谕：……九江府城即于初七日克复。其逃窜之贼，亦经官军概行截杀，并无一名漏网。剿办实属奋勇，官文等调度有方，将士用命，深堪嘉尚，允宜渥沛恩施，以示优奖。钦差大臣湖广总督官文、湖北巡抚胡林翼，均着加恩赏加太子少保衔。(《驰奏官军克复九江疏　四月十一日督发》，胡遂等整理标点：《胡林翼集》〈一〉，第443页，岳麓书社1999年版。)

窃臣于本年七月十一日在任丁母忧，经督臣官文奏请开缺，奉上谕："官文奏抚臣丁忧，据情代奏，并以军务紧要，请照军营例，改为署理各等语。湖北巡抚胡林翼自邀简任以来，时阅四载，于吏治兵事，均能实力讲求，现虽阖境肃清，而大军水陆东下，进止机宜，尚待调度筹备，饷糈亦关紧要。该抚现丁母忧，着照军营例，穿孝百日，加恩赏银四百两，即由湖北藩司给发，俾经理丧事。所有湖北巡抚印务，着官文暂行兼署，胡林翼俟百日后，仍着署理巡抚。如扶柩回籍，再行赏假两个月，俟军务完竣，准其补行终制，以遂其孝思。"

臣以菲材，特邀异数，赏银治丧，存殁衔感，宣读焚黄，悲恸无地。当将关防文卷，赍送督臣任事，择期八月十一日扶柩回籍。

伏念臣家世力田，耕读相承。臣生之始，臣母操井臼，日治百人食，以即田功。臣父嘉庆、道光年间供职京师，臣母犹主中馈。迨臣迎养入黔，八年之中，巡徼雕剿，其得侍奉晨昏者，不过二年。嗣臣带兵讨贼，自岳、鄂、蕲、黄至于浔江，不遑将母。七年冬，迎侍来鄂，年八十三岁。蒙皇上特锡正一品封诰，旷典特颁，臣母感激欢欣，气体增健。不意侍奉未逾八月，得病不满十日，遽以疾终。弥留之际，惟命臣以尽心报国，无一语及家事。臣此后余生，但有事君之日，永无为子之年。

臣终鲜兄弟，并无子嗣，上年抚同祖裔孙为子，年甫三岁。门祚单寒，劬劳罔极，丧葬之事，别无委托之人……(《陈请终制疏 八月初七日》，胡遂等整理标点:《胡林翼集》〈一〉，第 507 页，岳麓书社 1999 年版。)

迪庵先生力战太苦，后路太单，壮士受伤太多，本窃然忧之。顷闻吴葆仪、金逸亭来信(鄂中传来)，心为忧念。揆帅札二公前往黄州，应即星夜前往桐、舒驰援，早一时好一时，不必拘泥札意也。天下事唯是理之所是、心之所安最为要紧，余皆不足介意。粮台钱米以函以咨行之，不可缄默不言，致误大局，弟已详嘱之矣。

近日大病，火症犯喉，滴水不入口者已四月，近乃强起作此。

廿五日安葬之礼可以不误。(《致李续宜、舒保 十月二十三日》，胡遂等整理标点:《胡林翼集》〈二〉，第 193 页，岳麓书社 1999 年版。)

林翼大病甫起坐，昨日闻三河之失，彻日彻夜彷徨惊惧，忧思慨叹。

今日卯刻发引，而寅刻奉到十八日希庵、辅廷兄、寿山侄来函，此时千言万语，只求我迪庵先生不为无益之死，则天下之人、吾楚之人尚有生机。迪庵到桐城，仍须希、辅速援，乃可破贼；破贼之后，希、辅再徇楚人之情回防亦无不可。此时则必不可不援也(即违令亦须往援)，总之，迪庵在则不过二三月元气可复。

至六安一路，应思患预防，似以余、唐合守英、霍为是。九江各营不能不硬调，林翼已函致官相矣。贼骄必可大胜，只要“不攻坚”三字悬之戒律之中，便是上策，知此意者惟希公耳(子山经手太多，即允到营，亦非二月不能了毕，似可不必，似可暂缓。希公怪林翼给薪水太少，所责是也)。手此率复，不尽欲言，书毕即奉主启行矣。(《致李续宜、舒保 十月二十四日》，胡遂等整理标点:《胡林翼集》〈二〉，第 194 页，岳麓书社 1999 年版。)

廿五日安葬，今已三日。一抔之土尚未封棺，而肝肠寸裂，已五日不能安枕。荒鸡未鸣，我已起坐，筑坟者以为林翼之勤也。

迪公凶多吉少，岂有大将被难八九日尚无的信之理，伤哉天乎！桐城各营溃在意中，以其气先夺也。……（《致李续宜　十月二十七日》，胡遂等整理标点：《胡林翼集》〈二〉，第194页，岳麓书社1999年版。）

（李续宾）发书湖北请益师。时胡文忠已持丧还葬。官文公得书笑曰：李九所向无前，今军威已振，何攻之不克？岂少我哉？遍示司道，皆以公用兵如神，无所用援。（朱孔彰：《中兴名臣事略》卷二，第7页，上海宏文阁藏版同文社铸印，光绪癸卯。）

都兴阿公以三河之败由公去军无调度。请急起公视师。总督官文亦疏请。（朱孔彰：《中兴名臣事略》卷一，第6页，上海宏文阁藏版同文社铸印，光绪癸卯。）

窃臣接准督臣官文咨会，十一月初三日奉上谕："胡林翼办理军务，洞悉机宜，现值军务紧急，该抚业已葬亲事毕，着驰赴署任，协同官文筹办军务，毋得过涉拘牵，致有贻误。"

……又，十一月十一日奉上谕："前因官文奏，胡林翼葬亲事毕，当经谕令该署抚即赴湖北署任，筹办军务。本日据都兴阿奏，扼剿上犯贼匪兵力单薄，势恐难支，请饬胡林翼驻扎黄梅督办等语。胡林翼前在湖北调度各军，悉合机宜，此时该署抚谅已到省，即着前往黄梅一带驻扎，将拨兵筹饷各事宜妥为督办。"

……跪读之下，感励益深。臣惟军事紧要，未敢偷安。所带楚军，亟须整饬。十一月十三日自籍起程，在洞庭湖中阻风八日，十一月三十日始行抵鄂。即日准兼署抚臣官文，将咸字十八号湖北巡抚关防一颗，并文卷等件，饬委武昌府知府如山、署抚标中军参将叶永泰赍送前来，当即恭设香案，望阙叩头谢恩，署理巡抚印务。

查皖氛正炽，楚边防不胜防。前经都兴阿于宿松一带连获胜仗，又经官文檄调九江防兵，移扎黄梅，并饬李续宜添调四营前往，下游兵力已厚，暂可无虞。唯图皖之计，必须三路分兵，不仅黄梅一路为要，而黄州一府八属，黄梅、广济、黄冈，是沿江一路，其余蕲州、蕲水、罗田、麻城等处，均与皖省毗连，贼不得逞于下游。若斜趋英、霍，窥伺上犯，则汉、黄、德三郡均虞震动。李续宜现驻黄州，收集溃失，尚难即行试用。而将备失律之罪，必须申严军律，及时警戒。臣与督臣面商已定，即于初八日先行驰往黄州行营，俟军务稍有起色，即行会商进剿事宜。所有臣署紧要事件，封送行营办理。日行事件，饬委藩司代印代行。

除恭疏具题外，所有微臣到鄂接印，并驰往黄州日期，理合恭折附驿具奏，叩谢天恩，伏乞皇上圣鉴。谨奏。（《恭报到鄂署理印务并驰往黄州军营日期疏　十二月初八日》，胡遂等整理标点：《胡林翼集》〈一〉，第 525 页，岳麓书社 1999 年版。）

咸丰九年（己未，1859）林翼 48 岁

窃臣于上年十二月驰抵黄州，将伤败各营粗为整理，即驰入将军都兴阿营中看视病状，商酌军情。都兴阿劳瘁致疾，兼受寒湿，近用汤药熏洗，稍见功效。春气融和，当可渐次痊愈。

臣于正月初旬复将黄州各营大加简汰，择其精实者调赴太湖，统计多隆阿自统马步五千余人，并鲍超、蒋凝学、唐训方等营，通计已逾二万，均归将军都兴阿调遣。下游兵力不为单薄。黄州现在各营六千人，疮痍之余，从新整饬。

据英山、罗田、麻城等县禀报，贼匪数万人，分股窜入霍山、六安，绕出黄州之北面，窥伺上游。臣于二月十二日移营上巴河，以期随机防剿，似不宜归并下游，致使兵势偏重一隅。倘贼匪竟由六安直犯麻城、黄安，则距太湖大营五六百里，而距黄州仅百余里，兼恐贼势上趋，德安、汉阳各府县群然震动。黄州现兵六千人，独当一路，尚堪抵御。如或分股窜扰，届期审实情形，必须咨商督臣官文、将军臣都兴阿，于太湖各军抽拨上援，一俟上游无虞。边防稳固，再遣将抽兵，分途进剿。此现在筹商各路之军情也。

……

臣愚以为，皖之地势贼情，非分兵为三路进剿，必难成功。而鄂省现在防剿江、皖，水陆马步已五万余人，加以协济侍郎曾国藩、水师彭玉麟各营饷糈，通计每月需银三十六万两。每月自筹二十余万两，仍月欠十余万两。添兵则苦于饷糈之竭，分兵又苦于统将之少。湘中将才如江忠源、罗泽南、李续宾、王鑫等，连年凋谢，急宜访求造就，以图继起有人，贤才辈出。盖地方得人，则财用之源可开；将领得人，则兵少而可战。即六七千人，亦可独当一路，而财用之流自节。征皖之师，必须统将中智略过人者，分为三路，期以一二年委任，而责以成功。容臣次第访求，专意延揽，再行陈奏。至鄂居皖省上游，鄂军得势，则地利人和，较之他省情形迥异。是讨贼之责，鄂省实无可推诿。容臣与督臣专意筹商，分别奏报。所有遵旨复奏缘由，理合恭折由驿五百里驰奏。

朱批："所奏甚合机宜。"（《遵旨复奏行军进止机宜疏　二月十一日》，胡遂等整理标点：《胡林翼集》〈一〉，第575页，岳麓书社1999年版。）

湖南二十六日信到，贼陷郴、桂，兼扰及新田、宁远、耒阳。印渠、人树、周宽世、田兴恕、何绍彩各当统领，玉班亦统领，然犹不足也。广西之贺县等处贼，广东之连州、南雄等处贼，江西、福建之南安、崇义等处贼，归并石逆，号称六十万人，且有窥常从荆、宜入巴蜀之谣，大约实数尚不止十五万人。多不拨兵，舒不愿去，湖南之二万余人力实不支，而害亦必及予湖北。不仅兵不能支，饷亦不支，此两湖之大患也。昨夜今日，已函请公商速奏。天津马队甲兵千人，未知来得及否？（《致李续宜　三月初三日》，胡遂等整理标点：《胡林翼集》〈二〉，第278页，岳麓书社1999年版。）

窃查逆首石达开，裹胁安徽、江西、浙闽、两粤之贼，窜扰湖南，号称数十万，欲由宝庆、常德、荆、宜各路，掳掠入川，自立一帜，蓄谋已久。臣前已将通筹大局情形，详细沥陈，恭折奏闻在案。惟军情贼势瞬息千变，速尚易图，久则难料，自应并两楚之力，先除西南之患，庶可专力东征，无瞻前顾后之虞。

先经臣调拨马队二百名，陆师各军共计一千五百余员名。并调派总兵王明山、陈金鳌，知府萧翰庆，副将孙昌凯，水师四营，炮船共一百余号，往援湖南。近因贼匪聚集宝庆，该府地方为资水之上游，可以直达洞庭、常德，西出辰州，为沅水之上游；亦可以入洞庭，由澧州又可达荆江。是资、沅二水为江湖紧要关键。当亟续调安庆水师中营游击曾绍霖，水师前营副将刘国斌，共炮船九十余号，分援常德、辰州及临资口一带，以重沅、资之防。兼饬游击左光培，水师炮船二十八号，及已革总兵李续焘所募新勇五百名，驰往荆州虎渡口，以重澧州之防。犹恐陆路兵力较单，再饬新授荆宜施道李续宜，拣选抚湘各军五千三百七十余员名，并余丁长夫四千名，裹带口粮军火，前赴湖南，督率陆路各营，从益阳、安化一路进兵，前达宝庆，兼可以备常、澧一路之警。已于五月二十三日，由黄州、武昌取道前发，以期会合湖南大营，并力剿办，迅奏肤功；并准南抚臣骆秉章函商，以南省将士虽多，事权不一，而新募各军，半系李续宾旧部，拟请将道员李续宜派往宝庆，暂行统领各军，以期大局有裨等情。是与臣等意见本相吻合，当即飞檄李续宜，遵照办理。惟是湖北一省，马步水师各营，既以全力规划皖江南北，更复西顾荆州。北防商、固，而粤鹿、捻匪窥伺多端，水师马步各军应接不暇。兹以湖南异常紧急，于万难筹拨之中，勉力抽调重兵，以全大局。挖肉补疮，移缓就急，并非鄂力之果能有余也。

统计派援湖南之水师陆营马队，每月共用银五万两以外，均由臣等札饬湖北粮台赶紧筹划，按期解送。委派专员，前往支应，毋庸湖南筹备。并飞催山、陕、四川之接济，迅即解楚，亦可先助湘南之不足。其水陆战事，应归南抚臣就近迅急奏报。惟军情幻变，如有应行体察情形，酌量改调之处，仍由臣等专札调遣。缘湖北水陆马步各营将士，经臣等训练已久，情意孚洽。如有缓急，仍应由鄂省审察机宜，则将士乃能用命也。所有续行调拨重兵援剿湖南，并派大员统带缘由，理合由五百里驰奏。再，臣胡林翼于援军起程赴湘之后，即仍回黄州老营，合并声明。(《遵旨复奏行军进止机宜疏　二月十一日》，胡遂等整理标点：《胡林翼集》〈一〉，第 597 页，岳麓书社 1999 年版。)

廿六日，各营之船六百余号一例开行，初二日午前可一律入临资口，公必亲督此十营前往安化、新化矣。到宝庆须审量数日，捷书计在六月下旬到黄州，从此左诸葛不敢强嘴矣。杀尽此贼势必不能，石逆性怯，一败必走。能遏逼使南走粤省，尚是善策，湘人之力尚能行之。(《致李续宜　六月初二日》，胡遂等整理标点：《胡林翼集》〈二〉，第 334 页，岳麓书社 1999 年版。)

贼数过多，不能尽杀，唯有虚南路以两粤为贼之去路，则天下之祸尚轻也。(《致李续宜》，湘乡李氏藏《曾胡手札》，第 400 页、第 402 页。)

林翼整饬疮痍，本拟渐次试用。适石逆狂窜湖南，力攻宝庆。城外援军二万，城中兵民殆六万，被贼长围久困，不得已以希庵率水陆万人往援。

七月十六日，石逆败窜，遂由东安走全州、灌阳，改图桂林矣。此番斩馘虽多，而渠魁未得，不过二三月又将复振。殆如萍浮水面，风定即合耳。湘中已派人追剿入粤。希庵九十月当可回鄂，以共图皖事。

当湘事之告急也，舍希庵则无良将可以统军，而林翼又别无他将可用，势逼处此，不能不顾上游。林翼发兵后，仅领余兵二千入黄州城守。盖兵将已全付于湘中，万一贼至，仅以婴城自固为长计矣。

近日贼乃西上，而湘祸已暂纾。弟可从容调回，并力谋皖。（《致袁甲三　八月二十七日》，胡遂等整理标点:《胡林翼集》〈二〉，第 360 页，岳麓书社 1999 年版。）

……拟即以援军回鄂者，驻扎上巴河，以期控制四面。涤帅十月内必进驻黄梅，而以沅圃进石牌，林翼由陈德园山路进太湖、英、霍之交。

涤帅之意，拟以台驾由商、固、六安进。盖此次四路分进，涤循江为第一路，多、鲍由太湖循桐城为第二路，林翼由英、霍指舒城为第三路，台旌由商、固、六安而指庐州为第四路。转运惟林翼与老兄山路为最难，而兵事贼情，亦以第四路为最重大。第四路非公不可，固无疑义。但不必先发，俟三路并进，陈狗必从下游以十万人来援。彼时请老兄应之，可使狗贼成擒也。……十月初旬，弟即先行进扎太湖边界。（《致李续宜　九月十八日》，胡遂等整理标点:《胡林翼集》〈二〉，第 368 页，岳麓书社 1999 年版。）

狗逆上犯，援贼既多，城贼亦狡焉思逞。我军内外兼顾，似不免牵缀之虞。鄙意欲于太湖城外，或官军营外，修浚长濠，为少省兵力之计。如六年围攻武昌时，赖长濠得劲，城贼不敢轻出，遂能注重鲁家巷援贼，挫其凶锋，鄂城亦以徐下。成效既著，前事可师。敬请阁下相度地势，与各营熟商妥办。如可日内浚成，则城贼一面之防，仅守长濠，较为易易。即太城得手，亦足以遏其窜逸，而尽数歼之。是否可行，即乞卓裁，速筹示复。（《致多鲍唐蒋四帅　十一月二十日》，胡遂等整理标点:《胡林翼集》〈二〉，第 405 页，岳麓书社 1999 年版。）

窃惟楚军征皖，侍郎臣曾国藩驻扎宿松，多隆阿、鲍超、唐训方、蒋凝学马步四军围守太湖,将军都兴阿因病暂回荆州本任,道员李续宜因母病假归未至。探闻逆首纠合粤匪、捻匪大股上犯,臣于十月二十八日,自黄州移营至蕲州陈德园,距太湖百里,筹商太湖各路军情,布置稍定。十二月初六日,移营英山县城南,距黄州二百余里,距罗田、蕲水约各数十里,控引潜、霍,规划六、舒,亦尚可捍蔽楚疆,兼顾豫境。臣查安徽潜山县属之天堂,雄踞山中,实为舒、桐、英、霍之总要,守此不失,可扼贼吭。臣先于九月密饬参将余际昌等,夺此天险。以九营驻其中,力战迭胜,业经会奏在案。惟孤军深入皖境二百余里处,贼所必争之地,更当审察机宜,随时策应。刻下援贼大股西犯,筹兵迎剿,战胜军情,应随时咨会督臣官文驿报外,谨将臣移营英山日期,由驿恭折驰奏。(《陈报移营日期疏　十二月二十日》,胡遂等整理标点:《胡林翼集》〈一〉,第 653 页,岳麓书社 1999 年版。)

曾涤帅宿松之军已分入太湖,以备围剿,兼顾楚疆,而以多都护、鲍镇、蒋道各营分扼新仓、石牌、小池驿各路。为迎剿援贼之计,潜、桐党援日益,天堂之余、丁九营深入腹地,奇着亦险着,尚须设法应援。我军趋重太、潜,而英、霍、六安尤防该逆伺暇而入。

林翼以腊八移驻英山城南,拨金守代领希庵旧部,进驻霍、六之间;复以马队由流波碹一路相辅而行,意欲扼尽皖边山险,使该逆不得负隅,庶我师攻剿不至艰于进步,俟各路军情稍定,狗来踪迹既确,即当以马步大军会剿。(《复翁同书　十二月二十一日》,胡遂等整理标点:《胡林翼集》〈二〉,第 430 页,岳麓书社 1999 年版。)

咸丰十年(庚申,1860)林翼 49 岁

初五日以后,音驿至今未到,谅是冒雨拔营。布置行止情形何如? 各路未进,或不宜急也。涤帅原定四路,本是至计,后因兵力不敷,改为三路;又因贼势之盛,并为二路。正月大战,则骎骎乎并一路矣。因机因势,原不可拘执为胶柱契舟之见,惟此后仍应分三路,一怀、一桐、一舒,乃可得势,并另留一军备楚防,作为霍、六之援,兼备枞阳之用。应商事宜,开列于后……(《致金国琛　二月初十日》,胡遂等整理标点:《胡林翼集》〈二〉,第 488 页,岳麓书社 1999 年版。)

窃征皖之兵,于正月二十五、二十六等日,大破援贼,立克太湖县城,业经奏报在案。

查接壤太湖之潜山，四面环河阻水。该逆自八年冬复踞以来，修城浚濠，旁出四扰，赖潜山县知县叶兆兰，于去年率其团众夺获天堂要隘，始不得逞。

本月二十六日，我兵大捷之后，小池、太湖余贼窜入潜城者万数千人，与城贼合力抗拒。多隆阿会商诸军，以鲍超、唐训方等营搜剿各山匿贼，而自率马步，同蒋凝学八营，赵克彰、朱希广、李云麟三营，并约会叶兆兰督率练勇，乘贼大创，惊魂未定，轻骑裹粮，逼城而垒，以六成队整旅前行，以四成队押运锅帐，巳刻抵潜山，距城约数里立营。乃该逆收合余烬，乘我修垒未成，悉众直前冲突。我军掉队迎击，多隆阿以所部步队各营，并建威营攻其左；蒋凝学以湘军八营，及新前、新后两营攻其右；多隆阿亲带马队直击其前，马步并进，奋力冲杀，毙贼甚多。该逆拼死抵拒，转战数时，我军屡胜之兵勇气百倍，贼势不支。叶兆兰督练袭击其尾，贼遂大溃。多隆阿先以马队截其归路，该逆不敢入城。巢穴既失，贼愈狂奔，马队追杀至桐城县属之青草塥，沿途杀贼，不计其数。各营步队搜杀余匪，即于正月二十八日克复潜山城池。夺获枪炮刀矛万余件，米粮万余石。（《克复潜山县城疏　二月初十日督发》，胡遂等整理标点：《胡林翼集》〈一〉，第682页，岳麓书社1999年版。）

涤帅之兵已进安庆，然安庆之要在枞阳，不得枞阳，即顿兵城下一二年，贼可徜徉自如，暇则来战，不暇则游行他处，我不能谁何也。萧、韦、训为小浦所留，向鄂要饷。然则鄂中应另行雇舟，别载陆师袭枞阳，又派他军守之。如此五六月，贼必薪盐缺乏，有粟而不得食，及是时谋之，容或有济。否则十年不字，九载无成。惟贼计贼智，必从霍、六内犯以解围。此不必远引往古，即七年之蕲、黄，八年之麻、黄，可借证矣。

左公将隐，云先到宿松（前数日已同次青去）代涤公设谋，即归去也（廿五日四更书到此）。（《复阎敬铭　闰三月二十六日》，胡遂等整理标点：《胡林翼集》〈二〉，第530页，岳麓书社1999年版。）

昨据浙抚王雪轩中丞函知，和帅先退丹阳，丹阳又失。和帅即退常州，张殿臣先已坠马受伤，不知所在，熊天喜阵亡。又续函言和、何二大帅均由常州退浒关，弃常州不守，苏、杭亦必不支。狗逆逞志于下游，必于秋后挟全力上犯，旁轶横扰，多方误我矣。奈何奈何！（《复吴干臣》，胡遂等整理标点：《胡林翼集》〈二〉，第542页，岳麓书社1999年版。）

江南和张之师七万人，于闰三月十六日营垒尽陷，苏常必震，和张退守镇江，从此天下大局必难支撑，即皖北楚北亦难独善。愚见桐城之兵，不宜合围，恐合围而精兵尽成呆着笨着，贼从他处扰害，又是必须解围之势，总要有二万余精兵常作活兵，则兵事乃稳。贼破江南之兵，则将专意于楚北皖北矣。大局须预思，后患须预筹。似乎只须合围安庆，其余精兵均应备援备战。盖围兵多则战兵少也，可请秘商涤帅及多礼堂兄妥筹，何如？（《致李续宜　四月初四日》，胡遂等整理标点：《胡林翼集》〈二〉，第551页，岳麓书社1999年版。）

奉示敬悉，雪琴督率韦部各营，力破枞阳，水陆均血战，劳苦功高，幸而得之。为安庆谋，则此功极大，战绩良苦，请会揆帅前衔速奏。……

闻贼目初一日从金陵西犯，其来必速，多方误我，亟肄疲我。吾楚之兵不免牵缀，商量不定，忧患方始也。愚陋之人，总以收敛据险，静待审机。其应否缩营，应否缩地，择要以控制之方，先立于不败之地，为不可胜以求可胜之谋，敬求明白指示，直切训正。大纛欲东，尚烦西顾，楚、皖固丈所再造之土也。（《复曾国藩　四月初六日》，胡遂等整理标点：《胡林翼集》〈二〉，第555页，岳麓书社1999年版。）

奉初八日手告，津门之事，忧愤同深。如有旨调楚军，则有兵无兵，有饷无饷，均不能辞。上海、杭城兵状如何？幸乞示悉。此两处不守，则帅府忧劳愈切，而东南大局竟恐不支。（《复李鸿章　八月十四日》，胡遂等整理标点：《胡林翼集》〈二〉，第671页，岳麓书社1999年版。）

九月初五日奉八月十八日寄谕，英、法两夷直犯京师，圣人北狩，驻跸热河。恭阅之下，悲愤痛哭，心神罔措。廷旨命老兄统带马队四百名，步队一二千名，星夜赴援，自应兼程北发，以纾君国之难。应请老兄即由寿州改道前进，能早到一日，可早纾圣主一日之忧。至尊处饷项，仍由弟先行筹划万四千两，委员弁由河南直隶接济。无论行抵何处，必饬委员面交，不归地方官转解，以济要需。

再，廷旨饬涤帅拨鲍超入援，交胜帅统带。弟意亦当会奏请归兄统带，以联军心而资熟手也。(《致都兴阿　九月初五日》，胡遂等整理标点:《胡林翼集》〈二〉，第702页，岳麓书社1999年版。)

臣若蒙钦派北上，则当与左宗棠同行，皖南暂不能进兵，只能退守江西境内。胡林翼若蒙钦派北上，则当与李续宜同行，皖北暂不能进兵，只能退守湖北境内。(曾国藩:《复奏胜保请飞召外援折　咸丰十年九月初六日》，世界书局版《曾文正公全集·奏稿》卷三，第359—360页。)

勤王之师，义不可缓，计本月杪可以奉旨。涤帅必不准行，林翼应召十居其九。兄曾言十年相依，可合不可分，且言之再四矣。兄之厚德高谊，血诚肝胆，求之古人亦难。惟是皖北、楚北，即现在之力尚苦奔驰不皇，以兄同行，湖北顿少一万人，百万生灵何所托命！即涤帅移居太湖，主持有法，战阵不能。湖北非忠节、忠武性命换来者乎？非二万三万湘人血肉狼藉力战得来者乎？一旦弃之，弟实不忍。且多公久病，颇改常度；元公亦未经大战。涤帅即以鲍镇来青草塥，此人智虑心思，未可担当大任。是弟同兄北援，弟一生名节有托，无论成败，总必冠冕堂皇。然携兄同去，总非爱两湖之道。兄极知我，不忍舍我独行，弟非兄亦且不能独行。然弟一身何足惜，两湖大局，是湘人八年之苦心，诸先死者之义烈所勉为支撑者也。即湖北百万士民商贾三五年供亿之情，亦须不负其意。

弟思君国之难，义不反顾，且手足不卫元首，则百务皆无所附。弟应以身赴援，酌带二等三四等之将如鲍、如余之类。充类之尽，弟功无成，而湖北得兄保护，尚有硕果不食之根芽，异日发生，可大可久。此苦心援北，又苦心救湖北之愚忠。明知鲍与余之短处，余之胆气、队伍又逊于鲍，然所以为此者，实怜楚人耳。不然，与兄同行，弟自为计则得矣。公可与星槎密商排单速复。(《致李续宜　九月十八日》，胡遂等整理标点:《胡林翼集》〈二〉，第702页，岳麓书社1999年版。)

据报狗逆已至，然十日之久，蛰伏未动，殆有狡谋。此间各大将均能严密坚忍以待之，盖本有破釜沉舟之志，却以揽辔安闲出之，其济君之灵也。古今战阵之事，其成事皆天也，其败事皆人也。兵事怕不得许多，算到五六分，便须放胆放手，本无万全之策也。皖南情势不熟，不能逞臆，惟丈与涤丈谋之断之。贼本至弱，并力图之，必可破也。

九月二十日，有旨止鲍春霆之北行。我辈专意东南，分当效力。天心仁爱，即颠沛造次，而不忍于吴楚之民，皮币珠玉，太王乐天，明夷艰贞，王室如毁。此后努力岁寒，愿公节劳自卫，毋以精力倍人，自竭其力。（《复左宗棠　十月十一日》，胡遂等整理标点：《胡林翼集》〈二〉，第 748 页，岳麓书社 1999 年版。）

桐城援贼，自十月十四日起，经多礼堂都护迭击获胜。二十八日，李希庵方伯率万人战其前，多礼堂都护率万余人击其后，斩馘不可胜计，贼随弃垒宵遁。查六安、霍山，贼所垂涎。霍山附近，本有另股分窜之贼，恐贼必归并一处，应飞函致六安州牧武臣镇军、会亭副将，严密准备，或战或守，相机妥办。其六安州县，尤以慎守婴城待援为嘱。如败贼蚁聚过多，应另派援军来助。（《致各帅及各守令　十一月初二日》，胡遂等整理标点：《胡林翼集》〈二〉，第 766 页，岳麓书社 1999 年版。）

咸丰十一年（辛酉，1861）林翼 50 岁

咸丰十年十一月二十七日，内阁奉上谕："胡林翼现已服满，着实授湖北巡抚，俟军务完竣，再行回籍补行守制。"……所有微臣感激下忱，理合恭折具奏，叩谢天恩。

再，臣体素弱，兼以十载戎行，积受风湿，去年十月，旧疾复作。十二月从英山拔营太湖，冒雪前进，沿途中寒，气喘痰逆。右胁痞块沉痛，昼夜呻吟。数月之久，未见痊可。据医云：心脾受损，药力难期速效。合无仰恳天恩，赏假一月，俾臣在营调养。谨附片具奏。（《恭谢实授湖北巡抚疏　正月二十二日》，胡遂等整理标点：《胡林翼集》〈一〉，第 782 页，岳麓书社 1999 年版。）

霍山天堂告警，静以镇之，或可不乱，贼计欲以此试牵桐城之兵耳。桐城之兵，仍不宜多撤。

夷船入江汉，计已到鄂，此为初正通商之要，不可苟简，始计若误，后日受累无穷。弟意：内地关税厘金，均关国计军饷。饷苟不充，则内地商贾亦阻，不仅我国受其害，即英国亦无所利矣。明白宣示，是在钧度权衡。（《致官文　正月二十九日》，胡遂等整理标点：《胡林翼集》〈二〉，第 808 页，岳麓书社 1999 年版。)

此间军事,阻于桐、皖,坚城未能骤下。狗逆急解城围,于去冬十月勾结捻匪,麇集桐城,经多都护、李方伯两军夹击大胜,贼踪败退;继复屡犯枞阳,我军奋力扼守,该逆无可狡逞,现又勾集皖南巨贼,合并舒、庐一股,挟全力以抗楚师。贼势日张,军事日棘。弟一病三月,力疾以从,于去腊移驻太湖,近接皖、桐各前敌,音驿较捷,仍无当于军谋也。(《复张集馨　二月初二日》,胡遂等整理标点:《胡林翼集》〈二〉,第 811 页,岳麓书社 1999 年版。)

洋船始到,我公开诚布公,可使远人敬服。来谕关卡得人,诚为扼要之论。又言书差难用,久在关上人不可用,尤为洞见情弊。钟君可信,决不贪利,可一切令其自行挑选,公权衡至当,无待弟之赞助。窃计通商者,彼以求富也。我亦欲以此富国而赡军,唯我公荩画筹之。……

狗逆知桐城难破,安庆之围不解,近复以大股粤捻先犯天堂。经我兵严防,二十一、二十二日北犯霍山,余副将扼守四昼夜,贼从他路绕入。二十九日四营溃退,尚有三营为贼所隔绝。英山、太湖、潜山均震。蕲水、蕲州、罗田均空虚,已请舒六爷马队四百,带步队二营,先行驰赴英山,函告希、礼二处,酌拨数营,赴英山助剿。

弟至弱至疲,气喘神散,决不能久活。每阅一二稿,作数行字,心气即动,喘息必逆。服药总不见效,幸尚能啖淡饭一碗耳。(《复官文　二月初三日》,胡遂等整理标点:《胡林翼集》〈二〉,第 812 页,岳麓书社 1999 年版。)

窃逆首陈玉成,勾结捻首龚瞎子等,百计图解安庆之围。自去岁十月,经副都统多隆阿、新授安徽巡抚李续宜两军剿败后,已不敢窥伺安庆门户。顷据探报,逆捻复取道霍山、六安、商城,分扰罗田、麻城边地,正飞调各路严防。讵副将余际昌所领昌营防堵霍山各卡,道路纷歧,兵单贼众。正月二十九日,陈逆大股数万人,从霍之黑石渡绕出昌营之后。该昌中营、昌前营、昌后营、昌右营相持四昼夜,力竭而溃。尚有三营孤悬三石岭外,竭力固守。经营务处孙振铨驰往檄调,该昌左营营官游击李东山、昌副中营营官都司徐连升、礼左营营官都司萧翊,犹誓以死守。复经孙振铨晓谕再四,嘱其全军回守天堂,始于初二日黎明拔营回守,尚无损失,而贼匪已长驱而前，于二月初四日竟抵英山。

又，据记名总兵乾州协副将成大吉禀报，现驻罗田松子关陈逆，分股五万余人，于二月初四日，左从平顶山，右从五斗坳，层层抄入关内。当经我军分头迎击，又派兵勇从中截出。山狭道险，贼众自相蹂躏，计毙贼四五千人，生擒数十名。该营以二千五百人力拒五万悍贼，杀敌致果，独为其难。惟兵少于贼不止十倍，急谋援应，犹恐迟滞。已咨行副都统舒保带领马步千余，倍道兼程，前往策应。

窃楚军自进剿皖贼以来，凡东北接连豫、皖之境，皆添设碉卡，分兵严守，以防贼之乘虚窜入。惟分兵太多，欠饷太久，武、汉、蕲、黄腹内之地无力添募兵勇。此次逆捻大股窜入英山，可以上窜汉、黄腹地，下拊怀、桐之背。臣胡林翼力疾从军，已阅五月。正月二十一日奏恳圣恩，赏假一月，在营调治，而精神渐减，喘息不安，势难亲自督阵。因急咨商李续宜统领湘抚各营，于二月初六日自青草塥拔队上援，仍留多隆阿之军驻桐城挂车河，以防桐、庐上犯之贼。臣胡林翼仍当固守太湖城池，勉自支撑，不致奔溃。所有援贼乘虚窜入，楚军回剿大概情形，理合恭折，由驿六百里驰奏。(《奏陈大股发捻窜入英山等处现筹援剿情形疏　二月初十日》，胡遂等整理标点：《胡林翼集》〈一〉，第 782 页，岳麓书社 1999 年版。)

霍、英破后，贼遂长驱入蕲水，假昌营号褂顶帽装束，以袭黄州、武汉。黄本无兵勇，“笨人下棋，死不顾家”，其林翼之谓乎？病中精力竭而思虑亦钝，又无人以拱卒舍癞子教我者。林翼无死于牖下之志，尤不喜死于妇人之手，处烦恼之地，得隐逸之病，病何足惜！死更不足惜。独患气根清深，欲生不得，速死不能，不能办一事，而徒贻误耳。军事粗定，恐不可留，此时无话可说。(《复左宗棠　二月十四日》，胡遂等整理标点：《胡林翼集》〈二〉，第 823 页，岳麓书社 1999 年版。)

洋船通贼，义应攻打，唯此事应商之涤帅，恐目下尚非其时。中朝无人左右帝室，一构衅，洋人不与战败之处为仇，而与都中为仇，我辈又不能救京师，恐非计也。

沅圃口硬而力实怯，希帅全军渡江而南，终须渡江而北，从下兜剿，力固不及；从上追剿，仍是尾追耳。贼尚踞黄州，并扰及黄冈上游白果、宋埠、旧街、新州及麻城城外，十七日夜间，省城文书已到，武汉尚无事，当可无虞。太湖城守官米支三个半月，私米支三个月，此数月之中，可以万分放心，任贼如何，不请援，不告急也。唯安庆之背终恶风寒，涤帅如驻东流，或可以四千人援护集贤关，临时再以礼堂马队八百助之，犹可补救也。

弟病太深太久太真，神气已去，药饵不灵，即神医亦难下手。（《复杨载福　二月二十二日》，胡遂等整理标点：《胡林翼集》〈二〉，第832页，岳麓书社1999年版。）

二十日接到十七日专差赍送来函，都悉一是。狗逆下窜广济、黄梅、宿松后，近日已扰至石牌及集贤关外。曾观察围安庆之营，近日亦无文报，当平安也。有多都护一军为之犄角，可无他虑。然究须上游兵来，为夹击之计。前已檄调成总镇率师速赴石牌，顷尚未接移营信，甚悬望也。

弟前病渐次就痊，并未复作，唯精神充裕犹有待耳。贼踪上下无常，而命意所在，以急救安庆为主。（《复梁湘帆　三月二十一日》，胡遂等整理标点：《胡林翼集》〈二〉，第858页，岳麓书社1999年版。）

窃逆首陈玉成回援安庆，多隆阿之师五次大捷，逆首窜逃。先后恭折奏报在案。嗣据统带安庆围师候选道曾国荃禀称：狗酋陈玉成率马步悍贼，由楚北回援安庆。三月十八日，至集贤关内焚烧房屋，火光烛天。该逆骑马亲至后濠，往来窥伺。……二十七日，周万倬派都司刘祥胜率队与水军扼守新垒。两日之内，水陆各营枪炮共伤毙贼约五百余人，内有贼目二名，而我军被贼枪炮阵亡数十名，受伤亦百余名。然自是我军水陆稳守严密，无隙可乘。适多隆阿军连破璋、开、黄等逆，又鲍超、成大吉两军均旦夕将至，狗酋自知前阻围师，后受援军，走入绝地，遂谋逃遁。于四月初四、五、六等日，陆续进屯关外。

初七日……日将晚，狗酋又督大队继进求战，我军仍凭濠以待，贼不敢犯。旋据探报，狗酋率党于初十日晚由马踏石凫水而遁，尚于关外赤冈岭留贼垒四座，关内近濠留贼垒十三座，以为死守待援之计。

十三日派副后、长胜、吉中、信字等营，共二千余人，分八垒驻扎。又于东路吉左营抽拨二哨，扎萧家坳堤埂，以炮船护之。又调枞阳之吉中、仁字营，扎萧家坳湖水边。各营通力合作，开挖夹濠，数日而成，深沟高垒。现在十三贼垒,尽在长围之中。仍加意严防,不敢疏忽。据曾国荃禀报前来。

臣等查此次逆首陈玉成以全力来援安庆,该道所统围城之师,前后受敌,乃会同水师从容布置,悉合机宜。(《驰陈安庆围师战守各情形疏　五月二十日督发》,胡遂等整理标点:《胡林翼集》〈一〉,第 809 页,岳麓书社 1999 年版。)

刘玱林就擒,四垒老贼诛戮殆尽,功抵塔忠武岳州,李忠武九江矣。武义之贼,已入兴国,林翼不能不回顾本境,拟迟日即由水路出江,驻足之所,尚难遽定。总以能照顾南北两岸军事为主。成军今日启行,潜、太如旧留防,石牌亦酌量留兵守之。贱恙久而且重,每日咯血至二百余口之多,公牍均废,近三日尤剧。(《致曾国藩　五月初七日》,胡遂等整理标点:《胡林翼集》〈二〉,第 925 页,岳麓书社 1999 年版。)

有合肥人刘姓,尝在胡文忠公麾下为戈什哈,既而退居乡里。尝言楚军之围安庆也,文忠曾往视师,策马登龙山,瞻眄形势,喜曰:"此处俯视安庆,如在釜底,贼虽强,不足平也。"既复驰至江滨,忽见二洋船鼓轮西上;迅如奔马,疾如飘风。文忠变色不语,勒马回营,中途呕血,几至坠马。文忠前已得疾,自是益笃。不数月,薨于军中。盖粤贼之必灭,文忠已有成算,及见洋人之势方炽,则膏肓之症,着手为难,虽欲不忧而不可得矣。

阎丹初尚书向在文忠幕府,每与文忠论及洋务,文忠辄摇手闭目,神色不怡者久之,曰:"此非吾辈所能知也。"噫! 世变无穷,外患方棘。惟其虑之者深,故其视之益难,而不敢以轻心掉之。此文忠之所以为文忠也。(薛福成:《荩臣忧国》,《庸庵笔记》卷一,第 16 页,江苏人民出版社 1983 年版。)

惟鄂省之蕲、黄各城邑被贼久踞。逆匪伪忠王李秀成一股,由吉安、瑞州窜踞义宁州武宁县,逼近湖北之通山、通城、崇阳、大冶县,兴国州边界各州县羽书告警,日夜纷至。安徽抚臣李续宜围攻德安,又分驻黄冈、新洲等处,以固武汉之门户。兵分力单,兼顾为难。臣现驻太湖县城,下游既已解严,即当亲督成大吉一军回剿上游,相其缓急,先援南岸,再攻蕲、黄。全军现已进发,臣定期于五月十二日起程。臣自去冬患病,数月缠绵。近日诸病渐轻,惟吐血尚未能愈。(《陈报自太湖督兵回剿启程日期疏　五月十二日》,胡遂等整理标点:《胡林翼集》〈一〉,第 807 页,岳麓书社 1999 年版。)

窃臣以鄂省南北两岸俱被贼扰，亲率成大吉等十营回剿，业经陈奏在案。

五月十二日，自太湖启行，沿江西上，六月初三日抵省。先经督臣官文、安徽抚臣李续宜会派副将何绍彩等，进剿咸、蒲、崇、通一路之贼，派副将成大吉、候选道蒋凝学等，进剿兴、冶、武昌一路之贼，一俟南岸肃清，再行合剿北岸。所有微臣到省日期，理合缮折，由驿五百里驰报。

再，臣自去冬患病，今春加以咯血，曾蒙恩允赏假一月，在营调理。自春至夏，迄未全痊。此次由水路回鄂，感受暑热，咳逆愈甚，呕血日增，精神大为委顿。合无仰恳天恩，再行赏假两个月，在署调理。所有日行寻常事件，即饬藩司代印代行。其军务重件，臣仍与督臣官文、安徽抚臣李续宜会商办理。谨附片具奏。

上谕："胡林翼奏病未全痊，再赏假调理等语。湖北巡抚胡林翼，着再赏假两个月，在署调理。"(《恭报到省日期疏　六月初八日》，胡遂等整理标点:《胡林翼集》〈一〉，第 814 页，岳麓书社 1999 年版。)

林翼病笃，咳血不止，曾忆章句耳。王文恪公嘱我，血症必须抱定归脾汤法，以为生死不移之理，然而病重药轻，如此守正气，扶本原，而尚不能即效；不如此，则决裂更甚也。看来病必不可为，只是消磨时日耳。要事开列于后。

一、本年养廉库平五千两，六月十三日辰刻，已派翰园及千总谢玉升领解捐入箴言书院。翰园到西陵港，必专人奉告，翰园即先到大德纸行，俟面交霖兄、兰丈，翰园乃可归家也。

一、鄂中同官强欲接静娟夫人及赐福来鄂，盖有深意也。俟七月半后，或可乘舟一来，然不过领我骨归里耳。如静娟及赐福身体不便，即不来更妙。

一、书院捐银，虽已约计捐交一万一千五百两(第一次二千六百两，第二次三千九百两，第三次五千两)。然去年鹿角洞墓田田价及本年阮桥山价均有私挪，须划归林翼私账，须净归书院，田价库平银一万一千两。查明不足之数，林翼即刻专行再补寄数百两来，以足一万一千两之额，仍请尊处奉县奉府详院咨部，均须以此一万一千两，切实声明。(此事亦关兰丈、霖兄万可世声名,不可草草。)

一、作梅先生之意,似以阮桥新得倒地天葩为第一妙境。林翼垂死之人,然深思天下第一大事莫如安亲。如系第一妙境,必求七叔迁光禄云阁公、一品汤太夫人于此地。林翼即令速死,亦必衔环结草,以报叔父大人之恩。验土择期,求在即日,林翼固待此以瞑目者也。千恳万恳。

一、文任吾言,此山周历已久,文宅所霁,似是的穴。梅老新坟,则以文宅为次选,而以新坟为正选。求开验土色,并求七叔、兰丈、作梅先生复示其详。

一、先生嘴恐尚不如阮桥之美,似以第一境奉亲为至义。

一、林翼虽求作梅先生交三卷,如天葩之类可以安亲,则一夔已足。林翼物化在即,或便中取节一枝可葬之处,便足了此一事。是处青山可埋骨,林翼德薄,不必得大地也。

以上伏枕缕缕,呕血日多,精力太劣,倩人代誊奉上。(《呈兰山舅父等十三日》,胡遂等整理标点:《胡林翼集》〈二〉,第 1 100 页,岳麓书社 1999 年版。)

自太湖还镇,病益笃,然犹终日危坐,考求吏事兵事之要,汲汲施行。顾左右叹曰:"闻道苦晚,今虽稍有所见,而不及行者多矣。"(梅英杰:《胡文忠公年谱》卷三,第 44 页,梅氏抱冰堂刊,己巳三月。)

窃臣自太湖回省,因病势日重,奏恳续假,于六月十七日内阁奉上谕:"湖北巡抚胡林翼,着再赏假两个月,在署调理。"

……近日以来,多方医治,原期及早痊可,庶竭驽钝,力遏贼氛,以纾圣主南顾之忧。无如欬逆弥甚,呕血日至升余,形销神瘁,气息奄奄。据医云积劳内伤,肝胃损败,久病之后,攻补两穷。非专心静养服药,刻难奏效。督臣官文,数视臣疾,辄为流涕。即同官来见,无不悲臣之志而忧臣病之危也。臣受恩至深,负罪至重,虽肝脑涂地,未堪自赎,何敢稍顾微躯!惟臣神志昏瞀,元气大亏。阅案牍不过数行,眼目即为昏黑,行动须人扶持,乃能起立。臣之一身,本不足惜,力疾从事,已逾一年,军务地方,实多贻误。现在南岸一律肃清,北岸之贼,有安徽抚臣李续宜督办,必能次第扫除。再四思维,唯有仰恳天恩,赏准开缺回籍,俾得安心调理。应俟到籍之日,再行呈明地方官吏，照例终制。臣年甫五十，未至笃老，倘得静心调摄，病势稍瘥，一息尚存，仍当捐躯图报，断不敢稍耽安逸，自外生成。所有微臣病势增剧，恳请开缺回籍缘由，谨恭折附驿驰陈。

上谕："胡林翼奏病势增剧，恳请开缺一折。湖北巡抚胡林翼，着再赏假两个月，在署安心调理，毋庸开缺。湖北巡抚着李续宜暂行署理。"(《奏陈病势增剧恳请开缺调理疏　七月二十七日》，胡遂等整理标点:《胡林翼集》〈一〉，第 824 页，岳麓书社 1999 年版。)

奉书敬悉皖城于初一日克复，沅丈之劳苦可念，其坚忍尤为可敬。从此援贼丧胆，当亦不能久与我持。希帅拟于初间渡江而北，并已调德安诸军下赴黄州，纵贼有犯鄂之志，亦不得逞。春霆丰城之捷歼贼甚多，江右当可无虑。惟七月十七之事，主少国危，又鲜哲辅，殊堪忧惧。(《复曾国藩　八月初七日》，胡遂等整理标点:《胡林翼集》〈二〉，第 940 页，岳麓书社 1999 年版。)

文宗皇帝龙驭上宾于承德，公闻信拊膺大恸，病益不可为，遂于二十六日骑箕尾而逝。(夏先范编:《胡文忠公年谱》，《胡文忠公遗集》，第 34 页，同治五年十月重刊本。)

九月壬寅，诏下，赠总督，谥曰文忠，入祀贤良祠，并命立专祠于湖北省城，祀其功。(梅英杰:《胡文忠公年谱》卷三，第 46 页，梅氏抱冰堂刊，己巳三月。)

九月二十六日，公夫人携子勋扶榇归益阳，十月十六日旋里。明年同治元年二月壬戌，葬于邑十五里花桥书塘湾。(夏先范编:《胡文忠公年谱》，《胡文忠公遗集》，第 35 页，同治五年十月重刊本。)

二 《太平天国史论》已刊文章索引

《略谈太平天国后期的天王改政》,《苏州大学学报》1983 年第 4 期。人大复印报刊资料 K3,1984 年第 1 期。

《浅析太平天国在吴江芦墟颁发的"租凭"》,《苏州大学学报》1985 年第 2 期。人大复印报刊资料 K3,1985 年第 5 期。

《太平军安庆保卫战战略决策试探——兼论所谓"二次西征战役"》,《苏州大学学报》1986 年第 2 期。

《胡林翼经营湖北的军事措施及其影响》,《安徽史学》1986 年第 2 期。

《太平天国文化》,《中学历史》1987 年第 4 期。

《胡林翼的吏治人才观及实践》,《史林》1987 年第 2 期。

《论胡林翼与官文的关系及其影响》,《苏州大学学报》1987 年第 4 期。

《1859 年宝庆战役研究》,《太平天国史研究》第 2 辑,1989 年版。

《胡林翼在湖北的筹饷活动及其影响》,《苏州大学学报》1991 年第 1 期。人大复印报刊资料 K3,1991 年第 4 期。

《〈朝天朝主图〉释读》,《江海学刊》1992 年第 2 期。

《太平天国的苏福省与苏州郡》,《苏州大学学报》(吴学研究专辑)1992 年。

《太平天国"列王"小考》,《纪念罗尔纲教授文集》,江苏文史资料编辑部 1998 年。

《略谈中国近代通商口岸的范围及列强的侵权——兼论太平天国苏福省战事》,《江海学刊》2001 年第 4 期。人大复印报刊资料 K3,2001 年第

10 期。

《太平天国上帝教对基督教的认同》,《史林》2001 年第 3 期。

《关于太平天国宗教的几点看法》,《广西师大学报》2002 年第 2 期。

《洪秀全的异梦及其影响》,《太平天国史新论》,江苏古籍出版社 2002 年版。

《太平天国的“天”和“天教”》,《史学集刊》2002 年第 2 期。人大复印报刊资料 K3,2004 年第 6 期。

《太平天国政体与“神权政治”》,《史林》2002 年第 4 期。

《太平天国领导人的基督教史观》,《安徽史学》2003 年第 2 期。

《天朝田亩制度新议》,《江海学刊》2005 年第 1 期。

《略谈李秀成的心路历程》,《太平天国历史博物馆建馆五十周年论文集》,江苏教育出版社 2006 年版。

《现代性挑战最早的积极反应:洪仁玕与洋务派》,节选自《江苏经济发展与现代化历史进程研究》,苏州大学出版社 2008 年版。

三　参考、引用书文目录

《郭嵩焘日记》,湖南人民出版社 1981 年版。

《近代史资料》,中华书局 1979 年版。

《骆文忠公奏议》,光绪四年刻本。

《太平天国史料专辑》,上海古籍出版社 1979 年版。

《太平天国史学术讨论会论文选集》第 1 册,中华书局 1981 年版。

《太平天国文献史料集》,中国社会科学出版社 1982 年版。

《太平天国印书》,江苏人民出版社 1979 年版。

《太平天国与中西文化——纪念太平天国起义 150 周年论文集》,广东人民出版社 2003 年版。

《吴煦档案选编》第 3 辑,江苏人民出版社 1984 年版。

《曾文正公手书日记》,宣统元年己酉上海中国图书公司印行。

H. B. Morse, The Trade and Ministration of China (《中朝制度考》)。

Jonathan D. Spence, God's Chinese Son: The Taiping Heavenly Kingdom of Hong Xiuquan, W. W. Norton & Company, 1996.

Prescott Clarke and JS Gregory, Western Reports on the Taiping, p. 25. Australian National University Press, Canberra, 1982.

埃里克·J·夏普著,吕大吉等译:《比较宗教学史》,上海人民出版社 1988 年版。

宝鋆等辑:《筹办夷务始末》(同治朝),故宫博物院 1930 年影印本。

北京太平天国史研究会编:《太平天国史译丛》第 1 辑,中华书局 1981 年版。

北京太平天国史研究会编:《太平天国史译丛》第 2 辑,中华书局 1983 年版。

北京太平天国史研究会编:《太平天国史译丛》第 3 辑,中华书局 1985 年版。

北京太平天国史研究会编:《太平天国学刊》第 1 辑,中华书局 1983 年版。

陈华新:《朝天朝主图和“太平玉玺”》,《学术研究》1981 年第 2 期。

陈麟书等主编:《宗教社会学通论》,四川大学出版社 1992 年版。

崔之清主编:《太平天国战争全史》,南京大学出版社 2002 年版。

邓元忠:《美国人与太平天国》,台北华欣文化事业中心 1983 年版。

丁名楠等:《帝国主义侵华史》,人民出版社 1973 年版。

董蔡时:《太平天国在苏州》,江苏人民出版社 1981 年版。

段本洛:《“拜上帝会”与太平天国的兴亡》,《江苏师院学报》1980 年第 4 期。

段琦等:《基督教学》,当代世界出版社 2000 年版。

恩格斯:《德国农民战争》,《马克思恩格斯全集》第 7 卷,人民出版社 1959 年版。

范阳:《关于太平天国宗教世界观的特殊性格》,《光明日报》1981 年 5 月 11 日。

范阳:《试论太平天国宗教哲学的两重性》,《南宁师院学报》1981 年第 2 期。

方豪:《中国天主教史人物传》,中华书局 1988 年版。

冯友兰:《中国哲学史新编》第 6 册,人民出版社 1989 年版。

郭嵩焘:《胡母陶夫人付葬志铭》,《养知书屋文集》,光绪壬辰孟秋月刊本。

郭卫东:《中土基督》,云南人民出版社 2001 年版。

郭毅生:《太平天国经济制度》,中国社会科学出版社 1984 年版。

郝延平:《中国近代的商业革命》,人民出版社1991年版。

何世明:《基督教与儒学对谈》,宗教文化出版社1999年版。

胡遂等整理标点:《胡林翼集》,岳麓书社1999年版。

黄澄河:《洪秀全的一神教天命观》,《华东师范大学学报》1981年第3期。

黄廷柱:《传教士在太平天国》,《华南师院学报》1981年第1期。

贾桢等辑:《筹办夷务始末》(咸丰朝),中华书局1979年版。

简又文:《太平天国典制通考》,简氏猛进书屋1958年版。

金毓黻,田余庆:《太平天国史料》,中华书局1959年版。

靖玖玮:《异端邪教面面观》,中国基督教协会出版2002年版。

李瀚章编:《曾文正公全集》,光绪丙子传忠书局版。

李宽淑:《中国基督教史略》,社会科学文献出版社1998年版。

梁发:《劝世良言》,《近代史资料》,中华书局1979年版。

林治平主编:《近代中国与基督教论文集》,宇宙光出版社1981年版。

呤唎著,王维周译:《太平天国革命亲历记》,上海古籍出版社1985年版。

刘锦藻:《清朝续文献通考》,上海商务印书馆1955年版。

刘焜炀:《论洪秀全的宗教思想》,《太平天国史论文集》(续集)广东人民出版社,广西人民出版社1989年版。

刘泽华等编:《中国古代史》(上),人民出版社1979年版。

吕大吉主编:《宗教学通论》,中国社会科学出版社1989年版。

罗尔纲:《〈新遗诏圣书〉〈钦定旧遗诏圣书〉〈钦定前遗诏圣书〉跋》,《太平天国史论文集》(续集),广东人民出版社,广西人民出版社1989年版。

罗尔纲:《李秀成自述原稿注》,中华书局1982年版。

罗纳德·L·约翰斯通:《社会中的宗教》,四川人民出版社1991年版。

罗正钧:《左文襄公年谱》,光绪丁酉湘阴左氏校刊本。

骆秉章:《骆公年谱》,同治六年刻本。

马克思:《资本论》第3卷,人民出版社1966年版。

麦沾恩:《中华最早的布道者梁发》,《近代史资料》1979年第2期。

茅家琦:《洪秀全与“拜上帝会”》,《中华文史论丛》1980 年第 1 期。

茅家琦:《洪秀全与罗孝全》,《群众论丛》1981 年第 1 期。

茅家琦:《太平天国对外关系史》,人民出版社 1984 年版。

梅英杰:《胡文忠公年谱》,梅氏抱冰堂刊己巳三月。

米勒尔著,李天德译:《基督教教义学》,香港路德会文字部 1986 年版。

南京大学历史系太平天国史研究室编:《江浙豫皖太平天国史料选编》,江苏人民出版社 1983 年版。

南京大学历史系太平天国史研究室编:《太平天国史新探》,江苏人民出版社 1982 年版。

屈志清:《洪秀全与“皇上帝”》,《南宁师院学报》1981 年第 2 期。

任继愈主编:《宗教词典》,上海辞书出版社 1981 年版。

荣孟源:《历史笔记》,中国社会科学出版社 1983 年版。

荣孟源:《天父下凡》,《贵州社会科学》1980 年创刊号。

沙百里著,耿昇、郑德弟译:《中国基督徒史》,中国社会科学出版社 1998 年版。

社会问题研究丛书编辑委员会编:《论邪教》,广西人民出版社 2001 年版。

沈保义等编:《中国礼仪之争》,上海古籍出版社 2001 年版。

沈渭滨:《洪秀全创立“上帝教”质疑》,《北方论丛》1980 年第 4 期。

沈云龙编:《近代中国史料丛刊》,文海出版社 1966 年版。

史式徽:《江南传教史》,上海译文出版社 1983 年版。

苏双碧:《洪秀全传》,大地出版社 1989 年版。

索洛维约夫著,钱一鹏等译:《神权政治的历史和未来》,华夏出版社 2001 年版。

太平天国历史博物馆:《太平天国文书汇编》,中华书局 1979 年版。

太平天国历史博物馆编:《太平天国史料丛编简辑》,中华书局 1961—1963 年版。

太平天国历史博物馆编:《太平天国艺术》,江苏人民出版社 1994 年版。

太平天国历史博物馆编:《太平天国资料汇编》,中华书局 1979 年版。

太平天国历史博物馆编:《天国春秋——太平天国历史图录》,文物出版社 2002 年版。

汤清:《中国基督教百年史》,香港道声出版社 1987 年版。

唐茂松:《试释太平天国"八位万岁"》,《群众论丛》1980 年第 4 期。

唐训方:《从征图记》,同治五年刊本。

唐逸主编:《基督教史》,中国社会科学出版社 1993 年版。

陶风楼藏:《咸同名贤手札·胡林翼手札》。

汪士铎:《胡文忠公抚鄂记》,岳麓书社 1988 年版。

汪士铎:《汪梅村先生集》,光绪七年刊本。

王闿运:《湘绮楼日记》,1927 年铅印本。

王闿运:《湘军志》,岳麓书社 1983 年版。

王庆成:《太平天国的"天"和上帝》,《太平天国的历史和思想》,中华书局 1985 年版。

王庆成:《太平天国幼天王、干王等未刊供词中的新史料及辨正》,《历史研究》2000 年第 5 期。

王庆成编注:《天父天兄圣旨》,辽宁人民出版社 1986 年版。

王庆云:《熙朝政纪》,光绪壬寅上海书局版。

王先谦:《十一朝东华录·咸丰朝》,光绪十三年刻本。

王先谦编:《郭侍郎奏疏》,光绪壬辰本。

王振槐主编:《西方政治思想史》,南京大学出版社 1993 年版。

王治心:《中国宗教思想史纲》,中华书局 1933 年版。

王钟麒:《太平天国革命史》,商务印书馆 1934 年版。

威利斯顿·沃尔克:《基督教会史》,中国社会科学出版社 1991 年版。

威罗贝著,王绍坊译:《外人在华特权和利益》,三联书店 1957 年版。

文庆等辑:《筹办夷务始末》(道光朝),中华书局 1964 年版。

吴义雄:《在宗教与世俗之间》,广东教育出版社 2000 年版。

夏春涛:《从塾师、基督徒到王爷:洪仁玕》,湖北教育出版社 1999 年版。

夏春涛:《太平天国宗教》,南京大学出版社 1992 年版。

夏春涛:《天国的陨落——太平天国宗教再研究》,中国人民大学出版社 2006 年版。

萧艾编:《王国维诗词笺校》,湖南人民出版社 1984 年版。

徐如雷:《读〈钦定旧前遗诏圣书批解〉》,北京太平天国历史研究会编:《太平天国学刊》第 1 辑,中华书局 1983 年版。

徐如雷:《基督教和上帝教的异同》,南京大学历史系太平天国史研究室编:《太平天国史新探》,江苏人民出版社 1982 年版。

徐如雷:《太平天国的基督教》,《太平天国史学术讨论会论文集》,中华书局 1981 年版。

徐宗泽:《中国天主教传教史概论》,上海书店 1990 年版。

薛福成:《庸庵笔记》,江苏人民出版社 1983 年版。

薛福成:《庸庵全集》,光绪上海书局版。

雅罗斯拉夫斯基:《〈圣经〉是怎样一本书》,三联书店 1988 年版。

阎敬铭编:《胡文忠公遗集》,同治五年重刊本。

杨书霖编:《左文襄公遗集》,光绪十六年版。

于可:《当代基督新教》,东方出版社 1993 年版。

詹鄞鑫:《神灵与祭祀——中国传统宗教综论》,江苏古籍出版社 1992 年版。

张德坚:《贼情汇纂》,《太平天国》(三),神州国光社 1954 年版。

张力,刘鉴唐:《中国教案史》,四川省社会科学院出版社 1987 年版。

张荣明:《权力的谎言——中国传统的政治宗教》,浙江人民出版社 2001 年版。

张英明:《太平天国宗教正名》,《江西师范学院学报》1990 年第 2 期。

张仲炘:《湖北通志》,商务印书馆影印本 1934 年版。

章炳麟:《訄书》,华夏出版社 2002 年版。

赵尔巽:《清史稿》,中华书局 1977 年版。

郑敦谨编:《胡文忠公遗集》,同治六年黄鹤楼刻本。

郑鹏程等编著:《中国宗教流变史》,湖北人民出版社 2000 年版。

中国科学院历史研究所第三所、近代史资料编辑部编:《太平天国资料》,科学出版社 1959 年版。

中国社会科学院近代史研究所近代史资料编辑室:《太平天国文献史料集》,中国社会科学出版社 1982 年版。

中国史学会主编:《太平天国》,神州国光社 1952 年版。

周燮藩:《中国宗教纵览》,江苏文艺出版社 1992 年版。

周新国、吴善中:《太平天国刑法历法研究》,广西人民出版社 1993 年版。

朱九皋:《略论"天父下凡"》,《群众论丛》1980 年第 3 期。

朱孔彰:《中兴名臣事略》,光绪癸卯上海宏文阁藏版。

卓新平,许志伟主编:《基督宗教研究》第 1 辑,社会科学文献出版社 1999 年版。

邹身城:《〈劝世良言〉与洪秀全"异梦"》,《中山大学学报》1980 年第 4 期。

邹身城:《洪秀全初读〈劝世良言〉时间考》,《社会科学战线》1980 年第 4 期。

后 记

这本文集收录了笔者有关太平天国史研究的文章 30 篇，其中 22 篇曾先后在学术刊物上发表。需要说明的是，鉴于出版规范的要求，这次结集时，对原文的注释、数字和标点符号等作了统一处理。另外，对原文中的少数文字作了微调，包括漏字、衍字、错别字以及个别史料、文句的处理。原文之观点、论述则一仍其旧。为便于读者检索原文起见，兹将已发表之论文及所发表之刊物胪列如文集之附二。附一为胡林翼传史料长编，这些经过精选的资料涉及胡林翼一生的主要活动，按时间排列，在某种程度上，可以当做年谱来读，故录于后。

太平天国史研究领域，自来就是争鸣聚讼之地。“见仁”也好，“见智”也好，治学于斯者不以为怪。“神化”也罢，“鬼化”也罢，学术研究终当趋于理性平和。

今年适值太平天国这一中国历史上，乃至世界历史上规模空前的宗教政治运动 160 周年纪念，谨以此书奉献给所有关注太平天国史研究的读者。

王国平

辛卯仲夏于自在书房